2011
中国社会统计年鉴
China Social Statistical Yearbook

国家统计局社会科技和文化产业统计司 编

Compiled by
Department of Social, Science and Technology, and Cultural Statistics
National Bureau of Statistics of China

中国统计出版社
China Statistics Press

(京)新登字041号

图书在版编目(CIP)数据

中国社会统计年鉴. 2011 : 汉英对照 / 国家统计局社会科技和文化产业统计司编. -- 北京 : 中国统计出版社, 2011.11
ISBN 978-7-5037-6404-2

Ⅰ. ①中… Ⅱ. ①国… Ⅲ. ①社会统计－统计资料－中国－2011－年鉴－汉、英 Ⅳ. ①C832-54

中国版本图书馆CIP数据核字(2011)第212816号

中国社会统计年鉴—2011

作　　者/ 国家统计局社会科技和文化产业统计司　编
责任编辑/ 徐涛　尹伊　辛佳
封面设计/ 杨超
出版发行/ 中国统计出版社
通信地址/ 北京市西城区三里河月坛南街57号　邮政编码/ 100826
电　　话/ (010)63376898、63376907(发行部)、63376923(编辑部)
印　　刷/ 河北天普润印刷厂
经　　销/ 新华书店
开　　本/ 890*1240 毫米 1/16
字　　数/ 696 千字
印　　张/ 21.75
版　　别/ 2011年11月第 1 版
版　　次/ 2011年11月第 1 次印刷
书　　号/ ISBN 978-7-5037-6404-2/C.2589
定　　价/ 280.00 元

本书附同版本**CD-ROM**一张，光盘内容以书面文字为准。

中国统计版图书，如有印装错误，本社发行部负责调换。

《中国社会统计年鉴—2011》
编委会和编辑人员

《China Social Statistical Yearbook 2011》 Editorial Board and Staff

编 者 说 明

一、《中国社会统计年鉴-2011》是一部较为全面反映我国社会发展相关领域情况的资料性年刊。全书以部门的社会统计资料为基础，主要包括：教育、文化、体育、卫生、社会服务、残疾人事业及公共管理和社会组织等几个部分。

二、由于有关部门统计基础和现有资料情况各异，其资料在全书中所占篇幅各有不同，部门资料的历史年份也未统一，但资料基本上可以反映部门统计的不同特点。

三、书中以附录的形式收录了反映部门事业发展的统计公报和重大调查成果的报告，是对社会统计数据资料的必要完善与补充。书后附有主要统计指标解释。

四、本书的资料分别来自于：教育部、文化部、广电总局、新闻出版总署、档案局、体育总局、卫生部、民政部、公安部、最高人民检察院、最高人民法院、司法部、人力资源和社会保障部、中央组织部、中央统战部、全国人大、全国政协、全国总工会、全国妇联和中国残联等部门。

五、资料中的“空格”表示该项统计指标数据不详或无该项数据；“#”表示其中的主要项。

六、在本书的编辑过程中，得到有关部门的大力支持，在此谨致深深的谢意。由于社会统计年鉴涉及的范围广、工作量大，在资料的整理和编排方面难免存在不足甚至疏误，敬请读者指正。

PREFACE

I. *China Social Statistical Yearbook 2011* is the statistical yearbook which reflects various aspects related to social development. It is based on social statistical data of different departments, and mainly contains the following chapters: education, culture, sports, public health, social service, undertaking for disabled persons, public administration and membership organization.

II. The Yearbook could reflect basic characteristics of statistics from different departments, although information from each department contained in this yearbook is different, and so is the length of time series of data, due to varying statistical statuses of each department.

III. The Yearbook also includes, in the form of annex, some statistical communiqués and important survey reports reflecting the development of related departments. This is a necessary supplement to social statistical data. In addition, explanatory notes on main statistical indicators are provided at the end of the Yearbook.

IV. Data and materials contained in the Yearbook are sourced from the following departments: Ministry of Education, Ministry of Culture, the State Administration of Radio, Film and Television, General Administration of Press and Publication, the State Archives Administration, General Administration of Sports, Ministry of Health, Ministry of Civil Affairs, Ministry of Public Security, Supreme People's Procuratorate, Supreme People's Court, Ministry of Justice, Ministry of Human Resources and Social Security, the Organization Department of the CPC Central Committee, the United Front Work Department of CPC Central Committee, the National People's Congress, National Committee of the Chinese People's Political Consultative Conference, All-China Federation of Trade Unions, All-China Women's Federation, China Disabled Persons' Federation, etc.

V. Notations used in the yearbook: (blank space) indicates that data are unknown or are not available; "#" indicates a major breakdown of the total.

VI. Our deep appreciation goes to many departments which provided supports in compiling this Yearbook. It is inevitable that there might be some mistakes in the book because of wide coverage and large workload involved in collecting and compiling social statistics. Suggestions from readers are welcome so as to improve the quality of this publication in the future.

目　　录

CONTENTS

一、综　合
General Survey

二、教　育
Education

三、文 化
Culture

四、广播电视
Radio and Television

五、新闻出版、档案
News Publication and Archive

六、体　育
Sports

七、卫　生
Public Health

八、社会服务
Social Service

九、残疾人事业
Undertaking for Disabled Persons

十、公共管理和社会组织
Public Administration and Membership Organization

一、综　合
General Survey

1-1 社会发展主要指标
Major Indicators of Social Development

指　标	Index	1978	1980	1990	2000	2009	2010
教　育	**Education**						
招生数(万人)	New Students Enrollment (10000 persons)						
研究生(人)	Postgraduates (person)	10708	3616	29649	128484	510953	538177
普通高等教育	Regular Higher Education	40.2	28.1	60.9	220.6	639.5	661.8
成人高等教育	Adult Higher Education				156.2	201.5	208.4
中等职业教育	Secondary Vocational Education		256.2	286.1	386.8	868.5	870.4
普通高中	Regular Senior Secondary Schools	692.9	383.4	249.8	472.7	830.3	836.2
普通初中	Regular Junior Secondary Schools	2006.0	1550.9	1369.9	2263.3	1786.4	1715.5
普通小学	Primary Schools	3315.4	2942.3	2064.0	1946.5	1637.8	1691.7
在校生数(万人)	Students Enrollment (10000 persons)						
研究生(人)	Postgraduates (person)	10934	21604	93018	301239	1404942	1538416
普通高等教育	Regular Higher Education	85.6	114.4	206.3	556.1	2144.7	2231.8
成人高等教育	Adult Higher Education	140.8	155.4	166.7	353.6	541.4	536.0
中等职业教育	Secondary Vocational Education		675.6	763.5	1229.5	2195.2	2238.5
普通高中	Regular Senior Secondary Schools	1553.1	969.8	717.3	1201.3	2434.3	2427.3
普通初中	Regular Junior Secondary Schools	4995.2	4538.3	3868.7	6167.6	5433.6	5275.9
普通小学	Primary Schools	14624.0	14627.0	12241.4	13013.3	10071.5	9940.7
毕业生数(万人)	Graduates (10000 persons)						
研究生(人)	Postgraduates (person)	9	476	35440	58767	371273	383600
普通高等教育	Regular Higher Education	16.5	14.7	61.4	95.0	531.1	575.4
成人高等教育	Adult Higher Education			48.9	88.0	194.4	197.3
中等职业教育	Secondary Vocational Education			240.7	478.7	625.2	665.3
普通高中	Regular Senior Secondary Schools	682.7	616.2	233.0	301.5	823.7	794.4
普通初中	Regular Junior Secondary Schools	1692.6	964.7	1109.1	1607.1	1794.7	1748.6
普通小学	Primary Schools	2287.9	2053.3	1863.1	2419.2	1805.2	1739.6
全国教育经费(亿元)	Total Funds for Education (100 million yuan)			548.7	3849.1	16502.7	
国家财政性教育经费占GDP比重(%)	Percentage of Government Appropriation for Education to GDP (%)				2.9	3.59	
文　化	**Culture**						
艺术表演团体(个)	Arts Performance Troupes (unit)	3150	3533	2805	2619	6139	6864
公共图书馆(个)	Public Libraries (unit)	1218	1732	2527	2677	2850	2884
博物馆(个)	Museums (unit)	349	365	1013	1392	2252	2435
国家综合档案馆(个)	General Archives (unit)				3070	3191	3194
图书出版种数(种)	Number of Published Books (kind)	14987	21621	80224	143376	301719	328387
报纸出版种数(种)	Number of Published Newspapers (kind)	186	188	1444	2007	1937	1939
期刊出版种数(种)	Number of Published Magazines (kind)	930	2191	5751	8725	9851	9884

1-1 续表 1 continued

指　标	Index	1978	1980	1990	2000	2009	2010
图书总印数(亿册、亿张)	Printed Copies of Books (100 million copies,100 million sheets)	37.7	45.9	56.4	62.7	70.4	71.7
报纸总印数(亿份)	Printed Copies of Newspapers (100 million copies)	127.8	140.4	211.3	329.3	439.1	452.1
期刊总印数(亿册)	Printed Copies of Magazines (100 million copies)	7.6	11.3	17.9	29.4	31.5	32.2
故事影片产量(部)	Number of Feature Films (film)	46	82	134	91	456	526
电视节目制作时间(万小时)	Production of TV Programs (10000 hours)			9.2	102.6	265.4	274.3
卫　生	**Health**						
卫生机构数(个)	Number of Health Institutions (unit)	169732	180553	1012690	1034229	916571	936927
#医院、卫生院	Hospitals and Health Centers	64311	65315	62126	66095	59918	59683
医院卫生院床位数(万张)	Number of Beds in Hospitals and Health Centers (10000 beds)	184.7	197.1	259.2	290.8	408.1	440.2
卫生技术人员(万人)	Medical and Technical Personnel (10000 persons)	246.4	279.8	389.8	449.1	553.5	587.6
#执业(助理)医师	Certified(Assistant)Doctors	97.8	115.3	176.3	207.6	232.9	241.3
注册护士	Registered Nurses	40.5	46.6	97.5	126.7	185.5	204.8
每千人口执业(助理)医师数(人)	Number of Certified(Assistant)Doctors per 1 000 Population (person)	1.08	1.17	1.56	1.68	1.75	1.79
卫生总费用(亿元)	Expenditure for Public Health (100 million yuan)	110.2	143.2	747.4	4586.6	17541.9	
卫生总费用占GDP的比重(%)	Percentage of Expenditure for Public Health to GDP (%)	3.0	3.2	4.0	4.6	5.15	
体　育	**Sports**						
运动员获世界冠军(个)	World Championships Won by Chinese Athletes (unit)	4	3	54	110	142	108
运动员创世界记录(次)	World Records Broken by Chinese Athletes (time)	3	15	16	30	22	15
社会服务	**Social Welfare**						
社会服务床位(万张)	Beds of Social Welfare Institutions with Residential Accomodation(10000 units)				113.0	326.5	349.6
社会福利企业单位(个)	Social Welfare Enterprises (unit)	920	1309	41827	40670	22783	22226
城市居民最低生活保障人数(万人)	Number of Persons Receiving Subsistence Allowance in Urban Areas (10000 persons)				402.6	2345.6	2310.5
农村居民最低生活保障人数(万人)	Number of Persons Receiving Subsistence Allowance in Rural Areas (10000 persons)					4760.0	5214.0
社区服务设施数(个)	Number of Community Service Facilities (unit)			84757	187888	146673	152941
社会服务经费(亿元)	Expenditure on Social Service (100 million yuan)	13.7	17.5	51.9	229.7	2181.9	2697.5
社会服务经费占财政支出的比重(%)	Percentage of Expenditure on Social Service to Government Expenditure (%)	1.3	1.4	1.5	1.5	2.9	3.0

1-1 续表 2 continued

指 标	Index	1978	1980	1990	2000	2009	2010
公检法司	**Public Security, Procuratorial,Legal and Judicial Affairs**						
公安机关刑事案件立案数(万起)	Number of Criminal Cases Registered in Public Security Organs (10000 cases)				363.7	558.0	597.0
公安机关治安案件查处数(万起)	Number of Offense Cases Against Public Order Handled by Public Security Organs (10000 cases)				382.3	1105.3	1212.2
检察机关立案侦察案件数(件)	Number of Cases under Direct Investigation by Procurator's Offices (case)				45113	32439	32909
检察机关批准决定逮捕犯罪嫌疑人(万人)	Arrests of Criminal Suspects Approved by Procurator's Offices (10000 persons)				71.6	95.8	93.1
人民法院审理一审案件数(万件)	Number of First Trial Cases by Courts (10000 cases)	44.8	76.4	291.7	535.6	668.9	699.9
#刑事案件	Criminal Cases	14.7	19.8	46.0	56.0	76.9	78.0
民事案件	Civil Cases	30.1	56.6	185.2	341.2	580.0	609.1
行政案件	Administrative Cases			1.3	8.6	12.0	12.9
年末在押服刑人员(万人)	Termers in Custody (10000 persons)					164.7	165.7
律师事务所(个)	Number of Law Firms (unit)			3716	9541	15888	17230
专职律师(万人)	Number of Full-time Lawyers (10000 persons)			2.4	6.9	15.5	17.6
公证员(人)	Number of Notaries (person)			9210	12849	11282	11457
交通事故发生数(万起)	Number of Traffic Accidents (10000 cases)			25.0	61.7	23.8	22.0
交通事故死亡人数(人)	Deaths in Traffic Accidents (person)			49243	93853	67759	65225
交通事故直接财产损失(亿元)	Direct Property Losses from Traffic Accidents (100 million yuan)			3.5	26.7	9.1	9.3
火灾事故发生数(万起)	Number of Fire Accidents (10000 cases)			5.7	18.9	12.9	13.2
火灾事故死亡人数(人)	Deaths in Fire Accidents (person)			2107	3021	1236	1205
火灾事故直接经济损失(亿元)	Direct Economic Losses from Fire Accidents (100 million yuan)			5.1	15.2	16.2	19.6
工会妇联	**Trade Unions and Women's Federations**						
工会基层组织数(万个)	Number of Grassroot Trade Unions (10000 units)		37.6	60.6	85.9	184.5	197.6
全国工会会员人数(万人)	Membership of Trade Unions (10000 persons)		6116.5	10135.6	10361.5	22634.4	23996.5
工会专职工作人员(万人)	Number of Full-time Personnel of Trade Unions (10000 persons)		24.3	55.6	48.2	74.6	86.4
全国妇联专职干部(人)	Number of Full-time Cadres of Women's Federations (person)			97566		73059	78122
#少数民族干部	Number of Minority Cadres			14638		10294	12118

二、教　育
Education

2-1 各级各类学校、教职工和专任教师情况（2010年）

Basic Statistics on Schools, Teachers and Staff and Full-time Teachers (2010)

项　目	Item	学校数(所) Number of Schools (unit)	教职工数(人) Teachers and Staff (person)	专任教师(人) Full-time Teachers (person)
高等教育	**Higher Education**			
研究生培养机构	Institutions Providing Postgraduate Programs	(797)		
普通高校	Regular Institutions of Higher Education	(481)		
科研机构	Research Institutions	(316)		
普通高等学校	Regular Institutions of Higher Education	2358	2156601	1343127
本科院校	Universities with Full Undergraduate Courses	1112	1548043	935493
#独立学院	Non-university Tertiary	323	175288	126720
专科院校	Colleges with Specialized Courses	1246	603201	404098
#职业技术学院	Vocational and Technical Colleges	1113	534718	359074
其他机构(教学点)	Other Institutions	(56)	5357	3536
成人高等学校	Institutions of Higher Education for Adult	365	77108	45887
民办的其他高等教育机构	Other Private Institutions of Higher Education	836	38140	17794
中等教育	**Secondary Education**	**85063**	**7096276**	**5922960**
高中阶段教育	Senior Secondary Education	28584	7086834	2393232
高中	Senior Secondary Schools	14712	5863935	1521736
普通高中	Regular Senior Secondary Schools	14058	5859271	1518194
成人高中	Adult Senior Secondary Schools	654	4664	3542
中等职业教育	Vocational Secondary Education	13872	1222899	871496
普通中专	Regular Specialized Secondary Schools	3938	435046	295029
成人中专	Adult Specialized Secondary Schools	1720	85346	56979
职业高中	Vocational Senior Secondary Schools	5206	403233	306973
技工学校	Technical Schools	3008	266268	190542
其他机构(教学点)	Other Institutions	(2012)	33006	21973
初中阶段教育	Junior Secondary Education	56479	9442	3529728
普通初中	Regular Junior Secondary Schools	54823		3523382
职业初中	Vocational Junior Secondary Schools	67	2187	1975
成人初中	Adult Junior Secondary Schools	1589	7255	4371
初等教育	**Primary Education**	**290597**	**6175629**	**5645777**
普通小学	Regular Primary Schools	257410	6109847	5617091
成人小学	Adult Primary Schools	33187	65782	28686
#扫盲班	Literacy Courses	(22227)	50355	19474
工读学校	**Schools for Juvenile Delinquents**	**77**	**2576**	**1737**
特殊教育	**Special Education**	**1706**	**49249**	**39650**
学前教育	**Pre-school Education**	**150420**	**1849301**	**1144225**

注：1.普通高中的教职工数中包含普通初中的教职工数。
　　2.括号内数据均不计校数。

a) Number of teachers and staff in regular senior secondary schools includes that of regular junior secondary schools.

b) Data in "()" don't count to number of schools.

2-2 各级各类学历教育学生情况（2010年）

Basic Statistics on Students by Level and Type of Education (2010)

单位：人 (person)

项　目	Item	招生数 New Enrollment	在校学生数 Total Enrollment	毕业生数 Graduates	女学生占学生总数的比重(%) Females as % of Total
高等教育	**Students Received Higher Education**				
研究生	Postgraduates	538177	1538416	383600	47.86
博　士	Doctor's Degree	63762	258950	48987	35.48
硕　士	Master's Degree	474415	1279466	334613	50.36
普通本专科	Regular Undergraduates and College Students	6617551	22317929	5754245	50.86
本　科	Enrolled in Full Undergraduate Courses	3512563	12656132	2590535	49.68
专　科	Enrolled in Specialized Courses	3104988	9661797	3163710	52.41
成人本专科	Adult Undergraduates and College Students	2084259	5360388	1972873	53.12
本　科	Enrolled in Full Undergraduate Courses	853319	2250457	803915	54.90
专　科	Enrolled in Specialized Courses	1230940	3109931	1168958	51.84
其他高等学历教育	Other Degree of Higher Education				
在职人员攻读博士、硕士学位	Employees Enrolled in Graduate Programs Leading to Doctor or Master Degrees	124871	420294		36.62
网络本专科生	Students Enrolled in Internet-based Courses	1663655	4531443	1105529	48.18
本　科	Enrolled in Full Undergraduate Courses	555789	1640403	422543	50.76
专　科	Enrolled in Specialized Courses	1107866	2891040	682986	46.72
其他	Others				
中等教育	**Students Received Secondary Education**	**34232365**	**100196629**	**32818276**	
高中阶段教育	Senior Secondary Education	17066550	46773297	14687477	
高中	Senior Secondary Schools	8362359	24388321	8034528	
普通高中	Regular Senior Secondary Schools	8362359	24273351	7944335	48.62
成人高中	Adult Senior Secondary Schools		114970	90193	47.68
中等职业教育	Vocational Secondary Education	8704191	22384976	6652949	
普通中专	Regular Specialized Secondary Schools	3166119	8777141	2646434	52.67
成人中专	Adult Specialized Secondary Schools	1161091	2123974	488061	44.42
职业高中	Vocational Senior Secondary Schools	2786747	7263332	2302029	46.86
技工学校	Technical Schools	1590234	4220529	1216425	28.96
初中阶段教育	Junior Secondary Education	17165815	53423332	18130799	
普通初中	Regular Junior Secondary Schools	17154930	52759127	17485714	47.21
职业初中	Junior Secondary Vocational Schools	10885	34173	17794	47.62
成人初中	Adult Junior Secondary Schools		630032	627291	47.47
初等教育	**Students Received Primary Education**	**16917007**	**101353616**	**19279332**	
普通小学	Regular Primary Schools	16917007	99407043	17396364	46.23
成人小学	Adult Primary Schools		1946573	1882968	53.09
#扫盲班	Literacy Courses		1080807	902594	52.31
工读学校	**Schools for Juvenile Delinquents**	**4047**	**10735**	**3894**	**17.61**
特殊教育	**Students Received Special Education**	**64869**	**425613**	**58941**	**34.60**
学前教育	**Students Received Pre-school Education**	**17003851**	**29766695**	**10575502**	**45.44**

注：特殊教育学生数中包括普通中小学随班就读的学生。

a) Students received special education include those learning in the same classes of formal regular junior and primary schools.

2-3 各级各类非学历教育学生情况(2010年)
Basic Statistics on Students by Level and Type of Non-formal Education (2010)

单位：人 (person)

项　目	Item	毕(结)业生数 Graduates with Degrees or Diplomas	注册生数 Registered Students
总　计	**Total**	**66989254**	**56248072**
高等教育	Higher Education	7125550	3328944
研究生课程进修班	Postgraduate Courses for Advanced Study	48290	64978
自考助学班	Classes for Self-learning Programs	194889	595048
普通预科生	College Preparatory Courses		31970
进修及培训	In-service Training Courses	6882371	2636948
#资格证书培训	Training for Qualification Certificates	1315510	410652
岗位证书培训	Training for Post Certificates	1069856	364497
中等职业教育	Vocational Secondary Education	59863704	52919128
#资格证书培训	Training for Qualification Certificates	5792588	4525384
岗位证书培训	Training for Post Certificates	6792619	5249313
中等职业学校	Vocational Secondary Schools	7340783	3669083
#资格证书培训	Training for Qualification Certificates	2088540	1051545
岗位证书培训	Training for Post Certificates	1728991	832142
职业技术培训机构	Vocational Training Institutes	52522921	49250045
#资格证书培训	Training for Qualification Certificates	3704048	3473839
岗位证书培训	Training for Post Certificates	5063628	4417171

2-4 各级各类民办教育基本情况(2010年)

Basic Statistics on Private Schools by Level and Type of Schools (2010)

单位：人 (person)

项 目	Item	学校数(所) Number of Schools (unit)	毕业生数 Number of Graduates	招生数 New Enrollment	在校生数 Total Enrollment	教职工数 Teachers and Staff	专任教师 Full-time Teachers	其 他 Others
民办高等教育	**Private Higher Education**							
民办高校	Private Institutions of Higher Education	676	1096923	1467431	4766845	348857	236468	206078
本 科	Undergraduate Courses		506959	825884	2809884			
专 科	Specialized Courses		589964	641547	1956961			
独立学院	Non-university Tertiary	323	516168	754657	2603177	175288	126720	18736
本 科	Undergraduate Courses		443503	688383	2389774			
专 科	Specialized Courses		72665	66274	213403			
民办其他高等教育机构	Other Private Institutions of Higher Education	836				38140	17794	921841
民办中等教育	**Private Secondary Education**							
高中阶段教育	Senior Secondary Education	5622	1709986	1941400	5370649	629281	447069	
民办普通高中	Private Regular Senior Secondary Schools	2499	742839	809462	2300706	463647	343620	
民办中等职业教育	Private Vocational Secondary Education	3123	967147	1131938	3069943	165634	103449	359683
初中阶段教育	Junior Secondary Education	4259	1298601	1532080	4421129			
民办普通初中	Private Regular Junior Secondary Schools	4259	1298201	1532080	4421129			
民办职业初中	Private Vocational Junior Secondary Education		400					
民办普通小学	**Private Regular Primary Schools**	**5351**	**864287**	**947235**	**5376255**	**313927**	**229480**	
民办幼儿园	**Private Kindergartens**	**102289**	**3889350**	**7116312**	**13994694**	**1168429**	**680404**	
另：民办培训机构	**Private Training Institutions**	**(18341)**				**218359**	**111304**	**9297762**

注：1. “另有其他学生数”包括：学历文凭考试学生、自考助学班学生、预科生、进修及培训学生数。

2. 民办普通高中的教职工和专任教师数中包含民办普通初中的教职工和专任教师数。

3. “()”括号内数据不计校数。

a) Other Students include: diploma exam students, self-learning assistant class students, preparatory students, in-service training students.

b) Staff and teachers and full-time teachers in private regular senior secondary schools include those of private regular junior secondary schools.

c) Data in "()" do not count to number of schools.

2-5 各级各类学校数

Number of Schools by Level and Type of School

单位：所 (unit)

年 份 Year	普通高等学校 Regular Institutions of Higher Education	普通中学 Regular Secondary Schools	高 中 Senior Secondary Schools	初 中 Junior Secondary Schools	职业中学 Vocational Secondary Schools	普通小学 Primary Schools	特殊教育学校 Special Schools	学前教育 Pre-primary Education
1978	598	162345	49215	113130		949323	292	163952
1980	675	118377	31300	87077	3314	917316	292	170419
1985	1016	93221	17318	75903	8070	832309	375	172262
1986	1054	92967	17111	75856	8187	820846	423	173376
1987	1063	92857	16930	75927	8381	807406	504	176775
1988	1075	91492	16524	74968	8954	793261	577	171845
1989	1075	89575	16050	73525	9173	777244	662	172634
1990	1075	87631	15678	71953	9164	766072	746	172322
1991	1075	85851	15243	70608	9572	729158	886	164465
1992	1053	84021	14850	69171	9860	712973	1077	172506
1993	1065	82795	14380	68415	9985	696681	1123	165197
1994	1080	82358	14242	68116	10217	682588	1241	174657
1995	1054	81020	13991	67029	10147	668685	1379	180438
1996	1032	79967	13875	66092	10049	645983	1428	187324
1997	1020	78642	13880	64762	10047	628840	1440	182485
1998	1022	77888	13948	63940	10074	609626	1535	181368
1999	1071	77213	14127	63086	9636	582291	1520	181136
2000	1041	77268	14564	62704	8849	553622	1539	175836
2001	1225	80432	14907	65525	7802	491273	1531	111706
2002	1396	80067	15406	64661	7402	456903	1540	111752
2003	1552	79490	15779	63711	6843	425846	1551	116390
2004	1731	79058	15998	63060	6478	394183	1560	117899
2005	1792	77977	16092	61885	6423	366213	1593	124402
2006	1867	76703	16153	60550	6100	341639	1605	130495
2007	1908	74790	15681	59109	6191	320061	1618	129086
2008	2263	72907	15206	57701	6128	300854	1640	133722
2009	2305	70774	14607	56167	5805	280184	1672	138209
2010	2358	68881	14058	54823	5273	257410	1706	150420

注：职业中学包括职业高中和职业初中(以下各表同)。

a) Vocational secondary schools include vocational senior and junior secondary schools. The same applies to the tables following.

2-6 各级各类学校专任教师数

Number of Full-time Teachers by Level and Type of School

单位：万人 (10 000 persons)

年 份 Year	普通高等学校 Regular Institutions of Higher Education	普通中学 Regular Secondary Schools	高 中 Senior Secondary Schools	初 中 Junior Secondary Schools	职业中学 Vocational Secondary Schools	普通小学 Primary Schools	特殊教育学校 Special Schools	学前教育 Pre-primary Education
1978	20.6	318.2	74.1	244.1		522.6	0.4	27.7
1980	24.7	302.0	57.1	244.9	2.3	549.9	0.5	41.1
1985	34.4	265.2	49.2	216.0	14.1	537.7	0.7	55.0
1986	37.2	275.8	51.8	223.9	16.4	541.4	0.8	60.5
1987	38.5	287.0	54.4	232.7	18.5	543.4	0.9	65.1
1988	39.3	296.0	55.7	240.3	20.3	550.1	1.1	67.0
1989	39.7	298.0	55.4	242.7	21.4	554.4	1.2	70.9
1990	39.5	303.3	56.2	247.0	22.4	558.2	1.4	75.0
1991	39.1	309.0	57.3	251.7	23.5	553.2	1.6	76.9
1992	38.8	314.1	57.6	256.5	24.8	552.7	1.9	81.5
1993	38.8	316.7	55.9	260.8	26.2	555.2	2.0	83.6
1994	39.6	323.4	54.7	268.7	27.7	561.1	2.3	86.2
1995	40.1	333.4	55.1	278.4	29.2	566.4	2.5	87.5
1996	40.3	346.5	57.2	289.3	30.8	573.6	2.7	88.9
1997	40.5	358.7	60.5	298.2	32.2	579.4	2.9	88.4
1998	40.7	369.7	64.2	305.5	33.6	581.9	3.0	87.5
1999	42.6	384.1	69.2	314.8	33.6	586.1	3.1	87.2
2000	46.3	400.5	75.7	324.9	32.0	586.0	3.2	85.6
2001	53.2	418.8	84.0	334.8	30.6	579.8	2.9	63.0
2002	61.8	437.6	94.6	343.0	31.0	577.9	3.0	57.1
2003	72.5	453.7	107.1	346.7	28.9	570.3	3.0	61.3
2004	85.8	466.8	119.1	347.7	29.4	562.9	3.1	65.6
2005	96.6	477.1	129.9	347.2	30.3	559.2	3.2	72.2
2006	107.6	485.1	138.7	346.3	30.7	558.8	3.3	77.6
2007	116.8	490.7	144.3	346.4	31.7	561.3	3.5	82.7
2008	123.7	494.4	147.6	346.9	32.6	562.2	3.6	89.9
2009	129.5	500.7	149.3	351.3	32.6	563.3	3.8	98.6
2010	134.3	504.2	151.8	352.3	30.9	561.7	4.0	114.4

2-7 各级各类学校招生数

Number of New Students Enrollment by Level and Type of School

单位：万人 (10 000 persons)

年 份 Year	普通高等学校 Regular Institutions of Higher Education	普通中学 Regular Secondary Schools	高中 Senior Secondary Schools	初中 Junior Secondary Schools	职业中学 Vocational Secondary Schools	普通小学 Primary Schools	特殊教育学校 Special Schools
1978	40.2	2698.9	692.9	2006.0		3315.4	0.6
1980	28.1	1934.3	383.4	1550.9	30.7	2942.3	0.6
1985	61.9	1606.9	257.5	1349.4	116.1	2298.2	0.9
1986	57.2	1643.9	257.3	1386.6	112.8	2258.2	1.1
1987	61.7	1649.5	255.2	1394.3	113.2	2094.6	1.2
1988	67.0	1584.8	244.3	1340.5	119.5	2123.3	1.2
1989	59.7	1551.5	242.1	1309.4	118.3	2151.5	1.4
1990	60.9	1619.6	249.8	1369.9	123.2	2064.0	1.6
1991	62.0	1655.2	243.8	1411.3	137.8	2072.7	2.0
1992	75.4	1699.7	234.7	1465.0	152.1	2183.2	3.0
1993	92.4	1707.3	228.3	1479.0	161.5	2353.5	3.4
1994	90.0	1859.8	243.4	1616.4	175.3	2537.0	4.0
1995	92.6	2025.9	273.6	1752.3	190.1	2531.8	5.6
1996	96.6	2042.9	282.2	1760.7	188.9	2524.7	4.8
1997	100.0	2128.2	322.6	1805.6	211.2	2462.0	4.6
1998	108.4	2321.0	359.6	1961.4	217.6	2201.4	4.9
1999	159.7	2546.0	396.3	2149.7	194.1	2029.5	5.0
2000	220.6	2736.0	472.7	2263.3	182.7	1946.5	5.3
2001	268.3	2815.9	558.0	2257.9	185.0	1944.2	5.6
2002	320.5	2929.0	676.7	2252.3	216.9	1952.8	5.3
2003	382.2	2947.4	752.1	2195.3	222.1	1829.4	4.9
2004	447.3	2899.7	821.5	2078.2	229.1	1747.0	5.1
2005	504.5	2854.3	877.7	1976.5	259.3	1671.7	4.9
2006	546.1	2794.8	871.2	1923.6	294.0	1729.4	5.0
2007	565.9	2703.9	840.2	1863.7	306.9	1736.1	6.3
2008	607.7	2693.2	837.0	1856.2	294.1	1695.7	6.2
2009	639.5	2616.7	830.3	1786.4	315.2	1637.8	6.4
2010	661.8	2551.7	836.2	1715.5	279.8	1691.7	6.5

2-8 各级各类学校在校学生数

Number of Students Enrollment by Level and Type of School

单位：万人 (10 000 persons)

年 份 Year	普通高等学校 Regular Institutions of Higher Education	普通中学 Regular Secondary Schools	高 中 Senior Secondary Schools	初 中 Junior Secondary Schools	职业中学 Vocational Secondary Schools	普通小学 Primary Schools	特殊教育学校 Special Schools	学前教育 Pre-primary Education
1978	85.6	6548.3	1553.1	4995.2		14624.0	3.1	787.7
1980	114.4	5508.1	969.8	4538.3	45.4	14627.0	3.3	1150.8
1985	170.3	4706.0	741.1	3964.8	229.5	13370.2	4.2	1479.7
1986	188.0	4889.9	773.4	4116.6	256.0	13182.5	4.7	1629.0
1987	195.9	4948.1	773.7	4174.4	267.6	12835.9	5.3	1807.8
1988	206.6	4761.5	746.0	4015.5	279.4	12535.8	5.8	1854.5
1989	208.2	4554.0	716.1	3837.9	282.3	12373.1	6.4	1847.7
1990	206.3	4586.0	717.3	3868.7	295.0	12241.4	7.2	1972.2
1991	204.4	4683.5	722.9	3960.6	315.6	12164.2	8.5	2209.3
1992	218.4	4770.8	704.9	4065.9	342.8	12201.3	13.0	2428.2
1993	253.6	4739.1	656.9	4082.2	362.6	12421.2	16.9	2552.5
1994	279.9	4981.7	664.9	4316.7	405.6	12822.6	21.1	2630.3
1995	290.6	5371.0	713.2	4657.8	448.3	13195.2	29.6	2711.2
1996	302.1	5739.7	769.3	4970.4	473.3	13615.0	32.1	2666.3
1997	317.4	6017.9	850.1	5167.8	511.9	13995.4	34.1	2519.0
1998	340.9	6301.0	938.0	5363.0	541.6	13953.8	35.8	2403.0
1999	413.4	6771.3	1049.7	5721.6	533.9	13548.0	37.2	2326.3
2000	556.1	7368.9	1201.3	6167.6	503.2	13013.3	37.8	2244.2
2001	719.1	7836.0	1405.0	6431.1	466.4	12543.5	38.6	2021.8
2002	903.4	8287.9	1683.8	6604.1	511.5	12156.7	37.5	2036.0
2003	1108.6	8583.2	1964.8	6618.4	528.2	11689.7	36.5	2003.9
2004	1333.5	8695.4	2220.4	6475.0	569.4	11246.2	37.2	2089.4
2005	1561.8	8580.9	2409.1	6171.8	625.6	10864.1	36.4	2179.0
2006	1738.8	8451.9	2514.5	5937.4	676.2	10711.5	36.3	2263.9
2007	1884.9	8243.3	2522.4	5720.9	740.5	10564.0	41.9	2348.8
2008	2021.0	8050.5	2476.3	5574.2	761.1	10331.5	41.7	2475.0
2009	2144.7	7867.9	2434.3	5433.6	785.7	10071.5	42.8	2657.8
2010	2231.8	7703.2	2427.3	5275.9	729.8	9940.7	42.6	2976.7

2-9 各级各类学校毕业生数

Number of Graduates by Level and Type of School

单位：万人 (10 000 persons)

年 份 Year	普通高等学校 Regular Institutions of Higher Education	普通中学 Regular Secondary Schools	高 中 Senior Secondary Schools	初 中 Junior Secondary Schools	职业中学 Vocational Secondary Schools	普通小学 Primary Schools	特殊教育学校 Special Schools
1978	16.5	2375.3	682.7	1692.6		2287.9	0.3
1980	14.7	1581.0	616.2	964.7	7.9	2053.3	0.4
1985	31.6	1194.9	196.6	998.3	41.3	1999.9	0.4
1986	39.3	1281.0	224.0	1057.0	57.9	2016.1	0.5
1987	53.2	1364.1	246.8	1117.3	75.0	2043.0	0.4
1988	55.3	1407.8	250.6	1157.2	81.0	1930.3	0.5
1989	57.6	1377.5	243.2	1134.3	86.3	1857.1	0.5
1990	61.4	1342.1	233.0	1109.1	89.3	1863.1	0.5
1991	61.4	1308.5	222.9	1085.5	94.5	1896.7	0.6
1992	60.4	1328.4	226.1	1102.3	96.7	1872.4	0.9
1993	57.1	1365.9	231.7	1134.2	102.5	1841.5	1.2
1994	63.7	1361.9	209.3	1152.6	107.6	1899.6	1.4
1995	80.5	1429.0	201.6	1227.4	124.0	1961.5	1.9
1996	83.9	1484.0	204.9	1279.0	139.6	1934.1	2.4
1997	82.9	1664.0	221.7	1442.4	150.1	1960.1	2.8
1998	83.0	1832.0	251.8	1580.2	162.8	2117.4	3.5
1999	84.8	1852.7	262.9	1589.8	167.8	2313.7	3.8
2000	95.0	1908.6	301.5	1607.1	176.3	2419.2	4.3
2001	103.6	2047.4	340.5	1707.0	166.5	2396.9	4.6
2002	133.7	2263.6	383.8	1879.9	145.4	2351.9	4.4
2003	187.7	2453.7	458.1	1995.6	135.5	2267.9	4.5
2004	239.1	2617.4	546.9	2070.4	142.5	2135.2	4.7
2005	306.8	2768.1	661.6	2106.5	170.0	2019.5	4.3
2006	377.5	2789.5	727.1	2062.4	179.5	1928.5	4.5
2007	447.8	2745.2	788.3	1956.8	197.7	1870.2	5.0
2008	511.9	2699.0	836.1	1862.9	216.7	1865.0	5.2
2009	531.1	2618.4	823.7	1794.7	232.1	1805.2	5.7
2010	575.4	2543.0	794.4	1748.6	232.0	1739.6	5.9

2-10 研究生和留学生数

Number of Postgraduates and Students Studying Abroad

单位：人 (person)

年份 Year	研究生数 Number of Postgraduates			出国留学人员 Number of Students Studying Abroad	学成回国留学人员 Number of Returned Students
	招生数 New Enrollment	在校人数 Total Enrollment	毕业生数 Graduates		
1978	10708	10934	9	860	248
1980	3616	21604	476	2124	162
1985	46871	87331	17004	4888	1424
1986	41310	110371	16950	4676	1388
1987	39017	120191	27603	4703	1605
1988	35645	112776	40838	3786	3000
1989	28569	101339	37232	3329	1753
1990	29649	93018	35440	2950	1593
1991	29679	88128	32537	2900	2069
1992	33439	94164	25692	6540	3611
1993	42145	106771	28214	10742	5128
1994	50864	127935	28047	19071	4230
1995	51053	145443	31877	20381	5750
1996	59398	163322	39652	20905	6570
1997	63749	176353	46539	22410	7130
1998	72508	198885	47077	17622	7379
1999	92225	233513	54670	23749	7748
2000	128484	301239	58767	38989	9121
2001	165197	393256	67809	83973	12243
2002	202611	500980	80841	125179	17945
2003	268925	651260	111091	117307	20152
2004	326286	819896	150777	114682	24726
2005	364831	978610	189728	118515	34987
2006	397925	1104653	255902	134000	42000
2007	418612	1195047	311839	144000	44000
2008	446422	1283046	344825	179800	69300
2009	510953	1404942	371273	229300	108300
2010	538177	1538416	383600	284700	134800

2-11 分学科研究生情况（2010年）

Number of Postgraduate Students by Field of Study (2010)

单位：人 (person)

项目	Item	招生数 New Enrollment	博士 Doctor's Degree	硕士 Master's Degree	在校学生数 Total Enrollment	博士 Doctor's Degree	硕士 Master's Degree	毕业生数 Graduates	博士 Doctor's Degree	硕士 Master's Degree
分学科研究生数（总计）	**Total**	**538177**	**63762**	**474415**	**1538416**	**258950**	**1279466**	**383600**	**48987**	**334613**
哲学	Philosophy	4874	838	4036	16001	3532	12469	4620	703	3917
经济学	Economics	20618	2781	17837	62660	11768	50892	19110	2371	16739
法学	Law	29330	3529	25801	90168	13152	77016	26165	2414	23751
教育学	Education	15282	1153	14129	48468	4256	44212	13565	857	12708
文学	Literature	40635	2807	37828	120840	10758	110082	33623	2129	31494
历史学	History	5487	945	4542	17890	3913	13977	4857	827	4030
理学	Science	58388	12216	46172	177570	44108	133462	43654	9638	34016
工学	Engineering	153704	23977	129727	490374	106458	383916	128678	17428	111250
农学	Agriculture	14874	2831	12043	45273	10739	34534	14079	1973	12106
医学	Medicine	40067	6524	33543	128916	23262	105654	35582	5762	29820
军事学	Military	233	26	207	762	146	616	213	23	190
管理学	Management	35386	4629	30757	117830	22640	95190	32703	3738	28965
专业学位	Academic Degree	119299	1506	117793	221664	4218	217446	26751	1124	25627
分学科研究生数（普通高校）	**Regular Colleges**	**519207**	**57392**	**461815**	**1482680**	**236328**	**1246352**	**369827**	**43214**	**326613**
哲学	Philosophy	4686	766	3920	15432	3295	12137	4447	638	3809
经济学	Economics	20052	2537	17515	60904	10968	49936	18629	2193	16436
法学	Law	28776	3391	25385	88479	12718	75761	25625	2289	23336
教育学	Education	15195	1110	14085	48207	4126	44081	13497	822	12675
文学	Literature	40357	2713	37644	120001	10481	109520	33386	2057	31329
历史学	History	5403	920	4483	17632	3833	13799	4781	804	3977
理学	Science	51474	9094	42380	156602	33284	123318	38650	6624	32026
工学	Engineering	147202	21899	125303	469692	98682	371010	123337	15701	107636
农学	Agriculture	14132	2593	11539	43033	9950	33083	13420	1771	11649
医学	Medicine	39376	6367	33009	126650	22550	104100	34914	5545	29369
军事学	Military	232	26	206	758	146	612	211	23	188
管理学	Management	34784	4473	30311	116051	22084	93967	32225	3628	28597
专业学位	Academic Degree	117538	1503	116035	219239	4211	215028	26705	1119	25586
分学科研究生数（科研机构）	**Research Institutions**	**18970**	**6370**	**12600**	**55736**	**22622**	**33114**	**13773**	**5773**	**8000**
哲学	Philosophy	188	72	116	569	237	332	173	65	108
经济学	Economics	566	244	322	1756	800	956	481	178	303
法学	Law	554	138	416	1689	434	1255	540	125	415
教育学	Education	87	43	44	261	130	131	68	35	33
文学	Literature	278	94	184	839	277	562	237	72	165
历史学	History	84	25	59	258	80	178	76	23	53
理学	Science	6914	3122	3792	20968	10824	10144	5004	3014	1990
工学	Engineering	6502	2078	4424	20682	7776	12906	5341	1727	3614
农学	Agriculture	742	238	504	2240	789	1451	659	202	457
医学	Medicine	691	157	534	2266	712	1554	668	217	451
军事学	Military	1		1	4		4	2		2
管理学	Management	602	156	446	1779	556	1223	478	110	368
专业学位	Academic Degree	1761	3	1758	2425	7	2418	46	5	41

2-12　高等教育学校(机构)数(2010年)

Number of Schools or Institutions of Higher Education (2010)

单位：所 (unit)

项目	Item	总计 Total	中央部委 Central Ministries and Agencies	教育部 Ministry of Education	其他部委 Other Ministries	地方部门 Local Departments	教育部门 Departments of Education	非教育部门 Departments of Non-Education	民办 Private
研究生培养机构	**Institutions Providing Postgraduate Programs**	**(797)**	**374**	**73**	**301**	**423**	**361**	**62**	
普通高校	Regular Institutions of Higher Education	(481)	98	73	25	383	360	23	
科研机构	Research Institutions	(316)	276		276	40	1	39	
普通高校	**Regular Institutions of Higher Education**	**2358**	**111**	**73**	**38**	**1573**	**854**	**719**	**674**
本科院校	Universities with Full Undergraduate Courses	1112	108	73	35	633	542	91	371
专科院校	Colleges with Specialized Courses	1246	3		3	940	312	628	303
#职业技术学院	Vocational and Technical Colleges	1113	2		2	815	255	560	296
成人高等学校	**Adult Institutions of Higher Education**	**365**	**14**	**1**	**13**	**349**	**128**	**221**	**2**
民办的其他高等教育机构	**Other Private Institutions of Higher Education**	**(836)**							**(836)**

注：括号内数据均不计校数。

Note: Data in "()" don't count to number of schools.

2-13 高等教育学校（机构）学生数（2010年）

Number of Students in Regular Institutions of Higher Education (2010)

单位：人 (person)

项　目	Item	招生数 New Enrollment	在校学生数 Total Enrollment	毕(结)业生数 Graduates with Degrees or Diplomas	授予学位数 Degrees Conferred
研究生	Postgraduates	538177	1538416	383600	379992
博　士	Doctor's Degree	63762	258950	48987	47407
硕　士	Master's Degree	474415	1279466	334613	332585
普通本科、专科生	Regular Undergraduates and College Students	6617551	22317929	5754245	2435867
本　科	Enrolled in Full Undergraduate Courses	3512563	12656132	2590535	2435867
专　科	Enrolled in Specialized Courses	3104988	9661797	3163710	
成人本科、专科生	Adult Undergraduates and College Students	2084259	5360388	1972873	101028
本　科	Enrolled in Full Undergraduate Courses	853319	2250457	803915	101028
专　科	Enrolled in Specialized Courses	1230940	3109931	1168958	
网络本科、专科生	Students Enrolled in Internet-based Courses	1663655	4531443	1105529	25956
本　科	Enrolled in Full Undergraduate Courses	555789	1640403	422543	25956
专　科	Enrolled in Specialized Courses	1107866	2891040	682986	
在职人员攻读博士硕士学位	Employees Enrolled in Graduate Programs Leading to Doctor or Master Degrees	124871	420294		102658
学历文凭考试	Students Taking Exam Leading to Diploma				
电大注册视听生	Students Enrolled in Radio and Television Programs				
自考助学班	Classes for Self-learning Programs	188322	595048	194889	
研究生课程进修班	Postgraduate Courses for Advanced Study		64978	48290	
普通预科生	College Preparatory Courses		31970		
进修及培训	In-service Training Courses		2636948	6882371	
留学生	Overseas Students	80846	130637	62071	11912

2-14 成人本、专科分学科学生数（2010年）

Number of Students in Adult Institutions of Higher Education by Field of Study (2010)

单位：人 (person)

项　目	Item	招生数 New Enrollment	本科 Under-graduate Courses	专科 Specia-lized Courses	在校学生数 Total Enroll-ment	本科 Under-graduate Courses	专科 Specia-lized Courses	毕业生数 Graduates	本科 Under-graduate Courses	专科 Specia-lized Courses
总　计	**Total**	**2084259**	**853319**	**1230940**	**5360388**	**2250457**	**3109931**	**1972873**	**803915**	**1168958**
成人高等学校办	**Run by Adult Institutions of Higher Education**	**183532**	**20580**	**162952**	**466418**	**51853**	**414565**	**199901**	**30558**	**169343**
哲　学	Philosophy	88		88	88		88			
经济学	Economics	8700	542	8158	21186	1446	19740	8495	392	8103
法　学	Law	6117	2028	4089	14078	4678	9400	6557	2573	3984
教育学	Education	19150	5068	14082	46200	13961	32239	17358	6528	10830
文　学	Literature	21695	6573	15122	54225	16793	37432	31396	13951	17445
#外语	Foreign Language	4924	1644	3280	13713	4557	9156	8465	4332	4133
艺术	Art	8056	532	7524	18012	1279	16733	7722	938	6784
历史学	History	108	52	56	305	198	107	276	274	2
理　学	Science	1869	962	907	4873	2420	2453	3143	2377	766
工　学	Engineering	45487	896	44591	131298	2480	128818	49895	960	48935
农　学	Agriculture	927	65	862	1753	167	1586	831	35	796
医　学	Medicine	17545	1654	15891	40772	3260	37512	18117	1298	16819
管理学	Management	61846	2740	59106	151640	6450	145190	63833	2170	61663
#师　范	Teacher Training	20830	10259	10571	54071	27538	26533	32106	20029	12077
普通高等学校办	**Run by Regular Institutions of Higher Education**	**1900727**	**832739**	**1067988**	**4893970**	**2198604**	**2695366**	**1772972**	**773357**	**999615**
哲　学	Philosophy	824	97	727	1628	257	1371	**758**	**79**	**679**
经济学	Economics	79102	30373	48729	218847	85308	133539	84853	27233	57620
法　学	Law	63995	48799	15196	168275	128798	39477	76825	56231	20594
教育学	Education	116296	41890	74406	278134	115024	163110	104418	46037	58381
文　学	Literature	200104	128618	71486	547437	367965	179472	241808	160703	81105
#外语	Foreign Language	57820	34768	23052	168689	107840	60849	73555	47880	25675
艺术	Art	46153	18917	27236	116684	54830	61854	46005	21791	24214
历史学	History	2405	2220	185	7276	6523	753	3666	3308	358
理　学	Science	37364	27032	10332	103333	76819	26514	49986	41228	8758
工　学	Engineering	532148	191388	340760	1402242	503263	898979	471874	157468	314406
农　学	Agriculture	29593	12850	16743	69907	32269	37638	28852	14460	14392
医　学	Medicine	307502	149950	157552	754465	362991	391474	247510	107672	139838
管理学	Management	531394	199522	331872	1342426	519387	823039	462422	158938	303484
#师　范	Teacher Training	200289	132672	67617	527533	368612	158921	237826	170521	67305

2-15 普通本、专科分学科学生数（2010年）

Number of Students in Undergraduate and Junior Colleges by Field of Study (2010)

单位：人 (person)

项　目	Item	招生数 New Enrollment	本科 Undergraduate Courses	专科 Specialized Courses	在校学生数 Total Enrollment	本科 Undergraduate Courses	专科 Specialized Courses	毕业生数 Graduates	本科 Undergraduate Courses	专科 Specialized Courses
总　计	**Total**	**6617551**	**3512563**	**3104988**	**22317929**	**12656132**	**9661797**	**5754245**	**2590535**	**3163710**
哲　学	Philosophy	2516	2516		9001	9001		1952	1952	
经济学	Economics	321278	208121	113157	1119348	759948	359400	278995	158286	120709
法　学	Law	192978	133630	59348	696745	486750	209995	195518	114588	80930
教育学	Education	290861	124405	166456	1036301	436683	599618	333270	90327	242943
文　学	Literature	973538	667431	306107	3389649	2388028	1001621	834983	487520	347463
#外语	Foreign Languages	324112	207716	116396	1213966	783068	430898	343999	172377	171622
艺术	Art	451362	294411	156951	1478409	1014672	463737	326878	186888	139990
历史学	History	18057	18057		64907	64907		13713	13713	
理　学	Science	347246	344921	2325	1257980	1251280	6700	270456	269053	1403
工　学	Engineering	2412472	1108832	1303640	8031197	3995779	4035418	2120361	813218	1307143
农　学	Agriculture	118451	62322	56129	399634	226030	173604	102477	48442	54035
医　学	Medicine	492394	219549	272845	1730196	883847	846349	444586	162401	282185
管理学	Management	1447760	622779	824981	4582971	2153879	2429092	1157934	431035	726899
#师　范	Teacher Training	517409	358821	158588	1864171	1297515	566656	521637	293421	228216

2-16 网络本、专科分学科学生数（2010年）

Number of Students Enrolled in Internet-based Courses by Field of Study (2010)

单位：人 (person)

项　目	Item	招生数 New Enrollment	本科 Undergraduate Courses	专科 Specialized Courses	在校学生数 Total Enrollment	本科 Undergraduate Courses	专科 Specialized Courses	毕业生数 Graduates	本科 Undergraduate Courses	专科 Specialized Courses
总　计	**Total**	**1663655**	**555789**	**1107866**	**4531443**	**1640403**	**2891040**	**1105529**	**422543**	**682986**
哲　学	Philosophy	450	411	39	450	411	39	62	62	
经济学	Economics	69380	34157	35223	200013	107417	92596	43177	23957	19220
法　学	Law	147238	62220	85018	450573	206221	244352	126930	58946	67984
教育学	Education	67565	15943	51622	173969	43679	130290	39954	13269	26685
文　学	Literature	100734	57012	43722	334571	204075	130496	103927	68726	35201
#外语	Foreign Language	22685	11959	10726	86229	49641	36588	23171	13998	9173
历史学	History	582	582		1453	1451	2	739	736	3
理　学	Science	9198	7787	1411	25923	23199	2724	11126	10465	661
工　学	Engineering	281888	95745	186143	689710	243318	446392	152168	57540	94628
农　学	Agriculture	20534	3541	16993	58498	8511	49987	14719	1974	12745
医　学	Medicine	98618	41869	56749	231438	99264	132174	43832	20049	23783
管理学	Management	867468	236522	630946	2364845	702857	1661988	568895	166819	402076
#师　范	Teacher Training	56755	37629	19126	129254	93409	35845	47433	38094	9339

2-17 中等职业学校(机构)数（2010年）
Number of Secondary Vocational Schools (2010)

单位：个 (unit)

项目	Item	总计 Total	中央部委 Central Ministries and Agencies	地方部门 Local Departments	教育部门 Departments of Education	非教育部门 Departments of Non-Education	民办 Private
中等职业学校	**Secondary Vocational Schools**	**10864**	**41**	**7700**	**5777**	**1923**	**3123**
普通中等专业学校	Regular Specialized Secondary School	3938	29	2846	1641	1205	1063
成人中等专业学校	Adult Specialized Secondary School	1720	9	1547	1193	354	164
职业高中学校	Vocational Junior Secondary School	5206	3	3307	2943	364	1896
其他机构(教学点)(不计校数)	**Other Institutions**	**2012**	**5**	**1628**	**1113**	**515**	**379**

注：中等职业学校未含技工学校数据（下表同）。
a) Number of secondary vocational schools do not include the number of skilled-worker schools. The same applies to the tables following.

2-18 中等职业学校（机构)学生分科类情况（2010年）
Students in Secondary Vocational Schools by Field of Study (2010)

单位：人 (person)

项目	Item	招生数 New Enrollment	#初中毕业生 Junior Secondary School Graduates	#应届毕业生 Current Year Graduates	在校学生数 Total Enrollment	毕业生数 Graduates	#获得职业资格证书 With Certificate on Professional Competence
总计	**Total**	**7113957**	**6272645**	**5387353**	**18164447**	**5436524**	**3420318**
农林牧渔类	Agriculture and Forestry	1104259	870615	544663	1945251	254803	124565
资源环境类	Resources and Environment	53118	28019	23585	117013	60199	27987
能源与新能源类	Energy and New Energy	34418	26879	24764	99929	37684	22830
土木水利类	Civil and Hydraulic Engineering	212009	190495	168268	516368	146612	90821
加工制造类	Manufacturing	1164369	1063049	960120	3410804	1308244	925115
石油化工类	Petroleum	50857	42739	39301	150680	54447	33865
轻纺食品类	Textile and Food	118539	106830	94158	320846	103456	61715
交通运输类	Communication & Transportation	388745	337804	300888	922995	223541	152335
信息技术类	Information Technologies	1383590	1237692	1080984	3757587	1288833	870967
医药卫生类	Medicine and Health	582799	529217	488289	1683865	435870	161472
休闲保健类		34160	31382	28628	71353	10902	6716
财经商贸类	Finance, Econonics and Trade	716875	656154	579255	1937373	606217	392009
旅游服务类	Tourism Service	299931	274324	242163	758065	187585	128738
文化艺术类	Culture and Arts	348621	313591	289390	941092	280384	173439
体育与健身	Sports and Body Building	44413	41808	40456	120897	34786	19521
教育类	Education	355991	324884	309601	859991	218216	132573
司法服务类	Judicial Service	29428	25143	22372	82666	34545	11079
公共管理与服务类	Public Management and Service	97997	89358	72168	264664	84782	51836
其他	Others	93838	82662	78300	203008	65418	32735

2-19 职业技术培训机构基本情况（2010年）
Basic Statistics on Vocational/Technical Training Institutions (2010)

单位：人 (person)

项目	Item	学校数（所）Schools (unit)	注册学生数 Registered Students	结业学生数 Graduates	教职工数 Teachers and Staff	#专任教师 Full-time Teachers
总计	**Total**	**129447**	**49250045**	**52522921**	**473108**	**242299**
职工技术培训学校(机构)	Vocational/Technical Training Schools	2543	3082107	3067011	46924	30896
教育部门和集体办	Run by Education Departments and Collectives	904	1477691	1483101	26910	18909
其他部门办	Run by Other Departments	736	1326533	1288757	12131	6981
民办	Run by Private Institutions	903	277883	295153	7883	5006
农村成人文化技术培训学校(机构)	Technical Training Schools for Adult Farmers	106689	34242222	38130624	190160	91966
教育部门和集体办	Run by Education Departments and Collectives	104394	33420863	37117096	183029	87970
#县办	Run by Counties	1717	2835373	2628363	16173	10186
乡办	Run by Townships	17252	16181684	18298556	70711	36049
村办	Run by Villages	85425	14403806	16190177	96145	41735
其他部门办	Run by Other Departments	1926	734965	918546	4907	2349
民办	Run by Private Institutions	369	86394	94982	2224	1647
其他培训机构(含社会培训机构)	Others	20215	11925716	11325286	236024	119437
教育部门和集体办	Run by Education Departments and Collectives	1006	965624	916663	11352	6669
其他部门办	Run by Other Departments	2140	2026607	2080117	16420	8117
民办	Run by Private Institutions	17069	8933485	8328506	208252	104651

2-20 普通高中学校和学生情况（2010年）
Statistics on Regular Senior Secondary Schools and Students (2010)

项目	Item	学校数（所）Schools (unit)	高级中学 Senior Secondary Schools	完全中学 Six-grades Secondary Schools	招生数（人）New Enrollment (person)	在校学生数（人）Total Enrollment (person)	毕业生数（人）Graduates (person)
总计	**Total**	**14058**	**6461**	**7597**	**8362359**	**24273351**	**7944335**
教育部门和集体办	Run by Education Departments and Collectives	11334	5574	5760	7480928	21757660	7128151
民办	Run by Private Institutions	2499	814	1685	809462	2300706	742839
其他部门办	Run by Other Departments	225	73	152	71969	214985	73345
城市	Cities	5494	2342	3152	2930927	8582032	2773848
教育部门和集体办	Run by Education Departments and Collectives	4102	1872	2230	2545689	7484529	2431311
民办	Run by Private Institutions	1287	442	845	349994	992665	306562
其他部门办	Run by Other Departments	105	28	77	35244	104838	35975
县镇	Counties and Towns	7136	3539	3597	4864291	14062284	4607848
教育部门和集体办	Run by Education Departments and Collectives	6091	3197	2894	4455047	12890695	4220823
民办	Run by Private Institutions	986	317	669	390276	1113842	367111
其他部门办	Run by Other Departments	59	25	34	18968	57747	19914
农村	Rural	1428	580	848	567141	1629035	562639
教育部门和集体办	Run by Education Departments and Collectives	1141	505	636	480192	1382436	476017
民办	Run by Private Institutions	226	55	171	69192	194199	69166
其他部门办	Run by Other Departments	61	20	41	17757	52400	17456

2-21 普通初中学校和学生情况（2010年）
Statistics on Regular Junior Secondary Schools and Students (2010)

项　目	Item	学校数（所）Number of Schools (unit)	初级中学 Junior Secondary Schools	九年一贯制 9-Year Primary-Secondary Schools	招生数（人）New Enrollment (person)	在校学生数（人）Total Enrollment (person)	毕业生数（人）Graduates (person)
总计	**Total**	**54823**	**42121**	**12702**	**17154930**	**52759127**	**17485714**
教育部门和集体办	Run by Education Departments and Collectives	50011	40236	9775	15508419	47977638	16069107
民办	Run by Private Institutions	4259	1676	2583	1532080	4421129	1298201
其他部门办	Run by Other Departments	553	209	344	114431	360360	118406
城市	Cities	7279	5010	2269	3481265	10590217	3326336
教育部门和集体办	Run by Education Departments and Collectives	5709	4434	1275	2854682	8746351	2782257
民办	Run by Private Institutions	1443	523	920	591247	1734893	507554
其他部门办	Run by Other Departments	127	53	74	35336	108973	36525
县镇	Counties and Towns	18874	15800	3074	7962857	24324161	7989595
教育部门和集体办	Run by Education Departments and Collectives	17163	15071	2092	7236363	22257443	7381996
民办	Run by Private Institutions	1625	675	950	703972	1998788	584183
其他部门办	Run by Other Departments	86	54	32	22522	67930	23416
农村	Rural	28670	21311	7359	5710808	17844749	6169783
教育部门和集体办	Run by Education Departments and Collectives	27139	20731	6408	5417374	16973844	5904854
民办	Run by Private Institutions	1191	478	713	236861	687448	206464
其他部门办	Run by Other Departments	340	102	238	56573	183457	58465

2-22 职业初中学校和学生情况（2010年）
Statistics on Vocational Junior Secondary Schools and Students (2010)

项　目	Item	学校数（所）Schools (unit)	招生数（人）New Enrollment (person)	在校学生数（人）Total Enrollment (person)	毕业生数（人）Graduates (person)
总计	**Total**	**67**	**10885**	**34173**	**17794**
教育部门和集体办	Run by Education Departments and Collectives	66	10866	34037	17332
民办	Run by Private Institutions				400
其他部门办	Run by Other Departments	1	19	136	62
城市	Cities	4	136	549	690
教育部门和集体办	Run by Education Departments and Collectives	3	117	413	640
民办	Run by Private Institutions				
其他部门办	Run by Other Departments	1	19	136	50
县镇	Counties and Towns	26	4140	13156	7792
教育部门和集体办	Run by Education Departments and Collectives	26	4140	13156	7517
民办	Run by Private Institutions				275
其他部门办	Run by Other Departments				
农村	Rural	37	6609	20468	9312
教育部门和集体办	Run by Education Departments and Collectives	37	6609	20468	9175
民办	Run by Private Institutions				125
其他部门办	Run by Other Departments				12

2-23 普通小学学校和学生情况（2010年）

Statistics on Regular Primary Schools and Students (2010)

项目	Item	学校数（所）Schools (unit)	招生数（人）New Enrollment (person)	在校学生数（人）Total Enrollment (person)	毕业生数（人）Graduates (person)
总计	**Total**	**257410**	**16917007**	**99407043**	**17396364**
教育部门和集体办	Run by Education Departments and Collectives	251423	15881893	93462251	16420921
民办	Run by Private Institutions	5351	947235	5376255	864287
其他部门办	Run by Other Departments	636	87879	568537	111156
城市	Cities	16400	3139526	18204675	3044307
教育部门和集体办	Run by Education Departments and Collectives	14769	2738997	15986038	2691909
民办	Run by Private Institutions	1467	375984	2056888	321913
其他部门办	Run by Other Departments	164	24545	161749	30485
县镇	Counties and Towns	30116	4625978	27700170	4924676
教育部门和集体办	Run by Education Departments and Collectives	28506	4293030	25713044	4587999
民办	Run by Private Institutions	1479	319466	1901449	318956
其他部门办	Run by Other Departments	131	13482	85677	17721
农村	Rural	210894	9151503	53502198	9427381
教育部门和集体办	Run by Education Departments and Collectives	208148	8849866	51763169	9141013
民办	Run by Private Institutions	2405	251785	1417918	223418
其他部门办	Run by Other Departments	341	49852	321111	62950

2-24 技工学校数、学生数和教职工数

Number of Technical Schools, Students, Teachers and Staff

年份 Year	学校数（所）Schools (unit)	招生数（万人）New Enrollment (10 000 persons)	在校学生数（万人）Total Enrollment (10 000 persons)	毕业生数（万人）Graduates (10 000 persons)	教职工数（万人）Teachers and Staff (10 000 persons)
1985	3548	35.5	74.2	22.6	21.5
1986	3765	39.4	89.2	23.3	24.4
1987	3952	42.3	103.1	26.5	26.2
1988	3996	46.1	116.1	31.1	28.0
1989	4102	47.0	125.8	36.8	29.6
1990	4184	50.6	133.2	41.3	30.8
1991	4269	54.4	142.2	45.4	32.5
1992	4392	60.2	155.6	45.7	33.6
1993	4477	66.4	171.7	49.7	33.5
1994	4430	71.4	187.1	55.7	34.0
1995	4521	74.0	188.6	68.1	33.7
1996	4467	72.7	191.8	68.1	33.5
1997	4395	73.4	193.1	69.9	31.0
1998	4362	59.4	181.3	68.2	31.0
1999	4098	51.5	156.0	66.2	26.9
2000	3792	50.4	140.1	64.6	24.0
2001	3470	55.1	134.7	47.7	22.0
2002	3075	73.3	153.0	45.4	20.3
2003	2970	91.6	193.1	45.3	20.2
2004	2884	109.7	234.5	53.5	20.5
2005	2855	118.4	275.3	69.0	20.4
2006	2880	134.8	320.8	86.4	21.5
2007	2995	158.5	367.1	99.7	24.0
2008	3075	161.4	397.5	109.0	24.7
2009	3077	156.7	415.3	115.5	26.0
2010	3008	159.0	422.1	121.6	26.6

2-25 各类技工学校情况（2010年）
Statistics on Technical Schools (2010)

指　　标		Item		合　计 Total	国务院各部门 Ministries under the State Council	省、自治区、直辖市 Provinces, Autonomous Regions and Municipalities
学校数	(所)	Number of Schools	(unit)	2998	89	2909
在校学生数	(万人)	Number of Students	(10 000 persons)	421.0	13.7	407.3
教职工数	(万人)	Teachers and Staff	(10 000 persons)	26.5	0.8	25.7
专任教师数	(万人)	Full-time Teachers	(10 000 persons)	19.0	0.6	18.4
文化技术理论课指导教师	(万人)	Classroom Teachers	(10 000 persons)	12.7	0.3	12.4
生产实习课指导教师	(万人)	Practical Training Teachers	(10 000 persons)	6.3	0.2	6.1
理论实习一体化教师	(万人)	Classroom cum Practical Training Teachers	(10 000 persons)	5.2	0.2	5.1

注：本表未含上海数据。

a) Data in this table do not include those of Shanghai.

2-26 学龄儿童入学率和各级普通学校毕业生升学率
Net Enrollment Ratio of Primary Schools and Promotion Rate of Various Schools

单位：%　　　　(%)

年　份 Year	学龄儿童净入学率 Net Enrollment Ratio of Primary Schools	小学升学率 Promotion Rate from Primary Schools to Junior Secondary Schools	初中升学率 Promotion Rate from Junior Secondary Schools to Senior Secondary Schools	高中升学率 Promotion Rate from Senior Secondary Schools to Higher Education
1990	97.8	74.6	40.6	27.3
1991	97.8	77.7	42.6	28.7
1992	97.2	79.7	43.6	34.9
1993	97.7	81.8	44.1	43.3
1994	98.4	86.6	47.8	46.7
1995	98.5	90.8	50.3	49.9
1996	98.8	92.6	49.8	51.0
1997	98.9	93.7	51.5	48.6
1998	98.9	94.3	50.7	46.1
1999	99.1	94.4	50.0	63.8
2000	99.1	94.9	51.2	73.2
2001	99.1	95.5	52.9	78.8
2002	98.6	97.0	58.3	83.5
2003	98.7	97.9	59.6	83.4
2004	98.9	98.1	63.8	82.5
2005	99.2	98.4	69.7	76.3
2006	99.3	100.0	75.7	75.1
2007	99.5	99.9	80.5	70.3
2008	99.5	99.7	83.4	72.7
2009	99.4	99.1	85.6	77.6
2010	99.7	98.7	87.5	83.3

注：1.初中升高级中学包含升入技工学校。

2.高中升学率为普通高校招生数（含电大普通班）与普通高中毕业生数之比。

a) Data on promotion rate from junior secondary schools to senior secondary schools include those entering into secondary technical schools.

b) Data on promotion rate from senior secondary schools to higher education refer to the ratio of new entrants into regular institutions of higher education (including regular classes of TV universities) to graduates of senior secondary schools.

2-27 各地区高等学校普通本、专科学生数（2010年）

Number of Students in Undergraduate or Specialized Courses in Institutions of Higher Education by Region (2010)

单位：人 (person)

地 区	Region	学校数（所） Schools (unit)	招生数 Entrants	本 科 Undergraduate Courses	专 科 Specialized Courses	在校学生数 Enrollment	本 科 Undergraduate Courses	专 科 Specialized Courses
全 国	**National Total**	**2358**	**6617551**	**3512563**	**3104988**	**22317929**	**12656132**	**9661797**
北 京	Beijing	87	155137	119821	35316	587106	467973	119133
天 津	Tianjin	55	128608	76379	52229	429224	273616	155608
河 北	Hebei	110	339149	156388	182761	1105118	552202	552916
山 西	Shanxi	73	180748	85161	95587	562924	292607	270317
内蒙古	Inner Mongolia	44	112546	55663	56883	371388	197649	173739
辽 宁	Liaoning	112	247451	155215	92236	880247	602201	278046
吉 林	Jilin	56	151106	107472	43634	544392	404872	139520
黑龙江	Heilongjiang	79	192665	124116	68549	719117	474038	245079
上 海	Shanghai	67	144649	91154	53495	515661	354940	160721
江 苏	Jiangsu	150	448562	253057	195505	1649430	944090	705340
浙 江	Zhejiang	101	253562	138886	114676	884867	522172	362695
安 徽	Anhui	111	287585	135461	152124	938954	482387	456567
福 建	Fujian	84	198746	103865	94881	647774	365516	282258
江 西	Jiangxi	85	248494	115635	132859	816484	398888	417596
山 东	Shandong	132	475212	220622	254590	1631373	807484	823889
河 南	Henan	107	457122	211337	245785	1456730	687181	769549
湖 北	Hubei	120	387612	202498	185114	1296920	716184	580736
湖 南	Hunan	117	302650	153108	149542	1047241	557232	490009
广 东	Guangdong	131	437274	217048	220226	1426624	778595	648029
广 西	Guangxi	70	182635	73853	108782	567516	261369	306147
海 南	Hainan	17	47573	25020	22553	150806	80296	70510
重 庆	Chongqing	53	164137	96434	67703	522719	328741	193978
四 川	Sichuan	92	332104	180340	151764	1086215	643225	442990
贵 州	Guizhou	47	99320	53636	45684	323293	184389	138904
云 南	Yunnan	61	140966	77755	63211	439042	255788	183254
西 藏	Tibet	6	9213	5023	4190	31109	19681	11428
陕 西	Shaanxi	90	267108	154904	112204	927769	545712	382057
甘 肃	Gansu	40	114064	65994	48070	381526	238412	143114
青 海	Qinghai	9	12969	7609	5360	44994	28119	16875
宁 夏	Ningxia	15	25008	14815	10193	80206	51219	28987
新 疆	Xinjiang	37	73576	34294	39282	251160	139354	111806

注：学校数为普通高校数。学生数包括成人高校的普通本专科学生数。

a) Schools refer to those of regular higher education. Number of students includes adult regular undergraduates and college students.

2-27 续表 continued

单位：人 (person)

地区	Region	预计毕业生数 Anticipated Graduates for Next Year	本科 Undergraduate Courses	专科 Specialized Courses	毕(结)业生数 Graduates with Degrees or Diplomas	本科 Under-graduate Courses	专科 Specialized Courses	授予学位数 Degrees Conferred
全国	**National Total**	**6190661**	**2868211**	**3322450**	**5754245**	**2590535**	**3163710**	**2435867**
北京	Beijing	159042	115950	43092	152659	110081	42578	103720
天津	Tianjin	112133	60090	52043	105354	55698	49656	53464
河北	Hebei	313995	122466	191529	297092	108034	189058	104153
山西	Shanxi	153886	65192	88694	165545	60516	105029	54484
内蒙古	Inner Mongolia	98310	42600	55710	94704	36201	58503	34398
辽宁	Liaoning	242607	145186	97421	219564	132522	87042	129467
吉林	Jilin	142741	92654	50087	135951	86118	49833	73599
黑龙江	Heilongjiang	199078	109616	89462	180982	98437	82545	90965
上海	Shanghai	144592	88673	55919	133716	78331	55385	74674
江苏	Jiangsu	488363	232469	255894	478868	198903	279965	184363
浙江	Zhejiang	245408	121403	124005	233741	108865	124876	104227
安徽	Anhui	258712	107316	151396	232225	90398	141827	81841
福建	Fujian	178637	82609	96028	153449	71708	81741	67014
江西	Jiangxi	232477	87077	145400	225943	81573	144370	76482
山东	Shandong	477435	182070	295365	444003	182722	261281	176377
河南	Henan	427752	154976	272776	382486	137571	244915	127749
湖北	Hubei	366247	158915	207332	331303	148906	182397	138420
湖南	Hunan	288205	121979	166226	276082	109394	166688	106817
广东	Guangdong	369334	168536	200798	334187	152893	181294	146295
广西	Guangxi	154769	58324	96445	138089	47914	90175	46082
海南	Hainan	40498	16525	23973	36791	13765	23026	12962
重庆	Chongqing	134359	71991	62368	122811	66490	56321	62358
四川	Sichuan	298631	143775	154856	278577	126069	152508	122319
贵州	Guizhou	84772	38470	46302	74777	33280	41497	29227
云南	Yunnan	110967	51629	59338	95379	46727	48652	45261
西藏	Tibet	8013	4618	3395	8266	4645	3621	4021
陕西	Shaanxi	260454	122600	137854	235507	113140	122367	107328
甘肃	Gansu	100217	51995	48222	92226	45747	46479	41963
青海	Qinghai	13020	6209	6811	11207	5784	5423	5151
宁夏	Ningxia	20036	10332	9704	19218	9201	10017	5436
新疆	Xinjiang	65971	31966	34005	63543	28902	34641	25250

2-28 各地区普通高等学校（机构）教职工情况（2010年）

Situations on Teachers and Staff in Regular Schools (Institutions) of Higher Education by Region (2010)

单位：人 (person)

地区 Region	教职工数 Teachers & Staff	校本部教职工 Head-quarters	专任教师 Full-time Teachers	正高级 Senior	副高级 Sub-senior	中级 Middle	初级 Junior	无职称 No Rank	行政人员 Administrative Personnel	教辅人员 Teaching Assistants	工勤人员 Workers
全国 National Total	**2156601**	**2020497**	**1343127**	**148552**	**377225**	**516938**	**231099**	**69313**	**297715**	**203345**	**176310**
北京 Beijing	133874	114886	59248	11869	19663	22151	3394	2171	22232	16967	16439
天津 Tianjin	45194	43155	28094	3990	9190	10126	3957	831	6739	4354	3968
河北 Hebei	94548	90191	60769	7383	16970	22322	10334	3760	13246	7870	8306
山西 Shanxi	56909	53752	36492	2635	9387	12851	8584	3035	7493	5407	4360
内蒙古 Inner Mongolia	36439	35267	23332	1983	7012	7955	4569	1813	5338	3818	2779
辽宁 Liaoning	93183	88410	57404	7412	17754	21982	8645	1611	13764	8727	8515
吉林 Jilin	59535	56551	33982	4861	10463	11917	6095	646	8835	6371	7363
黑龙江 Heilongjiang	75741	70991	44198	6256	13056	16469	6586	1831	10673	7341	8779
上海 Shanghai	74161	65610	39170	6191	11479	16332	3488	1680	10969	8482	6989
江苏 Jiangsu	158647	148025	102010	10420	29297	42324	16594	3375	21488	14060	10467
浙江 Zhejiang	79785	74290	50969	6219	14831	22124	5586	2209	12128	7231	3962
安徽 Anhui	71264	68524	49298	3562	12708	18912	11142	2974	7785	6211	5230
福建 Fujian	58660	55668	37733	3571	9683	13573	8809	2097	8748	5499	3688
江西 Jiangxi	70753	67491	49028	4587	13124	17807	10932	2578	8437	5427	4599
山东 Shandong	139100	132851	91413	9206	24924	36231	18172	2880	18054	12714	10670
河南 Henan	110427	106073	77471	5830	19737	30264	17556	4084	11495	8335	8772
湖北 Hubei	123491	114670	74685	8674	22047	26077	13656	4231	17228	12248	10509
湖南 Hunan	94871	88556	59557	6320	16943	23061	10233	3000	13241	9619	6139
广东 Guangdong	121363	114018	78569	8787	20585	30802	10671	7724	17880	11432	6137
广西 Guangxi	50701	45025	31650	2736	8077	12303	5491	3043	6151	3772	3452
海南 Hainan	12360	12013	7798	729	1680	2593	1934	862	1697	1289	1229
重庆 Chongqing	48356	45968	31070	3217	8933	12466	4943	1511	7303	4067	3528
四川 Sichuan	100503	94096	64991	6311	16872	25663	13032	3113	11970	8870	8265
贵州 Guizhou	29721	29150	20351	1785	5835	8264	3255	1212	4403	2606	1790
云南 Yunnan	39676	38269	26498	2729	7391	10370	4433	1575	5321	3392	3058
西藏 Tibet	3312	3286	2195	88	535	856	404	312	500	286	305
陕西 Shaanxi	98536	92579	58288	6907	15534	22964	10493	2390	14396	10089	9806
甘肃 Gansu	32865	30216	20761	1956	5856	7753	3943	1253	4026	2858	2571
青海 Qinghai	6682	5973	3731	566	1336	1096	548	185	761	817	664
宁夏 Ningxia	9174	8690	5866	761	1681	2027	1060	337	1391	783	650
新疆 Xinjiang	26770	26253	16506	1011	4642	7303	2560	990	4023	2403	3321

2-29　各地区中等职业学校（机构)学生情况（2010年）

Situations on Students in Secondary Vocational Schools (Institutions) by Region (2010)

单位：人　　　　(person)

地　区	Region	招生数 New Enrollment	初中毕业 Junior Secondary School Graduates	#应　届毕业生 Current Year Graduates	在　校学生数 Total Enrollment	毕业生数 Graduates	#获得职业资格证书 With Professional Qualification Certificates	预　计毕业生数 Graduates for Next Year
全　国	**National**	**7113957**	**6272645**	**5387353**	**18164447**	**5436524**	**3420318**	**5632128**
北　京	Beijing	50586	41684	39191	161806	51325	27397	53977
天　津	Tianjin	38731	33216	31172	116107	51481	23892	42968
河　北	Hebei	409522	347659	295431	1120517	348186	180608	356514
山　西	Shanxi	236507	185227	143871	575210	181814	102637	194844
内蒙古	Inner Mongolia	124227	100930	82169	334720	85296	47960	92064
辽　宁	Liaoning	144448	130182	115422	427773	142613	70382	147071
吉　林	Jilin	107251	95520	64196	292359	91836	41310	97149
黑龙江	Heilongjiang	115897	90771	70031	360023	121979	60449	129907
上　海	Shanghai	48914	46887	44491	163878	55530	42938	51821
江　苏	Jiangsu	362563	343163	323951	1020381	281831	220945	289869
浙　江	Zhejiang	241528	234057	232205	642238	187361	155607	191698
安　徽	Anhui	349069	304187	278881	872733	292473	177682	281925
福　建	Fujian	201482	174067	146920	536047	155293	125254	180382
江　西	Jiangxi	219951	191974	173559	618065	188419	118078	190642
山　东	Shandong	426954	364120	320223	1131621	439337	295311	394461
河　南	Henan	625601	548046	503784	1636004	526333	296116	546943
湖　北	Hubei	283610	263684	251702	903834	335776	208282	321618
湖　南	Hunan	302889	250990	229378	764796	282883	179143	230053
广　东	Guangdong	741320	640810	523124	1547785	331741	237823	430724
广　西	Guangxi	380908	330410	176430	809508	163557	108486	204167
海　南	Hainan	54732	50783	43907	136905	29692	14598	34449
重　庆	Chongqing	132467	128204	122451	391601	125018	84193	123434
四　川	Sichuan	511629	481864	436400	1236943	314065	216459	351305
贵　州	Guizhou	155527	142299	116138	375740	100997	60332	108643
云　南	Yunnan	279015	248464	169557	575301	128904	73277	130519
西　藏	Tibet	7319	6313	6263	22613	7312	2261	8812
陕　西	Shaanxi	251820	227180	215278	628261	198308	128485	211998
甘　肃	Gansu	137362	120262	102782	347376	102515	58093	108545
青　海	Qinghai	30713	26751	20654	79105	19773	14290	22989
宁　夏	Ningxia	42521	36263	29874	101878	28493	13077	32937
新　疆	Xinjiang	98894	86678	77918	233319	66383	34953	69700

注：中等职业学校未含技工学校数据（下表同）。

a) Number of secondary vocational schools do not include the number of skilled-worker schools. The same applies to the tables following.

2-30 各地区中等职业学校(机构)教职工数(2010年)

Number of Teachers and Staff in Secondary Vocational Schools (Institutions) by Region (2010)

单位：人 (person)

地区	Region	教职工数 Teachers and Staff	校本部教职工 Teachers and Staff in Headquarters	专任教师 Full-time Teachers	行政人员 Administrative Personnel	教辅人员 Teaching Assistants	工勤人员 Workers	校办企业职工 Employees in School-run Enterprises	其他附设机构人员 Personnel in Other Subsidiary Units	聘请校外教师 Engaged from Other Schools
全国	**National Total**	**956631**	**940070**	**680954**	**103473**	**68124**	**87519**	**8305**	**8256**	**101752**
北京	Beijing	14625	14335	8390	2933	1202	1810	48	242	1522
天津	Tianjin	11500	11378	7891	1805	784	898	46	76	1080
河北	Hebei	67544	66903	49074	7093	5238	5498	385	256	4674
山西	Shanxi	32882	32344	23333	3532	2546	2933	198	340	3745
内蒙古	Inner Mongolia	20626	20324	14653	2365	1450	1856	123	179	1447
辽宁	Liaoning	32736	32314	21910	4711	2411	3282	258	164	3257
吉林	Jilin	28434	28159	19339	3751	2855	2214	132	143	1740
黑龙江	Heilongjiang	26038	25750	18297	3082	1844	2527	189	99	1597
上海	Shanghai	14060	13951	8094	2301	1565	1991	101	8	1394
江苏	Jiangsu	57667	56995	44035	3864	4244	4852	314	358	6067
浙江	Zhejiang	37491	37150	30548	2319	2039	2244	173	168	4033
安徽	Anhui	34109	33105	24384	3572	1959	3190	547	457	3566
福建	Fujian	23667	23030	17993	2037	1353	1647	540	97	4500
江西	Jiangxi	27658	27070	20035	3117	1391	2527	309	279	2956
山东	Shandong	78769	77275	55465	8787	6613	6410	842	652	3361
河南	Henan	83165	81125	60389	8263	5679	6794	1013	1027	8706
湖北	Hubei	40985	40015	28476	4552	3127	3860	542	428	5812
湖南	Hunan	41822	40655	28004	5268	3159	4224	728	439	3702
广东	Guangdong	58754	58231	43533	6011	4101	4586	247	276	6138
广西	Guangxi	31234	29582	20469	3115	2307	3691	259	1393	4351
海南	Hainan	5846	5635	3824	702	329	780	13	198	603
重庆	Chongqing	19171	19042	13875	2125	1288	1754	80	49	3628
四川	Sichuan	50376	49755	36215	4729	3252	5559	236	385	5258
贵州	Guizhou	15789	15452	11291	2139	747	1275	233	104	3682
云南	Yunnan	27623	27539	20120	2383	1560	3476	41	43	4774
西藏	Tibet	731	731	591	45	30	65			109
陕西	Shaanxi	31571	30947	20892	4691	2475	2889	408	216	4308
甘肃	Gansu	20225	20001	14862	1930	1238	1971	140	84	1358
青海	Qinghai	3157	3061	2444	255	122	240	81	15	444
宁夏	Ningxia	3388	3335	2444	331	215	345	39	14	489
新疆	Xinjiang	14988	14881	10084	1665	1001	2131	40	67	3451

2-31 各地区普通高中基本情况（2010年）

Basic Statistics on Regular Senior Secondary Schools by Region (2010)

单位：人 (person)

地 区	Region	学校数（所） Schools (unit)	招生数 New Enrollment	在校学生数 Total Enrollment	毕业生数 Graduates	教职工数 Teachers and Staff	#专任教师 Full-time Teachers
全 国	**National Total**	**14058**	**8362359**	**24273351**	**7944335**	**5859271**	**1518194**
北 京	Beijing	289	65649	198415	62305	70418	19618
天 津	Tianjin	214	62061	185153	65951	51778	14819
河 北	Hebei	615	420199	1275146	426568	305324	82982
山 西	Shanxi	534	280984	822925	259381	204549	53572
内蒙古	Inner Mongolia	289	166364	499280	174815	123092	31587
辽 宁	Liaoning	419	240387	715443	226130	180343	44684
吉 林	Jilin	257	162999	470946	152201	121071	27628
黑龙江	Heilongjiang	416	207452	616885	195518	171212	40726
上 海	Shanghai	261	53853	168899	62375	67277	16729
江 苏	Jiangsu	653	440338	1356550	486363	335609	98197
浙 江	Zhejiang	569	300941	880194	273680	208249	62344
安 徽	Anhui	743	424086	1275968	443812	262588	66879
福 建	Fujian	575	243076	706369	240300	172158	52136
江 西	Jiangxi	452	256536	739649	262464	184385	46860
山 东	Shandong	592	528217	1525122	546851	438787	111401
河 南	Henan	825	628486	1921573	704309	431419	104334
湖 北	Hubei	603	395471	1237362	434549	263055	71126
湖 南	Hunan	622	370508	1019039	361786	281722	67830
广 东	Guangdong	1026	755881	2089462	567648	445335	125069
广 西	Guangxi	463	270720	753981	238971	190125	42120
海 南	Hainan	107	56045	160461	50598	40694	9503
重 庆	Chongqing	268	227567	626434	169522	124404	32214
四 川	Sichuan	747	525495	1462250	449991	321813	80318
贵 州	Guizhou	444	240208	620221	171704	155346	33072
云 南	Yunnan	451	228997	632812	184415	179480	41166
西 藏	Tibet	29	15057	40728	12177	12773	3171
陕 西	Shaanxi	569	338378	955861	310262	198543	53950
甘 肃	Gansu	452	219614	646975	195045	132676	37517
青 海	Qinghai	119	36153	107715	34080	23923	7550
宁 夏	Ningxia	70	47399	142392	44858	30496	8861
新 疆	Xinjiang	385	153238	419141	135706	130627	30231

注：教职工数为普通高中和普通初中之和。

a) Number of teachers and staff is the sum of that of regular senior secondary schools and regular junior secondary schools.

2-32 各地区普通初中基本情况（2010年）

Basic Statistics on Regular Junior Secondary Schools by Region (2010)

单位：人 (person)

地 区	Region	学校数（所）Schools (unit)	招生数 New Enrollment	在校学生数 Total Enrollment	毕业生数 Graduates	专任教师 Full-time Teachers
全 国	**National Total**	**54823**	**17154930**	**52759127**	**17485714**	**3523382**
北 京	Beijing	345	102360	309912	101045	30255
天 津	Tianjin	332	83891	273408	93464	25899
河 北	Hebei	2649	721556	2212343	876820	177693
山 西	Shanxi	2213	571651	1713779	575396	119221
内蒙古	Inner Mongolia	834	270361	814686	268978	63983
辽 宁	Liaoning	1657	397158	1272295	455348	100674
吉 林	Jilin	1209	251194	817462	294438	67038
黑龙江	Heilongjiang	1758	363236	1290892	405225	101430
上 海	Shanghai	494	109424	425463	98913	34012
江 苏	Jiangsu	2123	710443	2329518	913974	186397
浙 江	Zhejiang	1745	532022	1671286	585993	120521
安 徽	Anhui	2995	873302	2789866	921877	163173
福 建	Fujian	1328	383157	1275763	478531	99333
江 西	Jiangxi	2107	683676	1999946	536759	120425
山 东	Shandong	3053	1112964	3485570	1022090	260681
河 南	Henan	4616	1588071	4694044	1549170	276650
湖 北	Hubei	2184	657947	2180937	854395	156836
湖 南	Hunan	3311	734373	2149204	697470	172664
广 东	Guangdong	3308	1663662	5001040	1534663	266445
广 西	Guangxi	1974	701548	2003911	626644	118720
海 南	Hainan	424	133509	421593	146277	25061
重 庆	Chongqing	1005	408525	1281724	416604	77089
四 川	Sichuan	3991	1116229	3438646	1137612	204644
贵 州	Guizhou	2148	764740	2136599	635811	109436
云 南	Yunnan	1732	706567	2073500	641624	119818
西 藏	Tibet	93	47361	138992	46093	8873
陕 西	Shaanxi	1867	493463	1643225	627356	116532
甘 肃	Gansu	1586	453780	1384027	454586	83172
青 海	Qinghai	315	78875	219463	66211	14325
宁 夏	Ningxia	267	103767	306755	84837	18623
新 疆	Xinjiang	1160	336118	1003278	337510	83759

2-33 各地区职业初中基本情况（2010年）

Basic Statistics on Vocational Junior Secondary Schools by Region (2010)

单位：人　　　　(person)

地区	Region	学校数（所） Schools (unit)	招生数 New Enrollment	在校学生数 Total Enrollment	毕业生数 Graduates	教职工数 Teachers and Staff	#专任教师 Full-time Teachers
全　国	**National Total**	**67**	**10885**	**34173**	**17794**	**2187**	**1975**
北　京	Beijing						
天　津	Tianjin						
河　北	Hebei	1	66	162	68	20	14
山　西	Shanxi	8	339	1192	2852	107	94
内蒙古	Inner Mongolia				2138		
辽　宁	Liaoning						
吉　林	Jilin	12	2175	7530	2968	721	617
黑龙江	Heilongjiang	4	309	1316	210	120	107
上　海	Shanghai		48	143	48	18	18
江　苏	Jiangsu						
浙　江	Zhejiang						
安　徽	Anhui	1	93	300	127	27	25
福　建	Fujian						
江　西	Jiangxi	1	245	525	289	44	44
山　东	Shandong						
河　南	Henan						
湖　北	Hubei				671		
湖　南	Hunan						
广　东	Guangdong						
广　西	Guangxi						
海　南	Hainan						
重　庆	Chongqing						
四　川	Sichuan	3	2310	4588	989	83	80
贵　州	Guizhou	22	3658	10683	4154	650	620
云　南	Yunnan	14	1517	6908	2875	364	332
西　藏	Tibet						
陕　西	Shaanxi						
甘　肃	Gansu	1	10	45	10	8	6
青　海	Qinghai						
宁　夏	Ningxia		115	781	395	25	18
新　疆	Xinjiang						

2-34 各地区普通小学基本情况（2010年）

Basic Statistics on Regular Primary Schools by Region (2010)

单位：人 (person)

地 区	Region	学校数（所）Schools (unit)	招生数 New Enrollment	在校学生数 Total Enrollment	毕业生数 Graduates	教职工数 Teachers and Staff	#专任教师 Full-time Teachers
全 国	**National Total**	**257410**	**16917007**	**99407043**	**17396364**	**6109847**	**5617091**
北 京	Beijing	1104	113728	653255	102971	60038	49480
天 津	Tianjin	956	82550	505895	87178	43990	37317
河 北	Hebei	13563	955960	5115923	721755	342373	319037
山 西	Shanxi	12776	451390	2910606	573473	206423	190538
内蒙古	Inner Mongolia	2767	221764	1430751	269753	138473	113564
辽 宁	Liaoning	5523	348465	2182522	397516	167199	146922
吉 林	Jilin	5837	249724	1444633	252667	147790	124502
黑龙江	Heilongjiang	6490	341438	1879609	363943	172707	151344
上 海	Shanghai	766	150465	701578	124353	55843	45239
江 苏	Jiangsu	4498	731257	3987821	705776	275678	249586
浙 江	Zhejiang	3989	602117	3333274	541309	186081	171908
安 徽	Anhui	13997	819015	4604351	874103	256209	245726
福 建	Fujian	6974	426005	2388917	396060	166290	156601
江 西	Jiangxi	12772	748368	4260215	678534	209950	202897
山 东	Shandong	12405	1113005	6292476	1102552	417504	387453
河 南	Henan	28603	1877552	10705303	1653451	518191	490413
湖 北	Hubei	7749	680166	3655512	611620	211247	196078
湖 南	Hunan	12692	863796	4791601	728144	266854	250039
广 东	Guangdong	16806	1359159	8485498	1741881	487773	430735
广 西	Guangxi	13942	741123	4300598	718164	244647	220183
海 南	Hainan	2313	103591	780535	146903	57085	52056
重 庆	Chongqing	5544	329739	1999407	398349	125859	116057
四 川	Sichuan	9282	964894	5921080	1113444	329690	305741
贵 州	Guizhou	12422	656919	4334971	798173	207209	197913
云 南	Yunnan	14059	669300	4352084	736946	250114	237537
西 藏	Tibet	872	50747	299408	50642	19289	18901
陕 西	Shaanxi	9710	408618	2610355	505889	190545	175184
甘 肃	Gansu	11582	361331	2370406	474328	144568	140381
青 海	Qinghai	1792	81464	518992	82467	27516	26584
宁 夏	Ningxia	2027	101496	653669	109658	33849	33212
新 疆	Xinjiang	3598	311861	1935798	334362	148863	133963

2-35 各地区特殊教育基本情况（2010年）

Basic Statistics on Special Education by Region (2010)

单位：人 (person)

地 区	Region	学校数 (所) Schools (unit)	招生数 New Enrollment	在校学生数 Total Enrollment	毕业生数 Graduates	教职工数 Teachers and Staff	#专任教师 Full-time Teachers
全 国	**National Total**	**1706**	**64869**	**425613**	**58941**	**49249**	**39650**
北 京	Beijing	21	967	7981	1914	1201	906
天 津	Tianjin	20	359	2570	393	607	450
河 北	Hebei	149	1715	12415	831	3308	2660
山 西	Shanxi	45	1088	8167	895	1474	1214
内蒙古	Inner Mongolia	30	564	3976	362	1104	916
辽 宁	Liaoning	74	688	8921	906	2682	2147
吉 林	Jilin	45	1059	6884	783	1736	1309
黑龙江	Heilongjiang	74	1233	8326	931	2312	1873
上 海	Shanghai	29	1203	8811	1936	1596	1143
江 苏	Jiangsu	112	4763	29742	5228	3802	2988
浙 江	Zhejiang	67	1904	13010	1718	1837	1586
安 徽	Anhui	62	2203	13985	1558	1393	1174
福 建	Fujian	71	4575	32048	5993	1815	1599
江 西	Jiangxi	70	3609	23741	2476	944	843
山 东	Shandong	145	3610	21987	2794	5742	4486
河 南	Henan	120	3234	21853	2283	3401	2874
湖 北	Hubei	76	2047	15349	2261	1744	1477
湖 南	Hunan	54	2174	13209	1378	1531	1168
广 东	Guangdong	75	3666	26064	4165	2719	2026
广 西	Guangxi	59	2435	15756	1638	1160	919
海 南	Hainan	3	652	3175	567	145	109
重 庆	Chongqing	36	2348	14618	2426	846	715
四 川	Sichuan	100	6684	41839	5817	1989	1711
贵 州	Guizhou	53	2755	16231	1350	928	796
云 南	Yunnan	26	3407	21432	3149	854	685
西 藏	Tibet	2	42	258	6	62	52
陕 西	Shaanxi	40	1419	7837	1199	967	748
甘 肃	Gansu	17	2071	13350	1850	525	418
青 海	Qinghai	11	255	2505	167	174	137
宁 夏	Ningxia	7	242	1516	177	190	174
新 疆	Xinjiang	13	1898	8057	1790	461	347

2-36 各地区各级普通学校生师比

Student-Teacher Ratio by Level of Regular Schools by Region

年份 Year 地区 Region	小学 Primary School	初中 Junior Secondary School	普通高中 Regular Senior Secondary School	职业高中 Vocational Senior Secondary School	普通中专 Regular Specialized Secondary School	普通高校 Regular Institution of Higher Education	本科院校 Undergraduate Courses	专科院校 Specialized Courses
2004	19.98	18.65	18.65	19.10	28.13	16.22	17.44	13.15
2005	19.43	17.80	18.54	20.62	31.02	16.85	17.75	14.78
2006	19.17	17.15	18.13	22.16	31.67	17.80	17.61	18.26
2007	18.82	16.52	17.48	23.50	31.39	17.28	17.31	17.20
2008	18.38	16.07	16.78	23.47	31.27	17.23	17.21	17.27
2009	17.88	15.47	16.30	23.65	27.82	17.27	17.23	17.35
2010	17.70	14.98	15.99	23.66	26.10	17.33	17.38	17.21
北　京 Beijing	13.20	10.24	10.11	12.93	21.20	15.97	16.22	14.11
天　津 Tianjin	13.56	10.56	12.49	12.32	14.77	16.77	16.63	17.12
河　北 Hebei	16.04	12.45	15.37	21.23	24.22	17.82	17.96	17.52
山　西 Shanxi	15.28	14.37	15.36	25.04	27.88	16.44	16.34	16.62
内蒙古 Inner Mongolia	12.60	12.73	15.81	19.57	22.82	17.20	17.55	16.72
辽　宁 Liaoning	14.85	12.64	16.01	18.03	17.49	16.82	17.25	15.20
吉　林 Jilin	11.60	12.19	17.05	17.88	17.56	17.72	17.76	17.52
黑龙江 Heilongjiang	12.42	12.73	15.15	15.32	24.08	16.85	16.92	16.64
上　海 Shanghai	15.51	12.51	10.10	13.20	22.16	17.03	16.93	17.59
江　苏 Jiangsu	15.98	12.50	13.81	17.57	23.46	15.88	16.38	15.14
浙　江 Zhejiang	19.39	13.87	14.12	21.39	23.27	17.13	16.91	17.61
安　徽 Anhui	18.74	17.10	19.08	34.87	35.01	18.44	18.31	18.62
福　建 Fujian	15.25	12.84	13.55		22.61	17.43	17.55	17.17
江　西 Jiangxi	21.00	16.61	15.78	30.34	30.18	17.14	17.32	16.84
山　东 Shandong	16.24	13.37	13.69	18.31	20.80	16.94	16.67	17.46
河　南 Henan	21.83	16.97	18.42	24.48	29.56	17.63	18.01	17.01
湖　北 Hubei	18.64	13.91	17.40	30.06	32.18	17.82	17.71	18.13
湖　南 Hunan	19.16	12.45	15.02	22.02	31.54	18.01	18.05	17.95
广　东 Guangdong	19.70	18.77	16.71	24.08	27.66	18.83	19.05	18.43
广　西 Guangxi	19.53	16.88	17.90		24.39	17.42	17.29	17.62
海　南 Hainan	14.99	16.82	16.89	23.04	50.05	18.47	18.60	18.22
重　庆 Chongqing	17.23	16.63	19.45	28.57	36.21	17.51	17.95	16.38
四　川 Sichuan	19.37	16.82	18.21	31.98	33.59	18.05	18.06	18.03
贵　州 Guizhou	21.90	19.51	18.75	29.87	31.52	17.27	16.89	18.08
云　南 Yunnan	18.32	17.32	15.37	28.35	34.38	17.76	17.77	17.76
西　藏 Tibet	15.84	15.66	12.84		32.10	13.99	13.82	14.45
陕　西 Shaanxi	14.90	14.10	17.72	29.50	24.72	17.26	17.16	17.60
甘　肃 Gansu	16.89	16.64	17.24	25.45	24.07	18.79	19.13	18.04
青　海 Qinghai	19.52	15.32	14.27	76.11	32.06	14.00	13.29	16.12
宁　夏 Ningxia	19.68	16.50	16.07	32.27	34.23	17.46	16.49	19.59
新　疆 Xinjiang	14.45	11.98	13.86	22.75	17.62	16.63	16.17	17.40

注：普通高校生师比中专任教师数包括聘请校外教师。

a) Of the student-teacher ratio of regular institution of higher education, full-time teachers include those from other schools.

2-37 每十万人口各级学校平均在校生数

Number of Students Per 100 000 Population by Level

单位：人 (person)

年份 地区	Year Region	幼儿园 Kindergartens	小学 Primary Education	初中阶段 Junior Secondary	高中阶段 Senior Secondary	高等学校 Higher Education
	2004	1617	8725	5058	2792	1420
	2005	1676	8358	4781	3070	1613
	2006	1731	8192	4557	3321	1816
	2007	1787	8037	4364	3409	1924
	2008	1873	7819	4227	3463	2042
	2009	2001	7584	4097	3495	2128
	2010	2230	7448	3955	3499	2189
北京	Beijing	1578	3722	1766	2363	6196
天津	Tianjin	1774	4119	2226	2776	4412
河北	Hebei	2389	7273	3145	3647	1951
山西	Shanxi	2072	8492	5004	4478	2132
内蒙古	Inner Mongolia	1572	5907	3364	3581	1884
辽宁	Liaoning	1932	5053	2946	2900	2671
吉林	Jilin	1252	5273	3011	2944	2716
黑龙江	Heilongjiang	1285	4913	3377	2881	2447
上海	Shanghai	2084	3652	2216	1878	4300
江苏	Jiangsu	2663	5162	3016	3527	2819
浙江	Zhejiang	3534	6435	3226	3189	2285
安徽	Anhui	1644	7510	4551	3657	1841
福建	Fujian	3216	6586	3517	3655	2144
江西	Jiangxi	2787	9612	4514	3469	2162
山东	Shandong	2317	6644	3681	3224	2202
河南	Henan	2073	11284	4948	4024	1839
湖北	Hubei	1955	6391	3813	4155	2906
湖南	Hunan	2215	7480	3355	3048	2051
广东	Guangdong	2876	8804	5189	4446	2037
广西	Guangxi	2441	8856	4127	3432	1530
海南	Hainan	2102	9033	4879	3799	2036
重庆	Chongqing	2479	6993	4483	4000	2413
四川	Sichuan	2306	7234	4207	3496	1790
贵州	Guizhou	2025	11414	5654	2716	1109
云南	Yunnan	2159	9521	4551	2835	1391
西藏	Tibet	807	10323	4792	2184	1373
陕西	Shaanxi	1868	6920	4356	4931	3208
甘肃	Gansu	1470	8994	5252	4044	1882
青海	Qinghai	2009	9313	3938	3790	1119
宁夏	Ningxia	2205	10455	4919	4223	1868
新疆	Xinjiang	2682	8968	4648	3249	1467

注：1.高等学校包括普通高等学校和成人高等学校。
2.高中阶段合计数据包括普通高中、成人高中、普通中专、职业高中、技工学校和成人中专。
3.初中阶段包括普通初中和职业初中。

a) Institutions of higher education include that of regular institutions of higher education and institutions of higher education for adults.

b) Total of senior schools include that of regular senior schools, adult senior schools, regular secondary technical schools, vocational secondary schools, technical worker school, adult technical secondary schools.

c) Junior secondary schools include regular junior schools and junior vocational schools.

2-38 教育经费情况

Basic Statistics on Educational Funds by Region

单位：万元 (10 000 yuan)

年 份 Year 地 区 Region	合 计 Total	国家财政性教育经费 Government Appropriation for Education	#预算内教育经费 Budgetary	民办学校办学经费 Funds from Private Schools	社会捐赠经费 Donations and Fund-raising for Running Schools	事业收入 Income from Teaching Research and Other Auxiliary Activity	#学杂费 Tuition and Miscellaneous Fees	其他教育经费 Other Educational Funds
1992	8670491	7287506	5387382		696285		439319	
1993	10599374	8677618	6443914	33323	701856		871477	
1994	14887813	11747396	8839795	107795	974487		1469228	
1995	18779501	14115233	10283930	203672	1628414		2012423	
1996	22623394	16717046	12119134	261999	1884190		2610361	
1997	25317326	18625416	13577262	301746	1706588		3260792	
1998	29490592	20324526	15655917	480314	1418537	6091515	3697474	1175700
1999	33490416	22871756	18157597	628957	1258694	7497174	4636108	1233835
2000	38490806	25626056	20856792	858537	1139557	9382717	5948304	1483939
2001	46376626	30570100	25823762	1280895	1128852	11575137	7456014	1821643
2002	54800278	34914048	31142383	1725549	1272791	14609169	9227792	2278722
2003	62082653	38506237	34538583	2590148	1045927	17218399	11214985	2721943
2004	72425989	44658575	40278158	3478529	934204	20114268	13465517	3240414
2005	84188391	51610759	46656939	4522185	931613	23399991	15530545	3723842
2006	98153087	63483648	57956138	5490583	899078	24073042	15523301	4206736
2007	121480663	82802142	76549082	809337	930584	31772357	21309082	5166242
2008	145007374	104496296	96855602	698479	1026663	33670711	23492983	5115225
2009	165027065	122310935	114193032	749829	1254991	35275939	25155983	5435371

注：2007年对部分教育经费统计指标进行了修订。“民办学校办学经费”1992-2006年指社会团体和公民个人办学总经费，2007年以后是指民办学校中举办者投入。

a) In 2007, certain indicators of educational funds had been revised. "Funds from private schools" from 1992 to 2006 equals to funds from social organizations and citizens for running schools, but that of 2007 equals to funds from runners of private schools.

2-38 续表 continued

单位：万元 (10 000 yuan)

年份 地区	Year Region	合计 Total	国家财政性教育经费 Government Appropriation for Education	#预算内教育经费 Budgetary	民办学校办学经费 Funds from Private Schools	社会捐赠经费 Donations and Fund-raising for Running Schools	事业收入 Income from Teaching Research and Other Auxiliary Activity	#学杂费 Tuition and Miscellaneous Fees	其他教育经费 Other Educational Funds
中央	Central Government	18106109	11917748	11716869		138719	4991192	2535277	1058449
地方	Local Governments	146920957	110393187	102476163	749829	1116271	30284747	22620706	4376922
北京	Beijing	5289432	4332698	4006230	5208	53682	757151	503559	140694
天津	Tianjin	2381672	1803943	1677781	3786	7210	505972	359736	60761
河北	Hebei	6145261	4692123	4345828	29487	9451	1250708	1030697	163491
山西	Shanxi	3809096	2977295	2694752	20794	8154	751428	602479	51425
内蒙古	Inner Mongolia	3187733	2692816	2498568	2280	3202	429547	334691	59889
辽宁	Liaoning	5349184	4143772	3790891	20242	2148	1030190	837912	152832
吉林	Jilin	3006988	2375058	2275202	4153	4749	591920	468580	31108
黑龙江	Heilongjiang	3486163	2761967	2596720	8576	1285	701669	598105	12666
上海	Shanghai	4937339	3825305	3395283	4592	9402	824593	688345	273448
江苏	Jiangsu	11054890	7402067	6548470	20570	148647	2852163	1946810	631443
浙江	Zhejiang	8911507	5947216	4998283	10892	176134	2133499	1544936	643766
安徽	Anhui	4873316	3596935	3387147	48279	22546	1101215	833179	104342
福建	Fujian	4479126	3255728	3014545	85542	30471	1007403	734334	99983
江西	Jiangxi	3776516	2706434	2589592	14660	13475	919367	747262	122580
山东	Shandong	8397429	6364782	5676783	25512	28233	1816673	1379027	162228
河南	Henan	7633496	5869145	5626470	59991	4947	1555511	1194810	143903
湖北	Hubei	5194495	3407313	3180674	42268	15608	1515403	1127650	213904
湖南	Hunan	5660684	4031176	3779431	20528	13569	1402601	1068199	192810
广东	Guangdong	12843085	9071029	8554350	140275	112402	3223522	2394395	295858
广西	Guangxi	3873253	3051449	2921498	10366	13682	739500	570102	58256
海南	Hainan	1175474	905860	811612	21374	7033	213024	159035	28182
重庆	Chongqing	3309977	2324549	2195528	50352	32999	672950	463283	229126
四川	Sichuan	8088479	6105391	5820461	39844	295131	1510993	897783	137121
贵州	Guizhou	3094113	2680258	2557255	7787	5667	358393	260951	42007
云南	Yunnan	4408081	3723686	3596527	17428	16917	563675	429141	86375
西藏	Tibet	597448	577399	576051	29	4640	15087	11790	294
陕西	Shaanxi	4637457	3410574	3250003	30455	20738	1054918	844400	120772
甘肃	Gansu	2761110	2359726	2286210	2361	26764	351007	282441	21251
青海	Qinghai	785820	727966	705758	697	2278	45219	30159	9661
宁夏	Ningxia	813071	677505	648255	605	21209	90061	68689	23689
新疆	Xinjiang	2959264	2592025	2470005	898	3897	299385	208225	63059

2-39 各类学校教育经费情况（2009年）
Educational Funds in Various School (2009)

单位：万元 (10 000 yuan)

学校类别	Type of Schools	合计 Total	国家财政性教育经费 Government Appropriation for Education	#预算内教育经费 Budgetary	民办学校中举办者投入 Funds from School Runners of Private Schools
全国总计	**National Total**	**165027065**	**122310935**	**114193032**	**749829**
按学校类别分组	**Grouped by Type of Schools**				
高等学校	Institutions of Higher Education	47827760	23273842	22493469	330962
普通高等学校	Regular Institutions of Higher Education	46450089	22645083	21912629	330962
成人高等学校	Institutions of Higher Education for Adults	1377670	628760	580840	
中等职业学校	Vocational Secondary Schools	11988675	8141848	7086185	127871
中等专业学校	Specialized Secondary Schools	5134365	3307110	2968624	57842
职业高中	Vocational Senior Secondary Schools	4708237	3465887	2859537	56969
技工学校	Technical Schools	1462059	878354	801627	7639
成人中专学校	Specialized Secondary Schools for Adults	684014	490497	456397	5420
中学	Secondary Schools	47680923	38343767	35350376	178384
普通中学	Regular Secondary Schools	47634304	38311850	35326169	178384
普通高中	Regular Senior Secondary Schools	17794435	11093407	9853696	70572
普通初中	Regular Junior Secondary Schools	29839869	27218443	25472473	107812
#农村	Rural Areas	16975027	16313520	15497859	22314
成人中学	Secondary Schools for Adults	46619	31917	24208	
小学	Primary Schools	42173872	39730251	37701029	112522
普通小学	Regular Primary Schools	42169241	39725715	37696574	112522
#农村	Rural Areas	27230002	26425549	25449025	28366
成人小学	Primary Schools for Adults	4631	4536	4455	
特殊教育学校	Special Education Schools	482851	454816	406915	90
幼儿园	Kindergartens	2447892	1662739	1524543	
教育行政单位	Education Administrative Unit	2463587	2140294	1808729	
教育事业单位	Education Institution	5733982	4639216	3911935	
其它	Others	4227524	3924163	3909851	

2-39 续表 continued

单位：万元 (10 000 yuan)

学校类别	Type of Schools	社会捐赠经费 Donations and FundRaising for Running Schools	事业收入 Income from Teaching Research and Other Auxiliary Activity	#学杂费 Tuition and Miscellaneous Fees	其他教育经费 Other Educational Funds
全国总计	**National Total**	**1254991**	**35275939**	**25155983**	**5435371**
按学校类别分组	**Grouped by Type of Schools**				
高等学校	Institutions of Higher Education	263895	20836562	15939087	3122499
普通高等学校	Regular Institutions of Higher Education	261761	20188915	15403469	3023369
成人高等学校	Institutions of Higher Education for Adults	2134	647647	535617	99130
中等职业学校	Vocational Secondary Schools	38950	3351544	2778156	328463
中等专业学校	Specialized Secondary Schools	9787	1602827	1357866	156799
职业高中	Vocational Senior Secondary Schools	26182	1059045	892282	100154
技工学校	Technical Schools	2678	524512	428558	48876
成人中专学校	Specialized Secondary Schools for Adults	303	165160	99450	22634
中学	Secondary Schools	529660	7694347	4971681	934766
普通中学	Regular Secondary Schools	529597	7683630	4969428	930844
普通高中	Regular Senior Secondary Schools	241978	5898236	4071948	490242
普通初中	Regular Junior Secondary Schools	287620	1785394	897480	440601
#农村	Rural Areas	118134	354649	142380	166409
成人中学	Secondary Schools for Adults	63	10718	2252	3922
小学	Primary Schools	344857	1473223	760280	513018
普通小学	Regular Primary Schools	344857	1473141	760280	513006
#农村	Rural Areas	169537	374285	158898	232265
成人小学	Primary Schools for Adults		82		12
特殊教育学校	Special Education Schools	4899	11722	301	11323
幼儿园	Kindergartens	18365	724637	635670	42151
教育行政单位	Education Administrative Unit	22306	178525		122463
教育事业单位	Education Institution	29954	761166		303647
其它	Others	2105	244214	70809	57042

三、文　化
Culture

3-1 历年全国文化机构数

Number of Cultural Institutions of Selected Years

单位：个 (unit)

年 份 Year	艺术表演团体 Art Performance Troupes	艺术表演场馆 Art Performance Places	博物馆 Museums	公 共 图书馆 Public Libraries	群 众 艺术馆 Mass Art Centers	文化馆 Cultural Centers	文化站 Cultural Stations
1949	1000	891	21	55		896	
1952	2084	1510	35	83		2430	4107
1957	2884	2296	72	400		2748	
1962	3320	2249	230	541	61	2514	1192
1965	3458	2943	214	562	62	2598	2125
1970	2541	1432	182	323	29	2303	1794
1975	2836	1464	242	629	81	2589	2717
1978	3150	1095	349	1218	92	2748	4053
1980	3533	1444	365	1732	218	2912	25273
1985	3317	1377	711	2344	335	2965	52858
1986	3195	2058	777	2406	337	2993	53519
1987	3094	2148	827	2440	348	2973	52867
1988	2985	2081	903	2485	358	2975	52923
1989	2850	2050	967	2512	366	2955	51910
1990	2805	1955	1013	2527	366	2955	52435
1991	2772	2068	1075	2535	371	2894	51959
1992	2753	2037	1106	2558	372	2900	48375
1993	2707	2024	1130	2572	370	2886	46212
1994	2698	1998	1161	2589	374	2887	46619
1995	2682	1918	1194	2608	373	2886	45038
1996	2664	1934	1219	2620	392	2892	41969
1997	2663	1947	1282	2628	385	2901	42163
1998	2652	1929	1339	2652	386	2901	42547
1999	2632	1911	1363	2669	389	2905	42543
2000	2619	1863	1392	2677	390	2907	42024
2001	2605	1854	1461	2696	399	2842	40138
2002	2587	1829	1511	2697	389	2854	39273
2003	2618	1900	1515	2709	382	2846	38588
2004	2759	1928	1548	2720	380	2841	38181
2005	2805	1866	1581	2762	375	2851	38362
2006	2866	1839	1617	2778	395	2819	36874
2007	4512	2070	1722	2799	411	2806	37384
2008	5114	1944	1893	2820	389	2829	37938
2009	6139	2137	2252	2850	361	2862	38736
2010	6884	2112	2435	2884	374	2890	40118

注：2007年起艺术表演团体，艺术表演场馆，博物馆含非文化部门单位。2007年以前为文化部门系统内数据。

a) Number of art performance troupes, art performance places and museums include those of non-cultural department units since 2007, while were only those of cultural department before 2007.

3-2 全国文化文物机构和从业人员情况（2010年）
Number of Institutions and Personnel in Culture and Cultural Relics (2010)

单位：个、人 (unit,person)

项　目	Item	总计 Total 机构数 Number of Institutions	总计 Total 从业人员数 Number of Employed Persons	#高级职称 Senior Title	#中级职称 Middle Title	文化部门 Cultural Department 机构数 Number of Institutions	文化部门 Cultural Department 从业人员数 Number of Employed Persons	#高级职称 Senior Title	#中级职称 Middle Title
总　计	**Total**	**313540**	**2107926**	**44295**	**108816**	**62909**	**571412**	**39551**	**100574**
文化及相关产业	**Culture and Related Industry**	**313342**	**2102296**	**44073**	**108235**	**62788**	**568468**	**39387**	**100155**
艺术业	Arts	9272	265136	23145	44349	4354	163316	19028	37420
图书馆	Libraries	2884	53564	4408	17370	2879	53529	4400	17364
群众文化服务业	Mass Culture Service	43382	141002	6240	25048	43382	141002	6240	25048
艺术教育业	Arts and Education	151	12347	2047	3453	151	12347	2047	3453
文化市场经营机构	Culture Business Units	244697	1388868			106	1352		
文艺科研	Culture and Art Research Institutions	214	3672	1038	1118	214	3672	1038	1118
文物业	Cultural Relics	5207	102471	5813	14261	4947	97392	5584	13767
其他文化及相关产业	Other Cultural Industry	7535	135236	1382	2636	6755	95858	1050	1985
非文化及相关产业	**Non-culture and Related Industry**	**198**	**5630**	**222**	**581**	**121**	**2944**	**164**	**419**

3-2 续表 1 continued

单位：个、人 (unit,person)

项目	Item	文化部门 Cultural Department 国有经济 State-owned Economy 机构数 Number of Institutions	从业人员数 Number of Employed Persons	#高级职称 Senior Title	#中级职称 Middle Title	集体经济 Collective-owned Economy 机构数 Number of Institutions	从业人员数 Number of Employed Persons	#高级职称 Senior Title	#中级职称 Middle Title
总计	**Total**	**62079**	**549018**	**38496**	**98140**	**457**	**11349**	**477**	**1698**
文化及相关产业	**Culture and Related Industry**	**61980**	**546838**	**38342**	**97746**	**447**	**11240**	**477**	**1694**
艺术业	Arts	3851	147413	18055	35100	330	10633	470	1678
图书馆	Libraries	2879	53529	4400	17364				
群众文化服务业	Mass Culture Service	43382	141002	6240	25048				
艺术教育业	Arts and Education	149	12344	2047	3453	2	3		
文化市场经营机构	Culture Business Units	50	820			28	95		
文艺科研	Culture and Art Research Institutions	214	3672	1038	1118				
文物业	Cultural Relics	4868	96657	5570	13745	54	244		1
其他文化及相关产业	Other Cultural Industry	6587	91401	992	1918	33	265	7	15
非文化及相关产业	**Non-culture and Related Industry**	**99**	**2180**	**154**	**394**	**10**	**109**		**4**

3-2 续表 2 continued

单位：个、人 (unit,person)

项目	Item	文化部门 Cultural Department 其他经济 Other Economy 机构数 Number of Institutions	从业人员数 Number of Employed Persons	#高级职称 Senior Title	#中级职称 Middle Title	其他部门 Other Departments 机构数 Number of Institutions	从业人员数 Number of Employed Persons	#高级职称 Senior Title	#中级职称 Middle Title
总计	**Total**	**373**	**11045**	**578**	**736**	**250631**	**1536514**	**4744**	**8242**
文化及相关产业	**Culture and Related Industry**	**361**	**10390**	**568**	**715**	**250554**	**1533828**	**4686**	**8080**
艺术业	Arts	173	5270	503	642	4918	101820	4117	6929
图书馆	Libraries					5	35	8	6
群众文化服务业	Mass Culture Service								
艺术教育业	Arts and Education								
文化市场经营机构	Culture Business Units	28	437			244591	1387516		
文艺科研	Culture and Art Research Institutions								
文物业	Cultural Relics	25	491	14	21	260	5079	229	494
其他文化及相关产业	Other Cultural Industry	135	4192	51	52	780	39378	332	651
非文化及相关产业	**Non-culture and Related Industry**	**12**	**655**	**10**	**21**	**77**	**2686**	**58**	**162**

3-3 全国艺术业机构和从业人员情况（2010年）

Number of Institutions and Personnel in Art Performance (2010)

单位：个、人 (unit,person)

项目	Item	总计 Total 机构数 Number of Institutions	从业人员数 Number of Employed Persons	#高级职称 Senior Title	#中级职称 Middle Title	文化部门 Cultural Department 机构数 Number of Institutions	从业人员数 Number of Employed Persons	#高级职称 Senior Title	#中级职称 Middle Title
总计	**Total**	**9272**	**265136**	**23145**	**44349**	**4354**	**163316**	**19028**	**37420**
艺术表演团体	**Art Performance Troupes**	**6864**	**220653**	**21131**	**40183**	**2597**	**135940**	**17705**	**34421**
话剧、儿童剧、滑稽剧团	Drama, Children's Play and Comedy Troupes	109	6726	1500	1675	70	5814	1438	1555
#儿童剧团	Children's Play Troupes	17	989	216	225	7	630	167	177
歌剧、舞剧、歌舞剧团	Opera, Dance, Song and Dance Drama Troupes	266	13316	2341	3224	105	10498	2257	3068
歌舞团、轻音乐团	Song and Dance,Light Music Troupes	1232	37597	3821	7472	458	24565	3140	6158
乐团、合唱团	Philharmonic and Chorus Troupes	97	7323	1027	1094	26	2260	639	567
文工团、文宣队、乌兰牧骑	Cultural and Performance Troupes and Ulanmuchi (Equestrian Art Troupes)	351	11411	564	1993	321	9705	325	1854
戏曲剧团	Local Opera Troupes	2451	95293	7892	17366	1287	63901	7204	15936
#京剧	Local Beijing Opera Troupes	108	7933	1670	2299	78	6762	1548	2100
曲、杂、木、皮团	Recitation and Ballad Troupes, Acrobatics and Circus Troupes, Puppet Show Troupes and Shadow Play Troupes	1125	21805	1766	2944	161	8508	1145	2020
综合性艺术表演团体	Comprehensive Art Performance Troupes	1233	27182	2220	4415	169	10689	1557	3263
艺术表演场馆	**Art Performance Places**	**2112**	**42387**	**1410**	**3622**	**1461**	**25280**	**719**	**2455**
剧场、影剧院	Theaters, Music Halls and Cinemas	1596	30706	1097	2850	1311	22375	643	2156
#儿童剧场	Children's Play Theaters	24	400	38	74	15	193	26	36
书场、曲艺场	Storytelling, Recitation and Ballad Places	39	366	5	9	14	55		4
杂技、马戏场	Acrobatics and Circus Places	10	236	8	21	6	116	5	15
音乐厅	Concert Halls	36	1779	51	112	13	301	11	23
综合性	General Performance Theaters	282	6442	129	432	88	1653	29	172
其他	Others	149	2858	120	198	29	780	31	85
艺术创作机构	**Art Creation Institutions**	**296**	**2096**	**604**	**544**	**296**	**2096**	**604**	**544**

3-3 续表 1 continued

单位：个、人 (unit,person)

项目	Item	国有经济 State-owned Economy 机构数 Number of Institutions	从业人员数 Number of Employed Persons	#高级职称 Senior Title	#中级职称 Middle Title	集体经济 Collective-owned Economy 机构数 Number of Institutions	从业人员数 Number of Employed Persons	#高级职称 Senior Title	#中级职称 Middle Title
总计	**Total**	**3851**	**147413**	**18055**	**35100**	**330**	**10633**	**470**	**1678**
艺术表演团体	**Art Performance Troupes**	**2193**	**121621**	**16758**	**32193**	**274**	**10287**	**462**	**1651**
话剧、儿童剧、滑稽剧团	Drama, Children's Play and Comedy Troupes	62	5551	1407	1483	4	148	25	55
#儿童剧团	Children's Play Troupes	5	570	166	175				
歌剧、舞剧、歌舞剧团	Opera, Dance, Song and Dance Drama Troupes	93	10161	2164	2971				
歌舞团、轻音乐团	Song and Dance,Light Music Troupes	405	23180	3068	6008	13	566	52	128
乐团、合唱团	Philharmonic and Chorus Troupes	22	2152	636	559				
文工团、文宣队、乌兰牧骑	Cultural and Performance Troupes and Ulanmuchi (Equestrian Art Troupes)	314	9406	325	1831	6	237	0	17
戏曲剧团	Local Opera Troupes	1031	54818	6840	14567	217	8134	316	1255
#京剧	Local Beijing Opera Troupes	69	6406	1509	2006	9	356	39	94
曲、杂、木、皮团	Recitation and Ballad Troupes, Acrobatics and Circus Troupes, Puppet Show Troupes and Shadow Play Troupes	124	7383	1076	1853	30	1003	66	163
综合性艺术表演团体	Comprehensive Art Performance Troupes	142	8970	1242	2921	4	199	3	33
艺术表演场馆	**Art Performance Places**	**1365**	**23725**	**696**	**2368**	**53**	**317**	**5**	**22**
剧场、影剧院	Theaters, Music Halls and Cinemas	1235	21225	630	2085	47	294	5	21
#儿童剧场	Children's Play Theaters	15	193	26	36				
书场、曲艺场	Storytelling, Recitation and Ballad Places	8	32		3	6	23		1
杂技、马戏场	Acrobatics and Circus Places	5	61	3	10				
音乐厅	Concert Halls	12	298	10	23				
综合性	General Performance Theaters	81	1488	26	166				
其他	Others	24	621	27	81				
艺术创作机构	**Art Creation Instititions**	**293**	**2067**	**601**	**539**	**3**	**29**	**3**	**5**

3-3 续表 2 continued

单位：个、人 (unit,person)

项目	Item	其他经济 Other Economy				其他部门 Other Departments			
		机构数 Number of Insti-tutions	从业人员数 Number of Emp-loyed Persons	#高级职称 Senior Title	#中级职称 Middle Title	机构数 Number of Insti-tutions	从业人员数 Number of Emp-loyed Persons	#高级职称 Senior Title	#中级职称 Middle Title
总计	**Total**	**173**	**5270**	**503**	**642**	**4918**	**101820**	**4117**	**6929**
艺术表演团体	**Art Performance Troupes**	**130**	**4032**	**485**	**577**	**4267**	**84713**	**3426**	**5762**
话剧、儿童剧、滑稽剧团	Drama, Children's Play and Comedy Troupes	4	115	6	17	39	912	62	120
#儿童剧团	Children's Play Troupes	2	60	1	2	10	359	49	48
歌剧、舞剧、歌舞剧团	Opera, Dance, Song and Dance Drama Troupes	12	337	93	97	161	2818	84	156
歌舞团、轻音乐团	Song and Dance,Light Music Troupes	40	819	20	22	774	13032	681	1314
乐团、合唱团	Philharmonic and Chorus Troupes	4	108	3	8	71	5063	388	527
文工团、文宣队、乌兰牧骑	Cultural and Performance Troupes and Ulanmuchi (Equestrian Art Troupes)	1	62	0	6	30	1706	239	139
戏曲剧团	Local Opera Troupes	39	949	48	114	1164	31392	688	1430
#京剧	Local Beijing Opera Troupes					30	1171	122	199
曲、杂、木、皮团	Recitation and Ballad Troupes, Acrobatics and Circus Troupes, Puppet Show Troupes and Shadow Play Troupes	7	122	3	4	964	13297	621	924
综合性艺术表演团体	Comprehensive Art Performance Troupes	23	1520	312	309	1064	16493	663	1152
艺术表演场馆	**Art Performance Places**	**43**	**1238**	**18**	**65**	**651**	**17107**	**691**	**1167**
剧场、影剧院	Theaters, Music Halls and Cinemas	29	856	8	50	285	8331	454	694
#儿童剧场	Children's Play Theaters					9	207	12	38
书场、曲艺场	Storytelling, Recitation and Ballad Places					25	311	5	5
杂技、马戏场	Acrobatics and Circus Places	1	55	2	5	4	120	3	6
音乐厅	Concert Halls	1	3	1		23	1478	40	89
综合性	General Performance Theaters	7	165	3	6	194	4789	100	260
其他	Others	5	159	4	4	120	2078	89	113
艺术创作机构	**Art Creation Instititions**								

3-4 全国图书馆、群众文化服务机构和从业人员情况（2010年）
Number of Institutions and Personnel in Libraries and Mass Culture Institutions (2010)

单位:个、人 (unit,person)

项目	Item	总计 Total			
		机构数 Number of Insti-tutions	从业人员数 Number of Employed Persons	#高级职称 Senior Title	#中级职称 Middle Title
图书馆	**Libraries**	**2884**	**53564**	**4408**	**17370**
#少儿图书馆	Children's Libraries	97	2121	195	616
群众文化服务业	**Mass Cultural Service**	**43382**	**141002**	**6240**	**25048**
文化馆	Cultural Centers	3264	51160	4636	15106
#省级文化馆	Cultural Centers at Provincial Level	31	1698	461	497
地市级文化馆	Cultural Centers at Prefecture Level	343	9422	1540	3284
县、市文化馆	Cultural Centers at County Level and City Level	2890	40040	2635	11325
文化站	Cultural Stations	40118	89842	1604	9942
#乡镇文化站	Township Cultural Stations	34121	73920	1321	8381

3-4 续表 continued

单位:个、人 (unit,person)

项目	Item	文化部门 Cultural Department				国有经济 State-owned Economy			
		机构数 Number of Insti-tutions	从业人员数 Number of Employed Persons	#高级职称 Senior Title	#中级职称 Middle Title	机构数 Number of Insti-tutions	从业人员数 Number of Employed Persons	#高级职称 Senior Title	#中级职称 Middle Title
图书馆	**Libraries**	**2879**	**53529**	**4400**	**17364**	**2879**	**53529**	**4400**	**17364**
#少儿图书馆	Children's Libraries	95	2093	187	610	95	2093	187	610
群众文化服务业	**Mass Cultural Service**	**43382**	**141002**	**6240**	**25048**	**43382**	**141002**	**6240**	**25048**
文化馆	Cultural Centers	3264	51160	4636	15106	3264	51160	4636	15106
#省级文化馆	Cultural Centers at Provincial Level	31	1698	461	497	31	1698	461	497
地市级文化馆	Cultural Centers at Prefecture Level	343	9422	1540	3284	343	9422	1540	3284
县、市文化馆	Cultural Centers at County Level and City Level	2890	40040	2635	11325	2890	40040	2635	11325
文化站	Cultural Stations	40118	89842	1604	9942	40118	89842	1604	9942
#乡镇文化站	Township Cultural Stations	34121	73920	1321	8381	34121	73920	1321	8381

3-5 全国文物业机构数、从业人员情况（2010年）
Number of Institutions and Personnel in Cultural Relics (2010)

单位：个、人 (unit,person)

项目	Item	总计 Total				文化部门 Cultural Department			
		机构数 Number of Institutions	从业人员数 Number of Employed Persons	#高级职称 Senior Title	#中级职称 Middle Title	机构数 Number of Institutions	从业人员数 Number of Employed Persons	#高级职称 Senior Title	#中级职称 Middle Title
总计	**Total**	**5207**	**102471**	**5813**	**14261**	**4947**	**97392**	**5584**	**13767**
文物科研机构	Scientific Research Institutions of Cultural Relics	108	3846	770	903	108	3846	770	903
考古	Archaeology	72	3026	611	667	72	3026	611	667
古建	Ancient Architecture	10	355	59	115	10	355	59	115
其他	Others	26	465	100	121	26	465	100	121
文物保护管理机构	Agencies of Cultural Relics Preservation	2436	30171	866	3264	2415	29672	864	3257
博物馆	Museums	2435	57431	3761	8893	2199	52888	3535	8413
综合性	Comprehensive Museums	1142	25123	1983	4631	1100	24523	1958	4561
历史类	History Museums	913	24724	1219	3241	839	22620	1167	3056
艺术类	Arts Museums	124	3205	298	490	82	2490	223	383
自然科技类	Nature Science and Technology Museums	71	1442	134	198	34	871	80	120
其他	Other Museums	185	2937	127	333	144	2384	107	293
文物商店	Cultural Relics Stores	76	1737	92	376	75	1723	91	372
其他文物机构	Other Cultural Relics Institutions	152	9286	324	825	150	9263	324	822

3-5 续表 1 continued

单位：个、人 (unit,person)

项　目	Item	文化部门 Cultural Department 国有经济 State-owned Economy 机构数 Number of Institutions	从业人员数 Number of Employed Persons	#高级职称 Senior Title	#中级职称 Middle Title	集体经济 Collective-owned Economy 机构数 Number of Institutions	从业人员数 Number of Employed Persons	#高级职称 Senior Title	#中级职称 Middle Title
总 计	**Total**	**4868**	**96657**	**5570**	**13745**	**54**	**244**		**1**
文物科研机构	Scientific Research Institutions of Cultural Relics	108	3846	770	903				
考 古	Archaeology	72	3026	611	667				
古 建	Ancient Architecture	10	355	59	115				
其 他	Others	26	465	100	121				
文物保护管理机构	Agencies of Cultural Relics Preservation	2370	29530	864	3257	45	142		
博物馆	Museums	2188	52723	3530	8402	3	70		
综合性	Comprehensive Museums	1098	24496	1958	4556				
历史类	History Museums	831	22489	1164	3053	3	70		
艺术类	Arts Museums	81	2483	221	380				
自然科技类	Nature Science and Technology Museums	34	871	80	120				
其 他	Other Museums	144	2384	107	293				
文物商店	Cultural Relics Stores	74	1712	91	370				
其他文物机构	Other Cultural Relics Institutions	128	8846	315	813	6	32		1

3-5 续表 2 continued

单位：个、人 (unit,person)

项　目	Item	其他经济 Other Economy 机构数 Number of Institutions	从业人员数 Number of Employed Persons	#高级职称 Senior Title	#中级职称 Middle Title	其他部门 Other Departments 机构数 Number of Institutions	从业人员数 Number of Employed Persons	#高级职称 Senior Title	#中级职称 Middle Title
总 计	**Total**	**25**	**491**	**14**	**21**	**260**	**5079**	**229**	**494**
文物科研机构	Scientific Research Institutions of Cultural Relics								
考 古	Archaeology								
古 建	Ancient Architecture								
其 他	Others								
文物保护管理机构	Agencies of Cultural Relics Preservation					21	499	2	7
博物馆	Museums	8	95	5	11	236	4543	226	480
综合性	Comprehensive Museums	2	27		5	42	600	25	70
历史类	History Museums	5	61	3	3	74	2104	52	185
艺术类	Arts Museums	1	7	2	3	42	715	75	107
自然科技类	Nature Science and Technology Museums					37	571	54	78
其 他	Other Museums					41	553	20	40
文物商店	Cultural Relics Stores	1	11		2	1	14	1	4
其他文物机构	Other Cultural Relics Institutions	16	385	9	8	2	23		3

3-6 艺术表演团体演出及收支情况(2010年)
Performance, Income and Expenditure of Art Performance Troupes(2010)

项 目	Item	演出场次(千场次) Total Number of Performance (1000 shows)	#国内演出场次 Domestic Performance	#农村演出场次 Rural Performance	国内演出观众人次(千人次) Number of Domestic Audience (1000 person-times)	#农村观众人次 Rural Audience
总 计	**Total**	**1371.49**	**1277.82**	**846.71**	**884558**	**563676**
按照登记注册类型分类	**By Status of Registration**					
国有	State-owned	381.90	354.36	206.63	411025	267716
集体	Collective-owned	75.45	72.92	49.71	66979	48699
其他	Others	914.14	850.54	590.37	406554	247261
按隶属关系分	**By Jurisdiction of Management**					
中央	Run by Central Government	3.85	3.64	0.72	6773	1039
省、区、市	Run by Provinces, Autonomous Regions and Municipalities	63.61	56.42	18.84	63828	32710
地、市	Run by Prefectures (Cities)	157.15	141.61	47.39	133254	62134
县、市、区	Run by Counties (Cities)	1146.87	1076.15	779.77	680703	467793
按管理部门分	**By Management Authority**					
文化部门	Cultural Departments	460.04	428.17	260.52	473124	320777
其他部门	Other Departments	911.45	849.65	586.19	411434	242899
按剧种分	**By Type of Art**					
话剧、儿童剧、滑稽剧团	Drama, Children's Play and Comedy Troupes	15.24	14.76	3.38	14539	4306
歌剧、舞剧、歌舞剧团	Opera, Dance, Song and Dance Drama Troupes	39.75	28.46	13.09	30845	10719
歌舞团、轻音乐团	Song and Dance,Light Music Troupes	161.97	145.15	67.46	133672	45864
乐团、合唱团	Philharmonic and Chorus Troupes	6.75	6.52	1.86	4804	1254
文工团、文宣队、乌兰牧骑	Cultural and Performance Troupes and Ulanmuchi (Equestrian Art Troupes)	42.00	38.88	23.66	39539	24413
戏曲剧团	Local Opera Troupes	476.91	460.35	374.18	450028	354438
#京剧	Local Beijing Opera Troupes	20.56	19.19	11.45	17193	10889
曲、杂、木、皮团	Recitation and Ballad Troupes, Acrobatics and Circus Troupes, Puppet Show Troupes and Shadow Play Troupes	389.16	370.01	226.62	85018	47103
综合性艺术表演团体	Comprehensive Art Performance Troupes	239.72	213.70	136.47	126113	75579

3-6 续表 1 continued

项 目	Item	收入(千元) Total Income (1000 yuan) 财政拨款 Government Budget	演出收入 Performance Income	支出情况(千元) Expenses (1000 yuan)	资产总计(千元) Total Asstes (1000 yuan)	#固定资产原值 Value of Original Fixed Assets
总 计	**Total**	**7104848**	**3426955**	**6915034**	**14356242**	**9058457**
按照登记注册类型分类	**By Status of Registration**					
国有	State-owned	6666732	1703556	5655666	11515504	7720806
集体	Collective-owned	218325	157391	252027	379925	307777
其他	Others	219791	1566008	1007341	2460813	1029874
按隶属关系分	**By Jurisdiction of Management**					
中央	Run by Central Government	405518	273884	499685	2220721	1495855
省、区、市	Run by Provinces, Autonomous Regions and Municipalities	2758455	746991	2084453	5061087	2832828
地、市	Run by Prefectures (Cities)	2559644	729360	2190338	3652710	2560053
县、市、区	Run by Counties (Cities)	1381231	1676720	2140558	3421724	2169721
按管理部门分	**By Management Authority**					
文化部门	Cultural Departments	6791751	1762757	5788913	11484595	7700113
其他部门	Other Departments	313097	1664198	1126121	2871647	1358344
按剧种分	**By Type of Art**					
话剧、儿童剧、滑稽剧团	Drama, Children's Play and Comedy Troupes	542639	216457	439405	1392215	765830
歌剧、舞剧、歌舞剧团	Opera, Dance, Song and Dance Drama Troupes	707918	298621	635071	1529027	1019704
歌舞团、轻音乐团	Song and Dance,Light Music Troupes	1365141	797849	1241291	3043304	1940714
乐团、合唱团	Philharmonic and Chorus Troupes	298746	157902	271627	687741	456328
文工团、文宣队、乌兰牧骑	Cultural and Performance Troupes and Ulanmuchi (Equestrian Art Troupes)	411847	63491	340956	504464	447926
戏曲剧团	Local Opera Troupes	2784843	1132535	2752990	4407311	2980243
#京剧	Local Beijing Opera Troupes	641089	92723	498709	1320088	778711
曲、杂、木、皮团	Recitation and Ballad Troupes, Acrobatics and Circus Troupes, Puppet Show Troupes and Shadow Play Troupes	483676	242921	624507	1450966	721069
综合性艺术表演团体	Comprehensive Art Performance Troupes	510038	517179	609187	1341214	726643

3-6 续表 2 continued

项 目	Item	增加值（千元）Value Added (1000 yuan)	公用房屋建筑面积（千平方米）Floor Space of Public Buildings (1000 sqm)	排练、练功用房 Buildings for Rehearsing	流动舞台车数（辆）Mobile Stage Vehicle (unit)	流动舞台车演出场次（千场次）Performances (1000 shows)	流动舞台车演出观众人次（千人次）Audience (1000 person-times)
总 计	**Total**	**8578391**	**4655.27**	**1287.16**	**1838**	**114.06**	**114024**
按照登记注册类型分类	**By Status of Registration**						
国有	State-owned	6540833	3762.50	952.67	1111	71.91	87367
集体	Collective-owned	304767	260.41	75.34	115	8.41	8823
其他	Others	1732791	632.36	259.15	612	33.74	17834
按隶属关系分	**By Jurisdiction of Management**						
中央	Run by Central Government	622194	247.31	41.45			
省、区、市	Run by Provinces, Autonomous Regions and Municipalities	2481779	1093.28	333.65	112	2.81	5513
地、市	Run by Prefectures (Cities)	2538793	1449.50	341.71	299	12.01	16037
县、市、区	Run by Counties (Cities)	2935625	1865.18	570.34	1427	99.26	92474
按管理部门分	**By Management Authority**						
文化部门	Cultural Departments	6678548	3958.99	989.91	1198	79.52	96298
其他部门	Other Departments	1899843	696.28	297.25	640	34.54	17726
按剧种分	**By Type of Art**						
话剧、儿童剧、滑稽剧团	Drama, Children's Play and Comedy Troupes	518459	299.58	63.50	31	0.68	1495
歌剧、舞剧、歌舞剧团	Opera, Dance, Song and Dance Drama Troupes	789532	444.10	130.51	90	2.78	2776
歌舞团、轻音乐团	Song and Dance,Light Music Troupes	1642941	784.93	194.13	444	24.57	17144
乐团、合唱团	Philharmonic and Chorus Troupes	357048	76.06	18.39	14	0.10	310
文工团、文宣队、乌兰牧骑	Cultural and Performance Troupes and Ulanmuchi (Equestrian Art Troupes)	380395	290.25	90.30	162	6.49	6670
戏曲剧团	Local Opera Troupes	3230390	1867.68	495.67	775	63.89	71159
#京剧	Local Beijing Opera Troupes	580177	362.27	78.07	28	2.92	3654
曲、杂、木、皮团	Recitation and Ballad Troupes, Acrobatics and Circus Troupes, Puppet Show Troupes and Shadow Play Troupes	835348	330.66	131.23	119	4.34	3142
综合性艺术表演团体	Comprehensive Art Performance Troupes	824278	562.01	163.43	203	11.23	11328

3-7 艺术表演场馆基本情况(2010年)

Basic Statistics on Art Performance Places (2010)

项 目	Item	座席数(个) Seating Capacity (unit)	演(映)出场次合计(千场次) Total Number of Performances (1000 shows)	艺术演出场次 Art Performances	观众人次合计(千人次) Number of Audience (1000 person-times)	#艺术演出观众人次 Art Performances
总 计	**Total**	**1617320**	**811.20**	**147.23**	**132719**	**54709**
#附属剧场	Auxiliary Theaters	477407	214.35	73.07	34462	20653
儿童剧场	Children's Play Theaters	13909	7.84	3.68	1545	1375
按登记注册类型分	**By Status of Registration**					
#国 有	State-owned	1199481	550.36	87.90	95680	37162
集 体	Collective-owned	74669	28.54	5.68	2977	1443
其 他	Others	343170	232.31	53.66	34062	16104
按管理部门分	**By Management Authority**					
文化部门	Cultural Departments	1077250	537.64	72.01	89928	31653
其他部门	Other Departments	540070	273.57	75.23	42791	23056
按机构类型分	**By Type of Troupes**					
剧场	Theaters	539348	171.60	48.50	39843	24893
影剧院	Music Halls and Cinemas	623656	484.40	40.15	61846	12638
书场、曲艺场	Storytelling, Recitation and Ballad Places	6927	8.05	6.04	970	842
杂技、马戏场	Acrobatics and Circus Places	15849	1.62	1.62	1979	1979
音乐厅	Concert Halls	21272	12.44	4.94	3806	2687
综合性	General Performance Theaters	327609	96.64	29.08	19775	9317
其他艺术表演场馆	Others	82659	36.47	16.90	4500	2353
按隶属关系分	**By Jurisdiction of Management**					
中央	Run by Central Government	3758	0.58	0.58	290	290
省、区、市	Run by Provinces, Autonomous Regions and Municipalities	156272	162.60	28.08	24499	16718
地、市	Run by Prefectures (Cities)	293411	276.61	32.31	35231	13549
县、市及以下	Run by Counties (Cities) and Others	1163879	371.41	86.26	72699	24152

3-7 续表 continued

项 目	Item	收入情况(千元) Total Income (1000 yuan) 财政拨款 Government Budget	艺术演出分成收入 Income from Art Performances	人员支出(千元) Personnel Expenses (1000 yuan)	年末固定资产原值(千元) Year-end Value of Original Fixed Assets (1000 yuan)	公用房屋建筑面积(千平方米) Floor Space of Public Buildings (1000 sqm)	#演(映)业务用房 Buildings for Performance and Projecting
总 计	**Total**	**748707**	**1379719**	**1073372**	**21575576**	**7435.32**	**4090.06**
#附属剧场	Auxiliary Theaters	292599	819120	359953	10892213	2275.36	1400.17
儿童剧场	Children's Play Theaters	8264	30407	10556	188704	85.70	41.16
按登记注册类型分	**By Status of Registration**						
#国 有	State-owned	663152	777340	779460	18791407	5878.32	3205.98
集 体	Collective-owned	5209	15763	13530	205261	173.55	110.96
其 他	Others	80346	586616	280382	2578908	1383.45	773.12
按管理部门分	**By Management Authority**						
文化部门	Cultural Departments	517781	383094	657878	16375419	4980.17	2790.35
其他部门	Other Departments	230926	996625	415494	5200157	2455.15	1299.71
按机构类型分	**By Type of Troupes**						
剧场	Theaters	320863	527153	449476	13677832	3247.68	1726.18
影剧院	Music Halls and Cinemas	120286	117015	289384	2570976	2291.59	1313.44
书场、曲艺场	Storytelling, Recitation and Ballad Places	1220	22575	8441	34907	25.28	15.43
杂技、马戏场	Acrobatics and Circus Places	1598	20635	13227	299515	44.11	32.57
音乐厅	Concert Halls	180196	454917	117333	711454	222.19	127.96
综合性	General Performance Theaters	112842	161607	138531	2549347	1373.82	794.24
其他艺术表演场馆	Others	11702	75817	56980	1731545	230.65	80.24
按隶属关系分	**By Jurisdiction of Management**						
中央	Run by Central Government	75	593	2769	3838	48.29	33.30
省、区、市	Run by Provinces, Autonomous Regions and Municipalities	340406	821002	352548	3752616	1476.99	858.89
地、市	Run by Prefectures (Cities)	194742	165489	311970	4479087	2021.38	1058.21
县、市及以下	Run by Counties (Cities) and Others	213484	392635	406085	13340035	3888.66	2139.67

3-8 全国公共图书馆基本情况（2010年）
Basic Statistics on Public Libraries (2010)

项　目	Item	机构数（个）Number of Institutions (unit)	从业人员（人）Number of Employed Persons (person)	#高级职称 Senior Title	#中级职称 Middle Title
总　计	**Total**	**2884**	**53564**	**4408**	**17370**
#少儿图书馆	Children's Libraries	97	2121	195	616
按隶属关系分	**By Jurisdiction of Management**				
中　央	Run by Central Government	1	1430	194	701
省、区、市	Run by Provinces, Autonomous Regions and Municipalities	37	7545	1255	2455
地、市	Run by Prefectures (Cities)	334	14010	1695	5391
县、市	Run by Counties (Cities)	2512	30579	1264	8823
#县图书馆	Run by Counties	1532	15200	494	4249

3-8　续表 1　continued

项　目	Item	总藏量（千册）Total Collections (1000 copies)	图书 Books	#古籍 Ancient Books	#善本 Rare Books	报刊 Newspapers and Periodicals	缩微制品 Microfilm-products	其他 Others
总　计	**Total**	**617261**	**462335**	**27495**	**2488**	**75121**	**29568**	**50237**
#少儿图书馆	Children's Libraries	21592	18727	89	4	1013	1018	835
按隶属关系分	**By Jurisdiction of Management**							
中　央	Run by Central Government	28979	11331	1931	282	13545	1613	2489
省、区、市	Run by Provinces, Autonomous Regions and Municipalities	166018	105933	13761	1479	17663	15147	27275
地、市	Run by Prefectures (Cities)	161045	129070	6983	348	16291	6234	9450
县、市	Run by Counties (Cities)	261219	216001	4820	378	27621	6574	11022
#县图书馆	Run by Counties	108194	86970	2269	211	15381	1380	4463

3-8 续表 2 continued

项　目	Item	在藏量中:开架书刊(千册) Of Total Collections: Books on Open Shelves (1000 copies)	当年购买的报刊种类(种) Number of Newspapers and Periodicals Purchased During the Year (kind)	书架单层总长度(米) Total Length of Bookshelves (m)	累计发放有效借书证数(个) Accumulative Number of Library Cards Distributed (units)	总流通人次(千人次) Total Number of Circulation (1000 person-times)	#书刊文献外借人次 Persontimes Borrowing Publications from Libraries
总　计	**Total**	**243555**	**884955**	**11998686**	**20195175**	**328233**	**139342**
#少儿图书馆	Children's Libraries	13104	28641	229520	1156989	18391	7839
按隶属关系分	**By Jurisdiction of Management**						
中　央	Run by Central Government	2062	16906		1135622	5330	812
省、区、市	Run by Provinces, Autonomous Regions and Municipalities	37455	159092	3765265	3212172	35587	10857
地、市	Run by Prefectures (Cities)	75416	243280	3828819	6680291	107610	45433
县、市	Run by Counties (Cities)	128622	465677	4404602	9167090	179707	82240
#县图书馆	Run by Counties	46244	187105	1920944	2943793	62870	33366

3-8 续表 3 continued

项　目	Item	书刊文献外借册次(千册次) Number of Books and Periodicals Lent to Readers (copy)	为读者举办各种活动(次) Service Activies Provided for Readers (time)	活动参加人次(千人次) Number of Participants (1000 person-times)	信息化建设 Informatization Construction: 计算机(台) Computers (set)	#电子阅览室终端数 Number of Terminals in Electronic Media Reading Rooms
总　计	**Total**	**263917**	**60093**	**27403**	**142772**	**83124**
#少儿图书馆	Children's Libraries	17038	3979	956	5124	2967
按隶属关系分	**By Jurisdiction of Management**					
中　央	Run by Central Government	1434	391	201	3079	224
省、区、市	Run by Provinces, Autonomous Regions and Municipalities	29320	5110	4161	16335	4615
地、市	Run by Prefectures (Cities)	88277	17615	9692	30430	15464
县、市	Run by Counties (Cities)	144887	36977	13349	92928	62821
#县图书馆	Run by Counties	52243	15236	4871	46760	34374

3-8 续表 4 continued

项　目	Item	本年收入合　计(千元) Total Income During the Year (1000 yuan)	本年支出合　计(千元) Total Expenditure During the Year (1000 yuan)	本年新购藏　量(千册) Number of New Purchase During the Year (1000 copies)	资　产合 计(千元) Assets (1000 yuan)	#固定资产原　值 Original Value of Fixed Assets
总　计	**Total**	**6460852**	**6436294**	**29559.19**	**22390597**	**19669071**
#少儿图书馆	Children's Libraries	253973	248173	1795.51	650222	558620
按隶属关系分	**By Jurisdiction of Management**					
中　央	Run by Central Government	477824	678525	1232.68	2698066	2435372
省、区、市	Run by Provinces, Autonomous Regions and Municipalities	1701001	1595355	5842.82	8014886	6939845
地、市	Run by Prefectures (Cities)	1684868	1637611	8939.84	5469174	4926020
县、市	Run by Counties (Cities)	2597159	2524803	13543.86	6208471	5367834
#县图书馆	Run by Counties	882632	870228	4003.00	2246990	1874678

3-9 群众艺术馆、文化馆(站)基本情况
Basic Statistics on Mass Art Centers and Cultural Centers (Stations)

项　目	Item	机构数(个) Number of Institutions (unit)	从业人员(人) Number of Employed Persons (person)	#高级职称 Senior Title	#中级职称 Middle Title
总　计	**Total**	**43382**	**141002**	**6240**	**25048**
文化馆	**Cultural Centers**	**3264**	**51160**	**4636**	**15106**
#省　级	Cultural Centers at Provincial Level	31	1698	461	497
地市级	Cultural Centers at Prefecture Level	343	9422	1540	3284
县市级	Cultural Centers in Cities (at County Level) and Counties	2890	40040	2635	11325
#县文化馆	Cultural Centers in Counties	1666	21338	1133	5972
文化站	**Cultural Stations**	**40118**	**89842**	**1604**	**9942**
#乡镇文化站	Township Cultural Stations	34121	73920	1321	8381

3-9 续表 1 continued

项　目	Item	举办展览数（个）Number of Exhibitions (unit)	组织文艺活动次数（次）Art Performances and Story-telling Sessions (time)	藏　书（千册）Books Collected (1000 copies)
总　计	**Total**	**117353**	**576799**	**161392**
文化馆	**Cultural Centers**	**18116**	**138032**	**4527**
#省级	Cultural Centers at Provincial Level	269	1259	137
地市级	Cultural Centers at Prefecture Level	2331	17898	289
县市级	Cultural Centers in Cities (at County Level) and Counties	15516	118875	4100
#县文化馆	Cultural Centers in Counties	8425	52583	1595
文化站	**Cultural Stations**	**99237**	**438767**	**156865**
#乡镇文化站	Township Cultural Stations	76273	304927	115031

3-9 续表 2 continued

项　目	Item	举办训练班班次（次）Number of Training Courses (time)	培训人次（千人次）Trainees (1000 person-times)	组织各类理论研讨和讲座（次）Number of Theoretical Lectures (time)	计算机（台）Computers (unit)
总　计	**Total**	**358719**	**18056**	**12192**	**115269**
文化馆	**Cultural Centers**	**90923**	**4298**	**12192**	**19260**
#省级	Cultural Centers at Provincial Level	2570	62	460	1130
地市级	Cultural Centers at Prefecture Level	16455	878	1372	4473
县市级	Cultural Centers in Cities (at County Level) and Counties	71898	3358	10360	13657
#县文化馆	Cultural Centers in Counties	24667	1368	4696	5433
文化站	**Cultural Stations**	**267796**	**13758**		**96009**
#乡镇文化站	Township Cultural Stations	152825	9277		71137

3-9 续表 3 continued

项　目	Item	本年收入合计(千元) Revenue this Year (1000 yuan)	本年支出合计(千元) Expenditure this Year (1000 yuan)	资产总计(千元) Assets (1000 yuan)	#固定资产原值 Original Value of Fixed Assets	增加值(千元) Value Added (1000 yuan)	公用房屋建筑面积(千平方米) Floor Space of Public Buildings (1000 sq.m)
总　计	**Total**	**9443973**	**9319513**	**20852263**	**17806997**	**5630224**	**25267**
文化馆	**Cultural Centers**	**4573322**	**4487470**	**6344716**	**5198534**	**2873872**	**5957**
#省级	Cultural Centers at Provincial Level	376753	416036	444712	245651	170645	155
地市级	Cultural Centers at Prefecture Level	1076921	1051753	1308366	1108473	670065	1032
县市级	Cultural Centers in Cities (at County Level) and Counties	3119648	3019681	4591638	3844410	2033162	4769
#县文化馆	Cultural Centers in Counties	1229810	1180684	1786372	1553762	838393	2194
文化站	**Cultural Stations**	**4870651**	**4832043**	**14507547**	**12608463**	**2756352**	**19310**
#乡镇文化站	Township Cultural Stations	3776065	3734752	11755715	10233135	2199499	14865

3-9 续表 4 continued

项　目	Item	流动舞台车数量(辆) Mobile Stage Vehicle (unit)	流动舞台车演出场次(场次) Performance (show)	流动舞台车演出观众人次(千人次) Audience (1000 person-times)	由本馆指导的单位(个) Units Directed by Centers (unit): 馆办文艺团体 Art Performance Troupes Run by Centers	馆办老年大学 Aging College Run by Centers	群众业余文艺团队 Part-time Art Troupes
总　计	**Total**	**258**	**10524**	**12552**	**5590**	**783**	**304505**
文化馆	**Cultural Centers**	**258**	**10524**	**12552**	**5590**	**783**	**81937**
#省　级	Cultural Centers at Provincial Level	7	535	124	85	9	88
地市级	Cultural Centers at Prefecture Level	30	1223	1361	760	88	6863
县市级	Cultural Centers in Cities (at County Level) and Counties	221	8766	11067	4745	686	74986
#县文化馆	Cultural Centers in Counties	135	5103	6330	2166	417	33907
文化站	**Cultural Stations**						**222568**
#乡镇文化站	Township Cultural Stations						155806

3-10 文化市场经营机构基本情况(2010年)
Basic Statistics on Cultural Business Units (2010)

单位: 个、人、千元 (unit,person,1000 yuan)

项　目	Item	机构数 Number of Institutions	从业人员 Number of Employed Persons	资产总计 Total Assets	负债总计 Total Liabilities	所有者权益合计 Owner's Equity	增加值 Value Added	经营面积(千平方米) Operational Area (1000 sq.m)
总　计	**Total**	**244697**	**1388868**	**161508449**	**36496780**	**125005575**	**79119849**	**79929**
按城乡分	**By Urban and Rural Areas**							
城　市	Urban Areas	103890	771363	99045310	27076813	71963233	47669381	40944
县　城	Counties (Cities)	90910	440084	45152712	6924566	38227316	22724771	28868
县以下	Rural Areas	49897	177421	17310427	2495401	14815026	8725697	10117
按经营范围分	**By Business Scope**							
演出经纪机构	Performance Brokerage Units	1459	14227	4024121	1765063	2259058	1300254	322
娱乐场所	Entertainment Units	85854	703520	76355524	18109720	58243660	36877397	40522
经营性互联网文化单位	Business Units on Internet-related Culture	484	33952	16655621	8030584	8625037	8219088	397
互联网上网服务营业场所(网吧)	Business Units Providing Internet Service(Internet Bar)	140376	584912	58643058	6908631	51730477	30196421	31705
艺术品经营机构	Business Units on Works of Art	2308	9840	1764786	647957	1116829	819600	274
其他经营机构	Other Business Units	14074	37859	2597878	367985	2229893	1348805	6313
文化市场连锁经营机构	Cultural Chain Business Units	142	4553	1467461	666840	800621	358284	396
按登记注册类型分	**By Status of Registration**							
内资企业	Domestic Funded Enterprises	244316	1380549	159797860	35364163	124427603	78410155	79516
港澳台商投资企业	Enterprises with Funds from Hong Kong, Macao and Taiwan	181	4987	755807	436229	319578	376311	231
外商投资企业	Foreign Funded Enterprises	200	3332	954782	696388	258394	333383	182
按部门分	**By Jurisdiction of Management**							
文化部门	Cultural Department	106	1352	308606	64947	243659	61961	42
非文化部门	Other Department	244591	1387516	161199843	36431833	124761916	79057888	79887

3-11 娱乐场所基本情况(2010年)

Basic Statistics on Entertainment Units(2010)

单位:千元 (1000 yuan)

项目	Item	机构数(个) Number of Institutions (unit)	从业人员(人) Number of Employed Persons (person)	资产总计 Total Assets	#固定资产原值 Original Value of Fixed Assets	#本年折旧 Depreciation During the Year
总计	**Total**	**85854**	**703520**	**76355524**	**63816590**	**5319078**
按城乡分	**By Urban and Rural Areas**					
城市	Urban Areas	36021	392032	43814829	34387137	2960173
县城	Counties (Cities)	37194	245556	25185877	22843095	1739085
县以下	Rural Areas	12639	65932	7354818	6586358	619820
按登记注册类型分	**By Status of Registration**					
内资企业	Domestic Funded Enterprises	85529	695454	74681298	62686160	5168313
港澳台商投资企业	Enterprises with Funds Hong Kong, Macao and Taiwan	160	4918	750159	584637	90235
外商投资企业	Foreign Funded Enterprises	165	3148	924067	545793	60530
按经营类别分	**By Business Type**					
歌舞娱乐场所	Song and Dance Entertainment Places	52549	582860	63273689	52934225	4468592
游艺娱乐场所	Games Amusement Entertainment Places	31256	102377	10327925	8770431	697290
其它	Others	2049	18283	2753910	2111934	153196
按是否连锁分	**By Chain or Non-chain Type**					
连锁门店	Chain Units	1032	18285	2268246	1779848	160239
非连锁门店	Non-Chain Units	84822	685235	74087278	62036742	5158839
按部门分	**By Jurisdiction of Management**					
文化部门	Cultural Department	61	680	191499	163756	4464
非文化部门	Other Department	85793	702840	76164025	63652834	5314614

3-11 续表 continued

单位:千元 (1000 yuan)

项 目	Item	负债合计 Total Liabilities	所有者权益合计 Owner's Equity	营业收入 Business Income	#主营业务收入 Principal Business Income
总计	**Total**	**18109720**	**58243660**	**47720987**	**44280190**
按城乡分	**By Urban and Rural Areas**				
城市	Urban Areas	11653457	32159428	28120190	26077034
县城	Counties (Cities)	4752574	20433103	15653128	14494329
县以下	Rural Areas	1703689	5651129	3947669	3708827
按登记注册类型分	**By Status of Registration**				
内资企业	Domestic Funded Enterprises	17018901	57660253	46727452	43388915
港澳台商投资企业	Enterprises with Funds Hong Kong, Macao and Taiwan	434938	315221	536312	472541
外商投资企业	Foreign Funded Enterprises	655881	268186	457223	418734
按经营类别分	**By Business Type**				
歌舞娱乐场所	Song and Dance Entertainment Places	15818960	47452819	41015913	38113201
游艺娱乐场所	Games Amusement Entertainment Places	1385050	8942641	5229501	4813922
其它	Others	905710	1848200	1475573	1353067
按是否连锁分	**By Chain or Non-chain Type**				
连锁门店	Chain Units	781648	1486598	1686926	1571736
非连锁门店	Non-Chain Units	17328072	56757062	46034061	42708454
按部门分	**By Jurisdiction of Management**				
文化部门	Cultural Department	36181	155318	31055	26967
非文化部门	Other Department	18073539	58088342	47689932	44253223

3-12 各地区艺术表演团体分剧种机构数（2010年）

Number of Art Performance Troupes by Type of Art by Province (2010)

单位：个 (unit)

地 区	Province	总 计 Total	话剧、儿童剧、滑稽剧团 Drama, Children's Play and Comedy Troupes	歌剧、舞剧、歌舞剧团 Opera, Dance, Song and Dance Drama Troupes	歌舞团、轻音乐团 Song and Dance, Light Music Troupes	乐团、合唱团 Philharmonic and Chorus Troupes
总 计	**Total**	**6864**	**109**	**266**	**1232**	**97**
中 央	National Art Performance Places	16	2	2	4	4
北 京	Beijing	18	2		1	1
天 津	Tianjin	36	2	2	2	1
河 北	Hebei	284	2	1	57	2
山 西	Shanxi	342	4	7	60	7
内蒙古	InnerMongolia	123	1	5	23	
辽 宁	Liaoning	239	10	55	107	1
吉 林	Jilin	68	3	1	12	2
黑龙江	Heilongjiang	89	4	2	12	
上 海	Shanghai	89	12	5	13	11
江 苏	Jiangsu	408	9	5	98	6
浙 江	Zhejiang	471	6	4	30	11
安 徽	Anhui	1255	2	7	145	3
福 建	Fujian	449	2	6	12	2
江 西	Jiangxi	99	2	8	14	
山 东	Shandong	119	3	5	11	1
河 南	Henan	371	2	13	17	
湖 北	Hubei	204	4	11	47	1
湖 南	Hunan	201	1	20	60	27
广 东	Guangdong	397	6	38	54	9
广 西	Guangxi	141	1	6	36	
海 南	Hainan	67		21	11	
重 庆	Chongqing	381	3	8	34	1
四 川	Sichuan	348	3	14	116	1
贵 州	Guizhou	52	1		24	1
云 南	Yunnan	142	1	5	78	
西 藏	Tibet	37	2	2	10	
陕 西	Shaanxi	127	3	4	23	2
甘 肃	Gansu	82	1	2	21	
青 海	Qinghai	32			24	
宁 夏	Ningxia	45	13	1	11	
新 疆	Xinjiang	132	2	6	65	3

注：此表是行业统计数，含事业和企业团体数。

a) Art Performance troupes in this table include those under the administration of cultural department and also non-cultural department such as institutions and enterprises.

3-12 续表 continued

单位: 个 (unit)

地 区	Province	文工团、文宣队\乌兰牧骑 Cultural and Performance Troupes and Ulanmuchi (Equestrian Art Troupes)	戏曲剧团 Local Opera Troupes	#京 剧 Local Beijing Opera Troupes	曲、杂、木、皮团 Recitation and Ballad Troupes, Acrobatics and Circus Troupes,Puppet Show Troupes and Shadow Play Troupes	综合性艺术表演团体 Comprehensive Art performance Troupes
总 计	**Total**	**351**	**2451**	**108**	**1125**	**1233**
中 央	National Art Performance Places	3	1	1		
北 京	Beijing		9	2	5	
天 津	Tianjin	1	15	2	5	8
河 北	Hebei	5	119	5	24	74
山 西	Shanxi	15	180	1	12	57
内蒙古	InnerMongolia	76	8	1	3	7
辽 宁	Liaoning	3	16	4	11	36
吉 林	Jilin	3	25	1	2	20
黑龙江	Heilongjiang	16	30	3	5	20
上 海	Shanghai		26	2	11	11
江 苏	Jiangsu		150	7	61	79
浙 江	Zhejiang		332	26	27	61
安 徽	Anhui	2	135	2	795	166
福 建	Fujian	2	402	1	14	9
江 西	Jiangxi	8	53	3	2	12
山 东	Shandong	3	79	20	9	8
河 南	Henan	3	185	4	52	99
湖 北	Hubei	9	99	7	7	26
湖 南	Hunan	8	67	1	4	14
广 东	Guangdong	2	236	2	26	26
广 西	Guangxi	47	34	1	7	10
海 南	Hainan	2	32		1	
重 庆	Chongqing	9	11	2	5	310
四 川	Sichuan	8	46	1	20	140
贵 州	Guizhou	13	7	3	4	2
云 南	Yunnan	27	17	1	2	12
西 藏	Tibet	15				8
陕 西	Shaanxi	12	72	2	5	6
甘 肃	Gansu	9	44	1	2	3
青 海	Qinghai	3	1			4
宁 夏	Ningxia	4	12	1	1	3
新 疆	Xinjiang	43	8	1	3	2

3-13 各地区艺术表演团体分剧种国内演出观众人次(2010年)
Number of Domestic Audience of Art Performance Troupes by Type of Art (2010)

单位：千人次 (1000 person-times)

地 区	Province	总 计 Total	话剧、儿童剧、滑稽剧团 Drama, Children's Play and Comedy Troupes	歌剧、舞剧、歌舞剧团 Opera, Dance, Song and Dance Drama Troupes	歌舞团、轻音乐团 Song and Dance, Light Music Troupes	乐团、合唱团 Philharmonic and Chorus Troupes
总 计	**Total**	**884558**	**14539**	**30845**	**133672**	**4804**
中 央	National Art Performance Places	6773	1462	1198	2613	632
北 京	Beijing	4296	513		1760	106
天 津	Tianjin	3183	213	568	181	142
河 北	Hebei	49482	100	30	8092	360
山 西	Shanxi	57550	143	689	2545	573
内蒙古	InnerMongolia	16232	38	907	4081	
辽 宁	Liaoning	8110	1340	1424	2562	7
吉 林	Jilin	8859	613	152	1834	69
黑龙江	Heilongjiang	8184	599	182	597	
上 海	Shanghai	10367	867	1028	1236	522
江 苏	Jiangsu	39406	733	65	10766	153
浙 江	Zhejiang	105733	2083	6	21771	519
安 徽	Anhui	107864	358	474	6770	112
福 建	Fujian	41002	130	1156	935	59
江 西	Jiangxi	15849	103	700	1687	
山 东	Shandong	25382	529	828	1260	45
河 南	Henan	84058	200	519	2710	
湖 北	Hubei	38923	714	2495	6115	95
湖 南	Hunan	21736	83	2407	5323	96
广 东	Guangdong	56089	677	8121	6570	887
广 西	Guangxi	15076	115	805	3637	
海 南	Hainan	6825		1330	1055	
重 庆	Chongqing	20968	144	1209	1751	321
四 川	Sichuan	33039	125	1458	9517	12
贵 州	Guizhou	5677	101		2808	
云 南	Yunnan	17407	105	1115	10847	
西 藏	Tibet	3803	81	229	1490	
陕 西	Shaanxi	30934	120	665	1650	59
甘 肃	Gansu	22992	420	285	2813	
青 海	Qinghai	2260			1623	
宁 夏	Ningxia	5975	1795	78	914	
新 疆	Xinjiang	10524	35	722	6159	35

3-13 续表 continued

单位：千人次 (1000 person-times)

地 区	Province	文工团、文宣队\乌兰牧骑 Cultural and Performance Troupes and Ulanmuchi (Equestrian Art Troupes)	戏曲剧团 Local Opera Troupes	#京 剧 Local Beijing Opera Troupes	曲、杂、木、皮团 Recitation and Ballad Troupes, Acrobatics and Circus Troupes,Puppet Show Troupes and Shadow Play Troupes	综合性艺术表演团体 Comprehensive Art performance Troupes
总 计	**Total**	**39539**	**450028**	**17193**	**85018**	**126113**
中 央	National Art Performance Places	688	180	180		
北 京	Beijing		1204	577	713	
天 津	Tianjin		1881	293	101	97
河 北	Hebei	167	25456	638	4473	10804
山 西	Shanxi	2076	42564	49	620	8340
内蒙古	InnerMongolia	8679	1343	160	148	1036
辽 宁	Liaoning	73	1063	270	504	1137
吉 林	Jilin	188	3763	78	148	2092
黑龙江	Heilongjiang	1954	2942	630	356	1554
上 海	Shanghai		3685	253	2703	326
江 苏	Jiangsu		15311	731	5810	6568
浙 江	Zhejiang		73615	5634	3316	4423
安 徽	Anhui	630	21692	320	43809	34019
福 建	Fujian	142	36237	112	2062	281
江 西	Jiangxi	1988	8910	265	523	1938
山 东	Shandong	240	17714	4166	1401	3365
河 南	Henan	650	62610	111	9806	7563
湖 北	Hubei	2665	23002	848	1180	2657
湖 南	Hunan	523	10706	200	710	1888
广 东	Guangdong	250	35898	30	1585	2101
广 西	Guangxi	5052	4214	260	803	450
海 南	Hainan	65	4145		230	
重 庆	Chongqing	367	853	66	664	15659
四 川	Sichuan	1054	3503		1813	15557
贵 州	Guizhou	1261	962	256	313	232
云 南	Yunnan	1398	2035	30	312	1595
西 藏	Tibet	1202				801
陕 西	Shaanxi	2150	25540	31	446	304
甘 肃	Gansu	2026	16394	325	308	746
青 海	Qinghai	233	18			386
宁 夏	Ningxia	768	2330	660		90
新 疆	Xinjiang	3050	258	20	161	104

3-14 各地区艺术表演场馆基本情况(2010年)

Basic Statistics on Art Performance Places by Province (2010)

地 区	Province	机构数 (个) Number of Institutions (unit)	从业人员 (人) Number of Employed Persons (person)	#高级职称 Senior Title	#中级职称 Middle Title	座席数 (个) Seating Capacity (unit)	演(映)出场次合计 (千场次) Total Number of Performances (1000 shows)	#艺术演出场次 Art Per-formances	观众人次合计 (千人次) Number of Audience (1000 person-times)	#艺术演出观众人次 Art Per-formances
总 计	**Total**	**2112**	**42387**	**1410**	**3622**	**1617320**	**811.20**	**147.23**	**132719**	**54709**
中 央	National Public Libraries	5	56	1	2	3758	0.58	0.58	290	290
北 京	Beijing	73	2879	81	187	55024	54.38	16.94	10350	8142
天 津	Tianjin	37	503	3	15	24641	20.40	8.33	2344	1677
河 北	Hebei	113	1618	66	207	85872	15.59	4.34	3740	2080
山 西	Shanxi	103	1486	18	174	91656	62.01	4.85	8392	3196
内蒙古	Inner Mongolia	26	492	9	82	21980	9.02	1.64	1985	611
辽 宁	Liaoning	58	909	16	40	29913	10.40	5.97	3310	1893
吉 林	Jilin	32	652	20	58	16361	13.93	2.15	1158	635
黑龙江	Heilongjiang	44	371	23	26	22835	2.53	0.48	1729	335
上 海	Shanghai	96	2400	117	236	82820	22.85	10.76	7845	6157
江 苏	Jiangsu	201	3884	73	261	194173	221.72	7.76	19214	3185
浙 江	Zhejiang	242	3682	31	174	188218	68.85	26.38	17434	5814
安 徽	Anhui	60	999	44	161	33493	15.55	1.93	2516	710
福 建	Fujian	57	990	11	65	29448	32.68	3.40	2636	1001
江 西	Jiangxi	57	787	22	144	36164	11.10	5.12	1772	1153
山 东	Shandong	91	1904	50	216	69388	21.30	1.50	5291	1103
河 南	Henan	150	4064	149	262	114566	24.16	3.27	3613	1423
湖 北	Hubei	68	1409	91	200	61685	27.83	11.29	7722	1809
湖 南	Hunan	63	1065	33	175	51608	28.23	3.68	3189	1536
广 东	Guangdong	124	3702	341	359	133837	33.68	8.24	8939	5098
广 西	Guangxi	24	337	4	22	22558	18.68	1.65	1360	703
海 南	Hainan	10	1732	4	13	8699	3.87	0.38	1104	247
重 庆	Chongqing	46	825	2	26	29135	29.38	2.01	5831	752
四 川	Sichuan	94	1823	41	213	62559	12.37	8.25	3787	2460
贵 州	Guizhou	7	168	4	17	3747	0.65	0.28	339	129
云 南	Yunnan	36	349	14	46	20428	9.01	1.16	1387	493
西 藏	Tibet	21	41	9		10059	3.52	0.34	687	116
陕 西	Shaanxi	97	2217	108	162	65168	5.05	2.63	2180	1242
甘 肃	Gansu	27	265	2	15	17735	2.67	0.71	571	421
青 海	Qinghai	20	203			10164	7.20	0.30	594	74
宁 夏	Ningxia	15	258	1	31	7667	1.61	0.78	340	134
新 疆	Xinjiang	15	317	22	33	11961	20.44	0.17	1070	90

注：此表是行业统计数，含事业和企业团体数。

a) Art performance places in this table include those under the administration of cultural deartment and also non-cultural department such as institutions and enterprises.

3-14 续表 continued

地 区	Province	收入情况(千元) Total Income (1000 yuan) 财政拨款 Government Budget	艺术演出收入 Income from Art Performances	人员支出(千元) Personnel Expenses (1000 yuan)	年末固定资产原值(千元) Year-end Value of Original Fixed Assets (1000 yuan)	增加值(千元) Value Added (1000 yuan)	公用房屋建筑面积(千平方米) Floor Space of Public Buildings (1000 sqm)	#演(映)业务用房 Buildings for Performance and Projecting
总 计	**Total**	**748707**	**1379719**	**1073372**	**21575576**	**2840082**	**7435.32**	**4090.06**
中 央	National Public Libraries	75	593	2769	3838	3998	48.29	33.30
北 京	Beijing	179708	585180	147635	473535	380105	534.02	398.89
天 津	Tianjin	3195	6579	14164	217672	22920	144.13	85.84
河 北	Hebei	10791	12674	25745	185405	52398	243.07	147.49
山 西	Shanxi	14653	17057	25881	329028	48546	333.34	199.85
内蒙古	Inner Mongolia	32448	13341	16605	171975	24859	96.49	52.90
辽 宁	Liaoning	12966	10833	22682	200415	39267	160.51	101.31
吉 林	Jilin	44859	5026	18081	64805	22883	117.65	48.74
黑龙江	Heilongjiang	5617	1635	8409	68714	12805	80.27	56.13
上 海	Shanghai	57527	197525	110084	2298106	286229	400.42	147.04
江 苏	Jiangsu	33730	99366	103468	3341648	301170	925.79	520.93
浙 江	Zhejiang	71954	153003	122155	891961	277047	783.12	416.99
安 徽	Anhui	9389	3878	17897	103230	41135	126.32	74.54
福 建	Fujian	15419	11093	25171	172873	91798	366.19	118.92
江 西	Jiangxi	11226	7520	15997	8136893	344624	145.56	80.72
山 东	Shandong	10717	7132	24072	244588	47587	255.30	162.71
河 南	Henan	33695	20136	37861	264057	60599	398.69	189.46
湖 北	Hubei	25428	7706	34479	379343	55283	254.90	168.09
湖 南	Hunan	15273	5258	21892	278655	38559	226.66	117.68
广 东	Guangdong	71578	55762	95379	1409561	311623	642.89	338.67
广 西	Guangxi	810	3562	9439	265718	22510	113.54	68.92
海 南	Hainan	483	4709	2820	11778	7599	40.48	17.28
重 庆	Chongqing	21096	19890	25107	257128	48878	89.78	60.02
四 川	Sichuan	10784	68065	42894	423291	85342	230.08	134.44
贵 州	Guizhou	1630	497	14203	26458	16667	20.71	8.01
云 南	Yunnan	5202	7854	12039	615664	44927	102.80	70.36
西 藏	Tibet	5037	240	2545	23528	3752	32.79	21.80
陕 西	Shaanxi	16475	50875	35025	186668	65763	316.33	129.09
甘 肃	Gansu	2600	609	8132	116923	13951	55.56	39.80
青 海	Qinghai	3369	455	4070	36681	7552	41.49	30.01
宁 夏	Ningxia	1157	809	8971	177267	32749	29.11	18.63
新 疆	Xinjiang	19816	857	17701	198170	26957	79.06	31.56

3-15 各地区公共图书馆、群众文化馆、艺术馆情况(2010年)
Basic Statistics on Public Libraries, Mass Cultural Centers and Art Centers by Province (2010)

地区	Province	公共图书馆 (个) Number of Public Library (unit)	总藏量 (千册件) Total Collections (1000 volumes)	总流通人次 (千人次) Number of Circulation (1000 person-times)	阅览室座席数 (个) Number of Seats in Reading Room (unit)	群众文化馆、艺术馆 (个) Number of Mass Cultural Centers and Art Centers (unit)	#省级、地市级 Provincial Level Prefecture Level	#县市级 County (City) Level
总计	**Total**	**2884**	**617261**	**328233**	**630683**	**43382**	**374**	**2890**
中央	National	1	28979	5330	6877			
地方	Local							
北京	Beijing	24	17154	7755	12852	337	1	19
天津	Tianjin	31	12583	6062	9072	256	1	18
河北	Hebei	165	16109	7364	21858	2319	13	164
山西	Shanxi	126	12079	3739	15983	1533	12	119
内蒙古	Inner Mongolia	113	9400	3116	16537	1017	13	103
辽宁	Liaoning	128	29533	14573	30220	1550	22	100
吉林	Jilin	65	13802	5032	13820	965	14	63
黑龙江	Heilongjiang	107	16439	6219	18013	1654	17	129
上海	Shanghai	28	68087	18525	19427	240	1	26
江苏	Jiangsu	111	43700	30058	38912	1442	14	104
浙江	Zhejiang	97	37612	34541	35068	1612	12	89
安徽	Anhui	88	12358	7599	15778	1509	15	105
福建	Fujian	86	16817	11933	25136	1190	10	85
江西	Jiangxi	108	15201	6389	22042	1924	12	103
山东	Shandong	149	36358	17172	37061	2013	18	140
河南	Henan	142	18372	10257	23595	2466	18	184
湖北	Hubei	107	23611	15155	26814	1376	13	100
湖南	Hunan	124	19614	10275	30031	2561	15	125
广东	Guangdong	132	46155	45399	59148	1738	22	122
广西	Guangxi	108	18809	13428	24665	1284	15	107
海南	Hainan	20	2850	1721	4173	230	3	18
重庆	Chongqing	43	10308	6213	13568	1041	1	40
四川	Sichuan	161	25991	11680	26281	4652	22	182
贵州	Guizhou	93	8121	3691	12220	1524	8	87
云南	Yunnan	150	15660	9070	21034	1517	17	131
西藏	Tibet	4	535	27	295	321	8	74
陕西	Shaanxi	112	11271	5193	14355	1827	11	109
甘肃	Gansu	94	10418	4683	13352	1417	16	86
青海	Qinghai	44	3578	895	3108	409	9	42
宁夏	Ningxia	20	4623	1631	5201	250	7	19
新疆	Xinjiang	103	11134	3504	14187	1208	14	97

四、广播电视
Radio and Television

4-1 全国广播和电视综合人口覆盖情况（2010年）
Coverage of Radio and TV Program Broadcasting (2010)

单位：% (%)

地　区	Province	广播节目综合人口覆盖率 Listener Rating	#中央广播节目覆盖率 Listener Rating of Central Radio Station	电视节目综合人口覆盖率 Viewer Rating	#中央电视节目覆盖率 Viewer Rating of CCTV
全国合计	**National Total**	**96.78**	**95.57**	**97.62**	**96.55**
北　京	Beijing	99.99	99.99	99.99	99.99
天　津	Tianjin	100.00	100.00	100.00	100.00
河　北	Hebei	99.32	98.89	99.26	99.14
山　西	Shanxi	93.29	93.22	97.54	97.49
内蒙古	Inner Mongolia	96.60	95.94	95.38	94.70
辽　宁	Liaoning	98.48	97.36	98.59	97.68
吉　林	Jilin	98.47	97.58	98.59	96.40
黑龙江	Heilongjiang	98.56	95.67	98.76	95.91
上　海	Shanghai	100.00	100.00	100.00	100.00
江　苏	Jiangsu	99.99	99.75	99.88	98.97
浙　江	Zhejiang	99.17	98.26	99.35	98.52
安　徽	Anhui	97.31	95.41	97.50	96.23
福　建	Fujian	97.80	97.24	98.45	98.19
江　西	Jiangxi	96.78	96.34	97.96	97.68
山　东	Shandong	98.09	94.01	97.88	95.44
河　南	Henan	97.30	97.18	97.39	97.09
湖　北	Hubei	98.10	97.78	98.11	97.83
湖　南	Hunan	91.99	90.74	96.43	95.96
广　东	Guangdong	98.00	97.85	98.00	97.83
广　西	Guangxi	94.50	92.47	96.50	91.99
海　南	Hainan	96.44	96.36	95.41	95.16
重　庆	Chongqing	95.71	94.65	97.39	97.00
四　川	Sichuan	96.22	94.80	97.33	96.94
贵　州	Guizhou	87.59	84.26	92.55	88.14
云　南	Yunnan	95.37	94.77	96.39	96.25
西　藏	Tibet	90.28	80.55	91.41	80.98
陕　西	Shaanxi	96.71	96.04	97.70	97.14
甘　肃	Gansu	93.47	88.95	93.72	90.87
青　海	Qinghai	90.03	90.03	95.03	95.03
宁　夏	Ningxia	92.92	92.91	98.20	97.56
新　疆	Xinjiang	94.90	93.02	95.28	92.92
计划单列市	**Cities Specifically Designated in State Plan**	**99.39**	**99.39**	**99.43**	**99.43**
大　连	Dalian	98.96	98.96	99.84	99.84
宁　波	Ningbo	100.00	100.00	100.00	100.00
厦　门	Xiamen	100.00	100.00	98.68	98.68
青　岛	Qingdao	98.40	98.40	98.20	98.20
深　圳	Shenzhen	100.00	100.00	100.00	100.00

4-2 全国有线广播电视传输干线网络及用户情况
Transmission Trunk and Users of Cable Radios and TVs

地　区	Province	有线广播电视传输干线网络总长(公里) Total Length of Transmission Trunk for Cable Radios and TVs (km)	有线广播电视用户数(户) Users of Cable Radios and TVs (household)	#数字电视用户数 Users of Digital TV Programs	#付费电视用户数 Users of Pay TV
全国合计	**National Total**	**3563359**	**188721800**	**88702495**	**11050627**
国家广电总局直属	Directly under the State Administration of Radio, Film and Television	39867			
北　京	Beijing	148933	4481234	2767899	521
天　津	Tianjin	6500	2621881	2129094	232864
河　北	Hebei	134392	6703827	3823531	79929
山　西	Shanxi	93258	4240323	2028316	31000
内蒙古	Inner Mongolia	45400	3139319	1942031	71003
辽　宁	Liaoning	114749	7525761	3063117	65232
吉　林	Jilin	85100	4524055	2789749	205425
黑龙江	Heilongjiang	161524	5213041	2196347	873777
上　海	Shanghai	36211	5730175	2356332	225952
江　苏	Jiangsu	457561	18858842	10078078	2307175
浙　江	Zhejiang	214537	11836472	5887274	560921
安　徽	Anhui	42928	4611009	1932686	160184
福　建	Fujian	144113	6131612	2894480	189007
江　西	Jiangxi	76087	4394686	414113	121982
山　东	Shandong	296281	16508842	5852598	142172
河　南	Henan	139795	7251357	876609	54422
湖　北	Hubei	209065	8940673	4952575	502702
湖　南	Hunan	100477	6414575	4467187	334377
广　东	Guangdong	213129	17015319	9504484	521966
广　西	Guangxi	40265	4679110	2641116	490660
海　南	Hainan	7494	797450	634578	30127
重　庆	Chongqing	143807	4921171	1980969	121851
四　川	Sichuan	331617	12997022	1978842	305020
贵　州	Guizhou	32922	3352322	2345142	405232
云　南	Yunnan	75180	4959912	2614982	2361761
西　藏	Tibet	3174	175378	19000	2000
陕　西	Shaanxi	63249	5074342	2942215	579583
甘　肃	Gansu	43534	2068928	1228491	52659
青　海	Qinghai	3460	397572	341477	14919
宁　夏	Ningxia	12908	705692	705692	
新　疆	Xinjiang	28524	1924498	1313491	6204
新疆生产建设兵团	Xinjiang Production and Construction Corps.	17317	525400		
计划单列市	**Cities Specifically Designated in State Plan**	**130981**	**8918313**	**6842857**	**464304**
大　连	Dalian	17281	1420000	1002000	45000
宁　波	Ningbo	34662	2055311	1130600	51165
厦　门	Xiamen	3698	645964	462878	24399
青　岛	Qingdao	52617	2538330	2170570	26332
深　圳	Shenzhen	22724	2258708	2076809	317408

4-3 全国广播节目播出情况（2010年）

National Radio Programs (2010)

单位：小时 (hour)

地 区	Province	公共广播节目套数（套）Number of Public Radio Programs (set)	全年广播剧播出数 Number of Radio Plays（部）(set)	（集）(part)	全年公共广播节目播出时间（小时）Broadcasting Hours of Public Radio Programs (hour)	#转中央台节目 Relaying Programs of Central Radio Station	#播出制作节目 Own-produced Programs	#首播 Premiere
全国合计	**National Total**	**2549**	**35606**	**718197**	**12660314**	**1354919**	**8539146**	**6193988**
国家广电总局直属	Directly under the State Administration of Radio, Film and Television	24	60	1347	236466	548	230503	209570
北 京	Beijing	18	58	4212	118558	2747	93203	71741
天 津	Tianjin	22	28	1160	133283	3155	85749	73991
河 北	Hebei	125	2117	9357	584136	39003	395868	309122
山 西	Shanxi	104	1310	36584	371296	49495	223734	146945
内蒙古	Inner Mongolia	126	4187	47698	635987	146861	302832	227320
辽 宁	Liaoning	118	1445	43933	715680	32940	528411	457566
吉 林	Jilin	65	728	30800	407529	21330	286053	227329
黑龙江	Heilongjiang	94	471	13129	419096	42604	250149	170421
上 海	Shanghai	21	161	5481	131433	6144	98422	72846
江 苏	Jiangsu	126	1708	31801	775021	53597	633437	461191
浙 江	Zhejiang	107	2462	30105	709854	48328	560316	395332
安 徽	Anhui	106	1106	36789	503775	52498	339975	228141
福 建	Fujian	88	264	8941	505775	100816	320833	222260
江 西	Jiangxi	103	2367	31177	345482	62214	211440	160960
山 东	Shandong	155	3080	66106	839382	61327	579789	425851
河 南	Henan	150	1142	32102	626072	68490	419176	263439
湖 北	Hubei	85	1216	42753	447360	41602	302161	231651
湖 南	Hunan	97	859	22400	334883	51570	195406	154650
广 东	Guangdong	127	3853	23575	764902	33070	618986	416343
广 西	Guangxi	62	426	9350	276734	22874	204991	171364
海 南	Hainan	24	142	6876	107875	14794	64673	48556
重 庆	Chongqing	26	409	13005	108812	12700	76989	54406
四 川	Sichuan	119	2034	56452	527030	90200	293301	179333
贵 州	Guizhou	27	362	13803	157799	15572	109400	52068
云 南	Yunnan	48	314	12281	271724	23443	206461	126237
西 藏	Tibet	7	93	2693	38743	1576	31785	20269
陕 西	Shaanxi	101	855	13028	405855	73552	267035	188504
甘 肃	Gansu	86	949	22845	271809	52354	144513	92933
青 海	Qinghai	9	40	4603	56103	4142	45666	38636
宁 夏	Ningxia	24	44	3090	101625	13844	70881	39586
新 疆	Xinjiang	155	1316	40721	730236	111530	347008	255426
计划单列市	**Cities Specifically Designated in State Plan**	**46**	**1562**	**21667**	**328764**	**16203**	**275131**	**242495**
大 连	Dalian	11	36	3042	74588	3802	58540	53753
宁 波	Ningbo	13	1281	9946	91828	4738	78462	64463
厦 门	Xiamen	5	116	1293	34884	984	31449	29410
青 岛	Qingdao	12	120	7321	86647	6294	67040	62896
深 圳	Shenzhen	5	9	65	40818	386	39640	31973

4-3 续表 continued

单位：小时 (hour)

地 区	Province	按节目类型分 by Type of Programs 新闻资讯类节目 News Programs	专题服务类节目 Special Subject Programs	综艺类节目 General Entertainment Programs	广播剧类节目 Radio Play Programs	广告类节目 Advertising Programs	其他类节目 Others
全国合计	**National Total**	**2538907**	**2864889**	**3582183**	**574752**	**1186617**	**1912966**
国家广电总局直属	Directly under the State Administration of Radio, Film and Television	69066	90451	47615	2674	14421	12240
北 京	Beijing	16443	37864	28932	5026	15230	15063
天 津	Tianjin	20495	26300	47481	1801	21886	15320
河 北	Hebei	91844	163795	240861	11670	53348	22618
山 西	Shanxi	75126	85123	102936	25691	23094	59327
内蒙古	Inner Mongolia	119048	136085	202312	27300	40409	110832
辽 宁	Liaoning	91876	185384	247070	41506	84810	65034
吉 林	Jilin	52980	85257	164548	17844	51511	35389
黑龙江	Heilongjiang	88503	93098	99232	11911	50319	76033
上 海	Shanghai	36630	26143	45360	6118	15114	2069
江 苏	Jiangsu	144289	185537	178010	28292	98930	139964
浙 江	Zhejiang	123776	158029	179135	25822	74354	148739
安 徽	Anhui	104040	136618	108160	34379	44179	76398
福 建	Fujian	116801	97806	161740	10474	21924	97030
江 西	Jiangxi	86836	88279	88988	19932	33427	28021
山 东	Shandong	141618	166456	258535	46586	82232	143956
河 南	Henan	112945	122550	199429	42973	58437	89737
湖 北	Hubei	93738	101072	132277	23466	58722	38086
湖 南	Hunan	79639	60815	73472	16895	37930	66132
广 东	Guangdong	128977	141484	205223	26499	67175	195545
广 西	Guangxi	65641	54874	84528	7846	23914	39931
海 南	Hainan	28595	17882	28696	2985	6944	22772
重 庆	Chongqing	30523	25937	23360	9011	6303	13678
四 川	Sichuan	116460	119141	120939	21041	33526	115923
贵 州	Guizhou	31022	43266	31857	8312	19767	23576
云 南	Yunnan	62352	61266	66887	11846	24474	44899
西 藏	Tibet	7772	9394	14710	2030	1882	2956
陕 西	Shaanxi	102512	92109	98488	20900	49190	42656
甘 肃	Gansu	73770	51266	58871	15818	27397	44688
青 海	Qinghai	9179	10264	17939	3629	3950	11142
宁 夏	Ningxia	26504	20083	29648	7665	10401	7324
新 疆	Xinjiang	189907	171261	194948	36814	31417	105889
计划单列市	**Cities Specifically Designated in State Plan**	**56621**	**90058**	**78499**	**18460**	**40229**	**44898**
大 连	Dalian	11384	19920	16915	6874	13793	5702
宁 波	Ningbo	12744	22580	31982	5423	8823	10276
厦 门	Xiamen	8557	13571	4794	652	744	6567
青 岛	Qingdao	15798	21128	15223	5249	9388	19862
深 圳	Shenzhen	8138	12859	9586	262	7481	2492

4-4 全国省级广播节目播出情况（2010年）
Provincial Radio Programs (2010)

单位：小时 (hour)

地　区	Province	公共广播节目套数（套）Number of Public Radio Programs (set)	全年广播剧播出数 Number of Radio Plays（部）(set)	全年广播剧播出数 Number of Radio Plays（集）(part)	全年公共广播节目播出时间（小时）Broadcasting Hours of Public Radio Programs (hour)	#转中央台节目 Relaying Programs of Central Radio Station	#播出制作节目 Own-produced Programs	#首播 Premiere
全国合计	**National Total**	**232**	**7020**	**90907**	**1782537**	**43680**	**1572774**	**1381918**
北　京	Beijing	9	19	906	68696	1196	57048	51789
天　津	Tianjin	10	6	40	75768	1643	71053	61253
河　北	Hebei	8	1690	2264	59071	457	54542	54542
山　西	Shanxi	7	88	4248	57670	1459	50908	39803
内蒙古	InnerMongolia	8	1908	11135	59768	2190	43739	43739
辽　宁	Liaoning	8	273	3461	69940	3117	57100	55861
吉　林	Jilin	8	248	10384	68073	1273	53153	48908
黑龙江	Heilongjiang	7	40	1355	54177	771	50434	44767
上　海	Shanghai	11	50	1095	74808	2479	68112	55028
江　苏	Jiangsu	11	9	370	84890	1460	81615	62528
浙　江	Zhejiang	7	2	290	61012	1065	58703	54710
安　徽	Anhui	9	112	672	65378	1473	59466	37455
福　建	Fujian	6	1	365	49785	2296	46973	41393
江　西	Jiangxi	6	1122	3173	46902	547	42182	40233
山　东	Shandong	8	11	268	69079	913	56272	47680
河　南	Henan	9	375	12605	78840	572	61851	60135
湖　北	Hubei	10	124	4315	82258	1930	75348	67777
湖　南	Hunan	6	85	2845	47631	691	44515	40630
广　东	Guangdong	9		3717	75177	725	74452	72452
广　西	Guangxi	5	256	2338	36292	1825	32408	31717
海　南	Hainan	4	5	730	28384	1095	22730	22555
重　庆	Chongqing	6	94	4515	51222	733	45188	39530
四　川	Sichuan	8	59	145	60629	777	54197	44930
贵　州	Guizhou	5	4	30	35040	1825	32255	14489
云　南	Yunnan	9	57	2841	50334	1916	45704	42095
西　藏	Tibet	4	40	1097	29353	1216	24275	17444
陕　西	Shaanxi	9	7	270	76468	1095	75190	71539
甘　肃	Gansu	6	119	6346	40269	799	29585	24627
青　海	Qinghai	4	11	478	27413	705	25420	22821
宁　夏	Ningxia	5	21	1515	36799	1849	27895	19028
新　疆	Xinjiang	10	184	7094	61414	3591	50463	50463

4-4 续表 continued

单位：小时 (hour)

地区	Province	按节目类型分 新闻资讯类节目 News Programs	专题服务类节目 Special Subject Programs	综艺类节目 General Entertainment Programs	广播剧类节目 Radio Play Programs	广告类节目 Advertising Programs	by Type of Programs 其他类节目 Others
全国合计	**National Total**	**294233**	**475359**	**470694**	**63551**	**278970**	**199730**
北京	Beijing	11117	26353	10557	539	11548	8583
天津	Tianjin	12215	12574	34382	50	16547	
河北	Hebei	4019	30316	19097	1790	3666	183
山西	Shanxi	4114	15302	13949	1766	9263	13278
内蒙古	InnerMongolia	17961	12470	11219	5874	4800	7444
辽宁	Liaoning	10919	27327	15576	2403	12684	1033
吉林	Jilin	8695	8730	22717	4870	16435	6627
黑龙江	Heilongjiang	5841	15353	4215	1077	22843	4848
上海	Shanghai	19402	17967	26377	1156	9711	195
江苏	Jiangsu	12775	17038	19843	186	16634	18415
浙江	Zhejiang	8510	16390	6886	228	9437	19561
安徽	Anhui	6853	22010	7052	631	11877	16956
福建	Fujian	12738	10436	7027	182	2558	16844
江西	Jiangxi	3984	24017	5177	1836	8877	3011
山东	Shandong	10460	17639	31310	250	6320	3099
河南	Henan	9567	13169	26420	10672	10826	8187
湖北	Hubei	12997	26512	22692	2251	14792	3014
湖南	Hunan	6780	10970	3221	2113	7873	16675
广东	Guangdong	15330	14730	30934	1743	6028	6412
广西	Guangxi	5524	11614	13765	862	1903	2626
海南	Hainan	5889	8340	4767	183	2637	6569
重庆	Chongqing	11617	15886	7899	4928	4017	6876
四川	Sichuan	10139	14734	24401	42	5119	6194
贵州	Guizhou	2373	8760	8213	365	8761	6570
云南	Yunnan	14178	14010	12751	1361	5074	2960
西藏	Tibet	5268	7159	12130	1365	1728	1704
陕西	Shaanxi	10646	15695	24029	2738	23360	
甘肃	Gansu	6231	6745	10444	2564	13161	1124
青海	Qinghai	4021	6437	3602	582	3258	9513
宁夏	Ningxia	8424	7771	12166	4688	3479	272
新疆	Xinjiang	15648	18909	17881	4261	3757	958

4-5 全国电视节目播出情况（2010年）
National TV Programs (2010)

单位：小时 (hour)

地区	Province	公共电视节目套数（套）Number of Public TV Programs (set)	全年公共电视节目播出时间（小时）Broadcasting Hours of Public TV Programs (hour)	#转中央台节目 Relaying Programs of CCTV	#播出制作节目 Own-produced Programs	#首播 Premiere
全国合计	**National Total**	**3272**	**16355043**	**1271580**	**5524398**	**2313483**
国家广电总局直属	Directly under the State Administration of Radio, Film and Television	27	224266		191430	75127
北京	Beijing	25	107765	241	67552	23144
天津	Tianjin	28	151736	2998	36234	13615
河北	Hebei	177	742069	37307	273124	128706
山西	Shanxi	113	469203	44975	149258	85473
内蒙古	Inner Mongolia	125	631881	93729	171454	64609
辽宁	Liaoning	118	704480	19761	303848	188728
吉林	Jilin	75	487825	13438	186340	76762
黑龙江	Heilongjiang	124	661130	112905	187949	81482
上海	Shanghai	25	175304	2847	87350	39650
江苏	Jiangsu	130	811055	24070	315354	122468
浙江	Zhejiang	113	712130	19875	281206	88215
安徽	Anhui	118	641054	45053	183450	73637
福建	Fujian	101	334045	3906	152466	49012
江西	Jiangxi	113	650997	115058	140519	59288
山东	Shandong	169	952631	63875	327554	128925
河南	Henan	166	869060	79840	298179	130380
湖北	Hubei	114	655897	28774	220441	89285
湖南	Hunan	139	714480	89884	221559	122114
广东	Guangdong	159	662706	41538	223182	78406
广西	Guangxi	116	481171	27374	168116	79541
海南	Hainan	14	80125	3073	27853	9137
重庆	Chongqing	45	250504	8450	104506	49273
四川	Sichuan	205	993457	131785	329709	105914
贵州	Guizhou	101	246874	14058	97761	37421
云南	Yunnan	158	744112	61538	199742	66800
西藏	Tibet	10	47044	2759	17372	4881
陕西	Shaanxi	123	577862	60466	176888	77534
甘肃	Gansu	104	414822	33790	123659	51958
青海	Qinghai	13	69724	2303	28174	12488
宁夏	Ningxia	28	152501	8406	53930	26274
新疆	Xinjiang	196	937134	77505	178240	73238
计划单列市	**Cities Specifically Designated in State Plan**	**62**	**392088**	**13467**	**153292**	**61843**
大连	Dalian	14	88415	1992	36749	13870
宁波	Ningbo	13	87607	1736	34663	12980
厦门	Xiamen	8	51608	630	18675	5377
青岛	Qingdao	15	85037	3473	36494	10176
深圳	Shenzhen	12	79422	5636	26712	19440

4-5 续表 1 continued

单位：小时 (hour)

地区	Province	按节目类型分类 by Type of Programs 新闻资讯类节目 News Programs	专题服务类节目 Special Subject Programs	综艺益智类节目 General Entertainment and Puzzle Programs	影视剧类节目 Films and TV Plays Programs	广告类节目 Advertising Programs	其他类节目 Others
全国合计	**National Total**	**2070314**	**1797376**	**1396667**	**7274866**	**2047070**	**1768751**
国家广电总局直属	Directly under the State Administration of Radio, Film and Television	67036	61361	34299	52479	9091	
北京	Beijing	10511	36882	10584	24406	11522	13860
天津	Tianjin	11362	35874	11058	62339	21496	9608
河北	Hebei	91114	72720	92455	368336	94332	23111
山西	Shanxi	56947	39322	44967	195705	52095	80167
内蒙古	Inner Mongolia	78223	65822	51725	288086	67583	80442
辽宁	Liaoning	60324	71968	111194	303407	89811	67775
吉林	Jilin	40575	66797	93073	202905	62606	21869
黑龙江	Heilongjiang	72624	57438	55719	259777	64565	151007
上海	Shanghai	28412	37403	8809	67416	19430	13836
江苏	Jiangsu	97572	104367	60348	338781	119524	90463
浙江	Zhejiang	82534	66995	35840	319215	122267	85280
安徽	Anhui	76966	66614	45387	327584	92751	31752
福建	Fujian	57367	50407	23903	106944	49748	45676
江西	Jiangxi	73956	56719	47531	321234	67078	84477
山东	Shandong	93716	95032	97768	437242	134712	94162
河南	Henan	98151	78088	81187	411389	94943	105301
湖北	Hubei	69556	76429	39911	334428	101214	34360
湖南	Hunan	102971	71424	62268	306169	87411	84237
广东	Guangdong	109037	67642	35435	243344	92049	115199
广西	Guangxi	74064	55843	35423	190447	66937	58457
海南	Hainan	13960	10266	4116	31999	13593	6191
重庆	Chongqing	31633	44115	32586	93129	33566	15475
四川	Sichuan	135667	107396	70168	434201	114480	131546
贵州	Guizhou	64317	20386	15753	75023	34138	37258
云南	Yunnan	96135	72564	47561	369476	83251	75124
西藏	Tibet	6657	3651	1653	22359	5134	7590
陕西	Shaanxi	70489	62904	42052	261355	73240	67821
甘肃	Gansu	53635	43449	30942	210258	38920	37619
青海	Qinghai	8185	5487	7196	36498	6630	5729
宁夏	Ningxia	17355	14367	14710	72414	21784	11872
新疆	Xinjiang	119265	77643	51047	506524	101167	81488
计划单列市	**Cities Specifically Designated in State Plan**	**42288**	**52921**	**24963**	**148681**	**57931**	**65305**
大连	Dalian	8706	12876	8077	35434	13232	10090
宁波	Ningbo	5897	6492	3509	38753	12793	20161
厦门	Xiamen	7588	7611	3576	13448	6331	13054
青岛	Qingdao	10347	11997	7707	32190	18365	4431
深圳	Shenzhen	9751	13944	2093	28856	7210	17569

4-5 续表 2 continued

单位：小时 (hour)

地　区	Province	全年电视剧播出数 Number of TV Plays (部) (set)	(集) (part)	#进口电视剧 Number of Imported TV Plays (部) (set)	(集) (part)	全年动画电视播出数 Number of Cartoon TV Programs (部) (set)	(集) (part)	#进口动画电视 Number of Imported Cartoon TV Programs (部) (set)	(集) (part)
全国合计	**National Total**	**249164**	**6358559**	**8778**	**195069**	**19033**	**683356**	**1031**	**34566**
国家广电总局直属	Directly under the State Administration of Radio, Film and Television	1593	42853	71	2557	276	11143	36	1891
北　京	Beijing	812	24076	1	30	83	8235	4	308
天　津	Tianjin	2200	45231			137	12353	1	26
河　北	Hebei	13834	397004	226	9999	419	16808	14	627
山　西	Shanxi	5458	146971	25	1048	593	12831	7	241
内蒙古	Inner Mongolia	13024	302297	286	4913	713	20826	9	332
辽　宁	Liaoning	9811	267134	469	12790	558	19320	45	832
吉　林	Jilin	7611	216969	263	8733	190	10428		
黑龙江	Heilongjiang	4303	112131	70	2384	299	13189	42	2690
上　海	Shanghai	1420	44811	65	1845	450	16349	20	1040
江　苏	Jiangsu	11228	296686	233	6401	803	36886	12	540
浙　江	Zhejiang	9614	268657	160	4274	988	41296	51	1288
安　徽	Anhui	10872	285537	295	8232	386	15223	35	882
福　建	Fujian	3600	105903	109	2922	377	15422	16	638
江　西	Jiangxi	9318	247239	390	11135	782	28192	30	924
山　东	Shandong	12536	361233	169	6054	689	34028	18	820
河　南	Henan	13670	342965	197	5847	652	17991	36	1405
湖　北	Hubei	14147	356410	584	15420	1052	34486	85	4093
湖　南	Hunan	10136	264516	476	13181	1283	42690	66	2189
广　东	Guangdong	7413	204161	222	5714	799	45477	73	3862
广　西	Guangxi	6367	168408	148	3287	586	33000	5	180
海　南	Hainan	647	20852	7	140	124	5724	10	970
重　庆	Chongqing	3792	96239	283	7611	240	12387	26	833
四　川	Sichuan	19094	496762	499	11597	2043	49335	42	2310
贵　州	Guizhou	3003	72443	140	3860	198	7227	21	500
云　南	Yunnan	9812	251246	61	2716	843	27467	3	90
西　藏	Tibet	495	11245			47	1326		
陕　西	Shaanxi	7550	176025	15	315	644	18035		
甘　肃	Gansu	6293	172196	37	1330	840	15248		
青　海	Qinghai	1033	33297	7	340	104	3513		
宁　夏	Ningxia	1773	43103	27	1179	197	8155		
新　疆	Xinjiang	26705	483959	3243	39215	1638	48766	324	5055
计划单列市	**Cities Specifically Designated in State Plan**	**5176**	**154587**	**170**	**4522**	**602**	**27100**	**31**	**2533**
大　连	Dalian	1083	34939	14	370	216	6560		
宁　波	Ningbo	1446	38598	5	88	92	6588		
厦　门	Xiamen	571	15710	74	1783	53	1755		
青　岛	Qingdao	1204	35579	41	1283	101	4669	7	311
深　圳	Shenzhen	872	29761	36	998	140	7528	24	2222

4-6 全国省级电视节目播出情况（2010年）

Provincial TV Programs (2010)

单位：小时 (hour)

地区	Province	全年公共电视节目播出时间（小时）Broadcasting Hours of Public TV Programs (hour)	#转中央台节目 Relaying Programs of CCTV	#播出制作节目 Own-produced Programs	#首播 Premiere
全国合计	**National Total**	**2098857**	**14754**	**839253**	**395230**
北京	Beijing	84500	241	46532	16082
天津	Tianjin	71049	372	15529	6561
河北	Hebei	53514	266	17858	12857
山西	Shanxi	57202	366	28419	20041
内蒙古	Inner Mongolia	57852	393	15732	7081
辽宁	Liaoning	58991	182	13436	7865
吉林	Jilin	78066	375	32626	21251
黑龙江	Heilongjiang	59490	263	35001	15865
上海	Shanghai	124882	1355	71544	34449
江苏	Jiangsu	73273	303	26857	10807
浙江	Zhejiang	77828	603	29654	9344
安徽	Anhui	43015	316	19360	8698
福建	Fujian	82473	415	38253	12852
江西	Jiangxi	71965	1169	29288	13338
山东	Shandong	77955	302	34775	10652
河南	Henan	68450	313	27688	13799
湖北	Hubei	67502	518	27216	13101
湖南	Hunan	95830	381	39980	17559
广东	Guangdong	100017	588	34323	18599
广西	Guangxi	64264	247	14540	5921
海南	Hainan	35262	316	13469	4534
重庆	Chongqing	87399	183	44387	29179
四川	Sichuan	90417	534	48531	17500
贵州	Guizhou	61320	182	24194	15397
云南	Yunnan	54747	183	20028	12266
西藏	Tibet	24056	325	10769	1836
陕西	Shaanxi	73262	201	24731	12076
甘肃	Gansu	45745	263	6748	3852
青海	Qinghai	28105	475	15535	6398
宁夏	Ningxia	39661	1259	14987	11600
新疆	Xinjiang	90767	1870	17264	3869

4-6 续表 continued

单位：小时 (hour)

地区	Province	按节目类型分类 by Type of Programs					
		新闻资讯类节目 News Programs	专题服务类节目 Special Subject Programs	综艺益智类节目 General Entertainment and Puzzle Programs	影视剧类节目 Films and TV Plays Programs	广告类节目 Advertising Programs	其他类节目 Others
全国合计	**National Total**	**223985**	**357374**	**184116**	**753615**	**307541**	**272226**
北京	Beijing	4353	28297	6730	24406	7629	13086
天津	Tianjin	4789	26612	4363	18951	16334	
河北	Hebei	3686	4910	5879	27219	9000	2820
山西	Shanxi	6293	3626	1844	21779	9640	14020
内蒙古	Inner Mongolia	6344	9970	2199	17708	8913	12719
辽宁	Liaoning	4799	3656	4934	24603	9476	11524
吉林	Jilin	5932	8997	5027	34659	13224	10227
黑龙江	Heilongjiang	4022	7017	11192	24060	7063	6137
上海	Shanghai	21204	30198	7103	42661	11648	12068
江苏	Jiangsu	7472	9700	7168	24761	9068	15104
浙江	Zhejiang	11176	10870	5300	25737	14161	10584
安徽	Anhui	6807	8393	6885	13179	5578	2173
福建	Fujian	13212	18448	6443	22780	10060	11530
江西	Jiangxi	6721	6909	4840	28539	6538	18418
山东	Shandong	8518	10750	5186	26259	12581	14660
河南	Henan	11467	7421	7499	19343	8242	14477
湖北	Hubei	5464	21020	4047	24160	10597	2213
湖南	Hunan	9646	13518	10815	28043	12253	21557
广东	Guangdong	15136	12622	7852	35924	16650	11834
广西	Guangxi	7164	8408	8237	23504	6778	10174
海南	Hainan	4289	6465	1170	16087	6112	1140
重庆	Chongqing	8534	26504	19934	18707	8025	5696
四川	Sichuan	10648	11621	6745	36546	11047	13810
贵州	Guizhou	4715	8440	6161	17676	9947	14382
云南	Yunnan	6682	9001	6331	21932	8914	1887
西藏	Tibet	2771	1468	1243	13887	3986	701
陕西	Shaanxi	6202	20497	1785	27406	13129	4243
甘肃	Gansu	3291	8156	3224	19237	9275	2562
青海	Qinghai	3038	1857	2154	15075	2590	3391
宁夏	Ningxia	3192	5422	6689	18735	3549	2075
新疆	Xinjiang	6417	6603	5139	40055	25536	7016

4-7 全国广播节目制作情况
Production of National Radio Programs (2010)

地　区	Province	全年制作广播节目时间(小时) Radio Programs Produced (hour)	#新闻资讯类 News Programs	#广播剧类 Radio Plays	全年制作广播剧数量 Number of Radio Plays (部) (set)	(集) (part)
全国合计	**National Total**	**6814226**	**1216632**	**80181**	**7785**	**92652**
国家广电总局直属	Directly under the State Administration of Radio, Film and Television	219112	69640	2013	29	1313
北　京	Beijing	143678	13340	1667	51	2827
天　津	Tianjin	76124	12244	198	3	389
河　北	Hebei	310045	35393	1709	1678	1776
山　西	Shanxi	153874	30157	1277	22	951
内蒙古	Inner Mongolia	227323	43085	7232	1984	13669
辽　宁	Liaoning	457602	53662	4404	46	2996
吉　林	Jilin	227369	29633	825	38	1066
黑龙江	Heilongjiang	170420	33289	832	38	727
上　海	Shanghai	85262	17500	1248	50	1095
江　苏	Jiangsu	569636	100216	10012	455	11359
浙　江	Zhejiang	445425	63418	3920	143	2940
安　徽	Anhui	228141	41969	965	10	105
福　建	Fujian	250854	50761	733	27	545
江　西	Jiangxi	179194	35326	4448	1219	6677
山　东	Shandong	476527	83040	5200	323	6426
河　南	Henan	289526	46069	18	5	22
湖　北	Hubei	235413	47752	1303	56	2920
湖　南	Hunan	158755	29098	2165	89	2371
广　东	Guangdong	539670	90971	13182	720	11367
广　西	Guangxi	176577	36670	409	11	803
海　南	Hainan	51869	12613	548	11	1460
重　庆	Chongqing	58279	15561	67	9	253
四　川	Sichuan	180246	40522	229	95	592
贵　州	Guizhou	65312	9556	2047	209	3320
云　南	Yunnan	164695	39228	2085	19	673
西　藏	Tibet	28060	6242	3	1	2
陕　西	Shaanxi	197299	39349	2816	150	5319
甘　肃	Gansu	107782	22862	581	9	22
青　海	Qinghai	38636	6284	711	11	1350
宁　夏	Ningxia	41011	8588	1318	3	80
新　疆	Xinjiang	260510	52594	6016	271	7237
计划单列市	**Cities Specifically Designated in State Plan**	**263868**	**42771**	**2863**	**82**	**2059**
大　连	Dalian	53753	7890	1000		
宁　波	Ningbo	74226	8429	1327	62	449
厦　门	Xiamen	31738	8556	2	2	5
青　岛	Qingdao	64146	10224	366	9	1464
深　圳	Shenzhen	40005	7672	168	9	141

4-8 全国省级广播节目制作情况（2010年）

Production of Provincial Radio Programs (2010)

地 区	Province	全年制作广播节目时间（小时）Radio Programs Produced (hour)	#新闻资讯类 News Programs	#广播剧类 Radio Plays	全年制作广播剧数量 Number of Radio Plays（部）(set)	（集）(part)
全国合计	**National Total**	**1524761**	**246531**	**20797**	**5153**	**32822**
北 京	Beijing	120624	11242	893	34	1551
天 津	Tianjin	61253	8699	15	2	24
河 北	Hebei	54540	3591	1529	1668	1668
山 西	Shanxi	39942	3504	15		
内蒙古	Inner Mongolia	43739	12980	5874	1908	11135
辽 宁	Liaoning	55896	7268	11	1	25
吉 林	Jilin	48908	7067	402	15	382
黑龙江	Heilongjiang	44767	5280	214	28	625
上 海	Shanghai	70626	15431	1156	50	1095
江 苏	Jiangsu	76831	9599	185	9	370
浙 江	Zhejiang	61466	8820	228	2	290
安 徽	Anhui	37455	6671	631	4	27
福 建	Fujian	49586	12738			
江 西	Jiangxi	42182	3437	1074	1107	2069
山 东	Shandong	47679	8481	235	49	55
河 南	Henan	60135	9131			
湖 北	Hubei	67918	10917	1120	46	2555
湖 南	Hunan	40630	5629	912	64	1825
广 东	Guangdong	72479	14585	1743		3717
广 西	Guangxi	36487	5217	94	3	286
海 南	Hainan	22555	4985	183	5	730
重 庆	Chongqing	43027	10706	14	3	41
四 川	Sichuan	44930	6638	42	59	145
贵 州	Guizhou	14489	548	182	4	30
云 南	Yunnan	45703	11957			
西 藏	Tibet	24275	5257	3	1	2
陕 西	Shaanxi	74316	10634	1865	56	3915
甘 肃	Gansu	29353	5031	8	5	16
青 海	Qinghai	22821	4021	183	2	5
宁 夏	Ningxia	19686	4410	1244	2	60
新 疆	Xinjiang	50463	12057	742	26	179

4-9 全国电视节目制作情况（2010年）
Production of National TV Programs (2010)

地　区	Province	全年制作电视节目时间（小时） TV Programs Produced (hour)	#新闻资讯类 News Programs	全年制作电视剧数量 Number of TV Plays （部）(set)	（集）(part)	全年制作动画电视数量 Number of Cartoon TV Programs （部）(set)	（集）(part)	全年电视剧制作投资（万元） Investment in Production of TV Plays (10000 yuan)	全年动画电视制作投资（万元） Investment in Production of Cartoon TV Programs (10000 yuan)
全国合计	**National Total**	**2742949**	**719680**	**581**	**17807**	**521**	**15449**	**463397**	**148437**
国家广电总局直属	Directly under the State Administration of Radio, Film and Television	62807	31960	16	494	22	708	12000	8709
北　京	Beijing	84255	11750	64	2232	17	831	161955	19737
天　津	Tianjin	21818	4286	7	238			7572	
河　北	Hebei	131228	22084	4	132	9	292	8931	1080
山　西	Shanxi	94932	20414						
内蒙古	Inner Mongolia	64697	19820	2	44	1	95	430	150
辽　宁	Liaoning	188895	30942	8	276			6754	
吉　林	Jilin	76906	11947	4	132			6300	
黑龙江	Heilongjiang	81482	19790	30	90			1178	
上　海	Shanghai	49507	15308	38	1135	4	128	37763	3015
江　苏	Jiangsu	226743	46154	71	3016	81	4449	20073	71675
浙　江	Zhejiang	143104	34193	52	1403	36	2426	15123	8989
安　徽	Anhui	82427	24727	30	978	18	474	17708	2634
福　建	Fujian	55424	20553	9	287	23	504	6597	5195
江　西	Jiangxi	67067	22340	2	68	3	24	7093	
山　东	Shandong	157852	34243	7	225			7233	500
河　南	Henan	140552	32575	2	62			3100	
湖　北	Hubei	94909.25	23151	11	314	5	143	16460	1729
湖　南	Hunan	127606	37458	10	320	1	46	19516	521
广　东	Guangdong	126595	46283	48	1995	274	4330	33539	22976
广　西	Guangxi	80594	25367	10	341	1	20	2448	38
海　南	Hainan	9723	3206						
重　庆	Chongqing	54125	12389	5	181	12	460	1419	1490
四　川	Sichuan	109491	41916					7515	
贵　州	Guizhou	43501	11735	2	63			3205	
云　南	Yunnan	95029	30931						
西　藏	Tibet	5623	1928	45	1102	6	410		
陕　西	Shaanxi	83275	24251	88	2394	7	108	55654	
甘　肃	Gansu	58860	19529	3	60			600	
青　海	Qinghai	19093	3895						
宁　夏	Ningxia	28362	6299	1	5	1	1	238	
新　疆	Xinjiang	76467	28256	12	220			2993	
计划单列市	**Cities Specifically Designated in State Plan**	**95039**	**20889**	**20**	**609**	**33**	**974**	**18021**	**18399**
大　连	Dalian	13870	3296						
宁　波	Ningbo	23587	3029	3	106			250	
厦　门	Xiamen	6109	2283	6	192	9	269	2880	1581
青　岛	Qingdao	15406	2531	3	98			700	500
深　圳	Shenzhen	36067	9750	8	213	24	705	14191	16318

4-10 全国省级电视节目制作情况（2010年）
Production of Provincial TV Programs (2010)

地　区	Province	全年制作电视节目时间（小时）TV Programs Produced (hour)	#新闻资讯类 News Programs	全年电视节目购买、交换时间（小时）Hours Purchased or Exchanged of TV Programs (hour)	全年电视剧制作投资（万元）Investment in Production of TV Plays (10000 yuan)	全年动画电视制作投资（万元）Investment in Production of Cartoon TV Programs (10000 yuan)
全国合计	**National Total**	**559674**	**124592**	**744386**	**416739**	**48668**
北　京	Beijing	68388	7549	203845	161955	19737
天　津	Tianjin	11329	2187	16792	7572	
河　北	Hebei	14270	2123	18249	7331	730
山　西	Shanxi	22756	4553	18687		
内蒙古	Inner Mongolia	7081	2590	2156	430	150
辽　宁	Liaoning	8030	3538	4728	6354	
吉　林	Jilin	21267	2751	29668	6300	
黑龙江	Heilongjiang	15865	2353	14048	1178	
上　海	Shanghai	44253	13650	16025	37763	3015
江　苏	Jiangsu	36836	6186	16586	18308	6033
浙　江	Zhejiang	20389	4347	27236	14823	8989
安　徽	Anhui	17363	2942	4403	17708	150
福　建	Fujian	13602	5032	20981	2877	2465
江　西	Jiangxi	14133	4169	29434	7093	
山　东	Shandong	18055	2666	33059	6493	
河　南	Henan	13860	5509	17571	3100	
湖　北	Hubei	18218.25	4144	30613	15260	1729
湖　南	Hunan	18246	3679	16864	17566	521
广　东	Guangdong	28789	9020	21921	13812	3621
广　西	Guangxi	6598	2866	8701	1445	38
海　南	Hainan	4534	1553	18794		
重　庆	Chongqing	31288	3787	11670	1419	1490
四　川	Sichuan	18896	8813	10719	6915	
贵　州	Guizhou	19035	2707	34661	3205	
云　南	Yunnan	12364	1550	34533		
西　藏	Tibet	2348	741	3621		
陕　西	Shaanxi	13786	4297	42091	54054	
甘　肃	Gansu	5354	1595	17239	600	
青　海	Qinghai	12514	2091	8940		
宁　夏	Ningxia	13591	2990	6967	238	
新　疆	Xinjiang	6636	2614	3584	2940	

4-11 全国广播电视对外宣传情况（2010年）
International Radio and TV Programs (2010)

地区	Province	对外广播 International Radio Programs			对外电视 International TV Programs		
		对外广播节目播出套数（套）Number of International Radio Programs (set)	对外广播节目播出时间（小时）Broadcasting Hours of International Radio Programs (hour)	#自制节目 Broadcasting Hours of Own-produced International Radio Programs	对外电视节目播出套数（套）Number of International TV Programs (set)	对外电视节目播出时间（小时）Broadcasting Hours of International TV Programs (hour)	#自制节目 Broadcasting Hours of Own-produced International TV Programs
全国合计	**National Total**	**115**	**670373**	**665195**	**43**	**317150**	**206840**
国家广电总局直属	Directly under the State Administration of Radio, Film and Television	100	636377	636377	13	113880	98679
北京	Beijing				1	8760	26
天津	Tianjin				1	8760	7460
山西	Shanxi				4	18615	5110
内蒙古	Inner Mongolia	1	6627	5350	1	8604	3357
辽宁	Liaoning	1	26	26	1	13	13
上海	Shanghai				1	8551	8344
江苏	Jiangsu	1	1460	1460	1	8760	513
浙江	Zhejiang				1	8760	1225
安徽	Anhui	1	216	216	1	8760	8760
福建	Fujian	4	15485	13774	2	17520	10728
山东	Shandong				2	8772	2920
河南	Henan				1	302	302
湖南	Hunan				1	8712	206
广东	Guangdong	2	130	130	5	37182	29679
广西	Guangxi	1	6205	4745	2	17377	3304
重庆	Chongqing				1	8760	8760
四川	Sichuan				1	7236	7236
云南	Yunnan	2	1840	1840	1	8760	1173
西藏	Tibet		1277	547	1	8610	8590
新疆	Xinjiang	2	730	730	1	456	456
计划单列市	**Cities Specifically Designated in State Plan**	**1**	**6570**	**6466**	**2**	**17520**	**9167**
厦门	Xiamen	1	6570	6466	1	8760	6607
深圳	Shenzhen				1	8760	2560

4-12 全国广播电视节目交易情况（2010年）

Trade of Radio and TV Programs (2010)

地 区	Province	全年广播节目购买、交换时间（小时）Hours Purchased or Exchanged of Radio Programs (hour)	全年电视节目购买、交换时间（小时）Hours Purchased or Exchanged of TV Programs (hour)	全年电视节目国内销售额（万元）Domestic Sales of TV Programs (10000 yuan)	#电视剧 TV Plays	#动画电视 Cartoon TV Programs
全国合计	**National Total**	**1054497**	**5239592**	**502154**	**362984**	**81954**
国家广电总局直属	Directly under the State Administration of Radio, Film and Television	3177	1261	46495	35671	7606
北 京	Beijing	28769	205750	205946	143812	23810
天 津	Tianjin	4564	36987	703	703	
河 北	Hebei	106283	298458	2608	2323	
山 西	Shanxi	27296	111629			
内蒙古	Inner Mongolia	34738	164915			
辽 宁	Liaoning	88230	255469	1389	1389	
吉 林	Jilin	73210	186094	326	326	
黑龙江	Heilongjiang	24885	80329	24		
上 海	Shanghai	11299	37073	48604	41721	1271
江 苏	Jiangsu	43817	212397	17286	5075	11687
浙 江	Zhejiang	28716	214208	47911	36753	9065
安 徽	Anhui	40055	181997	1131	396	735
福 建	Fujian	10936	68033	4464	3577	881
江 西	Jiangxi	23631	282808	1583	1103	
山 东	Shandong	112904	353734	11712	11102	525
河 南	Henan	66348	307695			
湖 北	Hubei	52978	266572	9452	8125	1005
湖 南	Hunan	29109	201064	1100	186	182
广 东	Guangdong	29398	119907	62017	33842	23273
广 西	Guangxi	22849	136088	712	692	
海 南	Hainan	16336	28778			
重 庆	Chongqing	8950	75338	3301	855	1914
四 川	Sichuan	40863	276822	180	180	
贵 州	Guizhou	7326	61230			
云 南	Yunnan	20026	243430			
西 藏	Tibet	3860	10510			
陕 西	Shaanxi	25748	246601	34908	34908	
甘 肃	Gansu	19817	139036	241	200	
青 海	Qinghai	3140	30993			
宁 夏	Ningxia	4719	37526	60	45	
新 疆	Xinjiang	40520	366860			
计划单列市	**Cities Specifically Designated in State Plan**	**21675**	**126419**	**16193**	**7303**	**5018**
大 连	Dalian	7890	36441			
宁 波	Ningbo	3493	29824	32	32	
厦 门	Xiamen	1903	3741	639	437	195
青 岛	Qingdao	8059	34197	610		525
深 圳	Shenzhen	330	22216	14912	6834	4298

4-13 全国电视节目进出口情况
Imports and Exports of TV Programs

项　目	Item	合 计 Total	欧 洲 Europe	美 国 United States	拉 美 Latin America	日 本 Japan	韩 国 South Korea	非 洲 Africa	其 他 Other
全年电视节目进口总额	Imported TV Programs During the Year	43047	4937	13593	13	826	2243	18	21417
(万元)	(value in 10000 yuan)								
#电视剧	TV Plays	21450	646	551		318	2092		17843
动画电视	Cartoon TV Programs	247	110	136		1			
全年电视节目进口量	Imported TV Programs During the Year	22197	9363	8526	4	350	1285	3	2666
(小时)	(hour)								
#电视剧(部/集)	TV Plays (set/part)	156/4482	8/46	10/137		3/34	26/1499		109/2766
动画电视(部/集)	Cartoon TV Programs (set/part)	8/785	2/130	5/555		1/100			
全年电视节目出口总额	Exported TV Programs During the Year	21010	2277	1143	156	713	940	48	15732
(万元)	(value in 10000 yuan)								
#电视剧	TV Plays	7484	77	690	156	676	407	32	5445
动画电视	Cartoon TV Programs	11133	2199	369			272	5	8288
全年电视节目出口量	Exported TV Programs During the Year	13762	505	3032	69	192	668	113	9183
(小时)	(hour)								
#电视剧 (部/集)	TV Plays (set/part)	288/12362	8/338	89/2838	2/82	4/134	13/521	2/81	170/8368
动画电视 (部/集)	Cartoon TV Programs (set/part)	84/4930	25/431	8/502			3/130	1/26	47/3841

4-14 全国中短波和调频广播发射转播情况（2010年）

Transmission and Relay of Medium Short Wave and Frequency Modulation Radio Programs (2010)

地 区	Province	中、短波转播发射台（座）Medium Short Wave Transmission and Relaying Stations (set)	中波发射机 Medium Wave Transmitters		#转中央台节目 Relaying Programs of Central Radio Stations		#转省级台节目 Relaying Programs of Provincial Radio Stations	
			数量（部）Number (unit)	功率（千瓦）Power (kw)	数量（部）Number (unit)	功率（千瓦）Power (kw)	数量（部）Number (unit)	功率（千瓦）Power (kw)
全国合计	**National Total**	**822**	**2252**	**44905**	**787**	**27822**	**944**	**12112**
国家广电总局直属	Directly under the State Administration of Radio, Film and Television	38	72	22142	72	22142		
北 京	Beijing	1	10	160				
天 津	Tianjin	4	23	1555			22	555
河 北	Hebei	31	49	352	5	32	23	236
山 西	Shanxi	15	30	360	10	73	14	243
内蒙古	Inner Mongolia	57	178	983	63	206	78	360
辽 宁	Liaoning	34	79	1151	19	451	23	531
吉 林	Jilin	33	79	796	20	137	34	354
黑龙江	Heilongjiang	42	97	1718	39	846	41	695
上 海	Shanghai	4	8	240	2	20	6	220
江 苏	Jiangsu	21	104	618	11	92	14	324
浙 江	Zhejiang	37	151	660	80	156	47	369
安 徽	Anhui	23	90	903	11	123	49	658
福 建	Fujian	37	96	1274	45	345	38	855
江 西	Jiangxi	16	32	263	12	129	10	77
山 东	Shandong	31	99	1239	24	257	27	309
河 南	Henan	30	103	1212	2	60	48	553
湖 北	Hubei	26	76	1256	14	135	44	928
湖 南	Hunan	25	45	581	20	47	20	520
广 东	Guangdong	23	94	1283	32	687	50	488
广 西	Guangxi	20	37	766	13	232	24	534
海 南	Hainan	3	7	132	4	62	3	70
重 庆	Chongqing	5	13	120	4	62	9	58
四 川	Sichuan	37	99	587	44	204	38	301
贵 州	Guizhou	11	30	425	15	120	12	293
云 南	Yunnan	57	99	1024	48	349	47	564
西 藏	Tibet	42	151	179	64	77	77	84
陕 西	Shaanxi	14	36	443	11	87	20	324
甘 肃	Gansu	30	59	637	25	184	26	391
青 海	Qinghai	9	16	513	7	52	5	421
宁 夏	Ningxia	12	34	329	14	248	15	68
新 疆	Xinjiang	54	156	1004	57	207	80	729
新疆生产建设兵团	Xinjiang Production and Construction Corps.							
计划单列市	**Cities Specifically Designated in State Plan**	**13**	**53**	**478**	**14**	**224**	**10**	**90**
大 连	Dalian	5	15	163	4	71	3	61
宁 波	Ningbo	3	12	41	3	12	3	3
厦 门	Xiamen	2	16	191	4	120	1	10
青 岛	Qingdao	1	4	40	1	10	1	10
深 圳	Shenzhen	2	6	43	2	11	2	6

4-14 续表 continued

地 区	Province	短波发射机 Short Wave Transmitters 数量(部) Number (unit)	短波发射机 Short Wave Transmitters 功率(千瓦) Power (kw)	调频转播发射台(座) Frequency Modulation Transmission and Relaying Stations (set)	调频发射机 Frequency Modulation Transmitters 数量(部) Number (unit)	调频发射机 Frequency Modulation Transmitters 功率(千瓦) Power (kw)	#转中央台节目 Relaying Programs of Central Radio Station 数量(部) Number (unit)	#转中央台节目 Relaying Programs of Central Radio Station 功率(千瓦) Power (kw)
全国合计	**National Total**	**448**	**54806**	**11604**	**19315**	**9385**	**7167**	**2391**
国家广电总局直属	Directly under the State Administration of Radio, Film and Television	315	51550	1	14	105	14	105
北 京	Beijing			15	25	41	3	2
天 津	Tianjin			14	35	108	4	24
河 北	Hebei			152	261	223	57	50
山 西	Shanxi			116	190	242	93	104
内蒙古	Inner Mongolia	11	430	531	886	556	388	146
辽 宁	Liaoning			237	348	339	120	106
吉 林	Jilin			78	262	377	57	96
黑龙江	Heilongjiang	1	15	145	375	418	101	125
上 海	Shanghai	3	200	11	21	80	4	26
江 苏	Jiangsu	1	100	93	195	140	36	37
浙 江	Zhejiang			106	241	321	48	60
安 徽	Anhui			461	676	529	91	89
福 建	Fujian	2	58	87	255	208	61	44
江 西	Jiangxi			644	781	347	300	97
山 东	Shandong	1	1	133	227	472	53	47
河 南	Henan			138	189	172	53	45
湖 北	Hubei			426	584	520	186	101
湖 南	Hunan	1	10	98	161	319	79	89
广 东	Guangdong			95	258	554	56	126
广 西	Guangxi	2	100	150	345	542	105	133
海 南	Hainan			62	95	133	59	56
重 庆	Chongqing			61	254	155	43	22
四 川	Sichuan	2	100	2299	2901	604	2204	119
贵 州	Guizhou	2	20	156	288	216	75	65
云 南	Yunnan	2	50	393	843	319	323	82
西 藏	Tibet			2635	5148	99	1343	36
陕 西	Shaanxi	3	17	165	244	277	79	58
甘 肃	Gansu	2	65	695	949	234	537	72
青 海	Qinghai	17	274	219	328	117	188	54
宁 夏	Ningxia			24	64	112	33	77
新 疆	Xinjiang	83	1816	984	1487	476	374	96
新疆生产建设兵团	Xinjiang Production and Construction Corps.			180	385	30		
计划单列市	**Cities Specifically Designated in State Plan**			**62**	**136**	**247**	**25**	**36**
大 连	Dalian			38	67	57	11	7
宁 波	Ningbo			11	35	81	8	7
厦 门	Xiamen			2	10	19	2	2
青 岛	Qingdao			9	17	30	2	0
深 圳	Shenzhen			2	7	61	2	20

4-15 全国电视发射转播情况（2010年）
Transmission and Relay of TV Programs (2010)

地区	Province	电视转播发射台（座）TV Transmission and Relaying Stations (set)	电视发射机 TV Program Transmitters		#专转中央台节目发射机 Transmitters for Relaying CCTV Programs		#专转省级节目发射机 Transmitters for Relaying Provincial Channel I Programs	
			数量（部）Number (unit)	功率（千瓦）Power (kw)	部数（部）Number (unit)	功率（千瓦）Power (kw)	部数（部）Number (unit)	功率（千瓦）Power (kw)
全国合计	**National Total**	**15965**	**30770**	**13834**	**16696**	**5738**	**11501**	**4528**
北京	Beijing	15	31	101	10	9	12	76
天津	Tianjin	12	35	154	12	37	13	106
河北	Hebei	251	440	499	201	131	129	224
山西	Shanxi	439	732	399	452	196	219	119
内蒙古	Inner Mongolia	1266	1857	607	1195	367	569	134
辽宁	Liaoning	367	571	578	329	245	118	189
吉林	Jilin	157	413	438	178	183	172	172
黑龙江	Heilongjiang	240	617	540	426	345	147	123
上海	Shanghai	11	18	172	2	31	6	131
江苏	Jiangsu	96	344	520	145	188	69	135
浙江	Zhejiang	98	260	292	128	71	38	79
安徽	Anhui	163	429	850	173	185	103	314
福建	Fujian	75	240	322	125	169	62	97
江西	Jiangxi	301	516	410	306	189	101	101
山东	Shandong	163	420	967	181	267	74	304
河南	Henan	153	399	729	145	169	79	244
湖北	Hubei	991	1275	592	863	218	200	107
湖南	Hunan	195	403	434	211	189	115	159
广东	Guangdong	88	246	614	133	201	59	248
广西	Guangxi	128	377	569	202	263	105	177
海南	Hainan	22	62	121	42	80	12	29
重庆	Chongqing	47	122	100	83	68	25	25
四川	Sichuan	3482	4810	578	2887	236	1777	225
贵州	Guizhou	90	284	361	161	237	86	100
云南	Yunnan	176	676	393	332	198	252	107
西藏	Tibet	2060	6467	104	2428	47	4033	55
陕西	Shaanxi	123	251	526	161	267	33	136
甘肃	Gansu	2527	4008	366	2732	247	1184	59
青海	Qinghai	1194	1750	120	1158	67	577	44
宁夏	Ningxia	26	578	194	456	98	102	74
新疆	Xinjiang	914	1963	904	822	325	1030	439
新疆生产建设兵团	Xinjiang Production and Construction Corps.	93	159	62				
计划单列市	**Cities Specifically Designated in State Plan**	**69**	**166**	**368**	**73**	**123**	**18**	**69**
大连	Dalian	48	95	113	44	35	11	17
宁波	Ningbo	8	25	35	10	5	2	10
厦门	Xiamen	1	6	51	3	21	1	10
青岛	Qingdao	10	28	72	10	27	1	10
深圳	Shenzhen	2	12	98	6	34	3	22

4-16 全国广播电视卫星、微波情况（2010年）
Satellite and Microwave Facilities for Radio and TV Broadcasting (2010)

地　区	Province	卫　星 地球站 （座） Satellite Earth Stations (set)	移动卫星 转 播 车 （辆） Mobile Satellite Outside Broadcasting Vans (unit)	卫　星 收转站 （座） Satellite Receiving Stations (set)	微　波 实有站 （座） Actual Number of Microwave Stations (set)	微波传送 线路长度 （公里） Length of Microwave Transmission Lines (km)	#数字微波 线路长度 Length of Digital Microwave Lines
全国合计	**National Total**	**34**	**155**	**25553715**	**2376**	**82457**	**43133**
国家广电总局直属	Directly under the State Administration of Radio, Film and Television	4	38	16	37	1640	1640
北　京	Beijing		1	2839	6	87	
天　津	Tianjin	1		12	16	120	50
河　北	Hebei	1	2	106427	32	1613	1613
山　西	Shanxi	1	2	544214	82	3689	2452
内蒙古	Inner Mongolia	1	5	524178	153	6059	1766
辽　宁	Liaoning	1	11	27655	85	3459	1520
吉　林	Jilin	1		112578	86	3056	3056
黑龙江	Heilongjiang	1	2	3249	64	5775	208
上　海	Shanghai	1	3	855			
江　苏	Jiangsu	1	5	705	82	3344	2002
浙　江	Zhejiang	1	15	3379	69	1859	432
安　徽	Anhui	1	5	202505	98	3768	256
福　建	Fujian	1	10	202194	206	4750	1891
江　西	Jiangxi	1	3	329759	18	1018	
山　东	Shandong	1	5	897	49	2701	1942
河　南	Henan	1	2	217580	56	1629	143
湖　北	Hubei	1	3	1619982	121	2961	152
湖　南	Hunan	1	5	3436973	159	5629	2385
广　东	Guangdong	1	12	3051	168	5663	3839
广　西	Guangxi	1	4	2704221	72	2424	1666
海　南	Hainan	1	1	67373	43	232	30
重　庆	Chongqing	1	2	2004755	45	1584	1317
四　川	Sichuan	1	2	2274196	141	3862	3322
贵　州	Guizhou	1	2	4318643	109	118	90
云　南	Yunnan	1	3	3972307	148	5427	3691
西　藏	Tibet	1	1	15404			
陕　西	Shaanxi	1	5	1196543	58	3057	2791
甘　肃	Gansu	1	1	819711	102	4138	3683
青　海	Qinghai	1	1	360565	7	167	16
宁　夏	Ningxia	1	3	291047	27	1854	735
新　疆	Xinjiang	1	1	189902	37	775	448
计划单列市	**Cities Specifically Designated in State Plan**		**6**	**1576**	**40**	**831**	**754**
大　连	Dalian		1	932	19	567	490
宁　波	Ningbo			188	2	40	40
厦　门	Xiamen		2	148	11	73	73
青　岛	Qingdao			113			
深　圳	Shenzhen		3	195	8	151	151

4-17 全国广播电视从业人员情况（2010年）

Employees Engaged in Radio and Television Broadcasting Industry (2010)

地区	Province	从业人员（人）Total Number of Employees (person)	#长期职工 Long-time Employees	从业人员报酬（万元）Earnings of Employed Persons (10000 yuan)	编辑、记者（人）Editors and Reporters (person)	高级 Senior	中级 Middle	初级及以下 Junior and Below
全国合计	**National Total**	**750899**	**694254**	**3419062**	**132186**	**13690**	**40082**	**78414**
国家广电总局直属	Directly under the State Administration of Radio, Film and Television	43112	38381	395660	4856	1046	905	2905
北京	Beijing	26267	22934	177315	4142	483	1374	2285
天津	Tianjin	6934	5737	39919	1716	313	372	1031
河北	Hebei	34853	32837	95484	5779	849	1559	3371
山西	Shanxi	20336	18991	58381	4820	381	1745	2694
内蒙古	Inner Mongolia	18147	16050	72975	4384	688	1426	2270
辽宁	Liaoning	26392	25378	114382	4962	820	1963	2179
吉林	Jilin	20666	18971	67438	4477	846	1484	2147
黑龙江	Heilongjiang	25777	24554	72610	5345	813	2124	2408
上海	Shanghai	20868	18871	170743	2453	181	885	1387
江苏	Jiangsu	48790	43520	275204	8574	420	2035	6119
浙江	Zhejiang	36956	32119	213449	6975	578	2076	4321
安徽	Anhui	20041	19679	82596	3662	306	1257	2099
福建	Fujian	23817	21477	92810	3472	291	797	2384
江西	Jiangxi	18591	17853	54965	2653	234	708	1711
山东	Shandong	43028	39514	160714	8829	1204	3235	4390
河南	Henan	43280	41796	117087	8321	530	2784	5007
湖北	Hubei	34446	32289	118964	5752	487	2108	3157
湖南	Hunan	33018	32088	123696	4252	206	813	3233
广东	Guangdong	54291	49515	295132	7339	408	2154	4777
广西	Guangxi	13486	12037	60188	2898	191	749	1958
海南	Hainan	4764	4738	16834	938	62	182	694
重庆	Chongqing	12307	11440	59510	1166	137	397	632
四川	Sichuan	35709	33871	142720	6139	306	1633	4200
贵州	Guizhou	12355	11672	44307	2318	154	573	1591
云南	Yunnan	16347	15111	61387	3564	440	1164	1960
西藏	Tibet	3279	3259	19053	352	74	95	183
陕西	Shaanxi	17210	16111	86492	4190	339	1238	2613
甘肃	Gansu	14050	13261	41681	2741	224	712	1805
青海	Qinghai	2750	2638	14250	697	214	224	259
宁夏	Ningxia	3950	3888	14274	824	76	220	528
新疆	Xinjiang	15082	13674	58843	3596	389	1091	2116
计划单列市	**Cities Specifically Designated in State Plan**	**24608**	**22426**	**155636**	**3856**	**356**	**1244**	**2256**
大连	Dalian	3582	3429	24102	645	79	243	323
宁波	Ningbo	4192	3437	29504	654	52	233	369
厦门	Xiamen	3234	2944	19670	454	61	146	247
青岛	Qingdao	4734	4647	23262	652	70	214	368
深圳	Shenzhen	8866	7969	59098	1451	94	408	949

4-17 续表 continued

地 区	Province	播音员主持人(人) Announcers and Anchor Persons (person)	高 级 Senior	中 级 Middle	初 级及以下 Junior and Below	工程技术人员(人) Engineering Technical Personnel (person)	高 级 Senior	中 级 Middle	初 级及以下 Junior and Below
全国合计	**National Total**	**25743**	**1649**	**6991**	**17103**	**132431**	**8939**	**35557**	**87935**
国家广电总局直属	Directly under the State Administration of Radio, Film and Television	469	109	181	179	7381	746	1756	4879
北 京	Beijing	549	84	194	271	2112	233	687	1192
天 津	Tianjin	276	48	76	152	634	127	167	340
河 北	Hebei	1546	96	498	952	6112	537	1431	4144
山 西	Shanxi	651	36	177	438	3092	167	1030	1895
内蒙古	Inner Mongolia	918	94	290	534	2769	282	1054	1433
辽 宁	Liaoning	988	88	347	553	5781	438	1953	3390
吉 林	Jilin	769	85	213	471	4247	430	1438	2379
黑龙江	Heilongjiang	825	63	270	492	5138	531	1690	2917
上 海	Shanghai	376	34	162	180	1751	188	600	963
江 苏	Jiangsu	1582	60	297	1225	9103	588	2126	6389
浙 江	Zhejiang	1622	51	405	1166	6851	388	1661	4802
安 徽	Anhui	1018	54	277	687	3041	357	996	1688
福 建	Fujian	695	37	140	518	3163	283	888	1992
江 西	Jiangxi	897	50	216	631	2048	153	516	1379
山 东	Shandong	2030	164	632	1234	10683	722	3046	6915
河 南	Henan	1279	74	381	824	6048	329	1513	4206
湖 北	Hubei	1050	44	301	705	9688	418	2409	6861
湖 南	Hunan	893	12	257	624	6001	207	1822	3972
广 东	Guangdong	1551	51	265	1235	8641	373	1793	6475
广 西	Guangxi	602	25	84	493	3102	200	802	2100
海 南	Hainan	185	8	36	141	785	60	229	496
重 庆	Chongqing	261	35	68	158	1647	115	381	1151
四 川	Sichuan	1016	28	241	747	6063	213	1244	4606
贵 州	Guizhou	438	14	72	352	2709	73	574	2062
云 南	Yunnan	744	41	207	496	3896	218	1087	2591
西 藏	Tibet	103	17	23	63	649	19	80	550
陕 西	Shaanxi	775	46	249	480	2698	181	781	1736
甘 肃	Gansu	495	18	117	360	2025	128	568	1329
青 海	Qinghai	144	18	51	75	714	26	277	411
宁 夏	Ningxia	191	9	50	132	667	41	153	473
新 疆	Xinjiang	805	56	214	535	3192	168	805	2219
计划单列市	**Cities Specifically Designated in State Plan**	**773**	**64**	**238**	**471**	**5235**	**395**	**1193**	**3647**
大 连	Dalian	95	10	41	44	742	84	257	401
宁 波	Ningbo	235	8	48	179	792	62	171	559
厦 门	Xiamen	50	6	16	28	677	66	170	441
青 岛	Qingdao	183	17	65	101	1403	78	258	1067
深 圳	Shenzhen	210	23	68	119	1621	105	337	1179

4-18 全国广播电视收入情况（2010年）
Revenue of Radio and Television Broadcasting Industry (2010)

单位：万元 (10000 yuan)

地 区	Province	总收入 Total Revenue	事业、企业单位实际创收 Revenue from Institutions and Enterprises	#广告收入 Revenue from Advertising	#有线广播电视收视费收入 Revenue from Subscription of Cable Radio and TV Programs
全国合计	**National Total**	**23018677**	**20028538**	**9399745**	**3225188**
国家广电总局直属	Directly under the State Administration of Radio, Film and Television	4255460	3527625	2273791	80156
北 京	Beijing	1655168	1427303	613672	94023
天 津	Tianjin	302879	263385	74859	51027
河 北	Hebei	425316	369682	201509	115053
山 西	Shanxi	218709	166384	76660	54284
内蒙古	Inner Mongolia	246927	137918	47881	65879
辽 宁	Liaoning	604646	493676	249002	132550
吉 林	Jilin	307431	249030	113873	95668
黑龙江	Heilongjiang	389766	334768	170361	110539
上 海	Shanghai	2149275	2061225	622357	85586
江 苏	Jiangsu	1742991	1639781	732192	289271
浙 江	Zhejiang	1797146	1687413	593549	221408
安 徽	Anhui	487445	414825	289611	41200
福 建	Fujian	458283	383799	162349	99008
江 西	Jiangxi	290619	256045	138537	75464
山 东	Shandong	893281	846080	450605	226311
河 南	Henan	440237	344406	216820	68887
湖 北	Hubei	551105	485681	183182	166991
湖 南	Hunan	1028642	980344	542578	143146
广 东	Guangdong	1737425	1665536	727375	354511
广 西	Guangxi	319384	250616	98304	81802
海 南	Hainan	98635	73516	42044	21916
重 庆	Chongqing	344709	303629	111021	79237
四 川	Sichuan	668237	537658	233367	153636
贵 州	Guizhou	344379	295122	77717	55744
云 南	Yunnan	331659	255937	95950	74296
西 藏	Tibet	50151	11434	7594	2113
陕 西	Shaanxi	383356	301792	155497	80452
甘 肃	Gansu	143732	76643	25953	38234
青 海	Qinghai	43295	22615	3565	12851
宁 夏	Ningxia	82657	56206	27479	21513
新 疆	Xinjiang	216542	102425	38372	28703
新疆生产建设兵团	Xinjiang Production and Construction Corps.	9192	6039	2120	3730
计划单列市	**Cities Specifically Designated in State Plan**	**906973**	**856760**	**367250**	**178591**
大 连	Dalian	107987	99216	50555	35232
宁 波	Ningbo	133939	115114	50657	34065
厦 门	Xiamen	94161	76420	24790	11184
青 岛	Qingdao	134804	132150	57906	42538
深 圳	Shenzhen	436081	433859	183342	55571

4-19 全国广播电视行政事业单位实际创收情况（2010年）

Actual Revenue of Administrative Organs and Institutions of Broadcasting Industry (2010)

单位：万元 (10000 yuan)

地区	Province	合计 Actual Revenue	广告收入 Revenue from Advertising	广播广告收入 Radio Advertising Revenue	电视广告收入 TV Advertising Revenue	其它广告收入 Other Advertising Revenue
全国合计	**National Total**	**9834720**	**7232018**	**806173**	**6319657**	**106188**
国家广电总局直属	Directly under the State Administration of Radio, Film and Television	2269837	2072309	33609	2036015	2685
北京	Beijing	406461	383751	71706	311407	638
天津	Tianjin	164093	74139	36546	37390	203
河北	Hebei	211549	171299	30154	135017	6128
山西	Shanxi	123650	74950	12310	61041	1598
内蒙古	Inner Mongolia	64684	47881	11648	34991	1242
辽宁	Liaoning	240770	118809	34425	82001	2383
吉林	Jilin	123453	111063	22700	88357	6
黑龙江	Heilongjiang	315289	169776	33484	126353	9939
上海	Shanghai	57371	4261	190	3835	236
江苏	Jiangsu	940812	652505	86948	549156	16401
浙江	Zhejiang	509046	240967	41262	192887	6818
安徽	Anhui	300522	277527	24827	250862	1838
福建	Fujian	218193	127042	13458	112055	1528
江西	Jiangxi	139529	129324	11549	116021	1754
山东	Shandong	573731	397954	61964	316832	19159
河南	Henan	252320	205995	29709	174082	2204
湖北	Hubei	227693	145844	21454	122093	2297
湖南	Hunan	742076	472541	22651	444729	5161
广东	Guangdong	823525	600681	83103	513604	3974
广西	Guangxi	108232	97679	10063	86581	1036
海南	Hainan	43339	42044	1882	34545	5617
重庆	Chongqing	121177	70360	3266	66751	344
四川	Sichuan	176893	119002	22743	86944	9315
贵州	Guizhou	207813	77717	6992	70390	335
云南	Yunnan	121487	94522	13674	79810	1038
西藏	Tibet	11434	7594	100	7494	
陕西	Shaanxi	184131	151625	48563	102832	231
甘肃	Gansu	56679	25662	4087	21108	467
青海	Qinghai	6749	3565	706	2756	103
宁夏	Ningxia	29014	24083	697	22214	1172
新疆	Xinjiang	57131	37425	9705	27381	339
新疆生产建设兵团	Xinjiang Production and Construction Corps.	6039	2120		2120	
计划单列市	**Cities Specifically Designated in State Plan**	**426505**	**296367**	**50445**	**244199**	**1723**
大连	Dalian	41815	39387	11620	26831	936
宁波	Ningbo	95836	42620	5579	36306	735
厦门	Xiamen	18091	11196	2241	8955	
青岛	Qingdao	97143	46262	11280	34929	52
深圳	Shenzhen	173620	156903	19725	137178	

4-20 全国广播电视企业单位创收情况（2010年）
Actual Revenue of Broadcasting Enterprises (2010)

单位：万元 (10000 yuan)

地区	Province	合计 Actual Revenue	广告收入 Revenue from Advertising	广播广告收入 Radio Advertising	电视广告收入 TV Advertising	其它广告收入 Other Advertising
全国合计	**National Total**	**10193818**	**2167727**	**189634**	**1646225**	**331868**
国家广电总局直属	Directly under the State Administration of Radio, Film and Television	1257788	201482	14118	144375	42989
北京	Beijing	1020842	229921	685	113975	115260
天津	Tianjin	99293	719		424	295
河北	Hebei	158133	30209	5238	9242	15729
山西	Shanxi	42734	1711	44	719	947
内蒙古	Inner Mongolia	73234				
辽宁	Liaoning	252905	130194	23545	103388	3261
吉林	Jilin	125576	2810		2647	163
黑龙江	Heilongjiang	19479	584		107	478
上海	Shanghai	2003854	618096	45913	481949	90235
江苏	Jiangsu	698969	79687	14896	57198	7592
浙江	Zhejiang	1178367	352582	48717	294605	9260
安徽	Anhui	114303	12084		9005	3079
福建	Fujian	165607	35307	5056	21518	8733
江西	Jiangxi	116516	9214		5408	3805
山东	Shandong	272350	52651	9029	40522	3099
河南	Henan	92086	10825		4778	6047
湖北	Hubei	257988	37338	72	36131	1134
湖南	Hunan	238269	70036	223	67809	2004
广东	Guangdong	842011	126694	15467	98104	13123
广西	Guangxi	142384	625	30	233	362
海南	Hainan	30177				
重庆	Chongqing	182452	40661	5651	32051	2958
四川	Sichuan	360765	114365	12	113611	742
贵州	Guizhou	87308				
云南	Yunnan	134451	1428		1428	
陕西	Shaanxi	117661	3872		3459	413
甘肃	Gansu	19964	291	216	51	24
青海	Qinghai	15866				
宁夏	Ningxia	27192	3396	571	2806	19
新疆	Xinjiang	45294	947	148	682	118
计划单列市	**Cities Specifically Designated in State Plan**	**430255**	**70883**	**13305**	**46426**	**11152**
大连	Dalian	57401	11168	3106	6504	1558
宁波	Ningbo	19278	8037	845	7192	
厦门	Xiamen	58329	13594	1462	6469	5663
青岛	Qingdao	35007	11644	6550	3294	1800
深圳	Shenzhen	260239	26440	1342	22966	2131

4-20 续表 continued

单位：万元 (10000 yuan)

地 区	Province	网络收入 Revenue from Network Services	有线广播电视收视费收入 Subscription of Cable Programs	付费数字电视收入 Pay Digital TV Programs	其它网络收入 Revenue from Other Network Services	其它创收收入 Revenue from Other Services
全国合计	**National Total**	**3483428**	**2153710**	**222709**	**1107009**	**4542663**
国家广电总局直属	Directly under the State Administration of Radio, Film and Television	109607	6979	21758	80870	946699
北 京	Beijing	235066	94023	4200	136843	555855
天 津	Tianjin	71331	50994	2631	17706	27242
河 北	Hebei	105159	88830	737	15591	22765
山 西	Shanxi	37339	29531	800	7008	3684
内蒙古	Inner Mongolia	73234	57106	1981	14147	
辽 宁	Liaoning	111820	87633	1518	22669	10892
吉 林	Jilin	119621	90898	3133	25590	3145
黑龙江	Heilongjiang	15701	12843	975	1884	3194
上 海	Shanghai	164081	57165	16446	90470	1221677
江 苏	Jiangsu	302584	173096	23805	105684	316698
浙 江	Zhejiang	182458	86699	30861	64898	643326
安 徽	Anhui	71276	28846	24434	17997	30943
福 建	Fujian	86039	43495	4414	38129	44261
江 西	Jiangxi	81701	71583	1622	8496	25602
山 东	Shandong	147306	102151	6297	38859	72393
河 南	Henan	53360	40651	1471	11238	27901
湖 北	Hubei	167114	122266	6136	38712	53536
湖 南	Hunan	148140	104270	8966	34904	20093
广 东	Guangdong	363386	235512	14395	113479	351932
广 西	Guangxi	114072	81349	3158	29565	27687
海 南	Hainan	30177	21346	599	8232	
重 庆	Chongqing	113414	63520	4419	45476	28377
四 川	Sichuan	203658	126113	9396	68150	42742
贵 州	Guizhou	72919	54623	4828	13468	14389
云 南	Yunnan	123033	73882	16673	32478	9990
陕 西	Shaanxi	86457	79805	5404	1248	27332
甘 肃	Gansu	18004	16063	1128	813	1669
青 海	Qinghai	15866	12357	132	3377	
宁 夏	Ningxia	21780	18778		3002	2016
新 疆	Xinjiang	37724	21305	393	16026	6623
计划单列市	**Cities Specifically Designated in State Plan**	**194811**	**112380**	**16742**	**65689**	**164561**
大 连	Dalian	44626	35232	1442	7952	1608
宁 波	Ningbo	7787	5423	703	1661	3454
厦 门	Xiamen	27239	11184	4065	11991	17496
青 岛	Qingdao	16685	8094	975	7616	6678
深 圳	Shenzhen	98473	52447	9557	36469	135326

五、新闻出版、档案
News Publication and Archive

5-1　全国各类图书出版种数（2010年）

Number of Books Published in China (2010)

单位：种、%　　　　　　　　　　　　　　　　　　　　　　　　　　　(kind,%)

项　目	Item	本版图书种数 Book Publications of Original Edition 合计 Total	新出 New Publication	重印 Reprint Publication	种数比上年增减 Increase Rate over Preceding Year 合计 Total	新出 New Publication	重印 Reprint Publication	租型图书种数 Number of Book Publication for Rent	比上年增减 Increase Rate over Preceding Year
图书总计	**Total**	**328387**	**189295**	**139092**	**8.84**	**12.48**	**4.25**	**9965**	**-0.52**
使用《中国标准书号》部分合计	Publications with "China International Standard Book Number"	327622	188688	138934	8.88	12.49	4.34	9965	-0.52
马克思主义、列宁主义、毛泽东思想	Marxism-Leninism, Mao Zedong Thought	477	317	160	-3.64	-0.31	-9.6		-100
哲学	Philosophy	7418	5605	1813	15.38	15.14	16.14	4	100
社会科学总论	General Social Sciences	4841	3249	1592	17.73	20.20	12.99	12	1100.00
政治、法律	Politics and Law	13903	10650	3253	1.26	-2.89	17.73	30	172.73
军事	Military Affairs	946	691	255	3.16	-2.54	22.6		
经济	Economics	27486	17564	9922	8.76	4.10	18.10	52	420.00
文化、科学、教育、体育	Culture, Science, Education and Sports	111380	50125	61255	8.56	21.58	-0.19	9389	-0.68
语言、文字	Languages	18610	10125	8485	11.30	14.43	7.77	3	
文学	Literature	29958	22447	7511	19.87	23.80	9.47	56	460.00
艺术	Arts	16787	11782	5005	11.42	22.07	-7.57	146	40.38
历史、地理	History and Geography	12411	9475	2936	8.86	11.10	2.19	173	-38.21
自然科学总论	General Natural Sciences	1193	612	581	32.41	3.55	87.42	4	
数理科学、化学	Mathematics, Physics and Chemistry	6294	2692	3602	14.33	10.33	17.52	4	100.00
天文学、地球科学	Astronomy and Geology	1790	1265	525	7.90	8.03	7.58		
生物科学	Biology	1973	1278	695	21.94	23.12	19.83		
医药、卫生	Medicine and Health Care	15792	9998	5794	8.28	5.16	14.12	15	114.29
农业科学	Agricultural Science	6621	3208	3413	-5.12	3.68	-12.13	58	-46.79
工业技术	Industrial Technology	41904	22654	19250	2.36	-0.76	6.29	10	233.33
交通运输	Transportation	3862	2035	1827	16.57	20.49	12.5		
航空、航天	Aeronautics and Aerospace	279	205	74	-10.58	6.77	-38.33		
环境科学	Environmental Science	1589	1124	465	9.81	7.66	15.38	2	
综合性图书	General Books	2108	1587	521	10.83	19.95	-10.02	7	600.00
不使用《中国标准书号》部分—图片合计	Publications without "China International Standard Book Number" -Total of Pictures	765	607	158	-7.50	9.17	-41.70		

5-2 全国各类图书总印数（2010年）
Printed Copies of Books Published in China (2010)

项 目	Item	本年图书总印数(万册、万张) Total Printed Copies of Books During the Year (10000 copies, 10000 sheets)				比上年增减(%) Increase Rate over Preceding Year (%)	
		合 计 Total	新 出 New Publication	重 印 Reprint Publication	租 型 Publication for Rent	合 计 Total	租 型 Publication for Rent
图书总计	**Total**	**717051**	**190775**	**371815**	**154461**	**1.90**	**-3.91**
使用《中国标准书号》部分合计	Publications with "China International Standard Book Number"	712604	187992	370151	154461	1.46	-3.91
马克思主义、列宁主义、毛泽东思想	Marxism-Leninism, Mao Zedong Thought	1561	1101	460		93.19	-100
哲学	Philosophy	5237	3768	1467	2	5.54	100.00
社会科学总论	General Social Sciences	4871	3538	1224	109	86.7	109.62
政治、法律	Politics and Law	12832	9850	2970	12	-33.93	33.33
军事	Military Affairs	813	543	270		19.38	
经济	Economics	15956	9682	6255	19	3.15	-32.14
文化、科学、教育、体育	Culture, Science, Education and Sports	535339	90127	295261	149951	0.92	-1.87
语言、文字	Languages	20209	7263	12945	1	-0.05	-75.00
文学	Literature	33548	22318	10606	624	24.30	2871.43
艺术	Arts	13984	8260	4764	960	-0.26	33.7
历史、地理	History and Geography	14306	6081	5533	2692	-7.14	-60.88
自然科学总论	General Natural Sciences	1922	598	1320	4	58.06	
数理科学、化学	Mathematics, Physics and Chemistry	4419	1375	3032	12	20.34	-73.91
天文学、地球科学	Astronomy and Geology	1403	794	609		8.76	
生物科学	Biology	1417	843	574		37.84	
医药、卫生	Medicine and Health Care	11642	6011	5624	7	8.50	-30.00
农业科学	Agricultural Science	5397	1742	3602	53	0.75	6.00
工业技术	Industrial Technology	20834	10678	10152	4	-3.10	
交通运输	Transportation	2436	1002	1434		4.28	
航空、航天	Aeronautics and Aerospace	130	83	47		6.56	
环境科学	Environmental Science	1943	554	1387	2	-5.91	-66.67
综合性图书	General Books	2405	1781	615	9	23.08	
不使用《中国标准书号》部分合计	Publications without "China International Standard Book Number"	4447	2783	1664			
图片	Pictures	985	625	360			
国标(GB)、部标(BB)等标准类文件印品	Standardization Documents such as National Standard, Department Standard	1850	1529	321			
活页文选、活页歌篇、小件印品等	Loose-leaf Anthologies, Loose-leaf Songbooks and Pamphlets	1612	629	983			

5-3 全国各类图书总印张（2010年）

Printed Sheets of Books Published in China (2010)

单位：千印张、%　　　　(1000 sheets,%)

项　目	Item	本年图书总印张 Total Printed Sheets of Books During the Year				比上年增减 Increase Rate over Preceding Year	
		合计 Total	新出 New Publication	重印 Reprint Publication	租型 Publication for Rent	合计 Total	租型 Publication for Rent
图书总计	**Total**	**60633170**	**20836795**	**28781090**	**11015285**	**7.22**	**-3.49**
使用《中国标准书号》部分合计	Publications with "China International Standard Book Number"	60450103	20719215	28715625	11015263	7.22	-3.50
马克思主义、列宁主义、毛泽东思想	Marxism-Leninism, Mao Zedong Thought	306415	230103	76312		123.31	-100
哲学	Philosophy	778053	576543	201379	131	0.21	63.75
社会科学总论	General Social Sciences	605462	413833	187101	4528	41.71	133.76
政治、法律	Politics and Law	1732522	1305282	426294	946	-15.19	150.26
军事	Military Affairs	111133	74726	36407		22.70	
经济	Economics	2676238	1612394	1061127	2717	4.57	22.06
文化、科学、教育、体育	Culture, Science, Education and Sports	35924318	6917686	18309247	10697385	3.87	-0.76
语言、文字	Languages	3108708	1036793	2071774	141	9.85	-67.73
文学	Literature	4222487	2503598	1676540	42349	28.53	1567.28
艺术	Arts	988489	628342	334217	25930	2.92	-1.61
历史、地理	History and Geography	1616533	891946	489031	235556	-0.19	-59.83
自然科学总论	General Natural Sciences	138488	50054	88069	365	54.24	
数理科学、化学	Mathematics, Physics and Chemistry	689448	199841	488450	1157	16.76	-72.03
天文学、地球科学	Astronomy and Geology	106347	60229	46118		5.33	
生物科学	Biology	167994	67129	100865		30.81	
医药、卫生	Medicine and Health Care	1753177	901489	851016	672	7.36	0.60
农业科学	Agricultural Science	419399	152464	264538	2397	5.14	-14.39
工业技术	Industrial Technology	4338502	2686203	1651813	486	26.07	44.21
交通运输	Transportation	309626	122573	187053		3.26	
航空、航天	Aeronautics and Aerospace	16192	11066	5126		3.70	
环境科学	Environmental Science	141155	63727	77331	97	2.30	-78.68
综合性图书	General Books	299417	213194	85817	406	29.42	13433.33
不使用《中国标准书号》部分合计	Publications without "China International Standard Book Number"	183067	117580	65465	22	8.62	
图片	Pictures	23527	17110	6417		-15.21	
国标(GB)、部标(BB)等标准类文件印品	Standardization Documents such as National Standard, Department Standard	94168	75239	18907	22	15.64	
活页文选、活页歌篇、小件印品等	Loose-leaf Anthologies, Loose-leaf Songbooks and Pamphlets	65372	25231	40141		10.12	

5-4 全国各类图书总定价（2010年）

Total Priced Value of Books Published in China (2010)

单位：万元、% (10000 yuan,%)

项 目	Item	图书总定价 Total Priced Value 合 计 Total	新 出 New Publication	重 印 Reprint Publication	租 型 Publication for Rent	总定价比上年增减 Increase Rate over Preceding Year
图书总计	**Total**	**9360071**	**4366387**	**3969918**	**1023766**	**10.37**
使用《中国标准书号》部分合计	Publications with "China International Standard Book Number"	9296379	4319844	3952772	1023763	10.42
马克思主义、列宁主义、毛泽东思想	Marxism-Leninism, Mao Zedong Thought	37108	27531	9577		104.34
哲学	Philosophy	169315	131699	37595	21	8.8
社会科学总论	General Social Sciences	130032	98744	30984	304	56.56
政治、法律	Politics and Law	342233	273057	69027	149	5.14
军事	Military Affairs	23221	16831	6390		-0.15
经济	Economics	540403	365008	174940	455	5.44
文化、科学、教育、体育	Culture, Science, Education and Sports	4491433	1211004	2285372	995057	9.49
语言、文字	Languages	574787	221543	353220	24	11.89
文学	Literature	710040	511446	194259	4335	21.85
艺术	Arts	375308	290581	80698	4029	8.57
历史、地理	History and Geography	362211	273999	69614	18598	6.98
自然科学总论	General Natural Sciences	22660	11148	11455	57	34.18
数理科学、化学	Mathematics, Physics and Chemistry	110782	39906	70771	105	24.62
天文学、地球科学	Astronomy and Geology	25683	17021	8662		0.31
生物科学	Biology	34610	19616	14994		26.2
医药、卫生	Medicine and Health Care	380603	228861	151638	104	10.95
农业科学	Agricultural Science	84575	41227	42981	367	12.61
工业技术	Industrial Technology	693104	425952	267073	79	3.97
交通运输	Transportation	73097	34133	38964		15.41
航空、航天	Aeronautics and Aerospace	4579	3598	981		1.24
环境科学	Environmental Science	32877	17988	14865	24	-2.06
综合性图书	General Books	77718	58951	18712	55	6.04
不使用《中国标准书号》部分合计	Publications without "China International Standard Book Number"	63692	46543	17146	3	4.39
图片	Pictures	12325	10277	2048		-10.31
国标(GB)、部标(BB)等标准类文件印品	Standardization Documents such as National Standard, Department Standard	39965	31734	8228	3	9.7
活页文选、活页歌篇、小件印品等	Loose-leaf Anthologies, Loose-leaf Songbooks and Pamphlets	11402	4532	6870		5.18

5-5 中央出版单位各类图书出版种数（2010年）

Number of Books Published by National Publishing Houses (2010)

单位：种、% (kind,%)

项　目	Item	本版图书种数 Book Publications of Original Edition			种数比上年增减 Increase Rate over Preceding Year			租型图书种数 Number of Book Publications for Rent
		合 计 Total	新 出 New Publication	重 印 Reprint Publication	合 计 Total	新 出 New Publication	重 印 Reprint Publication	
图书总计	**Total**	**149539**	**87732**	**61807**	**7.49**	**7.25**	**7.84**	**69**
使用《中国标准书号》部分合计	Publications with "China International Standard Book Number"	149282	87492	61790	7.39	7.05	7.88	69
马克思主义、列宁主义、毛泽东思想	Marxism-Leninism, Mao Zedong Thought	243	158	85	-9.67	-14.59	1.19	
哲学	Philosophy	4307	3225	1082	12.19	10.79	16.59	
社会科学总论	General Social Sciences	2816	1852	964	10.95	11.7	9.55	8
政治、法律	Politics and Law	9901	7598	2303	4.19	-0.26	22.18	4
军事	Military Affairs	577	463	114	7.65	3.81	26.67	
经济	Economics	18259	11586	6673	7.42	2.30	17.65	36
文化、科学、教育、体育	Culture, Science, Education and Sports	25660	11655	14005	8.34	21.69	-0.72	9
语言、文字	Languages	10961	5692	5269	12.61	13.54	11.61	2
文学	Literature	9623	7292	2331	20.91	24.10	11.91	1
艺术	Arts	4523	3078	1445	7.74	3.36	18.44	
历史、地理	History and Geography	5580	4233	1347	3.1	2.89	3.78	
自然科学总论	General Natural Sciences	263	181	82	2.73		9.33	
数理科学、化学	Mathematics, Physics and Chemistry	4231	1649	2582	19.89	5.91	30.93	
天文学、地球科学	Astronomy and Geology	1196	871	325	5.65	4.69	8.33	
生物科学	Biology	1256	742	514	18.60	13.28	27.23	
医药、卫生	Medicine and Health Care	9667	5740	3927	6.14	-0.57	17.75	2
农业科学	Agricultural Science	3039	1570	1469	-16.10	2.61	-29.78	
工业技术	Industrial Technology	32291	17024	15267	3.13	-0.24	7.17	7
交通运输	Transportation	3050	1597	1453	17.17	21.35	12.90	
航空、航天	Aeronautics and Aerospace	195	156	39	-19.09	3.31	-56.67	
环境科学	Environmental Science	1039	727	312	13.06	10.49	19.54	
综合性图书	General Books	605	403	202	7.65	29.17	-19.20	
不使用《中国标准书号》部分合计	Publications without "China International Standard Book Number"-Total of Pictures	257	240	17	167.71	313.79	-55.26	

5-6 中央出版单位各类图书出版总印数（2010年）
Printed Copies of Books Published by National Publishing Houses (2010)

项　目	Item	图书总印数(万册、万张) Total Printed Copies of Books (10000 copies, 10000 sheets)				总印数比上年增减(%) Increase Rate over Preceding Year(%)
		合　计 Total	新　出 New Publication	重　印 Reprint Publication	租　型 Publication for Rent	
图书总计	**Total**	**205727**	**69348**	**136326**	**53**	**0.16**
使用《中国标准书号》部分合计	Publications with "China International Standard Book Number"	203590	67867	135670	53	0.13
马克思主义、列宁主义、毛泽东思想	Marxism-Leninism, Mao Zedong Thought	1405	1039	366		136.93
哲学	Philosophy	3147	2268	879		4.45
社会科学总论	General Social Sciences	3592	2760	829	3	96.82
政治、法律	Politics and Law	10207	8024	2182	1	-35.96
军事	Military Affairs	480	386	94		38.73
经济	Economics	11208	6810	4386	12	-1.75
文化、科学、教育、体育	Culture, Science, Education and Sports	109333	16339	92960	34	-0.30
语言、文字	Languages	12296	3816	8479	1	-7.63
文学	Literature	8487	5765	2722		14.43
艺术	Arts	2733	1826	907		2.78
历史、地理	History and Geography	7109	3051	4058		56.24
自然科学总论	General Natural Sciences	145	84	61		4.32
数理科学、化学	Mathematics, Physics and Chemistry	3013	766	2247		17.10
天文学、地球科学	Astronomy and Geology	596	403	193		23.65
生物科学	Biology	977	558	419		68.16
医药、卫生	Medicine and Health Care	7698	3612	4086		12.48
农业科学	Agricultural Science	2337	892	1445		-20.81
工业技术	Industrial Technology	15629	7902	7725	2	-2.50
交通运输	Transportation	1862	687	1175		8.32
航空、航天	Aeronautics and Aerospace	79	58	21		
环境科学	Environmental Science	509	301	208		1.80
综合性图书	General Books	748	520	228		4.03
不使用《中国标准书号》部分合计	Publications without "China International Standard Book Number"-Total of Pictures	2137	1481	656		
图片	Pictures	356	211	145		
国标(GB)、部标(BB)等标准类文件印品	Standardization Documents such as National Standard, Department Standard	1450	1147	303		
活页文选、活页歌篇、小件印品等	Loose-leaf Anthologies, Loose-leaf Songbooks and Pamphlets	331	123	208		

5-7 中央出版单位各类图书出版总印张（2010年）

Printed Sheets of Books Published by National Publishing Houses (2010)

单位：千印张、%　　(1000 sheets，%)

项　目	Item	图书总印张 Total Printed Sheets of Books 合　计 Total	新　出 New Publication	重　印 Reprint Publication	租　型 Publication for Rent	总印张比上年增减 Increase Rate over Preceding Year
图书总计	**Total**	**24249260**	**10278497**	**13966493**	**4270**	**13.68**
使用《中国标准书号》部分合计	Publications with "China International Standard Book Number"	24154139	10209856	13940013	4270	13.76
马克思主义、列宁主义、毛泽东思想	Marxism-Leninism, Mao Zedong Thought	286469	220705	65764		154.14
哲学	Philosophy	484274	357142	127132		-3.91
社会科学总论	General Social Sciences	438812	301574	136727	511	41.64
政治、法律	Politics and Law	1406409	1072636	333514	259	-14.68
军事	Military Affairs	66451	52465	13986		38.51
经济	Economics	1930979	1156914	771814	2251	-0.18
文化、科学、教育、体育	Culture, Science, Education and Sports	8330466	1555399	6774299	768	8.75
语言、文字	Languages	2031450	601299	1430038	113	7.99
文学	Literature	1699527	793595	905932		54.04
艺术	Arts	281485	176252	105233		4.13
历史、地理	History and Geography	879644	509514	370130		56.18
自然科学总论	General Natural Sciences	22435	12517	9918		2.57
数理科学、化学	Mathematics, Physics and Chemistry	523282	128928	394354		14.81
天文学、地球科学	Astronomy and Geology	61748	35775	25973		-1.51
生物科学	Biology	132355	42808	89547		42.06
医药、卫生	Medicine and Health Care	1277346	594746	682583	17	10.67
农业科学	Agricultural Science	224373	89023	135350		-11.09
工业技术	Industrial Technology	3645473	2312169	1332953	351	33.36
交通运输	Transportation	255283	90614	164669		3.80
航空、航天	Aeronautics and Aerospace	11601	8573	3028		4.16
环境科学	Environmental Science	70712	41522	29190		10.62
综合性图书	General Books	93565	55686	37879		-7.86
不使用《中国标准书号》部分合计	Publications without "China International Standard Book Number"	95121	68641	26480		-3.38
图片	Pictures	7253	6602	651		60.50
国标(GB)、部标(BB)等标准类文件印品	Standardization Documents such as National Standard, Department Standard	72612	54754	17858		-6.73
活页文选、活页歌篇、小件印品等	Loose-leaf Anthologies, Loose-leaf Songbooks and Pamphlets	15256	7285	7971		-5.12

5-8 中央出版单位各类图书总定价（2010年）
Total Priced Value of Books Published by National Publishing Houses (2010)

单位：万元、%　　　　　　　　　　　　　　　　　　(10000 yuan,%)

项　目	Item	图书总定价 Total Priced Value of Books 合 计 Total	新 出 New Publication	重 印 Reprint Publication	租 型 Publication for Rent	总定价比上年增减 Increase Rate over Preceding Year
图书总计	**Total**	**4088339**	**2160762**	**1926850**	**727**	**10.65**
使用《中国标准书号》部分合计	Publications with "China International Standard Book Number"	4045412	2127281	1917404	727	10.66
马克思主义、列宁主义、毛泽东思想	Marxism-Leninism, Mao Zedong Thought	33544	25673	7871		136.69
哲学	Philosophy	108492	84861	23631		9.64
社会科学总论	General Social Sciences	83445	61421	21935	89	35.39
政治、法律	Politics and Law	279423	225830	53548	45	12.21
军事	Military Affairs	14660	12169	2491		-1.16
经济	Economics	390372	263509	126467	396	1.07
文化、科学、教育、体育	Culture, Science, Education and Sports	1116410	303479	812809	122	11.1
语言、文字	Languages	388414	133240	255155	19	9.29
文学	Literature	231119	165856	65263		26.52
艺术	Arts	112611	88486	24125		0.03
历史、地理	History and Geography	192761	148544	44217		21.95
自然科学总论	General Natural Sciences	5346	3625	1721		5.13
数理科学、化学	Mathematics, Physics and Chemistry	82489	24986	57503		23.58
天文学、地球科学	Astronomy and Geology	16494	11640	4854		-7.04
生物科学	Biology	25024	12357	12667		29.84
医药、卫生	Medicine and Health Care	276461	156361	120100		14.43
农业科学	Agricultural Science	45452	24105	21347		-4.7
工业技术	Industrial Technology	534355	319244	215055	56	3.89
交通运输	Transportation	61720	26850	34870		17.57
航空、航天	Aeronautics and Aerospace	3475	2891	584		-0.94
环境科学	Environmental Science	16827	11679	5148		8.84
综合性图书	General Books	26518	20475	6043		-19.98
不使用《中国标准书号》图部分合计	Publications without "China International Standard Book Number"	42927	33481	9446		9.09
图片	Pictures	3889	3652	237		111.47
国标(GB)、部标(BB)等标准类文件印品	Standardization Documents such as National Standard, Department Standard	35740	27745	7995		2.28
活页文选、活页歌篇、小件印品等	Loose-leaf Anthologies, Loose-leaf Songbooks and Pamphlets	3298	2084	1214		28.43

5-9 地方出版单位各类图书出版种数（2010年）
Number of Books Published by Local Publishing Houses (2010)

单位：种、% (kind,%)

项目	Item	本版图书种数 Book Publications of Original Edition			种数比上年增减 Increase Rate over Preceding Year			租型图书种数 Number	比上年增减 Increase Rate over Preceding Year
		合计 Total	新出 New Publication	重印 Reprint Publication	合计 Total	新出 New Publication	重印 Reprint Publication		
图书总计	**Total**	**178848**	**101563**	**77285**	**9.99**	**17.42**	**1.55**	**9896**	**-0.96**
使用《中国标准书号》部分合计	Publications with "China International Standard Book Number"	178340	101196	77144	10.17	17.66	1.67	9896	-0.96
马克思主义、列宁主义、毛泽东思想	Marxism-Leninism, Mao Zedong Thought	234	159	75	3.54	19.55	-19.35		-100
哲学	Philosophy	3111	2380	731	20.12	21.61	15.48	4	100.00
社会科学总论	General Social Sciences	2025	1397	628	28.65	33.68	18.71	4	300
政治、法律	Politics and Law	4002	3052	950	-5.32	-8.87	8.20	26	136.36
军事	Military Affairs	369	228	141	-3.15	-13.31	19.49		
经济	Economics	9227	5978	3249	11.49	7.77	19.05	16	60.00
文化、科学、教育、体育	Culture, Science, Education and Sports	85720	38470	47250	8.63	21.55	-0.03	9380	-0.51
语言、文字	Languages	7649	4433	3216	9.47	15.59	2.03	1	-66.67
文学	Literature	20335	15155	5180	19.38	23.65	8.41	55	450.00
艺术	Arts	12264	8704	3560	12.83	30.42	-15.14	146	40.38
历史、地理	History and Geography	6831	5242	1589	14.06	18.76	0.89	173	-38.21
自然科学总论	General Natural Sciences	930	431	499	44.19	5.12	112.34	4	
数理科学、化学	Mathematics, Physics and Chemistry	2063	1043	1020	4.40	18.12	-6.68	4	100.00
天文学、地球科学	Astronomy and Geology	594	394	200	12.71	16.22	6.38		
生物科学	Biology	717	536	181	28.26	39.95	2.84		
医药、卫生	Medicine and Health Care	6125	4258	1867	11.85	14.03	7.18	13	85.71
农业科学	Agricultural Science	3582	1638	1944	6.73	4.73	8.48	58	-46.79
工业技术	Industrial Technology	9613	5630	3983	-0.16	-2.29	3.03	3	
交通运输	Transportation	812	438	374	14.37	17.43	10.98		
航空、航天	Aeronautics and Aerospace	84	49	35	18.31	19.51	16.67		
环境科学	Environmental Science	550	397	153	4.17	2.85	7.75	2	
综合性图书	General Books	1503	1184	319	12.16	17.11	-3.04	7	600.00
不使用《中国标准书号》部分—图片合计	Publications without "China International Standard Book Number"-Total of Pictures	508	367	141	-30.51	-26.31	-39.48		

5-10 地方出版单位各类图书总印数（2010年）

Printed Copies of Books Published by Local Publishing Houses (2010)

项 目	Item	图书总印数(万册、万张) Total Printed Copies of Books (10000 copies, 10000 sheets)				比上年增减(%) Increase Rate over Preceding Year (%)	
		合 计 Total	新 出 New Publication	重 印 Reprint Publication	租 型 Publication for Rent	合 计 Total	租 型 Publication for Rent
图书总计	**Total**	**511324**	**121427**	**235489**	**154408**	**2.61**	**-3.79**
使用《中国标准书号》部分合计	Publications with "China International Standard Book Number"	509014	120125	234481	154408	2.01	-3.79
马克思主义、列宁主义、毛泽东思想	Marxism-Leninism, Mao Zedong Thought	156	62	94		-27.44	-100
哲学	Philosophy	2090	1500	588	2	7.23	100.00
社会科学总论	General Social Sciences	1279	778	395	106	63.14	103.85
政治、法律	Politics and Law	2625	1826	788	11	-24.68	22.22
军事	Military Affairs	333	157	176		-0.60	
经济	Economics	4748	2872	1869	7	16.95	-75.00
文化、科学、教育、体育	Culture, Science, Education and Sports	426006	73788	202301	149917	1.23	-1.73
语言、文字	Languages	7913	3447	4466		14.53	-100.00
文学	Literature	25061	16553	7884	624	28.05	2871.43
艺术	Arts	11251	6434	3857	960	-0.97	33.7
历史、地理	History and Geography	7197	3030	1475	2692	-33.70	-60.88
自然科学总论	General Natural Sciences	1777	514	1259	4	65.00	
数理科学、化学	Mathematics, Physics and Chemistry	1406	609	785	12	27.93	-73.91
天文学、地球科学	Astronomy and Geology	807	391	416		-0.12	
生物科学	Biology	440	285	155		-1.57	
医药、卫生	Medicine and Health Care	3944	2399	1538	7	1.49	-30.00
农业科学	Agricultural Science	3060	850	2157	53	27.18	6
工业技术	Industrial Technology	5205	2776	2427	2	-4.86	-50.00
交通运输	Transportation	574	315	259		-6.97	
航空、航天	Aeronautics and Aerospace	51	25	26		18.60	
环境科学	Environmental Science	1434	253	1179	2	-8.37	-66.67
综合性图书	General Books	1657	1261	387	9	34.17	
不使用《中国标准书号》部分合计	Publications without "China International Standard Book Number"	2310	1302	1008			
图片	Pictures	629	414	215			
国标(GB)、部标(BB)等标准类文件印品	Standardization Documents such as National Standard, Department Standard	400	383	17			
活页文选、活页歌篇、小件印品等	Loose-leaf Anthologies, Loose-leaf Songbooks and Pamphlets	1281	505	776			

5-11 地方出版单位各类图书总印张（2010年）

Printed Sheets of Books Published by Local Publishing Houses (2010)

单位：千印张、%　　　　(1000 sheets, %)

项　目	Item	图书总印张 Total Printed Sheets of Books				比上年增减 Increase Rate over Preceding Year	
		合　计 Total	新　出 New Publication	重　印 Reprint Publication	租　型 Publication for Rent	合　计 Total	租　型 Publication for Rent
图书总计	**Total**	**36383910**	**10558298**	**14814597**	**11011015**	**3.30**	**-3.44**
使用《中国标准书号》部分合计	Publications with "China International Standard Book Number"	36295964	10509359	14775612	11010993	3.26	-3.44
马克思主义、列宁主义、毛泽东思想	Marxism-Leninism, Mao Zedong Thought	19946	9398	10548		-18.56	-100
哲学	Philosophy	293779	219401	74247	131	7.83	63.75
社会科学总论	General Social Sciences	166650	112259	50374	4017	41.9	107.38
政治、法律	Politics and Law	326113	232646	92780	687	-17.28	81.75
军事	Military Affairs	44682	22261	22421		4.89	
经济	Economics	745259	455480	289313	466	19.30	-79.07
文化、科学、教育、体育	Culture, Science, Education and Sports	27593852	5362287	11534948	10696617	2.48	-0.67
语言、文字	Languages	1077258	435494	641736	28	13.54	-93.59
文学	Literature	2522960	1710003	770608	42349	15.64	1567.28
艺术	Arts	707004	452090	228984	25930	2.44	-1.61
历史、地理	History and Geography	736889	382432	118901	235556	-30.24	-59.83
自然科学总论	General Natural Sciences	116053	37537	78151	365	70.87	
数理科学、化学	Mathematics, Physics and Chemistry	166166	70913	94096	1157	23.34	-72.03
天文学、地球科学	Astronomy and Geology	44599	24454	20145		16.54	
生物科学	Biology	35639	24321	11318		1.10	
医药、卫生	Medicine and Health Care	475831	306743	168433	655	-0.61	-1.95
农业科学	Agricultural Science	195026	63441	129188	2397	33.09	-14.39
工业技术	Industrial Technology	693029	374034	318860	135	-2.08	-59.94
交通运输	Transportation	54343	31959	22384		0.82	
航空、航天	Aeronautics and Aerospace	4591	2493	2098		2.55	
环境科学	Environmental Science	70443	22205	48141	97	-4.88	-78.68
综合性图书	General Books	205852	157508	47938	406	58.58	13433.33
不使用《中国标准书号》部分合计	Publications without "China International Standard Book Number"	87946	48939	38985	22	25.47	
图片	Pictures	16274	10508	5766		-29.94	
国标(GB)、部标(BB)等标准类文件印品	Standardization Documents such as National Standard, Department Standard	21556	20485	1049	22	502.29	
活页文选、活页歌篇、小件印品等	Loose-leaf Anthologies, Loose-leaf Songbooks and Pamphlets	50116	17946	32170		15.78	

5-12 地方出版单位各类图书总定价（2010年）
Total Priced Value of Books Published by Local Publishing Houses (2010)

单位：万元、% (10000 yuan,%)

项　目	Item	图书总定价 Total Priced Value of Books 合计 Total	新出 New Publication	重印 Reprint Publication	租型 Publication for Rent	总定价比上年增减 Increase Rate over Preceding Year
图书总计	**Total**	**5271732**	**2205625**	**2043068**	**1023039**	**10.16**
使用《中国标准书号》部分合计	Publications with "China International Standard Book Number"	5250967	2192563	2035368	1023036	10.23
马克思主义、列宁主义、毛泽东思想	Marxism-Leninism, Mao Zedong Thought	3564	1858	1706		-10.63
哲学	Philosophy	60823	46838	13964	21	7.32
社会科学总论	General Social Sciences	46587	37323	9049	215	117.48
政治、法律	Politics and Law	62810	47227	15479	104	-17.89
军事	Military Affairs	8561	4662	3899		1.61
经济	Economics	150031	101499	48473	59	18.8
文化、科学、教育、体育	Culture, Science, Education and Sports	3375023	907525	1472563	994935	8.97
语言、文字	Languages	186373	88303	98065	5	17.72
文学	Literature	478921	345590	128996	4335	19.72
艺术	Arts	262697	202095	56573	4029	12.7
历史、地理	History and Geography	169450	125455	25397	18598	-6.12
自然科学总论	General Natural Sciences	17314	7523	9734	57	46.69
数理科学、化学	Mathematics, Physics and Chemistry	28293	14920	13268	105	27.76
天文学、地球科学	Astronomy and Geology	9189	5381	3808		16.89
生物科学	Biology	9586	7259	2327		17.59
医药、卫生	Medicine and Health Care	104142	72500	31538	104	2.65
农业科学	Agricultural Science	39123	17122	21634	367	42.73
工业技术	Industrial Technology	158749	106708	52018	23	4.21
交通运输	Transportation	11377	7283	4094		4.96
航空、航天	Aeronautics and Aerospace	1104	707	397		8.77
环境科学	Environmental Science	16050	6309	9717	24	-11.37
综合性图书	General Books	51200	38476	12669	55	27.52
不使用《中国标准书号》部分合计	Publications without "China International Standard Book Number"	20765	13062	7700	3	-4.15
图片	Pictures	8435	6625	1811		-29.13
国标(GB)、部标(BB)等标准类文件印品	Standardization Documents such as National Standard, Department Standard	4225	3989	233	3	183.75
活页文选、活页歌篇、小件印品等	Loose-leaf Anthologies, Loose-leaf Songbooks and Pamphlets	8105	2448	5656		-2.03

5-13 各地区报纸出版数量（2010年）
Publication of Newspapers by Province (2010)

地 区	Province	种 数 (种) Number of Newspapers (kind)	平均期印数 (万份) Average Printed Copies per Issue (10000 copies)	总印数 (万份) Total Printed Copies (10000 copies)	总印张 (千印张) Total Printed Sheets (1000 sheets)
全 国	**National Total**	**1939**	**21437.7**	**452.1**	**2148.0**
中 央	National Newspapers	227	3044.4	69.5	231.7
地 方	Local Newspapers	1712	18393.3	382.6	1916.3
北 京	Beijing	35	361.5	8.0	43.9
天 津	Tianjin	28	334.0	9.4	55.8
河 北	Hebei	66	837.4	14.7	42.5
山 西	Shanxi	60	2117.9	20.6	31.0
内蒙古	Inner Mongolia	61	135.9	2.7	6.1
辽 宁	Liaoning	75	842.7	15.7	82.0
吉 林	Jilin	52	691.4	8.7	37.1
黑龙江	Heilongjiang	70	367.7	7.8	25.7
上 海	Shanghai	72	726.2	15.8	78.6
江 苏	Jiangsu	80	1182.2	27.0	133.9
浙 江	Zhejiang	70	1131.4	32.5	147.3
安 徽	Anhui	51	502.5	11.7	48.5
福 建	Fujian	43	381.1	10.0	42.3
江 西	Jiangxi	40	303.9	7.0	29.3
山 东	Shandong	88	1196.6	33.4	179.6
河 南	Henan	79	1692.5	21.2	68.0
湖 北	Hubei	74	716.5	18.2	89.0
湖 南	Hunan	50	530.9	12.9	54.4
广 东	Guangdong	100	1874.5	45.6	437.9
广 西	Guangxi	55	250.8	7.0	28.6
海 南	Hainan	14	87.9	2.1	5.8
重 庆	Chongqing	26	295.7	5.9	33.2
四 川	Sichuan	87	658.1	17.0	99.5
贵 州	Guizhou	31	157.6	3.7	14.6
云 南	Yunnan	43	234.7	6.4	32.3
西 藏	Tibet	23	30.5	0.7	1.1
陕 西	Shaanxi	44	280.6	6.2	39.2
甘 肃	Gansu	56	183.0	4.1	11.3
青 海	Qinghai	25	45.2	1.0	3.4
宁 夏	Ningxia	15	46.1	1.1	2.8
新 疆	Xinjiang	99	196.3	4.6	11.7

5-14 各地区期刊出版数量（2010年）
Publication of Magazines by Province (2010)

地区	Province	种数（种）Number of Magazines (kind)	平均期印数（万份）Average Printed Copies per Issue (10000 copies)	总印数（万份）Total Printed Copies (10000 copies)	总印张（千印张）Total Printed Sheets (1000 sheets)
全国	**National Total**	**9884**	**16348.5192**	**321535.162**	**18105992.14**
中央	National Magazines	2890	5316.0245	96744.242	6691488.333
地方	Local Magazines	6994	11032.4947	224790.92	11414503.81
北京	Beijing	173	202.5646	3597.53	269535.45
天津	Tianjin	257	264.4707	3712.95	191589.85
河北	Hebei	230	254.6567	5007.25	229207.45
山西	Shanxi	201	189.3493	4000.07	230082.77
内蒙古	Inner Mongolia	149	70.911	1437.25	63061.21
辽宁	Liaoning	326	564.6423	9506.6	400731.06
吉林	Jilin	236	384.1276	10029.06	479643.01
黑龙江	Heilongjiang	314	272.5684	5253.28	265682.18
上海	Shanghai	633	1018.5614	17677.37	904061.41
江苏	Jiangsu	464	468.8412	10475.3	423183
浙江	Zhejiang	221	485.9827	7199.45	277291.46
安徽	Anhui	184	403.5382	5841.11	231153.1
福建	Fujian	179	186.6375	2940.41	136608.17
江西	Jiangxi	160	270.1306	7059.49	235314.8
山东	Shandong	271	496.1051	10971.29	510902.73
河南	Henan	250	385.6386	8523.99	398901.47
湖北	Hubei	423	1240.6543	30076.94	1482344.82
湖南	Hunan	252	544.5995	12779.85	613982.53
广东	Guangdong	387	933.808	21201.18	1251751.85
广西	Guangxi	185	184.9594	4267.58	176235.3
海南	Hainan	42	56.2248	1102.76	75132.01
重庆	Chongqing	139	238.007	5409.83	360682.54
四川	Sichuan	349	497.6314	10593.53	748919.47
贵州	Guizhou	89	84.6109	1299.78	71166.38
云南	Yunnan	127	239.3217	3537.79	187744.84
西藏	Tibet	36	16.2771	160.51	9764.93
陕西	Shaanxi	286	416.7327	7522.21	516477.98
甘肃	Gansu	138	499.0364	10937.81	459568.61
青海	Qinghai	48	18.98	322.48	20035.05
宁夏	Ningxia	36	52.2901	1401.54	144608.18
新疆	Xinjiang	209	90.6355	944.73	49140.2

5-15 各地区电子出版物数量（2010年）

Basic Statistics on Electronic Publications by Province (2010)

单位：种、万张 (kind, 10000 discs)

地 区	Province	电子出版物 Total of Electronic Publications 种数 Number of Publications	数量 Volume	#新版 New Publication 种数 Number of Publications	数量 Volume	只读光盘 CD-ROM 种数 Number of Publications	数量 Volume	#新版 New Publication 种数 Number of Publications	数量 Volume
全 国	**National Total**	**11175**	**25911.86**	**7825**	**12246.89**	**7663**	**22449.39**	**5041**	**9447.9**
中 央	National Publishing Houses	7661	19717.2	5069	9655.33	4735	16972.44	2808	7503.19
地 方	Local Publishing Houses	3513	6194.56	2755	2591.46	2928	5476.95	2233	1944.71
北 京	Beijing	109	157.25	108	157.15	65	119.05	65	119.05
天 津	Tianjin	137	63.22	120	54.15	91	43.12	80	36.35
河 北	Hebei	59	20.32	58	20.02	56	19.52	55	19.22
山 西	Shanxi	294	14.52	293	14.52	294	14.52	293	14.52
内蒙古	Inner Mongolia								
辽 宁	Liaoning	236	291.4	162	97.69	218	286.94	146	93.63
吉 林	Jilin	63	45.46	63	45.46	34	16.22	34	16.22
黑龙江	Heilongjiang								
上 海	Shanghai	679	2679.27	459	370.01	560	2577.59	366	325.89
江 苏	Jiangsu	303	471.25	151	206.44	276	459.37	127	194.72
浙江省	Zhejiang	185	555.62	138	376.34	169	550.22	122	370.94
安 徽	Anhui	16	5.24	14	4.84	11	4.93	9	4.53
福 建	Fujian	52	10.31	34	4.86	46	9.41	28	3.96
江 西	Jiangxi	45	39.58	38	33.46	37	36.55	30	30.43
山 东	Shandong	298	98.51	295	90.51	297	98.41	294	90.41
河 南	Henan	28	319.4	16	38.9	28	319.4	16	38.9
湖 北	Hubei	163	185.35	85	135.42	148	182.45	80	133.52
湖 南	Hunan	95	418.75	80	244.19	71	398.37	56	223.81
广 东	Guangdong	132	124.35	82	32.29	108	116.59	58	24.54
广 西	Guangxi	42	385.37	39	385.34	31	16.22	31	16.22
海 南	Hainan	31	6.2	31	6.2	31	6.2	31	6.2
重 庆	Chongqing	218	64.46	175	43.85	73	34.68	42	23.38
四 川	Sichuan	179	71.13	172	64.53	157	49.48	150	42.88
贵 州	Guizhou								
云 南	Yunnan	41	10.91	39	9.9	34	8.56	32	7.55
西 藏	Tibet								
陕 西	Shaanxi	90	148.31	85	147	85	107.96	80	106.65
甘 肃	Gansu	2	0.2	2	0.2	2	0.2	2	0.2
青 海	Qinghai	10	7.2	10	7.2				
宁 夏	Ningxia								
新 疆	Xinjiang	6	1	6	1	6	1	6	1

5-15 续表 continued

单位：种、万张 (kind, 10000 discs)

地 区	Province	密度只读光盘 DVD-ROM 种数 Number of Publications	密度只读光盘 DVD-ROM 数量 Volume	#新版 New Publication 种数 Number of Publications	#新版 New Publication 数量 Volume	交互式光盘及其他 CD-I and Others 种数 Number of Publications	交互式光盘及其他 CD-I and Others 数量 Volume	#新版 New Publication 种数 Number of Publications	#新版 New Publication 数量 Volume
全 国	**National Total**	**2752**	**2714.54**	**2302**	**2411.55**	**760**	**747.93**	**482**	**387.44**
中 央	National Publishing Houses	2292	2054.07	1900	1819.43	634	690.69	361	332.71
地 方	Local Publishing Houses	460	660.47	402	592.12	125	57.13	120	54.63
北 京	Beijing	28	31.9	28	31.9	16	6.3	15	6.2
天 津	Tianjin	14	8	12	7.1	32	12.11	28	10.71
河 北	Hebei	3	0.8	3	0.8				
山 西	Shanxi								
内蒙古	Inner Mongolia								
辽 宁	Liaoning	13	4.45	11	4.05	5		5	
吉 林	Jilin	16	11.62	16	11.62	13	17.63	13	17.63
黑龙江	Heilongjiang								
上 海	Shanghai	77	82.33	51	25.77	42	19.35	42	18.35
江 苏	Jiangsu	27	11.87	24	11.72				
浙江省	Zhejiang	16	5.4	16	5.4				
安 徽	Anhui	5	0.31	5	0.31				
福 建	Fujian	6	0.9	6	0.9				
江 西	Jiangxi	8	3.03	8	3.03				
山 东	Shandong	1	0.1	1	0.1				
河 南	Henan								
湖 北	Hubei	15	2.9	5	1.9				
湖 南	Hunan	24	20.38	24	20.38				
广 东	Guangdong	13	6.36	13	6.36	11	1.4	11	1.4
广 西	Guangxi	11	369.15	8	369.12				
海 南	Hainan								
重 庆	Chongqing	145	29.77	133	20.46				
四 川	Sichuan	17	21.65	17	21.65	5		5	
贵 州	Guizhou								
云 南	Yunnan	7	2.36	7	2.36				
西 藏	Tibet								
陕 西	Shaanxi	4	40	4	40	1	0.35	1	0.35
甘 肃	Gansu								
青 海	Qinghai	10	7.2	10	7.2				
宁 夏	Ningxia								
新 疆	Xinjiang								

5-16 各地区录像制品出版品种情况（2010年）
Statistics on Number of Publication of Video Products by Region (2010)

单位：种 (kind)

地 区	Region	录像制品 Total of Video Products	激光数码视盘 VCD	高密度激光视盘 DVD-V	录像带及其他 VT and Others	其中:新版录像制品 of Which: New Publication of Video Products	激光数码视盘 VCD	高密度激光视盘 DVD-V	录像带及其他 VT and Others
全 国	**National**	**10913**	**4034**	**6836**	**43**	**8136**	**2265**	**5830**	**41**
中 央	Central Level	4560	1874	2682	4	2868	624	2240	4
地 方	Local Government	6353	2160	4154	39	5268	1641	3590	37
北 京	Beijing	167	14	153		167	14	153	
天 津	Tianjin	150	12	137	1	149	11	137	1
河 北	Hebei	22	12	10		22	12	10	
山 西	Shanxi	108	8	100		90	2	88	
内蒙古	Inner Mongolia	13		13		13		13	
辽 宁	Liaoning	639	137	500	2	638	137	499	2
吉 林	Jilin	79	23	47	9	78	22	47	9
黑龙江	Heilongjiang	15		15		15		15	
上 海	Shanghai	502	132	368	2	321	21	300	
江 苏	Jiangsu	304	134	170		227	81	146	
浙 江	Zhejiang	243	70	173		161	28	133	
安 徽	Anhui	162	41	112	9	160	41	110	9
福 建	Fujian	413	36	377		103	29	74	
江 西	Jiangxi	279	218	61		126	94	32	
山 东	Shandong	210	40	170		210	40	170	
河 南	Henan	98	17	77	4	64	4	56	4
湖 北	Hubei	403	327	76		379	303	76	
湖 南	Hunan	308	119	189		207	57	150	
广 东	Guangdong	1247	358	889		1222	344	878	
广 西	Guangxi	84	32	50	2	65	15	48	2
海 南	Hainan	11	5	6		11	5	6	
重 庆	Chongqing	79	35	44		42	7	35	
四 川	Sichuan	191	58	133		190	58	132	
贵 州	Guizhou	1		1		1		1	
云 南	Yunnan	252	99	153		245	94	151	
西 藏	Tibet	3	2	1		3	2	1	
陕 西	Shaanxi	143	68	66	9	133	58	66	9
甘 肃	Gansu	33	16	16	1	33	16	16	1
青 海	Qinghai	5	4	1		5	4	1	
宁 夏	Ningxia	9		9		9		9	
新 疆	Xinjiang	180	143	37		179	142	37	

5-17 各地区录像制品出版数量情况（2010年）

Statistics on Volume of Publication of Video Products by Region (2010)

单位：万盒、万张 (10000 cassettes, 10000 discs)

地 区	Region	录像制品 Total of Video Products	激光数码视盘 VCD	高密度激光视盘 DVD-V	录像带及其他 VT and Others	其中:新版录像制品 of Which: New Publication of Video Products	激光数码视盘 VCD	高密度激光视盘 DVD-V	录像带及其他 VT and Others	发行数量 Number Publicated
全 国	**National**	**18528.93**	**6519.63**	**11753.78**	**255.52**	**14877.99**	**3760.05**	**10863.00**	**254.94**	**11861.44**
中 央	Central Level	6860.37	4317.53	2531.34	11.50	3902.35	1882.12	2008.73	11.50	6540.83
地 方	Local Government	11668.56	2202.10	9222.44	244.02	10975.64	1877.93	8854.27	243.44	5320.61
北 京	Beijing	357.09	34.72	322.37		357.09	34.72	322.37		108.88
天 津	Tianjin	30.21	3.60	26.51	0.10	29.91	3.30	26.51	0.10	6.50
河 北	Hebei	14.63	12.10	2.53		14.63	12.10	2.53		31.51
山 西	Shanxi	101.10	11.07	90.03		81.12	0.20	80.92		102.76
内蒙古	Inner Mongolia	3.75		3.75		3.75		3.75		2.13
辽 宁	Liaoning	5767.20	109.29	5657.58	0.33	5767.01	109.30	5657.39	0.32	483.95
吉 林	Jilin	100.92	5.71	73.71	21.50	100.32	5.21	73.61	21.50	63.81
黑龙江	Heilongjiang	2.14		2.14		2.14		2.14		1.29
上 海	Shanghai	444.99	68.25	376.17	0.57	346.67	8.56	338.11		316.69
江 苏	Jiangsu	311.56	93.64	217.92		252.43	59.31	193.12		289.42
浙 江	Zhejiang	108.93	39.92	69.01		79.05	23.83	55.22		306.95
安 徽	Anhui	90.44	27.20	59.72	3.52	89.44	27.20	58.72	3.52	59.44
福 建	Fujian	321.01	37.60	283.41		111.41	33.10	78.31		358.95
江 西	Jiangxi	114.54	79.99	34.55		31.05	13.50	17.55		138.80
山 东	Shandong	168.80	16.10	152.70		168.80	16.10	152.70		87.73
河 南	Henan	31.53	15.02	15.31	1.20	17.20	1.50	14.50	1.20	135.66
湖 北	Hubei	432.12	379.86	52.26		420.97	368.71	52.26		351.09
湖 南	Hunan	420.88	96.80	324.08		344.94	58.50	286.44		377.78
广 东	Guangdong	1847.60	727.77	1119.83		1826.12	708.55	1117.57		1172.96
广 西	Guangxi	52.73	27.45	23.68	1.60	46.28	21.75	22.93	1.60	61.04
海 南	Hainan	2.61	1.96	0.65		2.61	1.96	0.65		5.55
重 庆	Chongqing	75.00	35.42	39.58		25.42	2.70	22.72		95.64
四 川	Sichuan	108.46	24.01	84.45		108.36	24.01	84.35		63.02
贵 州	Guizhou	0.40		0.40		0.40		0.40		0.40
云 南	Yunnan	146.14	67.05	79.09		143.34	64.85	78.49		127.87
西 藏	Tibet	0.90	0.60	0.30		0.90	0.60	0.30		1.30
陕 西	Shaanxi	369.97	119.15	59.62	191.20	361.98	111.16	59.62	191.20	369.23
甘 肃	Gansu	76.82	15.30	37.52	24.00	76.82	15.30	37.52	24.00	42.06
青 海	Qinghai	1.80	1.50	0.30		1.80	1.50	0.30		6.90
宁 夏	Ningxia	1.90		1.90		1.90		1.90		2.00
新 疆	Xinjiang	162.39	151.02	11.37		161.78	150.41	11.37		149.30

5-18 各地区录音制品出版品种情况（2010年）
Number of Publication of Audio Products by Region (2010)

单位：种 (kind)

地区 Region	录音制品合计 Total of Audio Products	录音带 AT	激光唱盘 CD	高密度激光唱盘及其他 DVD-A and Others	其中:新版录音制品 of Which: New Publication of Audio Products	录音带 AT	激光唱盘 CD	高密度激光唱盘及其他 DVD-A and Others
全国 National	**10639**	**3336**	**5086**	**2217**	**6724**	**1365**	**4020**	**1339**
中央 Central Level	4659	1385	1845	1429	2407	265	1350	792
地方 Local Government	5979	1951	3241	788	4317	1100	2670	547
北京 Beijing	203	104	74	25	192	103	64	25
天津 Tianjin	76	6	70		72	6	66	
河北 Hebei	93	92	1		92	91	1	
山西 Shanxi	23	9	14		23	9	14	
内蒙古 Inner Mongolia	33		31	2	32		30	2
辽宁 Liaoning	387	55	127	205	327	49	127	151
吉林 Jilin	59	10	46	3	54	10	41	3
黑龙江 Heilongjiang	28	19	1	8	28	19	1	8
上海 Shanghai	1887	616	1008	263	948	117	682	149
江苏 Jiangsu	295	107	172	16	150	46	89	15
浙江 Zhejiang	117	49	68		67	2	65	
安徽 Anhui	79	43	18	18	67	31	18	18
福建 Fujian	86	52	33	1	57	24	32	1
江西 Jiangxi	83	33	47	3	68	31	34	3
山东 Shandong	105	14	91		105	14	91	
河南 Henan	48	37	10	1	48	37	10	1
湖北 Hubei	214	71	97	46	178	70	80	28
湖南 Hunan	309	98	167	44	183	37	120	26
广东 Guangdong	1258	314	890	54	1158	268	849	41
广西 Guangxi	106	89	17		88	71	17	
海南 Hainan	2		2		2		2	
重庆 Chongqing	112	47	53	12	77	32	38	7
四川 Sichuan	47	15	30	2	43	15	27	1
贵州 Guizhou	8		8		8		8	
云南 Yunnan	140	28	112		115	3	112	
西藏 Tibet	4		4		4		4	
陕西 Shaanxi	146	43	20	83	99	15	18	66
甘肃 Gansu	12		10	2	12		10	2
青海 Qinghai								
宁夏 Ningxia	7		7		7		7	
新疆 Xinjiang	13		13		13		13	

5-19 各地区录音制品出版数量情况（2010年）
Volume of Publication of Audio Products by Region (2010)

单位：万盒、万张 (10000 cassettes, 10000 discs)

地区	Region	录音制品合计 Total of Audio Products	录音带 AT	激光唱盘 CD	高密度激光唱盘及其他 DVD-A and Others	其中:新版录音制品 of Which: New Publication of Audio Products	录音带 AT	激光唱盘 CD	高密度激光唱盘及其他 DVD-A and Others	发行数量 Volume Issued
全国	**National**	**23854.96**	**17403.52**	**3947.39**	**2504.05**	**5752.40**	**2077.78**	**2765.81**	**908.82**	**25680.61**
中央	Central Level	16806.47	13397.43	1859.74	1549.30	2087.99	518.75	1073.97	495.27	15233.60
地方	Local Government	7048.49	4006.09	2087.65	954.75	3664.41	1559.03	1691.84	413.54	10447.01
北京	Beijing	91.80	38.10	45.30	8.40	84.90	37.10	39.40	8.40	139.08
天津	Tianjin	22.90	5.00	17.90		15.90	5.00	10.90		25.22
河北	Hebei	780.97	780.87	0.10		760.97	760.87	0.10		831.71
山西	Shanxi	44.76	3.35	41.41		44.76	3.35	41.41		44.56
内蒙古	Inner Mongolia	10.75		10.50	0.25	10.55		10.30	0.25	17.44
辽宁	Liaoning	321.63	21.08	174.63	125.92	277.07	19.65	174.62	82.80	732.86
吉林	Jilin	24.02	2.80	17.62	3.60	20.52	2.80	14.12	3.60	82.77
黑龙江	Heilongjiang	17.10	13.60	0.40	3.10	17.10	13.60	0.40	3.10	12.10
上海	Shanghai	2312.75	1325.43	540.32	447.00	740.55	198.24	354.76	187.55	2308.76
江苏	Jiangsu	915.18	756.09	147.34	11.75	79.60	4.80	63.45	11.35	917.49
浙江	Zhejiang	313.55	259.31	54.24		54.37	0.85	53.52		1178.98
安徽	Anhui	38.56	18.92	11.82	7.82	37.63	17.99	11.82	7.82	157.79
福建	Fujian	70.22	36.46	33.66	0.10	35.63	2.37	33.16	0.10	102.15
江西	Jiangxi	79.99	43.88	35.41	0.70	70.03	43.78	25.55	0.70	153.48
山东	Shandong	55.97	28.87	27.10		55.97	28.87	27.10		1356.07
河南	Henan	9.57	5.73	3.34	0.50	9.57	5.73	3.34	0.50	36.33
湖北	Hubei	114.16	49.12	50.25	14.79	106.37	48.92	48.45	9.00	387.94
湖南	Hunan	580.25	194.99	154.29	230.97	169.71	60.30	88.54	20.87	845.08
广东	Guangdong	750.19	247.81	453.24	49.14	638.09	172.43	430.02	35.64	599.84
广西	Guangxi	42.58	11.46	27.10	4.02	39.83	8.71	27.10	4.02	40.59
海南	Hainan	0.15		0.15		0.15		0.15		4.75
重庆	Chongqing	126.32	85.78	35.82	4.72	102.44	69.59	29.68	3.17	150.86
四川	Sichuan	28.38	14.29	12.59	1.50	27.32	14.29	11.83	1.20	68.88
贵州	Guizhou	123.20		123.20		123.20		123.20		3.41
云南	Yunnan	38.25	0.73	37.52		37.81	0.29	37.52		38.02
西藏	Tibet	1.10		1.10		1.10		1.10		2.50
陕西	Shaanxi	120.39	62.42	18.10	39.87	89.47	39.50	17.10	32.87	125.81
甘肃	Gansu	2.00		1.40	0.60	2.00		1.40	0.60	2.00
青海	Qinghai									
宁夏	Ningxia	6.70		6.70		6.70		6.70		77.74
新疆	Xinjiang	5.10		5.10		5.10		5.10		2.80

5-20 全国引进版权情况（2010年）
Basic Statistics on Copyright Import (2010)

单位：项 (item)

项　目	Item	合计 Total	图书 Books	录音制品 Audio Products	录像制品 Video Products	电子出版物 Electronic Publications	软件 Software	电影 Films	电视节目 TV Programs	其他 Others
本年引进版权总数	Total Number of Copyright Import During the Year	16602	13724	439	356	49	304	284	1446	
#通过版权中介机构	Imported through Intermediary Agents									
原版权所在国家或地区	Countries or Regions of Copyright Origin									
美　国	United States	5284	4549	22	284	9	40	95	285	
英　国	United Kingdom	2429	1770	26	35	3	10		585	
德　国	Germany	739	726	2	1	2	8			
法　国	France	737	595		13		4		125	
俄罗斯	Russia	58	57		1					
加拿大	Canada	111	104	7						
新加坡	Singapore	335	319		1				15	
日　本	Japan	1766	1620	53	4	3	23	1	62	
韩　国	South Korea	1027	916	2	1	20	23		65	
香港地区	Hong Kong China	877	424	127	4	1	156	142	23	
澳门地区	Macao China	24							24	
台湾地区	Taiwan China	1747	1460	172	1	7	4	1	102	
其　他	Others	1468	1184	28	11	4	36	45	160	

5-21 全国输出版权情况（2010年）
Basic Statistics on Copyright Export (2010)

单位：项 (item)

项 目	Item	合计 Total	图书 Books	录音制品 Audio Products	录像制品 Video Products	电子出版物 Electronic Publi-cations	软件 Software	电影 Films	电视节目 TV Programs	其他 Others
本年输出版权总数	Total Number of Copyright Export	5691	3880	36	8	187			1561	19
版权购买者所在国家或地区	Destination of Copyright Export									
美 国	United States	1147	244		5	139			759	
英 国	United Kingdom	178	176						2	
德 国	Germany	120	89	14						17
法 国	France	121	120						1	
俄罗斯	Russia	11	11							
加拿大	Canada	86	31		1				54	
新加坡	Singapore	375	260						115	
日 本	Japan	214	207						6	1
韩 国	South Korea	360	343	14		3				
香港地区	Hong Kong China	534	341			35			158	
澳门地区	Macao China	6	6							
台湾地区	Taiwan China	1395	1236			10			148	1
其 他	Others	1144	816	8	2				318	

六、体　　育
Sports

6-1 运动员获世界冠军情况
World Championships Won by Chinese Athletes

年 份 Year	项 数 (项) Number of Events (Item)	#女 子 Female	人 数 (人) Number of Persons (person)	#女 子 Female	个 数 (个) Number of Champions (time)	#女 子 Female
1978	4	2	4	2	4	2
1979	12	6.5	20	11	12	6.5
1980	3		3		3	
1981	25	12.5	53	32	25	12.5
1982	12	2	31	15	13	2
1983	37	15	50	24	39	17
1984	33	10	46	26	37	10
1985	42	20	70	41	46	23
1986	26	14	56	34	26	14
1987	64	39	72	34	69	41.5
1988	54	36.5	59	30	54	36.5
1989	80	49	83	48	82	50
1990	54	33.5	61	30	54	33.5
1991	88	57.5	86	51	93	61.5
1992	86	69.5	68	52	89	72.5
1993	101	66.5	106	70	103	68.5
1994	79	53.5	86	45	79	53.5
1995	98	49.5	187	86	102	51.5
1996	72	55	58	42	75	57
1997	87	46	96	46	92	50.5
1998	75	49	89	59	83	55
1999	91	43	129	72	92	44
2000	92	52	109	60	110	66.5
2001	79	46.5	138	77	90	54.5
2002	99	58	123	81	110	64
2003	17	15.5	94	62.5	84	49
2004	27	21	175	98	101	56
2005	22	19	159	89	106	63
2006	24	18	169	87	141	76
2007	22	16	217	123	123	70
2008	24	17	151	83	120	65.5
2009	30	17	223	134	142	87.5
2010	22	13	180	81	108	54.5

注：男女混合运动项目，女子按半项和半个计算。
a) For mixed doubles champions, the score for women counts as 0.5.

6-2 运动员分项创世界纪录情况（2010年）
World Records Chalked up by Chinese Athletes by Events (2010)

单位：项、人、次 (item, person, times)

项 目	Item	项 数 Number of Events	#女 子 Women	人 数 Number of Persons/teams	#女 子 Women	次 数 Number of Times	#女 子 Women
总计	**Total**	**15**	**9**	**24**	**17**	**15**	**9**
短池游泳	Short Course Swimming	1	1	6	6	1	1
射击	Shooting	3	2	7	4	3	2
举重	Weightlifting	4	2	2	1	4	2
短道速滑	Short-track Speeding Skating	2	2	4	4	2	2
掷球	Bocce Ball	2	2	2	2	2	2
航海模型	Marine Modelling	2		2		2	
攀岩	Rock Climbing	1		1		1	

6-3 体育系统机构数、从业人员数
Institutions and Engaged Persons of Physical Education System

指 标	Item	合 计 Total		国家级 National Level	
		机构数 Institutions	人数 Persons	机构数 Institutions	人数 Persons
总 计	**Total**	**7159**	**155527**	**44**	**5970**
体育行政机关	Administrative Agencies of Physical Culture and Sports	3138	34741	1	225
运动项目管理部门	Sports Events Management	319	36157	23	1724
本科院校	Colleges	7	4562	1	1025
职业、运动技术学院	Sports Technical Institutes	14	3480		
体育运动学校	Physical Education and Sports Schools	230	15971		
竞技体校	Competitive Sports School	10	486		
少儿体育运动学校(业余体校)	Spare-time Sports School	1683	24392		
单项运动学校	Physical Education and Sports Schools	20	330		
训练基地	Training Bases	56	3927	5	1677
体育场馆	Stadium and Gymnasium	741	15776	1	
科研所	Science and Technology Institute	58	1285	2	219
其他事业单位	Other Institutions	715	12053	10	601
其他	Others	168	2367	1	499

6-3 续表 continued

指 标	Item	省级 Provincial Level		地级 Prefectural Level		县级 County Level	
		机构数 Institutions	人数 Persons	机构数 Institutions	人数 Persons	机构数 Institutions	人数 Persons
总 计	**Total**	**671**	**55852**	**2082**	**52607**	**4362**	**41098**
体育行政机关	Administrative Agencies of Physical Culture and Sports	31	1533	437	9004	2669	23979
运动项目管理部门	Sports Events Management	206	30751	81	3531	9	151
本科院校	Colleges	6	3537				
职业、运动技术学院	Sports Technical Institutes	11	3354	3	126		
体育运动学校	Physical Education and Sports Schools	40	3015	175	12702	15	254
竞技体校	Competitive Sports School	3	296	6	183	1	7
少儿体育运动学校(业余体校)	Spare-time Sports School	23	497	415	11379	1245	12516
单项运动学校	Physical Education and Sports Schools	3	108	16	218	1	4
训练基地	Training Bases	22	1490	20	582	9	178
体育场馆	Stadium and Gymnasium	54	3363	460	10089	226	2324
科研所	Science and Technology Institute	27	828	29	238		
其他事业单位	Other Institutions	223	6440	345	3972	137	1040
其他	Others	22	640	95	583	50	645

6-4 各地区体育局系统机构和从业人员数（2010年）

Number of Institutions and Employees in Sports Bureaus by Province (2010)

单位：个、人 (unit,person)

地区	Province	合计 Total 机构数 Institutions	合计 Total 人数 Persons	#行政机关 Administrative Organs 机构数 Institutions	#行政机关 Administrative Organs 人数 Persons	#优秀运动队 Excellent Sports Teams 机构数 Institutions	#优秀运动队 Excellent Sports Teams 人数 Persons	#体育运动学校 Physical Education and Sports Schools 机构数 Institutions	#体育运动学校 Physical Education and Sports Schools 人数 Persons	#业余体校 Spare-time Sports Schools 机构数 Institutions	#业余体校 Spare-time Sports Schools 人数 Persons
总　计	**Total**	**7159**	**155527**	**3138**	**34741**	**319**	**36157**	**230**	**15971**	**1683**	**24392**
国家直属	Directly Under the Jurisdiction of State	44	5970	1	225	23	1724				
地区合计	Sub-total of Provinces	7115	149557	3137	34516	296	34433	230	15971	1683	24392
北　京	Beijing	141	5631	20	638	7	2063	6	271	31	969
天　津	Tianjin	93	3239	19	215	8	1410	4	173	17	400
河　北	Hebei	334	5875	186	1314	13	1062	10	857	73	966
山　西	Shanxi	261	5951	131	1375	15	1088	10	1156	63	960
内蒙古	Inner Mongolia	215	3974	114	936	6	1138	7	381	49	656
辽　宁	Liaoning	320	7375	120	1090	15	2099	27	1615	63	1106
吉　林	Jilin	215	4475	70	626	12	1001	8	529	64	684
黑龙江	Heilongjiang	287	4487	125	863	22	1287	6	428	87	964
上　海	Shanghai	174	6040	19	238	3	451	11	449	45	1094
江　苏	Jiangsu	408	9293	118	2232	13	1650	18	913	87	1280
浙　江	Zhejiang	270	6215	102	1134	9	1156	5	523	62	1108
安　徽	Anhui	180	4406	120	1202	10	1397	2	113	24	573
福　建	Fujian	250	4885	94	622	10	1473	3	266	81	1547
江　西	Jiangxi	258	4074	111	956	10	1053	4	300	89	782
山　东	Shandong	291	11044	155	4006	20	1974	19	1721	40	766
河　南	Henan	278	6038	174	2348	11	1210	19	1265	25	272
湖　北	Hubei	403	6408	120	1183	16	1203	10	688	75	910
湖　南	Hunan	326	5341	138	1461	11	1079	4	230	105	1306
广　东	Guangdong	398	9678	142	2370	18	2075	14	910	68	1100
广　西	Guangxi	252	5183	126	1373	1	1156	2	199	87	1886
海　南	Hainan	50	848	24	156	2	305	2	239	18	118
重　庆	Chongqing	95	1933	41	492	2	399	4	141	22	344
四　川	Sichuan	459	6648	200	1523	14	1909	2	75	176	1644
贵　州	Guizhou	131	2070	99	814	6	491	4	313	1	9
云　南	Yunnan	215	3470	141	1378	13	886	2	346	33	421
西　藏	Tibet	37	607	23	103	3	325	1	45	6	49
陕　西	Shaanxi	265	5502	120	1484	10	621	8	505	80	1130
甘　肃	Gansu	153	3636	94	1182	4	1004	11	651	18	251
青　海	Qinghai	87	994	55	170	3	422			15	222
宁　夏	Ningxia	47	1168	26	373	1	333	2	97	7	61
新　疆	Xinjiang	222	3069	110	659	8	713	5	572	72	814

6-5 各地区优秀运动队人员情况（2010年）

Persons in Excellent Sports Teams by Province (2010)

单位：人 (person)

地　区	Province	合　计 Total	#教练员 Coaches	在聘 With Contract	待聘 Without Contract	#运动员 Athletes	在队 With Contract	待分 Without Contract	#科研人员 Scientific Research Personnel	#医务人员 Medical Personnel	#文化教师 Full-time Teachers	#管理人员 Managerial Personnel
总　计	**Total**	**36157**	**4270**	**4041**	**229**	**18702**	**15709**	**2993**	**150**	**659**	**232**	**6724**
国家直属	Directly Under the Jurisdiction of State	1724	69	68	1	202	186	16	25	19		1067
地区合计	Sub-total of Provinces	34433	4201	3973	228	18500	15523	2977	125	640	232	5657
北　京	Beijing	2063	196	196		970	925	45	11	58		399
天　津	Tianjin	1410	171	157	14	736	486	250	1	18	25	212
河　北	Hebei	1062	150	139	11	638	585	53	4	15		175
山　西	Shanxi	1088	105	105		339	327	12	2	27		294
内蒙古	Inner Mongolia	1138	90	88	2	821	725	96		19		116
辽　宁	Liaoning	2099	213	200	13	1382	1316	66	1	8	32	228
吉　林	Jilin	1001	117	115	2	669	622	47	2	4		146
黑龙江	Heilongjiang	1287	192	189	3	622	383	239	17	36		247
上　海	Shanghai	451	75	73	2	193	192	1	2	6		85
江　苏	Jiangsu	1650	187	179	8	930	866	64	20	47	4	204
浙　江	Zhejiang	1156	213	206	7	805	711	94	3	2	1	114
安　徽	Anhui	1397	182	143	39	847	543	304	6	6		188
福　建	Fujian	1473	214	206	8	921	863	58	4	31	18	194
江　西	Jiangxi	1053	110	104	6	607	542	65		9		228
山　东	Shandong	1974	262	247	15	1171	980	191	7	29	5	366
河　南	Henan	1210	173	173		558	522	36		29	6	346
湖　北	Hubei	1203	219	213	6	679	641	38		31		162
湖　南	Hunan	1079	121	111	10	555	425	130	1	11	7	199
广　东	Guangdong	2075	282	278	4	1036	1036		29	52	32	263
广　西	Guangxi	1156	116	113	3	519	447	72		29	17	234
海　南	Hainan	305	27	26	1	99	73	26	6	7	25	43
重　庆	Chongqing	399	41	41		296	288	8		11		43
四　川	Sichuan	1909	281	256	25	890	807	83	4	30	22	320
贵　州	Guizhou	491	85	69	16	143	137	6		13	1	137
云　南	Yunnan	886	24	22	2	142	80	62		49	23	171
西　藏	Tibet	325	29	22	7	198	137	61		11	2	48
陕　西	Shaanxi	621	107	95	12	313	296	17	3	7		152
甘　肃	Gansu	1004	96	96		418	209	209		15	11	166
青　海	Qinghai	422	51	45	6	295	35	260		5		57
宁　夏	Ningxia	333				260	72	188	1	6	1	27
新　疆	Xinjiang	713	72	66	6	448	252	196	1	19		93

6-6 各地区体育运动学校人员情况（2010年）
Persons in Physical Education and Sports Schools by Province (2010)

单位：人 (person)

地 区	Province	合 计 Total	#教练员 Coaches	在聘 With Contract	待聘 Without Contract	#运动员 Athletes	在队 With Contract	待分 Without Contract	#科研人员 Scientific Research Personnel	#医务人员 Medical Personnel	#文化教师 Full-time Teachers	#管理人员 Managerial Personnel
总 计	**Total**	**15971**	**3270**	**3216**	**54**	**659**	**612**	**47**	**253**	**247**	**4694**	**3056**
国家直属	Directly Under the Jurisdiction of State											
地区合计	Sub-total of Provinces	15971	3270	3216	54	659	612	47	253	247	4694	3056
北 京	Beijing	271	111	105	6					12	42	72
天 津	Tianjin	173	36	34	2				1	5	29	56
河 北	Hebei	857	260	253	7				8	10	345	102
山 西	Shanxi	1156	169	157	12				8	13	296	289
内蒙古	Inner Mongolia	381	71	71						10	161	32
辽 宁	Liaoning	1615	349	345	4	24	6	18	13	15	414	341
吉 林	Jilin	529	56	56		7	7		12	6	180	122
黑龙江	Heilongjiang	428	111	111		1	1		7	9	93	122
上 海	Shanghai	449	109	108	1	17	17		2	12	106	84
江 苏	Jiangsu	913	189	189					24	29	316	173
浙 江	Zhejiang	523	142	142					9	5	155	100
安 徽	Anhui	113	24	24						2	45	14
福 建	Fujian	266	84	84					4	5	84	54
江 西	Jiangxi	300	68	68						2	109	79
山 东	Shandong	1721	267	261	6	247	247		19	24	416	324
河 南	Henan	1265	198	198		271	271		9	7	296	207
湖 北	Hubei	688	153	148	5	48	48		5	5	160	129
湖 南	Hunan	230	92	92					3	2	74	25
广 东	Guangdong	910	171	171					7	12	376	161
广 西	Guangxi	199	55	55						6	36	44
海 南	Hainan	239	23	23					6	8	43	43
重 庆	Chongqing	141	41	41		18	5	13		5	15	48
四 川	Sichuan	75	9	9						1	29	28
贵 州	Guizhou	313	38	38		3	3		1	7	114	66
云 南	Yunnan	346	32	32					103	8	83	13
西 藏	Tibet	45								2	16	11
陕 西	Shaanxi	505	107	97	10	22	6	16	4	5	173	102
甘 肃	Gansu	651	162	162		1	1		4	11	189	128
青 海	Qinghai											
宁 夏	Ningxia	97	9	9						2	42	13
新 疆	Xinjiang	572	134	133	1				4	7	257	74

6-7 各地区少年儿童业余体校人员情况（2010年）
Persons in Spare-time Sports Schools by Province (2010)

单位：人 (person)

地 区	Province	合 计 Total	#教练员 Coaches	在聘 With Contract	待聘 Without Contract	#运动员 Athletes	在队 With Contract	待分 Without Contract	#科研人员 Scientific Research Personnel	#医务人员 Medical Personnel	#文化教师 Full-time Teachers	#管理人员 Managerial Personnel
总 计	**Total**	**24392**	**10065**	**9815**	**250**	**1637**	**1633**	**4**	**117**	**124**	**3093**	**4644**
地区小计	Sub-total of Provinces	24392	10065	9815	250	1637	1633	4	117	124	3093	4644
北 京	Beijing	969	420	411	9				12	8	67	252
天 津	Tianjin	400	233	222	11				1	1	14	53
河 北	Hebei	966	526	514	12					4	154	117
山 西	Shanxi	960	288	288					4	5	244	257
内蒙古	Inner Mongolia	656	221	211	10				1	8	187	97
辽 宁	Liaoning	1106	497	491	6				23	5	112	222
吉 林	Jilin	684	281	281					5	4	31	142
黑龙江	Heilongjiang	964	531	524	7				1	2	44	231
上 海	Shanghai	1094	596	574	22	19	19		15	6	82	215
江 苏	Jiangsu	1280	404	396	8	12	8	4	9	9	196	336
浙 江	Zhejiang	1108	319	306	13				3	5	223	249
安 徽	Anhui	573	311	303	8				17	3	64	102
福 建	Fujian	1547	632	624	8	467	467		2	2	189	102
江 西	Jiangxi	782	453	443	10					16	127	118
山 东	Shandong	766	332	320	12				4	3	214	99
河 南	Henan	272	119	117	2					1	12	59
湖 北	Hubei	910	330	296	34	59	59		1	2	107	239
湖 南	Hunan	1306	594	561	33	70	70		9		97	333
广 东	Guangdong	1100	389	381	8				2	12	210	226
广 西	Guangxi	1886	445	443	2	768	768		1	6	218	188
海 南	Hainan	118	71	71							6	25
重 庆	Chongqing	344	130	130		65	65				17	81
四 川	Sichuan	1644	780	765	15	10	10		2	12	109	400
贵 州	Guizhou	9								1		
云 南	Yunnan	421	126	123	3					1	79	39
西 藏	Tibet	49	13	13							5	13
陕 西	Shaanxi	1130	428	425	3				5	7	193	292
甘 肃	Gansu	251	56	56		42	42				4	51
青 海	Qinghai	222	104	102	2					1	37	24
宁 夏	Ningxia	61	43	41	2							1
新 疆	Xinjiang	814	393	383	10	125	125				51	81

6-8 各地区体育训练基地人员情况（2010年）

Persons in Physical Training Bases by Province (2010)

单位：人 (person)

地　区	Province	合　计 Total	#教练员 Coaches	在聘 With Contract	待聘 Without Contract	#运动员 Athletes	在队 With Contract	待分 Without Contract	#科研人员 Scientific Research Personnel	#医务人员 Medical Personnel	#文化教师 Full-time Teachers	#管理人员 Managerial Personnel
总　计	**Total**	**3927**	**287**	**267**	**20**	**402**	**318**	**84**	**24**	**37**	**96**	**1207**
国家直属	Directly Under the Jurisdiction of State	1677	23	23		64	3	61	18	22	18	494
地区合计	Sub-total of Provinces	2250	264	244	20	338	315	23	6	15	78	713
北　京	Beijing											
天　津	Tianjin											
河　北	Hebei											
山　西	Shanxi	32										19
内蒙古	Inner Mongolia	21										7
辽　宁	Liaoning											
吉　林	Jilin	217								3	78	52
黑龙江	Heilongjiang	149	14	14								42
上　海	Shanghai	219	59	59		16	16					52
江　苏	Jiangsu											
浙　江	Zhejiang	35										6
安　徽	Anhui											
福　建	Fujian	155	11	11		20	20			2		21
江　西	Jiangxi											
山　东	Shandong	514	45	33	12	286	276	10	1	4		129
河　南	Henan	7										5
湖　北	Hubei	341	101	97	4	4	3	1		1		121
湖　南	Hunan	87	5	5								27
广　东	Guangdong	90	5	4	1					2		42
广　西	Guangxi	127	21	20	1					1		35
海　南	Hainan	14	1	1								11
重　庆	Chongqing	18								2		8
四　川	Sichuan											
贵　州	Guizhou	44										24
云　南	Yunnan	29										10
西　藏	Tibet											
陕　西	Shaanxi	96	2		2	12		12				82
甘　肃	Gansu											
青　海	Qinghai	55							5			20
宁　夏	Ningxia											
新　疆	Xinjiang											

6-9 各地区在聘专职教练员人数（2010年）
Coaches with Full-time Contracts by Province (2010)

单位：人 (person)

地 区	Province	合 计 Total	一 线 First Grade	二 线 Second Grade	三 线 Third Grade
总 计	**Total**	**21321**	**5011**	**3609**	**12701**
国家直属	Directly Under the Jurisdiction of State	92	72	9	11
地区合计	Sub-total of Provinces	21229	4939	3600	12690
北 京	Beijing	852	193	114	545
天 津	Tianjin	527	171	54	302
河 北	Hebei	991	134	351	506
山 西	Shanxi	603	145	175	283
内蒙古	Inner Mongolia	400	77	64	259
辽 宁	Liaoning	1304	478	186	640
吉 林	Jilin	495	147	53	295
黑龙江	Heilongjiang	1010	206	114	690
上 海	Shanghai	1119	280	135	704
江 苏	Jiangsu	1118	367	207	544
浙 江	Zhejiang	744	241	142	361
安 徽	Anhui	652	111	125	416
福 建	Fujian	959	180	99	680
江 西	Jiangxi	637	107	64	466
山 东	Shandong	1588	312	407	869
河 南	Henan	738	187	287	264
湖 北	Hubei	899	179	183	537
湖 南	Hunan	843	152	42	649
广 东	Guangdong	1094	285	209	600
广 西	Guangxi	684	130	49	505
海 南	Hainan	122	17	3	102
重 庆	Chongqing	250	64	47	139
四 川	Sichuan	1119	247	45	827
贵 州	Guizhou	163	71	36	56
云 南	Yunnan	250	56		194
西 藏	Tibet	42	29		13
陕 西	Shaanxi	746	136	94	516
甘 肃	Gansu	324	133	104	87
青 海	Qinghai	170	46	15	109
宁 夏	Ningxia	150			150
新 疆	Xinjiang	636	58	196	382

6-10 各项目在聘专职教练员人数（2010年）
Coaches with Full-time Contracts by Sports Item (2010)

单位：人 (person)

项　目	Item	合　计 Total	一　线 First Grade	二　线 Second Grade	三　线 Third Grade
总　计	**Total**	**21321**	**5011**	**3609**	**12701**
田　径	Track and Field Events	5132	714	734	3684
游　泳	Swimming	1363	206	241	916
跳　水	Diving	208	99	38	71
水　球	Water Polo	34	16	10	8
花样游泳	Synchronized Swimming	57	37	6	14
体　操	Gymnastics	819	264	135	420
艺术体操	Rhythmic Gymnastics	88	41	9	38
蹦　床	Trampoline	127	57	18	52
举　重	Weightlifting	1180	213	192	775
拳　击	Boxing	314	98	77	139
国际式摔跤	International Wrestling	759	196	148	415
中国式摔跤	Chinese Wrestling	209	33	50	126
柔　道	Judo	755	170	166	419
跆拳道	Taekwondo	492	73	108	311
自行车	Cycling	271	158	48	65
击　剑	Fencing	301	114	56	131
马　术	Equestrian	26	26		
现代五项	Modern Pentathlon	29	28	1	
射　击	Shooting	1094	315	251	528
射　箭	Archery	262	71	44	147
赛　艇	Rowing	296	142	43	111
皮划艇	Canoe Kayak	321	110	54	157
帆　船	Sailing	93	63	7	23
足　球	Football	899	184	183	532
篮　球	Basketball	1651	233	279	1139
排　球	Volleyball	526	141	115	270
沙滩排球	Beach Volleyball	42	35	2	5
乒乓球	Table Tennis	1004	189	163	652
羽毛球	Badminton	436	134	62	240
网　球	Tennis	358	108	44	206
手　球	Handball	140	62	28	50
曲棍球	Hockey	109	62	13	34
棒　球	Baseball	79	37	8	34
垒　球	Softball	78	40	13	25
速度滑冰	Speed Skating	282	66	33	183
短道速滑	Short Track Speed Skating	76	46	1	29
花样滑冰	Figure Skating	38	24	5	9

6-10 续表 continued

单位：人 (person)

项 目	Item	合 计 Total	一 线 First Grade	二 线 Second Grade	三 线 Third Grade
其 他	Others				
冰 球	Ice Hockey	41	26		15
冰 壶	Curling	6	4		2
高山滑雪	Alpine Skiing	28	4	7	17
越野滑雪	Cross-Country Skiing	46	16	9	21
跳台滑雪	Ski Jumping	6	1	2	3
自由式滑雪	Freestyle Skiing	1	1		
单板滑雪	Snowboard Skiing	8	3	2	3
冬季两项	Biathlon	1			1
技 巧	Acrobatics	54	23	3	28
健美操	Aerobics	33	1	6	26
软式网球	Soft tennis				
武 术	Wushu	806	172	135	499
滑 水	Water-ski	10	7	1	2
潜 水	Diving	4			4
蹼 泳	Fin Swimming	15	6		9
摩托艇	Motorboat	8	4	3	1
围 棋	Weiqi	50	10	12	28
国际象棋	Chess	58	32	7	19
中国象棋	Chinese Chess	44	12	5	27
登 山	Mountain-climbing	11	6	5	
汽 车	Car				
摩托车	Motorcycle	5	5		
铁人三项	Triathlon	12	9	3	
保龄球	Bowling				
掷 球	Boules	9		2	7
车辆模型	Vehicle Model	1			1
航海模型	Model Ship	25	12	5	8
定 向	Orienteering	9	2	2	5
航空模型	Model Aeroplane	14	11	1	2
跳 伞	Parachuting	27	26	1	
滑 翔	Hang Gliding	3	3		
轮 滑	Roller Skating	11	4	4	3
业余无线	Amateur Radio	5		4	1
门 球	Gateball	2			2
舞龙舞狮	Dragon and Lion Dance	1		1	
体育舞蹈	Dance Sports	13	2	4	7
健 美	Bodybuilding				
其 它	Others	6	4		2

6-11 各地区分项目优秀运动队在聘专职教练人数（2010年）
Coaches with Full-time Contracts in Excellent Sports Teams by Province and Sports Item (2010)

单位：人 (person)

地 区	Province	总 计 Total	田 径 Track and Field Events	游 泳 Swim-ming	跳 水 Diving	水 球 Water Polo	花样游泳 Synchro-nized Swimming	体 操 Gymnas-tics	艺术体操 Rhythmic Gymnas-tics	蹦 床 Tram-poline
总 计	**Total**	**4041**	**441**	**203**	**93**	**11**	**22**	**247**	**28**	**45**
国家直属	Directly Under the Jurisdiction of State	68	2	1	1			3		
地区合计	Sub-total of Provinces	3973	439	202	92	11	22	244	28	45
北 京	Beijing	196	11	11	6		6	15		
天 津	Tianjin	157	11	5	1	1	1	10	1	2
河 北	Hebei	139	18	7	7			6	1	
山 西	Shanxi	105	9	9	2			7	1	3
内蒙古	Inner Mongolia	88	13							
辽 宁	Liaoning	200	24	13						1
吉 林	Jilin	115	9							
黑龙江	Heilongjiang	189	7	10						
上 海	Shanghai	73						19	6	7
江 苏	Jiangsu	179	29							
浙 江	Zhejiang	206	18	16	1			21	7	7
安 徽	Anhui	143	11	14	4			13		3
福 建	Fujian	206	40	8	3			18		4
江 西	Jiangxi	104	11	13	6			4		
山 东	Shandong	247	41	12	7			24	1	1
河 南	Henan	173	15	13						
湖 北	Hubei	213	16	7	7		4	14		
湖 南	Hunan	111	13	8	5	2	4	20		6
广 东	Guangdong	278	23	20	12	5	2	18	2	6
广 西	Guangxi	113	12	8	4	3		9	1	4
海 南	Hainan	26	8							
重 庆	Chongqing	41	10							
四 川	Sichuan	256	27	9	16		5	18		
贵 州	Guizhou	69	2	15				20	3	1
云 南	Yunnan	22	12							
西 藏	Tibet	22	3							
陕 西	Shaanxi	95	14	4	11			8	5	
甘 肃	Gansu	96	15							
青 海	Qinghai	45	9							
宁 夏	Ningxia									
新 疆	Xinjiang	66	8							

6-11 续表 1 continued

单位：人 (person)

地 区	Province	举 重 Weight-lifting	拳 击 Boxing	国际式摔跤 Interna-tional Wrestling	中国式摔跤 Chinese Wrestling	柔 道 Judo	跆拳道 Taek-wondo	自行车 Cycling	击 剑 Fencing	马 术 Eques-trian lon
总 计	**Total**	**160**	**87**	**185**	**18**	**130**	**56**	**120**	**62**	**21**
国家直属	Directly Under the Jurisdiction of State	1	8					1	1	
地区合计	Sub-total of Provinces	159	79	185	18	130	56	119	61	21
北 京	Beijing	3	6	11		9	4	10	1	
天 津	Tianjin	9	2	2		3	1	2	19	
河 北	Hebei	4	2	10		8	2	9		
山 西	Shanxi	4	1	5		10	5	15	3	
内蒙古	Inner Mongolia	1	7	16		5	1			14
辽 宁	Liaoning	8		8		10		14	11	
吉 林	Jilin	5	2	7		4	1	2		
黑龙江	Heilongjiang	11	3	11		5	4			
上 海	Shanghai									
江 苏	Jiangsu	10	3	6		8	1			
浙 江	Zhejiang	6	5	5	1	2	2	5		
安 徽	Anhui	8	8	11	2	9	4	1	7	
福 建	Fujian	2	4	1	1	2	4	4	4	
江 西	Jiangxi	10	4	7			2			
山 东	Shandong	17	2	15	2	15	2	8		
河 南	Henan	5	4	5	4	5	3	8		
湖 北	Hubei	7	3	6	2	3	1		6	
湖 南	Hunan	10		3		3	2			
广 东	Guangdong	9	1		1	1		7	9	
广 西	Guangxi	8	1	11		2	1			
海 南	Hainan	7	2			1				
重 庆	Chongqing		2	4		2	3			
四 川	Sichuan	10	5	6		8	1	9		
贵 州	Guizhou	2	3				1		1	
云 南	Yunnan			1				6		
西 藏	Tibet		1	5						5
陕 西	Shaanxi	2	2	7		2	1			
甘 肃	Gansu			7	5	6	4	14		
青 海	Qinghai		2	5		5	5	4		
宁 夏	Ningxia									
新 疆	Xinjiang	1	4	10		2	1	1		2

6-11 续表 2 continued

单位：人 (person)

地 区	Province	现代五项 Modern Pentath	射 击 Shooting	射 箭 Archery	赛 艇 Rowing Kayak	皮划艇 Canoe	帆 船 Sailing	足 球 Football	篮 球 Basketball	排 球 Volleyball
总 计	**Total**	**20**	**283**	**67**	**125**	**90**	**40**	**166**	**140**	**139**
国家直属	Directly Under the Jurisdiction of State	2	3						5	2
地区合计	Sub-total of Provinces	18	280	67	125	90	40	166	135	137
北 京	Beijing		13	3	4	5		4		8
天 津	Tianjin		2					14	4	8
河 北	Hebei		8		3	2	1	9	8	13
山 西	Shanxi		9	4				1		
内蒙古	Inner Mongolia	4	10	5						
辽 宁	Liaoning		14	2	6	7	2	12	21	11
吉 林	Jilin		5	5					6	
黑龙江	Heilongjiang		1							
上 海	Shanghai		18	3	10	3	4			
江 苏	Jiangsu	3	21	3	5		7	27	15	14
浙 江	Zhejiang		14		10	6	5		11	21
安 徽	Anhui		6		2	3				
福 建	Fujian		19	9	5	6	8		12	10
江 西	Jiangxi		9		6	5				
山 东	Shandong		13	2	8	1		10	15	11
河 南	Henan	3	13	2	6	4		8	12	14
湖 北	Hubei	4	13		12	11		31	6	4
湖 南	Hunan		6		4	6				
广 东	Guangdong	4	8	4	14	12	6	17	6	4
广 西	Guangxi		8	8			2		5	
海 南	Hainan						3			
重 庆	Chongqing				1			9	5	1
四 川	Sichuan		13	1	11	11	2	9	8	18
贵 州	Guizhou		15	2	1	3				
云 南	Yunnan									
西 藏	Tibet			2				3		
陕 西	Shaanxi		11	4	11	1		3		
甘 肃	Gansu		14		6	4		2		
青 海	Qinghai		8	3				2		
宁 夏	Ningxia									
新 疆	Xinjiang		9	5				5	1	

6-11 续表 3 continued

单位：人 (person)

地 区	Province	沙滩排球 Beach Volleyball	乒乓球 Table Tennis	羽毛球 Badmin-ton	网 球 Tennis	手 球 Handball	曲棍球 Hockey	棒 球 Baseball	垒 球 Softball	速度滑冰 Speed Skating
总 计	**Total**	**30**	**153**	**113**	**87**	**46**	**64**	**29**	**29**	**71**
国家直属	Directly Under the Jurisdiction of State									
地区合计	Sub-total of Provinces	30	153	113	87	46	64	29	29	71
北 京	Beijing		8	8	6	7	9	4	3	
天 津	Tianjin		9		14	7	12	7	7	
河 北	Hebei		11							
山 西	Shanxi	2	4		4					
内蒙古	Inner Mongolia						10			
辽 宁	Liaoning	1	10	9			7		4	
吉 林	Jilin		2		5		7			19
黑龙江	Heilongjiang									47
上 海	Shanghai									
江 苏	Jiangsu	3	10			6	2			
浙 江	Zhejiang	5	9	14	6					
安 徽	Anhui		3		4	12				
福 建	Fujian	4	12	13	4					
江 西	Jiangxi		6	4	2					
山 东	Shandong	5	9	2	1	2				
河 南	Henan		14		7			6	6	
湖 北	Hubei	2	9	10	8					
湖 南	Hunan			12	5					
广 东	Guangdong	3	12	19	5	10	6	4	4	
广 西	Guangxi		4	7	2	2				
海 南	Hainan	1		1	1					
重 庆	Chongqing			1	2					
四 川	Sichuan		20	13	11		4	5	3	
贵 州	Guizhou									
云 南	Yunnan									
西 藏	Tibet									
陕 西	Shaanxi									
甘 肃	Gansu		1				7	3	2	
青 海	Qinghai									
宁 夏	Ningxia									
新 疆	Xinjiang	4								5

6-11 续表 4 continued

单位：人 (person)

地 区	Province	短道速滑 Short Track Speed Skating	花样滑冰 Figure Skating	冰 球 Ice Hockey	冰 壶 Curling	高山滑雪 Alpine Skiing	越野滑雪 Cross-Country Skiing	跳台滑雪 Skiing	自由式滑雪 Freestyle Skiing	单板滑雪 Snowboard Skiing
总 计	**Total**	**40**	**29**	**26**	**2**	**12**	**8**		**1**	**5**
国家直属	Directly Under the Jurisdiction of State									
地区合计	Sub-total of Provinces	40	29	26	2	12	8		1	5
北 京	Beijing									
天 津	Tianjin									
河 北	Hebei									
山 西	Shanxi									
内蒙古	Inner Mongolia									
辽 宁	Liaoning									
吉 林	Jilin	11	16			1	1			
黑龙江	Heilongjiang	29	13	26	2	7	7		1	5
上 海	Shanghai									
江 苏	Jiangsu									
浙 江	Zhejiang									
安 徽	Anhui									
福 建	Fujian									
江 西	Jiangxi									
山 东	Shandong									
河 南	Henan									
湖 北	Hubei									
湖 南	Hunan									
广 东	Guangdong									
广 西	Guangxi									
海 南	Hainan									
重 庆	Chongqing									
四 川	Sichuan									
贵 州	Guizhou									
云 南	Yunnan									
西 藏	Tibet									
陕 西	Shaanxi									
甘 肃	Gansu									
青 海	Qinghai									
宁 夏	Ningxia									
新 疆	Xinjiang					4				

6-11 续表 5 continued

单位：人 (person)

地 区	Province	技 巧 Acrobatics	武 术 Wushu	滑 水 Water-ski	蹼 泳 Fin Swimming	摩托艇 Motor-boat	围 棋 Weiqi	国际象棋 Chess	中国象棋 Chinese Chess
总 计	**Total**	**17**	**145**	**5**	**6**	**4**	**11**	**32**	**8**
国家直属	Directly Under the Jurisdiction of State						4	26	
地区合计	Sub-total of Provinces	17	145	5	6	4	7	6	8
北 京	Beijing		9				1		2
天 津	Tianjin		3						
河 北	Hebei		7				1		2
山 西	Shanxi		5						
内蒙古	Inner Mongolia		2						
辽 宁	Liaoning		4		1				
吉 林	Jilin		7						
黑龙江	Heilongjiang								
上 海	Shanghai	3							
江 苏	Jiangsu		6						
浙 江	Zhejiang	4	5						
安 徽	Anhui	4	13			1			
福 建	Fujian		9						
江 西	Jiangxi		6	3		1			
山 东	Shandong		11						
河 南	Henan		11				2	1	
湖 北	Hubei		10		2	2	2	2	2
湖 南	Hunan								
广 东	Guangdong	4	12				1	1	2
广 西	Guangxi	1	6		3				
海 南	Hainan							2	
重 庆	Chongqing		1						
四 川	Sichuan	1	6	2					
贵 州	Guizhou								
云 南	Yunnan								
西 藏	Tibet								
陕 西	Shaanxi		9						
甘 肃	Gansu		1						
青 海	Qinghai		2						
宁 夏	Ningxia								
新 疆	Xinjiang								

6-11 续表 6 continued

单位：人 (person)

地 区	Province	桥 牌 Bridge	登 山 Mountain-climbing	摩托车 Motor-cycle	铁人三项 Triathlon	航海模型 Model Ship	航空模型 Model Aeroplane	跳 伞 Parachu-ting	滑 翔 Gliding	其 它 Others
总 计	**Total**		**11**	**5**	**10**	**11**	**7**	**19**	**2**	**4**
国家直属	Directly Under the Jurisdiction of State		8							4
地区合计	Sub-total of Provinces		3	5	10	11	7	19	2	4
北 京	Beijing							5		
天 津	Tianjin									
河 北	Hebei									
山 西	Shanxi							1	1	
内蒙古	Inner Mongolia									
辽 宁	Liaoning									
吉 林	Jilin									
黑龙江	Heilongjiang									
上 海	Shanghai									
江 苏	Jiangsu									
浙 江	Zhejiang									
安 徽	Anhui									
福 建	Fujian									
江 西	Jiangxi					2	2	1		
山 东	Shandong				5		2	3		
河 南	Henan					2				
湖 北	Hubei					1		6		
湖 南	Hunan					1		1		
广 东	Guangdong					4				
广 西	Guangxi						1			
海 南	Hainan									
重 庆	Chongqing									
四 川	Sichuan					1		2	1	
贵 州	Guizhou									
云 南	Yunnan			3						
西 藏	Tibet		3							
陕 西	Shaanxi									
甘 肃	Gansu				5					
青 海	Qinghai									
宁 夏	Ningxia									
新 疆	Xinjiang			2			2			

6-12 各地区体育运动学校在聘专职教练员学历情况（2010年）
Educational Attainment of Coaches with Full-time Contracts in Physical Education and Sports Schools by Province (2010)

单位：人 (person)

地 区	Province	合 计 Total	研究生及以上 Postgraduates and Above	本 科 Undergraduates	专 科 Junior College	中专(中学)及以下 Secondary Technical Schools (Secondary Schools) and Below
总 计	**Total**	**3216**	**22**	**1935**	**1081**	**178**
国家直属	Directly Under the Jurisdiction of State					
地区合计	Sub-total of Provinces	3216	22	1935	1081	178
北 京	Beijing	105	6	79	20	
天 津	Tianjin	34	1	18	15	
河 北	Hebei	253	1	114	120	18
山 西	Shanxi	157		88	65	4
内蒙古	Inner Mongolia	71		54	15	2
辽 宁	Liaoning	345		218	117	10
吉 林	Jilin	56		41	13	2
黑龙江	Heilongjiang	111		88	20	3
上 海	Shanghai	108	2	80	24	2
江 苏	Jiangsu	189	1	123	60	5
浙 江	Zhejiang	142		104	32	6
安 徽	Anhui	24		14	10	
福 建	Fujian	84		57	11	16
江 西	Jiangxi	68		23	40	5
山 东	Shandong	261		139	93	29
河 南	Henan	198	4	137	51	6
湖 北	Hubei	148	1	65	68	14
湖 南	Hunan	92		42	39	11
广 东	Guangdong	171		99	63	9
广 西	Guangxi	55	1	27	27	
海 南	Hainan	23		12	6	5
重 庆	Chongqing	41		22	19	
四 川	Sichuan	9	1		6	2
贵 州	Guizhou	38		16	12	10
云 南	Yunnan	32		32		
西 藏	Tibet					
陕 西	Shaanxi	97		61	35	1
甘 肃	Gansu	162	2	108	43	9
青 海	Qinghai					
宁 夏	Ningxia	9		6	2	1
新 疆	Xinjiang	133	2	68	55	8

6-13 各地区分文化程度在队优秀运动员人数（2010年）
Excellent Athletes with Contracts by Educational Attainment and Province (2010)

单位：人 (person)

地　区	Province	合　计 Total	大专以上 Junior College and Above	中　专 Secondary Technical Schools	高　中 Senior Secondary Schools	初　中 Junior Secondary Schools	小　学 Primary Schools
总　计	**Total**	**20958**	**4013**	**5573**	**3301**	**6214**	**1857**
国家直属	Directly Under the Jurisdiction of State	189	114	27	22	17	9
地方合计	Sub-total of Provinces	20769	3899	5546	3279	6197	1848
北　京	Beijing	925	234	445	57	175	14
天　津	Tianjin	486	165	235	5	59	22
河　北	Hebei	585	77	137	151	185	35
山　西	Shanxi	327	159	146			22
内蒙古	Inner Mongolia	835	49	732	1	53	
辽　宁	Liaoning	1342	318	599	44	355	26
吉　林	Jilin	635	272	209		58	96
黑龙江	Heilongjiang	384	119	262	2	1	
上　海	Shanghai	771	174	8	453	131	5
江　苏	Jiangsu	1894	254	159	412	963	106
浙　江	Zhejiang	736	123	5	220	338	50
安　徽	Anhui	548	92	258	21	145	32
福　建	Fujian	1350	214	175	55	574	332
江　西	Jiangxi	542	62	236	60	117	67
山　东	Shandong	1808	342	467	315	644	40
河　南	Henan	796	267	208	26	295	
湖　北	Hubei	751	98	222	104	261	66
湖　南	Hunan	509	26	3	298	120	62
广　东	Guangdong	1036	228	57	458	272	21
广　西	Guangxi	1535	13	119	32	626	745
海　南	Hainan	73	19	49	2	3	
重　庆	Chongqing	384	33	23	160	168	
四　川	Sichuan	978	329	143	216	225	65
贵　州	Guizhou	140	15	47	1	63	14
云　南	Yunnan	80	10	41	10	19	
西　藏	Tibet	137	34	14	34	43	12
陕　西	Shaanxi	306	112	118	22	46	8
甘　肃	Gansu	252	6	204	7	35	
青　海	Qinghai	35	7	11	7	10	
宁　夏	Ningxia	191	1	35	85	70	
新　疆	Xinjiang	398	47	179	21	143	8

6-14 各项目分文化程度在队优秀运动员人数（2010年）

Excellent Athletes with Contracts by Educational Attainment and Sports Item (2010)

单位：人 (person)

项 目	Item	合 计 Total	研究生以上 Post-graduates and Above	大 学 Under-graduates	大 专 Junior College	中 专 Secondary Technical Schools	高 中 Senior Secondary Schools	初 中 Junior Secondary Schools	小学及以下 Primary Schools and Below
总 计	**Total**	**20958**	**18**	**2471**	**1524**	**5573**	**3301**	**6214**	**1857**
田 径	Track and Field Events	2755	1	314	50	610	695	853	232
游 泳	Swimming	917	3	120	36	136	72	360	190
跳 水	Diving	436		23	26	76	32	119	160
水 球	Water Polo	134		27	11	21	55	19	1
花样游泳	Synchronized Swimming	126		23	14	20	18	32	19
体 操	Gymnastics	596	1	29	24	95	38	212	197
艺术体操	Rhythmic Gymnastics	152		5	2	17	9	45	74
蹦 床	Trampoline	234		22	12	27	38	85	50
举 重	Weightlifting	988	2	101	78	272	117	303	115
拳 击	Boxing	637		51	28	213	55	280	10
国际式摔跤	International Wrestling	1339	2	134	87	648	112	290	66
中国式摔跤	Chinese Wrestling	107		11	23	61	1	7	4
柔 道	Judo	943	2	126	121	414	67	166	47
跆拳道	Taekwondo	524	1	44	39	134	80	186	40
自行车	Cycling	435		45	31	176	95	87	1
击 剑	Fencing	410		76	75	108	81	69	1
马 术	Equestrian	148		4	25	86	8	24	1
现代五项	Modern Pentathlon	104		6	22	33	31	12	
射 击	Shooting	1113	1	161	115	456	163	197	20
射 箭	Archery	381		40	31	117	46	119	28
赛 艇	Rowing	774	3	91	91	147	157	277	8
皮划艇	Canoe Kayak	461		28	43	82	110	190	8
帆 船	Sailing	395		11	39	65	62	178	40
足 球	Football	525		125	18	42	194	146	
篮 球	Basketball	838		121	44	188	163	249	73
排 球	Volleyball	564		99	48	119	146	147	5
沙滩排球	Beach Volleyball	103		12	10	44	24	11	2
乒乓球	Table Tennis	811	1	34	21	145	58	397	155
羽毛球	Badminton	571		58	36	112	111	196	58
网 球	Tennis	356		36	18	98	57	120	27

6-14 续表 continued

单位：人 (person)

项　目	Item	合　计 Total	研究生以上 Post-graduates and Above	大　学 Under-graduates	大　专 Junior College	中　专 Secondary Technical Schools	高　中 Senior Secondary Schools	初　中 Junior Secondary Schools	小学及以下 Primary Schools and Below
手　球	Handball	327		61	53	105	74	34	
曲棍球	Hockey	341		36	55	155	23	71	1
棒　球	Baseball	119		31	28	21	23	16	
垒　球	Softball	142		37	21	45	4	35	
速度滑冰	Speed Skating	160		20	3	70		36	31
短道速滑	Short Track Speed Skating	144		14	1	64		15	50
花样滑冰	Figure Skating	45		12	2	28		3	
冰　球	Ice Hockey	36		36					
冰　壶	Curling	28		21		7			
高山滑雪	Alpine Skiing	2		1		1			
越野滑雪	Cross-Country Skiing	25		4	1	11		5	4
跳台滑雪	Ski Jumping	5		1	1	3			
自由式滑雪	Freestyle Skiing	24				3		10	11
单板滑雪	Snowboard Skiing	10		5		5			
技　巧	Acrobatics	46		8	9	3	5	12	9
软式网球	Soft Tennis								
武　术	Wushu	1131		150	49	173	181	484	94
滑　水	Water-ski	16			3	1	2	10	
蹼泳	Fins-swimming	15			6	2		6	1
摩托艇	Motorboat	5		2		2	1		
围　棋	Weiqi	76	1	3	3	31	15	14	9
国际象棋	Chess	65		19	2	3	25	16	
中国象棋	Chinese Chess	50		3	2	6	30	7	2
登　山	Mountain-climbing	27			14	1			12
摩托车	Motorcycle	10			1	3		6	
铁人三项	Triathlon	44		4		24	1	15	
航海模型	Model Ship	37		7	22		5	3	
航空模型	Model Aeroplane	41		5	16	11	8	1	
跳　伞	Parachuting	72		8	10	18	1	35	
滑　翔	Gliding	4		1	1	2			
轮　滑	Roll Skating	7		1	3		3		
其　它	Others	27		4		13	5	4	1

6-15 各地区分技术等级在队优秀运动员人数（2010年）

Excellent Athletes with Contracts by Technical Level and Province (2010)

单位：人 (person)

地　区	Province	合　计 Total	国际级 International Level	国家级 National Level	一　级 First Grade	二　级 Second Grade	三　级 Third Grade	无等级 No Grade
总　计	**Total**	**20958**	**715**	**4401**	**5754**	**2544**	**189**	**7355**
国家直属	Directly Under the Jurisdiction of State	189	64	86	28	5		6
地方合计	Sub-total of Provinces	20769	651	4315	5726	2539	189	7349
北　京	Beijing	925	32	316	289	57		231
天　津	Tianjin	486	23	121	319	5		18
河　北	Hebei	585	26	133	222	111		93
山　西	Shanxi	327	2	47	121	3		154
内蒙古	Inner Mongolia	835	7	67	204	241		316
辽　宁	Liaoning	1342	70	278	491	114	3	386
吉　林	Jilin	635	9	202	151	85		188
黑龙江	Heilongjiang	384	17	127	180	25		35
上　海	Shanghai	771	52	483	115	11		110
江　苏	Jiangsu	1894	35	354	303	161		1041
浙　江	Zhejiang	736	15	91	174	189		267
安　徽	Anhui	548	11	119	211	147		60
福　建	Fujian	1350	30	192	273	87		768
江　西	Jiangxi	542	13	74	205	106	5	139
山　东	Shandong	1808	56	326	330	230	169	697
河　南	Henan	796	34	167	244	320		31
湖　北	Hubei	751	7	96	207	68		373
湖　南	Hunan	509	27	80	146	3		253
广　东	Guangdong	1036	31	358	272	87		288
广　西	Guangxi	1535	25	83	272	22	6	1127
海　南	Hainan	73	3	24	35	9		2
重　庆	Chongqing	384	5	68	178	15		118
四　川	Sichuan	978	70	261	333	128		186
贵　州	Guizhou	140	4	29	62	30		15
云　南	Yunnan	80	1	7	40	7		25
西　藏	Tibet	137	27	4	23	12		71
陕　西	Shaanxi	306	8	108	154	14		22
甘　肃	Gansu	252		35	54	24		139
青　海	Qinghai	35	5	1	7	2		20
宁　夏	Ningxia	191		17	43	131		
新　疆	Xinjiang	398	6	47	68	95	6	176

6-16 各项目分性别和民族在队优秀运动员人数（2010年）
Excellent Athletes with Contracts by Sex, Nationality and Sports Item (2010)

单位：人 (person)

项 目	Item	合 计 Total	男 Male	女 Female	汉 族 Han Nationality	少数民族 Minority Nationalities
总 计	**Total**	**20958**	**12158**	**8800**	**18855**	**2103**
田 径	Track and Field Events	2755	1627	1128	2346	409
游 泳	Swimming	917	475	442	845	72
跳 水	Diving	436	201	235	424	12
水 球	Water Polo	134	91	43	127	7
花样游泳	Synchronized Swimming	126		126	124	2
体 操	Gymnastics	596	332	264	571	25
艺术体操	Rhythmic Gymnastics	152		152	145	7
蹦 床	Trampoline	234	122	112	226	8
举 重	Weightlifting	988	593	395	820	168
拳 击	Boxing	637	531	106	546	91
国际式摔跤	International Wrestling	1339	908	431	977	362
中国式摔跤	Chinese Wrestling	107	85	22	91	16
柔 道	Judo	943	496	447	767	176
跆拳道	Taekwondo	524	321	203	464	60
自行车	Cycling	435	267	168	396	39
击 剑	Fencing	410	227	183	403	7
马 术	Equestrian	148	111	37	41	107
现代五项	Modern Pentathlon	104	51	53	99	5
射 击	Shooting	1113	637	476	1059	54
射 箭	Archery	381	205	176	315	66
赛 艇	Rowing	774	427	347	751	23
皮划艇	Canoe Kayak	461	332	129	439	22
帆 船	Sailing	395	230	165	382	13
足 球	Football	525	214	311	496	29
篮 球	Basketball	838	470	368	771	67
排 球	Volleyball	564	300	264	557	7
沙滩排球	Beach Volleyball	103	51	52	98	5
乒乓球	Table Tennis	811	477	334	771	40
羽毛球	Badminton	571	311	260	561	10
网 球	Tennis	356	185	171	348	8

6-16 续表 continued

单位：人 (person)

项　目	Item	合　计 Total	男 Male	女 Female	汉　族 Han Nationality	少数民族 Minority Nationalities
手　球	Handball	327	162	165	311	16
曲棍球	Hockey	341	118	223	312	29
棒　球	Baseball	119	119		119	
垒　球	Softball	142		142	138	4
速度滑冰	Speed Skating	160	99	61	150	10
短道速滑	Short Track Speed Skating	144	91	53	134	10
花样滑冰	Figure Skating	45	24	21	44	1
冰　球	Ice Hockey	36	21	15	34	2
冰　壶	Curling	28	15	13	27	1
高山滑雪	Alpine Skiing	2	1	1	2	
越野滑雪	Cross-Country Skiing	25	17	8	25	
跳台滑雪	Ski Jumping	5	4	1	5	
自由式滑雪	Freestyle Skiing	24	16	8	24	
单板滑雪	Snowboard Skiing	10	6	4	9	1
技　巧	Acrobatics	46	25	21	44	2
软式网球	Soft Tennis					
武　术	Wushu	1131	827	304	1071	60
滑　水	Water-ski	16	9	7	15	1
蹼　泳	Fin Swimming	15	5	10	12	3
摩托艇	Motorboat	5	4	1	5	
围　棋	Weiqi	76	56	20	73	3
国际象棋	Chess	65	41	24	63	2
中国象棋	Chinese Chess	50	30	20	48	2
登　山	Mountain-climbing	27	23	4		27
摩托车	Motorcycle	10	10		5	5
铁人三项	Triathlon	44	28	16	41	3
航海模型	Model Ship	37	37		36	1
航空模型	Model Aeroplane	41	41		40	1
跳　伞	Parachuting	72	40	32	70	2
滑　翔	Gliding	4	4		4	
轮　滑	Roller Skating	7	3	4	7	
其　它	Others	27	5	22	27	

七、卫　生
Public Health

7-1 卫生机构
Number of Health Institutions

单位：个 (unit)

年 份 Year	合 计 Total	医 院 Hospitals	#综合医院 General Hospitals	#中医医院 Hospitals Specialized in Traditional Chinese Medicine	#专科医院 Specialized Hospitals	社区卫生服务中心(站) Health Service Center for Community
1949	3670	2600				
1950	8915	2803	2692	4	85	
1955	67725	3648	3351	67	188	
1960	261195	6020	5173	330	401	
1965	224266	5330	4747	131	339	
1970	149823	5964	5353	117	385	
1975	151733	7654	6817	160	543	
1978	169732	9293	7539	447	643	
1980	180553	9902	7859	678	694	
1981	800205	10252	8044	781	718	
1982	801869	10471	8146	878	731	
1983	870686	10901	8370	1009	772	
1984	905424	11381	8545	1218	810	
1985	978540	11955	9197	1485	938	
1986	999102	12442	9363	1646	1030	
1987	1012804	12962	9657	1790	1097	
1988	1012485	13544	9916	1932	1190	
1989	1027522	14090	10242	2046	1265	
1990	1012690	14377	10424	2115	1362	
1991	1003769	14628	10562	2195	1345	
1992	1001310	14889	10774	2269	1376	
1993	1000531	15436	11426	2298	1438	
1994	1005271	15595	11549	2336	1440	
1995	994409	15663	11586	2361	1445	
1996	1078131	15833	11696	2405	1473	
1997	1048657	15944	11771	2413	1488	
1998	1042885	16001	11779	2443	1495	
1999	1017673	16678	11868	2441	1533	
2000	1034229	16318	11872	2453	1543	
2001	1029314	16197	11834	2478	1576	
2002	1005004	17844	12716	2492	2237	8211
2003	806243	17764	12599	2518	2271	10101
2004	849140	18393	12900	2611	2492	14153
2005	882206	18703	12982	2620	2682	17128
2006	918097	19246	13120	2665	3022	22656
2007	912263	19852	13372	2720	3282	27069
2008	891480	19712	13119	2688	3437	24260
2009	916571	20291	13364	2728	3716	27308
2010	936927	20918	13681	2778	3956	32739

注：1981年起卫生机构含村卫生室(以下各表同)。
a)Since 1981, health care institutions includes village clinics. The same as in the following tables.

7-1 续表 continued

单位：个 (unit)

年 份 Year	乡 镇卫生院 Township Health Centers	村卫生室 Village Clinics	门诊部(所) Outpatient Departments (Institutions)	疾病预防控制中心 Center for Disease Control and Prevention	专科疾病防治院(所/站) Specialized Disease Prevention & Treatment Institution	妇幼保健院(所/站) Women and Children Care Agencies	卫生监督所(中心) Health Inspection Institution (center)
1949			769		11	9	
1950			3356	61	30	426	
1955			51600	315	287	3944	
1960	24849		213823	1866	683	4213	
1965	36965		170430	2499	822	2910	
1970	56568		79600	1714	607	1124	
1975	54026		80739	2912	683	2128	
1978	55018		94395	2989	887	2571	
1980	55413		102474	3105	1138	2745	
1981	55500	610079	111189	3202	1197	2789	
1982	55496	608431	113916	3271	1272	2827	
1983	55559	674669	115826	3274	1326	2851	
1984	55549	707168	117028	3339	1458	2955	
1985	47387	777674	126604	3410	1566	2996	
1986	46967	795963	127575	3475	1635	3059	
1987	47177	807844	128459	3512	1697	3082	
1988	47529	806497	128422	3532	1727	3103	
1989	47523	820798	128112	3591	1747	3112	
1990	47749	803956	129332	3618	1781	3148	
1991	48140	794733	128665	3652	1818	3187	
1992	46117	796523	125873	3673	1845	3187	
1993	45024	806945	115161	3729	1872	3115	
1994	51929	813529	105984	3711	1905	3190	
1995	51797	804352	104406	3729	1895	3179	
1996	51277	755565	237153	3737	1887	3172	
1997	50981	733624	229474	3747	1893	3180	
1998	50071	728788	229349	3746	1889	3191	
1999	49694	716677	226588	3763	1877	3180	
2000	49229	709458	240934	3741	1839	3163	
2001	48090	698966	248061	3813	1783	3132	
2002	44992	698966	219907	3580	1839	3067	571
2003	44279	514920	204468	3584	1749	3033	838
2004	41626	551600	208794	3588	1583	2998	1284
2005	40907	583209	207457	3585	1502	3021	1702
2006	39975	609128	212243	3548	1402	3003	2097
2007	39876	613855	197083	3585	1365	3051	2553
2008	39080	613143	180752	3534	1310	3011	2675
2009	38475	632770	182448	3536	1291	3020	2809
2010	37836	648424	181781	3513	1274	3025	2992

7-2 各地区医疗卫生机构（2010年）

Number of Health Institutions by Province (2010)

单位：个 (unit)

地 区	Province	合 计 Total	医 院 Hospitals	#综合医院 General Hospitals	#中医医院 Hospitals Specialized in Traditional Chinese Medicine	#中西医结合医院 Hospitals of Traditional Chinese Medicine and Western Medicine	#民族医院 Minority Hospitals	#专科医院 Specialized Hospitals
总 计	**Total**	**936927**	**20918**	**13681**	**2778**	**256**	**198**	**3956**
北 京	Beijing	9411	544	321	90	6	3	122
天 津	Tianjin	4542	277	183	28	4		62
河 北	Hebei	81403	1226	812	178	32		204
山 西	Shanxi	41098	1198	632	204	14		348
内蒙古	Inner Mongolia	22565	467	296	61	6	43	61
辽 宁	Liaoning	34805	821	507	98	5	2	209
吉 林	Jilin	19385	568	346	76	9	2	134
黑龙江	Heilongjiang	22073	917	650	120	7	5	135
上 海	Shanghai	4708	306	185	17	5		85
江 苏	Jiangsu	30956	1155	754	86	12		284
浙 江	Zhejiang	29939	687	354	109	13		208
安 徽	Anhui	22997	728	501	85	7		132
福 建	Fujian	27017	455	292	71	8	2	81
江 西	Jiangxi	34068	504	329	96	7		72
山 东	Shandong	66967	1377	917	149	8		302
河 南	Henan	75741	1198	794	186	10		207
湖 北	Hubei	34269	602	394	87	12	2	107
湖 南	Hunan	59359	752	482	126	14	3	127
广 东	Guangdong	44880	1088	674	147	9		255
广 西	Guangxi	32741	450	285	85	7	4	69
海 南	Hainan	4678	188	145	19	3		21
重 庆	Chongqing	17495	417	296	44	8		69
四 川	Sichuan	74283	1261	833	166	19	22	221
贵 州	Guizhou	25420	554	414	67	4	4	64
云 南	Yunnan	22888	780	535	101	14	4	126
西 藏	Tibet	4960	101	82			18	1
陕 西	Shaanxi	35696	828	597	139	4		88
甘 肃	Gansu	26673	381	260	69	1	11	40
青 海	Qinghai	5781	129	79	13	1	26	10
宁 夏	Ningxia	4129	157	108	18	3	2	26
新 疆	Xinjiang	16000	802	624	43	4	45	86

7-2 续表 1 continued

单位：个 (unit)

地 区	Province	社区卫生服务中心 Community Health Service Centers	街 道 卫生院 Urban Health Centers	乡 镇 卫生院 Township Health Centers	村卫生室 Village Clinics	门诊部(所) Outpatient Department	疾病预防控制中心 Center for Disease Control and Prevention	专科疾病防治院(所/站) Specialized Disease Prevention & Treatment Institution
总 计	**Total**	**6903**	**929**	**37836**	**648424**	**181781**	**3513**	**1274**
北 京	Beijing	310			2972	4096	31	27
天 津	Tianjin	101	1	160	1855	1222	24	16
河 北	Hebei	234		1962	66277	10082	195	7
山 西	Shanxi	190	513	1201	29253	7630	146	15
内蒙古	Inner Mongolia	240	4	1331	14500	4709	127	50
辽 宁	Liaoning	224	33	1001	20591	10728	132	88
吉 林	Jilin	138	9	768	9862	5760	67	54
黑龙江	Heilongjiang	376	13	954	13141	5318	188	110
上 海	Shanghai	296			1437	1893	21	19
江 苏	Jiangsu	496	8	1268	17127	8515	130	46
浙 江	Zhejiang	310	42	1508	13643	7346	101	25
安 徽	Anhui	366	9	1437	15636	2958	124	50
福 建	Fujian	190		869	20032	4806	94	25
江 西	Jiangxi	185	10	1570	26904	3835	113	109
山 东	Shandong	374	76	1646	50471	10356	204	121
河 南	Henan	236	5	2079	64140	6780	180	20
湖 北	Hubei	222	44	1149	24112	6729	115	84
湖 南	Hunan	238	6	2309	45182	9935	146	85
广 东	Guangdong	908	84	1272	28339	11056	134	147
广 西	Guangxi	134		1278	22405	7888	105	43
海 南	Hainan	12	3	305	2412	1554	26	24
重 庆	Chongqing	146	10	1022	10597	4821	43	16
四 川	Sichuan	304	3	4671	52705	14124	206	37
贵 州	Guizhou	104	8	1443	19783	2894	103	8
云 南	Yunnan	134	2	1385	13189	6562	150	31
西 藏	Tibet			672	3608	430	81	
陕 西	Shaanxi	163	29	1700	26699	5495	122	5
甘 肃	Gansu	110	8	1338	16415	7747	103	7
青 海	Qinghai	14		404	4243	693	56	1
宁 夏	Ningxia	9		233	2544	1005	25	
新 疆	Xinjiang	139	9	901	8350	4814	221	4

7-2 续表 2 continued

单位：个 (unit)

地区	Province	健康教育所、站 Health Education Institutions (Stations)	妇幼保健院(所/站) Women and Children Care Agencies	急救中心(站) First-aid Centers (Stations)	采供血机构 Blood Collected and Supplied Centers	卫生监督所 Health Supervision Centers	医学科研机构 Research Institutions of Medical Science	医学在职培训机构 Training Institutes for Medical Staff and Workers	其他 Others
总计	**Total**	**139**	**3025**	**245**	**530**	**2992**	**215**	**467**	**1584**
北京	Beijing	1	19	7	7	20	28	8	64
天津	Tianjin	1	23	3	6	17	8	16	30
河北	Hebei	2	186	5	15	179	2		85
山西	Shanxi	8	133	12	18	130	6	3	61
内蒙古	Inner Mongolia	21	117	5	18	111	6	11	54
辽宁	Liaoning	10	110	12	22	111	6	2	164
吉林	Jilin	4	70	6	20	38	5	2	65
黑龙江	Heilongjiang		147	13	26	154	12	9	28
上海	Shanghai	2	21	11	8	19	9	7	22
江苏	Jiangsu	2	103	24	30	109	9	36	196
浙江	Zhejiang	2	87	26	21	100	8	47	163
安徽	Anhui	2	119	11	23	110	13	28	29
福建	Fujian	1	87	7	10	73	8	25	28
江西	Jiangxi	6	111	8	13	109	5	3	63
山东	Shandong	3	148	12	22	165	7	21	77
河南	Henan	3	167	8	20	146	7	85	33
湖北	Hubei	1	100	7	20	98	1	23	51
湖南	Hunan	1	139	2	15	130	3	2	104
广东	Guangdong	33	126	13	42	141	18	20	49
广西	Guangxi	1	103	2	26	109	14	1	26
海南	Hainan	1	24	3	1	20	1		9
重庆	Chongqing	2	41		11	42	1	7	8
四川	Sichuan	13	203	16	25	203	8	21	38
贵州	Guizhou		89	3	32	96	2	15	16
云南	Yunnan	4	147	18	16	146	10	8	59
西藏	Tibet		55		1	2		1	
陕西	Shaanxi	4	117	3	10	110	12	49	37
甘肃	Gansu	6	100	2	17	91	5	15	8
青海	Qinghai	1	21		9	55	1	1	4
宁夏	Ningxia	4	22	2	5	25		1	8
新疆	Xinjiang		90	4	21	133			5

7-3 村卫生室情况
Number of Village Clinics

单位：个 (unit)

年份 地区	Year Province	村卫生室 Number of Village Clinics	村办 Run by Villages	乡卫生院设点 Run by Town Health Centers	联合办 Run by Joint Institutions	私人办 Run by Private	其他 Others	设卫生室的村数占行政村数% Percentage of Villages with Clinics to Total Villages
	1985	777674	305537	29769	88803	323904	29661	87.4
	1990	803956	266137	29963	87149	381844	38863	86.2
	1995	804352	297462	36388	90681	354981	22876	88.9
	2000	709458	300864	47101	89828	255179	16486	89.8
	2005	583209	313633	32396	38561	180403	18216	85.8
	2006	609128	333790	34803	36805	186524	17206	88.1
	2007	613855	340082	33633	33649	186841	19650	88.7
	2008	613143	342692	40248	31698	180157	18348	89.4
	2009	632770	350515	45434	31035	183699	22087	90.4
	2010	648424	365153	49678	32650	177080	23863	92.3
北京	Beijing	2972	2594	5	5	343	25	75.4
天津	Tianjin	1855	846	126	156	218	509	48.5
河北	Hebei	66277	28577	1775	698	33930	1297	100.0
山西	Shanxi	29253	21255	847	964	4763	1424	100.0
内蒙古	Inner Mongolia	14500	6478	1867	328	5373	454	100.0
辽宁	Liaoning	20591	10420	205	895	8946	125	100.0
吉林	Jilin	9862	3764	427	1125	4309	237	100.0
黑龙江	Heilongjiang	13141	10066	831	219	1316	709	100.0
上海	Shanghai	1437	1124	223	75	1	14	82.6
江苏	Jiangsu	17127	9892	3964	2556	59	656	100.0
浙江	Zhejiang	13643	10163	491	236	2384	369	46.6
安徽	Anhui	15636	7912	3500	1020	1749	1455	100.0
福建	Fujian	20032	12723	409	297	5133	1470	100.0
江西	Jiangxi	26904	12933	344	1564	10223	1840	100.0
山东	Shandong	50471	25854	14837	4474	3873	1433	69.2
河南	Henan	64140	36850	591	4153	21767	779	100.0
湖北	Hubei	24112	15442	3354	2815	1835	666	93.6
湖南	Hunan	45182	34548	1288	1075	7540	731	100.0
广东	Guangdong	28339	22942	1220	156	3488	533	100.0
广西	Guangxi	22405	7814	294	796	12791	710	100.0
海南	Hainan	2412	461	34	24	1815	78	94.0
重庆	Chongqing	10597	6274	1031	482	2002	808	100.0
四川	Sichuan	52705	26084	1258	3250	19404	2709	100.0
贵州	Guizhou	19783	7904	1425	392	8841	1221	100.0
云南	Yunnan	13189	9143	1425	1107	567	947	100.0
西藏	Tibet	3608	1134	1781	179		514	68.6
陕西	Shaanxi	26699	19228	498	817	5685	471	97.8
甘肃	Gansu	16415	8402	1008	1008	5615	382	100.0
青海	Qinghai	4243	1995	408	708	1002	130	100.0
宁夏	Ningxia	2544	839	122	115	1402	66	100.0
新疆	Xinjiang	8350	1492	4090	961	706	1101	94.9

7-4 医疗卫生机构床位情况

Number of Beds in Health Institutions

单位：万张 (10000 units)

年 份 Year	合 计 Total	医 院 Hospitals	#综合医院 General Hospitals	#中医医院 Hospitals Specialized in Traditional Chinese Medicine	#专科医院 Specialized Hospitals	社区卫生服务中心(站) Community Health Service Centers	乡 镇卫生院 Township Health Centers	妇幼保健院(所、站) Maternity and Child Care Centers (Institutions, Stations)	专科疾病防治院(所、站) Specialized Prevention & Treatment Centers (Institutions, Stations)	其 他 Others
1949	8.46	8.00								
1950	11.91	9.71	8.46	0.01	0.74			0.27		
1955	36.28	21.53	17.08	0.14	2.80			0.57		
1960	97.68	59.14	44.74	1.42	7.95		4.63	0.88	1.74	
1965	103.33	61.20	48.04	1.04	7.49		13.25	0.92		
1970	126.15	70.50	57.21	1.01	7.79		36.80	0.70		
1975	176.43	94.02	76.33	1.37	11.11		62.03	0.97	2.88	
1978	204.17	110.00	87.33	3.40	12.10		74.73	1.16	2.63	
1980	218.44	119.58	94.11	5.00	12.87		77.54	1.64	2.73	
1981	223.38	124.09	96.80	5.79	13.49		76.31	1.97	2.71	
1982	228.03	128.52	99.83	6.40	13.90		75.32	2.33	2.73	
1983	234.16	134.53	103.99	7.24	14.58		74.62	2.75	2.85	
1984	241.24	141.24	108.00	8.65	15.29		73.14	3.18	2.96	
1985	248.71	150.86	112.77	11.23	16.56		72.06	3.46	2.95	
1986	256.25	155.98	117.52	12.52	17.71		71.12	3.67	3.06	
1987	268.50	165.34	123.71	14.21	19.03		72.30	4.00	3.07	
1988	279.49	174.70	129.06	15.55	20.23		72.61	4.35	3.00	
1989	286.70	181.46	133.60	16.60	20.93		72.30	4.50	3.10	
1990	292.54	186.89	136.90	17.57	21.95		72.29	4.66	3.10	
1991	299.19	192.61	140.55	18.82	22.26		72.92	4.80	3.17	
1992	304.94	197.66	144.10	20.04	22.71		73.28	5.00	3.22	
1993	309.90	203.64	156.63	21.35	24.37		73.08	4.50	3.03	
1994	313.40	207.04	158.70	22.18	24.85		73.24	4.80	2.98	
1995	314.06	206.33	158.72	22.72	24.51		73.31	5.13	3.07	
1996	309.96	209.65	159.73	23.75	24.86		73.47	5.60	2.83	
1997	313.45	211.92	161.21	24.46	24.97		74.24	6.02	3.06	
1998	314.30	213.41	162.00	24.95	25.01		73.77	6.30	2.90	
1999	315.90	215.07	163.25	25.33	25.03		73.40	6.63	2.93	
2000	317.70	216.67	164.09	25.93	25.08		73.48	7.12	2.84	12.52
2001	320.12	215.56	150.50	24.60	25.65		74.00	7.40	2.70	15.40
2002	313.61	222.18	168.38	24.67	26.21	1.20	67.13	7.98	3.18	8.01
2003	316.40	226.95	171.34	26.02	26.72	1.21	67.27	8.09	3.38	5.79
2004	326.84	236.35	177.68	27.55	28.26	1.81	66.89	8.70	3.12	6.32
2005	336.75	244.50	183.47	28.77	29.21	2.50	67.82	9.41	3.34	6.09
2006	351.18	256.04	190.29	30.32	32.05	4.12	69.62	9.93	2.80	5.45
2007	370.11	267.51	197.16	32.16	34.37	7.66	74.72	10.62	2.59	4.28
2008	403.87	288.29	211.28	35.03	37.77	9.80	84.69	11.73	2.64	3.82
2009	441.66	312.08	227.11	38.56	41.67	13.13	93.34	12.61	2.71	4.21
2010	478.68	338.74	244.95	42.42	45.95	16.88	99.43	13.44	2.93	4.26

7-5 各地区医疗卫生机构床位数（2010年）
Number of Beds in Health Institutions by Province (2010)

单位：张 (bed)

地　区	Province	合　计 Total	医　院 Hospitals	综合医院 General Hospitals	中医医院 Hospitals Specialized in Traditional Chinese Medicine	中西医结合医院 Hospitals of Traditional Chinese Medicine and Western Medicine	民族医院 Minority Hospitals	专科医院 Specialized Hospitals	护理院 Nursing Homes
总　计	**Total**	**4786831**	**3387437**	**2449509**	**424244**	**35234**	**11811**	**459461**	**7178**
北　京	Beijing	92764	85775	55903	9888	808	103	19053	20
天　津	Tianjin	48828	40387	23013	4377	1147		11850	
河　北	Hebei	249725	172956	128720	21171	3929		19136	
山　西	Shanxi	155885	108260	74992	12464	1050		19754	
内蒙古	Inner Mongolia	93350	67016	51088	6412	565	2032	6919	
辽　宁	Liaoning	204208	160894	111671	15352	278	210	33383	
吉　林	Jilin	115057	89341	64445	9898	1310	80	13428	180
黑龙江	Heilongjiang	159914	123928	92501	13888	597	227	16715	
上　海	Shanghai	105083	84825	52335	4987	1894		22324	3285
江　苏	Jiangsu	269548	195340	131649	23325	2350		35013	3003
浙　江	Zhejiang	184097	150986	105367	21687	2486		21327	119
安　徽	Anhui	188010	123427	92896	14488	982		14893	168
福　建	Fujian	113043	80896	59090	10485	2077	65	9159	20
江　西	Jiangxi	124640	77805	56180	12448	719		8458	
山　东	Shandong	382254	255764	187641	35965	1296		30742	120
河　南	Henan	327569	220974	165971	30922	898		23163	20
湖　北	Hubei	200394	135006	102421	16534	2235	269	13547	
湖　南	Hunan	233510	150141	102292	27812	1302	30	18705	
广　东	Guangdong	300083	224114	164417	28772	885		29857	183
广　西	Guangxi	143695	88913	62658	13574	2094	243	10344	
海　南	Hainan	25981	18807	15001	1775	75		1956	
重　庆	Chongqing	103624	64827	45427	8181	824		10395	
四　川	Sichuan	301227	184828	129351	24786	2432	394	27865	
贵　州	Guizhou	105277	69343	55482	7986	387	323	5105	60
云　南	Yunnan	157143	112493	85341	12618	995	296	13243	
西　藏	Tibet	8838	5444	4514			850	80	
陕　西	Shaanxi	142334	104819	81192	15132	816		7679	
甘　肃	Gansu	90410	63773	49630	10229	116	463	3335	
青　海	Qinghai	20451	16226	12314	1549	30	1068	1265	
宁　夏	Ningxia	23659	20258	16482	2285	88	35	1368	
新　疆	Xinjiang	116230	89871	69525	5254	569	5123	9400	

7-5 续表 continued

单位：张 (bed)

地区	Province	社区卫生服务中心 Health Service Centers for Community	街道卫生院 Sub-district Health Centers	乡镇卫生院 Township Health Centers	门诊部 Outpatient Departments	专科疾病防治院(所.站) Specialized Prevention & Treatment Centers (Institutions, Stations)	妇幼保健院(所、站) Maternity and Child Care Centers (Institutions, Stations)	急救中心(站) First-aid Centers (Stations)	其他卫生机构 Others
总 计	**Total**	**137628**	**19746**	**994329**	**9233**	**29307**	**134364**	**844**	**42637**
北 京	Beijing	4291				568	1622		508
天 津	Tianjin	3079		3693	153	328	742		401
河 北	Hebei	4939		57097	756	94	8333	99	1738
山 西	Shanxi	4523	5925	28891	642	751	3739	35	2252
内蒙古	Inner Mongolia	3276	23	16412	300	250	2716		640
辽 宁	Liaoning	3660	532	26411	662	1366	1281	105	8274
吉 林	Jilin	1914	138	17047	167	871	1877		2723
黑龙江	Heilongjiang	6500	68	18418	309	2943	3009	4	2649
上 海	Shanghai	18618			12	168	1195		265
江 苏	Jiangsu	15724	185	51771	86	910	2510		2174
浙 江	Zhejiang	6098	330	18009	495	722	5491	12	1833
安 徽	Anhui	6366	274	48933	373	2066	3265	3	1584
福 建	Fujian	2600		23407	130	706	3421	40	1770
江 西	Jiangxi	2834	83	31912	117	3095	5594		1810
山 东	Shandong	6995	3445	91321	630	2686	12267	348	3860
河 南	Henan	6369	90	83359	1147	988	13149	50	905
湖 北	Hubei	7683	1755	46382	166	1959	6477		102
湖 南	Hunan	4908	804	65168	359	3007	8172		188
广 东	Guangdong	5535	4400	48612	100	3019	12516		1767
广 西	Guangxi	575		44974	117	391	7679		1011
海 南	Hainan	110	50	5479	73	77	965		350
重 庆	Chongqing	3452	716	30784	321	144	2355		920
四 川	Sichuan	6831	167	97778	623	973	7946	27	457
贵 州	Guizhou	1953	24	28123	563	199	3049		198
云 南	Yunnan	2723	30	34375	196	423	4704	59	1217
西 藏	Tibet			2995			342		40
陕 西	Shaanxi	1922	530	26534	97	500	4944		1748
甘 肃	Gansu	1289	83	21368	130	28	2246	12	690
青 海	Qinghai	342		2957		35	181		
宁 夏	Ningxia	36		2233	9		844		100
新 疆	Xinjiang	2483	94	19886	500	40	1733	50	463

7-6 各地区每千人口医疗卫生机构床位(2010年)

Number of Beds in Health Institutions per 1000 Population by Region (2010)

单位：张 (bed)

地区	Region	医疗卫生机构床位 Number of Beds in Health Institutions	#医院和卫生院 Number of Hospitals and Health Center's Bed	城市 City	农村 County	每千人口医疗卫生机构床位 Beds of Health Institutions per 1000 Population	每千人口医院和卫生院床位 Beds of Hospitals and Health Centers per 1000 Population	城市 City	农村 County	每千农业人口乡镇卫生院床位 Number of Township Health Centers' Beds per 1000 Rural Population
总计	**Total**	**4786831**	**4401512**	**2067805**	**2333707**	**3.56**	**3.27**	**5.33**	**2.44**	**1.12**
北京	Beijing	92764	85775	83987	1788	7.35	6.80	7.05	2.53	
天津	Tianjin	48828	44080	38062	6018	4.93	4.45	4.69	3.38	0.96
河北	Hebei	249725	230053	84807	145246	3.42	3.15	6.55	2.42	1.15
山西	Shanxi	155885	143076	64393	78683	4.49	4.12	6.62	3.15	1.24
内蒙古	Inner Mongolia	93350	83451	39909	43542	3.81	3.40	6.60	2.36	1.13
辽宁	Liaoning	204208	187837	123188	64649	4.80	4.42	6.56	2.72	1.26
吉林	Jilin	115057	106526	54301	52225	4.22	3.91	6.25	2.82	1.14
黑龙江	Heilongjiang	159914	142414	86276	56138	4.16	3.71	6.30	2.27	0.93
上海	Shanghai	105083	84825	82995	1830	7.44	6.01	6.18	2.65	
江苏	Jiangsu	269548	247296	117958	129338	3.61	3.31	4.66	2.62	1.41
浙江	Zhejiang	184097	169325	85419	83906	3.88	3.57	5.69	2.58	0.55
安徽	Anhui	188010	172634	77974	94660	2.75	2.53	3.98	1.95	0.93
福建	Fujian	113043	104303	46073	58230	3.20	2.96	5.05	2.23	1.00
江西	Jiangxi	124640	109800	39793	70007	2.66	2.34	4.43	1.85	0.93
山东	Shandong	382254	350530	133226	217304	4.01	3.68	4.83	3.21	1.60
河南	Henan	327569	304423	122114	182309	3.03	2.82	6.36	2.05	0.99
湖北	Hubei	200394	183143	92622	90521	3.26	2.98	4.75	2.16	1.18
湖南	Hunan	233510	216113	80940	135173	3.30	3.06	6.33	2.33	1.19
广东	Guangdong	300083	277126	179303	97823	3.52	3.25	5.38	1.89	1.19
广西	Guangxi	143695	133887	52453	81434	2.70	2.51	3.83	2.05	1.05
海南	Hainan	25981	24336	8994	15342	2.90	2.72	4.14	2.26	0.99
重庆	Chongqing	103624	96327	46888	49439	3.14	2.92	3.00	2.84	1.40
四川	Sichuan	301227	282773	104612	178161	3.35	3.14	4.36	2.70	1.47
贵州	Guizhou	105277	97490	27250	70240	2.51	2.33	5.31	1.91	0.80
云南	Yunnan	157143	146898	40128	106770	3.47	3.24	6.64	2.72	0.91
西藏	Tibet	8838	8439	1526	6913	3.01	2.87	8.39	2.51	1.23
陕西	Shaanxi	142334	131883	63604	68279	3.67	3.40	4.90	2.65	1.04
甘肃	Gansu	90410	85224	37270	47954	3.33	3.14	4.57	2.53	1.06
青海	Qinghai	20451	19183	8600	10583	3.72	3.49	9.53	2.30	0.77
宁夏	Ningxia	23659	22491	14679	7812	3.68	3.50	5.58	2.06	0.56
新疆	Xinjiang	116230	109851	28461	81390	5.37	5.08	10.89	4.28	1.60

7-7 卫生人员

Number of Employed Persons in Health Institutions

单位：人 (person)

年份 Year	卫生人员 Medical Personnel	卫生技术人员 Medical Technical Personnel	#执业(助理)医师 Licensed (Assistant) Doctors	执业医师 Licensed Doctor	#注册护士 Registered Nurse	#药师(士) Pharmacist	#检验技师(士) Laboratory Technician	乡村医生和卫生员 Village Doctors and Assistants	其他技术人员 Other Technical Personnel	管理人员 Administrative Personnel	工勤技能人员 Logistics Technical Workers
1949	541240	505040	363400	314000	32800	3357				11877	24323
1950	611240	555040	380800	327400	37800	8080				21877	34323
1955	1052787	874063	500398	402409	107344	60974	15394			86465	92259
1960	1769205	1504894	596109	427498	170143	119293				132034	132277
1965	1872300	1531600	762804	510091	234546	117314			10996	168845	160899
1970	6571795	1453247	702304	446251	295147	…		4779280	10813	156862	171593
1975	7435212	2057068	877716	521617	379545	219904	77506	4841695	14122	251420	270907
1978	7883041	2463931	978152	609608	405223	266570	98806	4777469	22950	298104	320587
1980	7355483	2798241	1153234	709473	465798	308438	114290	3820776	27834	310805	397827
1981	7199133	3011038	1243787	620291	525311	323786	123652	3403012	29622	318721	436740
1982	6954413	3142943	1307205	668010	563912	342451	130625	2996609	32207	326883	455771
1983	6757244	3252836	1352651	704060	595569	351002	136630	2667214	37830	326927	472437
1984	6622973	3343998	1381456	716365	616080	358969	140728	2409327	42539	341271	485838
1985	5606105	3410910	1413281	724238	636974	365145	145217	1293094	46052	358812	497237
1986	5725854	3506517	1444150	745592	680583	372760	150132	1279935	50957	370056	518389
1987	5842621	3608618	1481754	777333	717596	382121	156878	1278499	57255	371167	527082
1988	5924557	3723756	1618174	1095926	829261	394287	161615	1247045	65063	368227	520466
1989	6028234	3809097	1718018	1257668	921687	401098	166383	1241275	73530	384890	519442
1990	6137711	3897921	1763086	1302997	974541	405978	170371	1231510	85504	396694	526082
1991	6278458	3984974	1779545	1310933	1011943	409325	176832	1253324	91265	408819	540076
1992	6409307	4073986	1808194	1327875	1039674	413598	180754	1269061	99177	417670	549413
1993	6540522	4117067	1831665	1372471	1056096	413025	183657	1325106	113138	432903	552311
1994	6630710	4199217	1882180	1425375	1093544	417166	186415	1323701	116921	438084	552787
1995	6704395	4256923	1917772	1454926	1125661	418520	189488	1331017	120782	450013	545660
1996	6735097	4311845	1941235	1475232	1162609	424952	192873	1316095	125480	444571	537106
1997	6833962	4397805	1984867	1505342	1198228	428295	198016	1317786	133369	448047	536955
1998	6863315	4423721	1999521	1513975	1218836	423644	200846	1327633	145060	435507	531394
1999	6894985	4458669	2044672	1561584	1244844	418574	201272	1324937	150041	434997	526341
2000	6910383	4490803	2075843	1603266	1266838	414408	200900	1319357	157533	426789	515901
2001	6874527	4507700	2099658	1637337	1286938	404087	203378	1290595	157961	412757	505514
2002	6528674	4269779	1843995	1463573	1246545	357659	209144	1290595	179962	332628	455710
2003	6216971	4380878	1942364	1534046	1265959	357378	209616	867778	199331	318692	450292
2004	6332739	4485983	1999457	1582442	1308433	355451	211553	883075	209422	315595	438664
2005	6447246	4564050	2042135	1622684	1349589	349533	211495	916532	225697	312826	428141
2006	6681184	4728350	2099064	1678031	1426339	353565	218771	957459	235466	323705	436204
2007	6964389	4913186	2122925	1715460	1558822	325212	206487	931761	243460	356569	519413
2008	7251803	5174478	2201904	1791881	1678091	330525	212618	938313	255149	356854	527009
2009	7781448	5535124	2329206	1905436	1854818	341910	220695	1050991	275006	362665	557662
2010	8207502	5876158	2413259	1972840	2048071	353916	230572	1091863	290161	370548	578772

注：卫生人员数包括乡村医生和卫生员。

a) Number of employed persons in health institutions includes village doctors and assistants.

7-8 卫生人员性别、年龄、学历、职称构成（2010年）
Composition of Medical Personnel by Sex, Age, Educational Level and Title (2010)

单位：% (%)

项目	Item	卫生技术人员 Medical & Technical Personnel	执业(助理)医师 Certified (Assistant) Doctors	#执业医师 Certified Doctors	注册护士 Registered Nurses	药剂人员 Pharmacists	检验人员 Laboratory Technicians	其他 Others	其他技术人员 Other Technical Personnel	管理人员 Managerial Personnel
总计	**Total**	**100.0**	**100.0**	**100.0**	**100.0**	**100.0**	**100.0**	**100.0**	**100.0**	**100.0**
按性别分	By Sex									
男	Male	34.2	57.1	57.8	1.7	39.0	45.2	45.2	42.3	49.4
女	Female	65.8	42.9	42.2	98.3	61.1	54.8	54.8	57.7	50.6
按年龄分	by Age Group									
25岁以下	25 and Below	8.1	0.2	0.1	14.1	5.3	5.2	18.8	7.2	3.0
25-34岁	25-34	34.9	31.7	27.7	39.6	27.1	35.1	35.4	31.8	21.3
35-44岁	35-44	29.7	34.2	34.1	26.9	30.1	29.9	23.4	31.7	32.1
45-54岁	45-54	18.9	20.1	22.3	16.9	27.9	22.0	15.2	22.5	32.4
55-59岁	55-59	5.2	7.5	8.6	2.2	7.6	5.9	4.6	5.2	8.9
60岁及以上	60 and Over	3.2	6.2	7.2	0.4	2.0	1.8	2.5	1.6	2.3
按工作年限分	by Work Experience									
5年以下	5 Years and Below	19.9	13.1	12.2	23.6	12.3	15.3	36.0	18.5	10.2
5-9年	5-9 Years	13.9	13.5	12.0	16.2	9.4	13.1	11.3	12.2	7.8
10-19年	10-19 Years	30.2	33.2	31.5	29.1	29.5	31.1	24.0	28.6	25.2
20-29年	20-29 Years	20.9	20.8	22.3	21.8	25.1	22.4	16.2	23.7	31.1
30年及以上	30 Years and Over	15.1	19.4	22.0	9.3	23.7	18.0	12.5	17.1	25.8
按学历分	by Education Attainments									
研究生	Master's Degree	3.2	6.9	8.4	0.1	0.9	1.5	2.2	1.7	2.5
大学本科	Undergraduates	21.7	36.1	43.1	8.7	13.2	18.2	19.1	18.0	26.0
大专	Junior College	36.3	32.3	29.2	42.5	32.5	39.0	32.6	35.3	39.7
中专	Specialized Secondary Schools	34.5	22.0	16.9	46.0	40.1	35.9	38.1	29.3	20.5
高中及以下	Senior Secondary Schools and Below	4.2	2.7	2.3	2.7	13.4	5.4	8.0	15.7	11.4
按专业技术资格分	by Professional Technical Level									
正高	Senior Title	1.7	3.8	4.6	0.1	0.5	0.6	0.6	0.4	2.1
副高	Associate Senior Title	6.1	12.1	14.7	1.8	2.8	4.2	2.0	2.6	8.1
中级	Middle Title	24.8	30.1	36.3	24.4	22.7	26.5	10.0	14.5	22.6
助理/师级	Assistant	32.5	37.3	36.8	29.6	38.9	35.8	20.9	24.8	21.1
士级	Junior Assistant	25.3	10.6	2.1	37.6	28.5	25.1	35.5	31.8	17.4
其他	Others	9.7	6.2	5.4	6.5	6.7	7.9	31.1	26.0	28.7
按聘任技术职务分	by Appointed Technical Title									
正高	Senior Title	1.6	3.6	4.4	0.1	0.5	0.5	0.5	0.4	2.8
副高	Associate Senior Title	6.1	12.2	14.9	1.7	2.8	4.1	2.1	2.7	9.5
中级	Middle Title	25.5	31.1	37.4	24.4	23.3	27.2	11.1	15.9	28.4
助理/师级	Assistant	34.4	39.8	38.2	31.2	39.9	37.3	22.4	29.0	28.0
士级	Junior Assistant	26.0	9.9	2.3	39.0	30.0	26.6	37.5	35.0	21.2
其他	Others	6.5	3.5	2.8	3.7	3.5	4.2	26.3	17.0	10.2

注：本表不包括诊所、医务室、村卫生室数字。

a) Data in this table exclude clinics, infirmaries and village clinics.

7-9 各地区卫生人员

Number of Employed Persons in Health Care Institutions

单位：人 (person)

地 区	Region	卫生人员 Medical Personnel	卫生技术人员 Medical Technical Personnel	#执业(助理)医师 Licensed (Assistant) Doctors	执业医师 Licensed Doctor	#注册护士 Registered Nurse	#药师(士) Pharmacist
总 计	**Total**	**8207502**	**5876158**	**2413259**	**1972840**	**2048071**	**353916**
北 京	Beijing	223586	171326	66163	61832	67332	10250
天 津	Tianjin	96732	70460	28892	26510	24199	4561
河 北	Hebei	437415	292157	133994	101360	87351	14067
山 西	Shanxi	275955	193891	88007	72033	62628	10173
内蒙古	Inner Mongolia	168884	125831	56245	47686	38251	8919
辽 宁	Liaoning	316828	232079	96862	85511	88882	13607
吉 林	Jilin	187106	138393	62050	54469	45776	8077
黑龙江	Heilongjiang	262600	192048	80282	68184	62759	11086
上 海	Shanghai	171935	137131	53009	48597	55866	7577
江 苏	Jiangsu	459025	328243	128943	115340	122509	21352
浙 江	Zhejiang	352871	288481	120440	99373	99610	19167
安 徽	Anhui	309318	211539	86511	65807	77317	10919
福 建	Fujian	199519	142916	58630	50385	53511	9954
江 西	Jiangxi	230945	158007	61887	52489	58405	12207
山 东	Shandong	645889	448861	185164	153665	156692	27853
河 南	Henan	591059	372818	154801	110201	121384	20488
湖 北	Hubei	349495	255793	99542	83747	93844	17698
湖 南	Hunan	370261	269219	110444	81791	92346	20071
广 东	Guangdong	592800	454799	174536	139758	167882	31520
广 西	Guangxi	266138	189554	70816	56161	70243	10326
海 南	Hainan	51985	39520	14456	11263	16319	2000
重 庆	Chongqing	160055	111079	47969	35417	37611	6267
四 川	Sichuan	467126	325608	145194	115213	104886	18547
贵 州	Guizhou	154246	103954	43389	34787	36165	4679
云 南	Yunnan	207663	143139	63306	52604	49408	6426
西 藏	Tibet	16694	10083	4469	3349	1988	451
陕 西	Shaanxi	260056	181438	66040	53622	61816	10781
甘 肃	Gansu	137501	98865	39331	31987	29868	5082
青 海	Qinghai	35224	24909	10564	8915	8339	1457
宁 夏	Ningxia	39674	29962	12267	10990	10341	1990
新 疆	Xinjiang	158917	124055	49056	39794	44543	6364

注：卫生人员和卫生技术人员包括公务员中卫生监督员1万名。

a) Data of medical personnel and medical technical personnel include 10 000 persons of sanitation supervisors in public servants.

7-9 续表 continued

单位：人 (person)

地 区	Region	#检验技师(士) Laboratory Technician	乡村医生和卫生员 Village Doctors and Assistants	其他技术人员 Other Technical Personnel	管理人员 Administrative Personnel	工勤技能人员 Logistics Technical Workers
总 计	**Total**	**230572**	**1091863**	**290161**	**370548**	**578772**
北 京	Beijing	6478	3697	11713	14629	22221
天 津	Tianjin	3071	4266	5133	9396	7477
河 北	Hebei	11150	84566	18014	15262	27416
山 西	Shanxi	7003	45145	10445	11289	15185
内蒙古	Inner Mongolia	4592	19580	6009	7353	10111
辽 宁	Liaoning	9842	26787	12378	17247	28337
吉 林	Jilin	5205	15238	6791	11582	15102
黑龙江	Heilongjiang	7861	25283	8785	15151	21333
上 海	Shanghai	6109	1274	8396	9747	15387
江 苏	Jiangsu	14259	57443	15073	22943	35323
浙 江	Zhejiang	11739	10995	13856	14490	25049
安 徽	Anhui	8965	55733	11580	11544	18922
福 建	Fujian	5322	28954	6409	5890	15350
江 西	Jiangxi	7223	43541	6521	7644	15232
山 东	Shandong	16501	129113	22196	18460	27259
河 南	Henan	14445	128780	24100	25348	40013
湖 北	Hubei	10542	41512	14087	16776	21327
湖 南	Hunan	10339	48324	12218	17429	23071
广 东	Guangdong	18434	34188	20325	29541	53947
广 西	Guangxi	6933	36386	6362	11254	22582
海 南	Hainan	1590	2663	1457	2941	5404
重 庆	Chongqing	3896	24610	4277	7886	12203
四 川	Sichuan	11263	73963	13353	20377	33825
贵 州	Guizhou	3946	31517	4782	6706	7287
云 南	Yunnan	5217	36194	7015	7147	14168
西 藏	Tibet	305	4325	481	610	1195
陕 西	Shaanxi	7366	38847	5222	17463	17086
甘 肃	Gansu	3444	20351	3793	4690	9802
青 海	Qinghai	1043	5937	1282	1008	2088
宁 夏	Ningxia	1188	3998	1129	1656	2929
新 疆	Xinjiang	5301	8653	6979	7089	12141

7-10 各地区每千人口卫生技术人员（2010年）

Number of Medical and Technical Personnel per 1000 Population by Province (2010)

单位：人 (person)

地 区	Province	卫生技术人员 Medical& Technical Personnel			执业(助理)医师 Certified (Assistant) Doctors			注册护士 Registered Nurses		
		合计 Total	城市 City	农村 County	合计 Total	城市 City	农村 County	合计 Total	城市 City	农村 County
总 计	**Total**	**4.37**	**7.62**	**3.04**	**1.79**	**2.97**	**1.32**	**1.52**	**3.09**	**0.89**
北 京	Beijing	13.58	13.94	7.44	5.24	5.36	3.27	5.34	5.52	2.26
天 津	Tianjin	7.12	7.49	5.43	2.92	2.97	2.68	2.45	2.74	1.11
河 北	Hebei	4.00	9.19	2.88	1.84	3.88	1.40	1.20	3.66	0.66
山 西	Shanxi	5.58	10.10	3.83	2.53	4.20	1.88	1.80	4.00	0.95
内蒙古	Inner Mongolia	5.13	9.69	3.64	2.29	3.99	1.74	1.56	3.64	0.88
辽 宁	Liaoning	5.46	8.26	3.24	2.28	3.27	1.50	2.09	3.53	0.95
吉 林	Jilin	5.08	7.19	4.09	2.28	3.14	1.88	1.68	2.73	1.19
黑龙江	Heilongjiang	5.00	7.88	3.40	2.09	3.11	1.52	1.63	3.07	0.83
上 海	Shanghai	9.71	9.81	7.67	3.75	3.71	4.62	3.96	4.06	1.88
江 苏	Jiangsu	4.40	6.61	3.26	1.73	2.49	1.34	1.64	2.71	1.09
浙 江	Zhejiang	6.08	8.84	4.80	2.54	3.46	2.11	2.10	3.48	1.46
安 徽	Anhui	3.10	5.26	2.23	1.27	2.00	0.97	1.13	2.32	0.65
福 建	Fujian	4.05	7.69	2.78	1.66	3.07	1.17	1.52	3.14	0.95
江 西	Jiangxi	3.37	6.82	2.55	1.32	2.58	1.02	1.24	2.94	0.84
山 东	Shandong	4.71	6.55	3.96	1.94	2.67	1.64	1.64	2.65	1.23
河 南	Henan	3.45	7.67	2.54	1.43	2.97	1.10	1.12	3.15	0.69
湖 北	Hubei	4.16	6.48	3.08	1.62	2.46	1.23	1.53	2.72	0.97
湖 南	Hunan	3.81	8.18	2.84	1.56	3.03	1.24	1.31	3.64	0.79
广 东	Guangdong	5.34	9.19	2.86	2.05	3.36	1.20	1.97	3.67	0.88
广 西	Guangxi	3.56	6.01	2.71	1.33	2.23	1.02	1.32	2.53	0.90
海 南	Hainan	4.41	7.78	3.33	1.61	2.76	1.24	1.82	3.47	1.29
重 庆	Chongqing	3.36	3.92	2.86	1.45	1.57	1.35	1.14	1.55	0.77
四 川	Sichuan	3.62	5.80	2.83	1.61	2.32	1.36	1.17	2.36	0.73
贵 州	Guizhou	2.48	7.48	1.78	1.04	2.92	0.77	0.86	3.26	0.53
云 南	Yunnan	3.16	7.82	2.44	1.40	3.41	1.09	1.09	2.95	0.80
西 藏	Tibet	3.43	13.64	2.76	1.52	6.01	1.22	0.68	4.78	0.41
陕 西	Shaanxi	4.68	7.10	3.47	1.70	2.59	1.26	1.60	2.87	0.95
甘 肃	Gansu	3.65	5.58	2.81	1.45	2.29	1.09	1.10	2.14	0.65
青 海	Qinghai	4.53	12.73	2.92	1.92	4.74	1.37	1.52	5.24	0.78
宁 夏	Ningxia	4.66	7.72	2.54	1.91	2.93	1.20	1.61	2.90	0.71
新 疆	Xinjiang	5.73	14.52	4.52	2.27	5.83	1.78	2.06	5.74	1.55

7-11　各地区乡镇卫生院人员（2010年）

Number of Personnel in Township Health Centers by Province (2010)

单位:人 (person)

地　区	Province	合 计 Total	卫生技术人员 Medical & Technical Personnel	执业(助理)医师 Certified (Assistant) Doctors	#执业医师 Certified Doctors	注册护士 Registered Nurses
总　计	**Total**	**1151349**	**973059**	**422648**	**250459**	**217693**
北　京	Beijing					
天　津	Tianjin	4923	4275	2469	1842	708
河　北	Hebei	53966	44902	22336	11338	5173
山　西	Shanxi	26678	23233	11610	7264	4043
内蒙古	Inner Mongolia	20109	17847	9395	5826	2466
辽　宁	Liaoning	25584	19741	9310	6081	4737
吉　林	Jilin	24804	19486	9103	6448	4807
黑龙江	Heilongjiang	24177	19900	8566	5371	3561
上　海	Shanghai					
江　苏	Jiangsu	70484	57409	24243	19245	15808
浙　江	Zhejiang	49219	43206	19659	12101	8615
安　徽	Anhui	49893	42483	19158	10284	9618
福　建	Fujian	26656	22348	9138	6564	6488
江　西	Jiangxi	42585	36323	14522	10151	10103
山　东	Shandong	102678	93178	38089	24890	21002
河　南	Henan	99844	79627	34681	16147	16174
湖　北	Hubei	67039	56898	22750	14765	15534
湖　南	Hunan	74101	63933	29016	14290	12212
广　东	Guangdong	80828	66215	27914	14000	18059
广　西	Guangxi	51575	43687	15488	8709	12238
海　南	Hainan	8668	6365	2093	1135	2200
重　庆	Chongqing	30382	25046	12230	6825	5200
四　川	Sichuan	83938	71196	34251	20159	13382
贵　州	Guizhou	20893	18676	9038	4633	3425
云　南	Yunnan	25310	22013	10620	6488	5962
西　藏	Tibet	2711	2403	620	301	168
陕　西	Shaanxi	34480	28962	10054	5972	5625
甘　肃	Gansu	23250	20808	7433	4639	4287
青　海	Qinghai	3508	3247	1433	927	701
宁　夏	Ningxia	3275	2954	1584	1169	524
新　疆	Xinjiang	19791	16698	5845	2895	4873

7-11 续表 continued

单位:人 (person)

地 区	Province	药剂人员 Pharmacists	检验技师 Laboratory Technicians	其他 Others	其他技术人员 Other Technical Personnel	管理人员 Managerial Personnel	工勤技能人员 Logistic Personnel	每千农业人口乡镇卫生院人员数 Number of Personnel in Township Health Centers per 1000 Rural Population
总 计	**Total**	**73188**	**51428**	**208102**	**53508**	**43983**	**80799**	**1.30**
北 京	Beijing							
天 津	Tianjin	281	199	618	49	311	288	1.28
河 北	Hebei	2633	2388	12372	4018	1756	3290	1.08
山 西	Shanxi	1484	972	5124	1797	622	1026	1.15
内蒙古	Inner Mongolia	1124	724	4138	773	614	875	1.39
辽 宁	Liaoning	1546	1264	2884	1412	1554	2877	1.22
吉 林	Jilin	1314	968	3294	1156	1586	2576	1.66
黑龙江	Heilongjiang	1455	929	5389	902	1368	2007	1.22
上 海	Shanghai							
江 苏	Jiangsu	5309	3731	8318	2915	3485	6675	1.92
浙 江	Zhejiang	4151	2124	8657	1999	1377	2637	1.50
安 徽	Anhui	2698	2902	8107	2235	1800	3375	0.95
福 建	Fujian	2166	1064	3492	1162	530	2616	1.14
江 西	Jiangxi	4012	2488	5198	1682	952	3628	1.24
山 东	Shandong	8171	5474	20442	3612	2507	3381	1.80
河 南	Henan	5093	5120	18559	8036	4819	7362	1.18
湖 北	Hubei	4971	3461	10182	2821	3007	4313	1.70
湖 南	Hunan	7091	3534	12080	3503	2584	4081	1.35
广 东	Guangdong	5316	2956	11970	4185	3232	7196	1.98
广 西	Guangxi	2594	1955	11412	1718	1632	4538	1.20
海 南	Hainan	416	313	1343	374	582	1347	1.57
重 庆	Chongqing	1481	863	5272	1028	1346	2962	1.38
四 川	Sichuan	4311	2824	16428	2982	3411	6349	1.26
贵 州	Guizhou	581	797	4835	823	834	560	0.59
云 南	Yunnan	606	778	4047	976	764	1557	0.67
西 藏	Tibet	66	11	1538	189	41	78	1.11
陕 西	Shaanxi	2103	1655	9525	1238	2309	1971	1.35
甘 肃	Gansu	1001	786	7301	721	348	1373	1.16
青 海	Qinghai	177	120	816	153	35	73	0.91
宁 夏	Ningxia	279	126	441	115	53	153	0.82
新 疆	Xinjiang	758	902	4320	934	524	1635	1.59

7-12 各地区村卫生室人员（2010年）
Number of Personnel in Village Clinics by Province (2010)

单位：人 (person)

地区	Province	人员总数 Total	执业(助理)医师 Certifed (Assistant) Doctors	注册护士 Registered Nurses	乡村医生和卫生员 Village Doctors and Associates	乡村医生 Village Doctors	卫生员 Village Associates	平均每村卫生室人员 Number of Village Doctors and Associates per Village	平均每千农业人口村卫生室人员 Number of Village Doctors and Associates per 1000 Rural Population
总 计	**Total**	**1292410**	**173275**	**27272**	**1091863**	**1031828**	**60035**	**2.17**	**1.46**
北 京	Beijing	4472	597	178	3697	3580	117	1.13	1.67
天 津	Tianjin	4993	684	43	4266	4217	49	1.30	1.30
河 北	Hebei	101588	15850	1172	84566	81660	2906	2.07	2.04
山 西	Shanxi	51548	5678	725	45145	43011	2134	1.83	2.21
内蒙古	Inner Mongolia	23414	3172	662	19580	18572	1008	2.08	1.61
辽 宁	Liaoning	31479	4051	641	26787	25720	1067	2.82	1.51
吉 林	Jilin	18017	2497	282	15238	14401	837	2.00	1.21
黑龙江	Heilongjiang	30363	4835	245	25283	24195	1088	3.35	1.53
上 海	Shanghai	4975	3657	44	1274	1196	78	2.86	3.16
江 苏	Jiangsu	62903	4229	1231	57443	55677	1766	3.98	1.71
浙 江	Zhejiang	20686	8685	1006	10995	10695	300	0.71	0.63
安 徽	Anhui	70013	12240	2040	55733	53571	2162	4.50	1.33
福 建	Fujian	34212	4785	473	28954	28484	470	2.37	1.47
江 西	Jiangxi	49654	4812	1301	43541	42732	809	2.93	1.45
山 东	Shandong	145949	13544	3292	129113	124786	4327	2.00	2.56
河 南	Henan	150142	17283	4079	128780	120396	8384	3.17	1.78
湖 北	Hubei	50182	7214	1456	41512	40514	998	1.95	1.27
湖 南	Hunan	58665	9758	583	48324	44917	3407	1.37	1.07
广 东	Guangdong	45859	8448	3223	34188	30822	3366	2.35	1.12
广 西	Guangxi	41635	4735	514	36386	33379	3007	2.90	0.97
海 南	Hainan	3557	620	274	2663	2377	286	1.39	0.64
重 庆	Chongqing	29593	4755	228	24610	23361	1249	3.44	1.35
四 川	Sichuan	91024	16572	489	73963	70712	3251	1.92	1.37
贵 州	Guizhou	34047	2133	397	31517	24587	6930	1.93	0.97
云 南	Yunnan	38723	1949	580	36194	33571	2623	3.07	1.02
西 藏	Tibet	4428	100	3	4325	3675	650	0.84	1.82
陕 西	Shaanxi	44555	4959	749	38847	35951	2896	1.63	1.75
甘 肃	Gansu	22921	2154	416	20351	18820	1531	1.42	1.14
青 海	Qinghai	7132	1134	61	5937	5127	810	1.71	1.85
宁 夏	Ningxia	4375	325	52	3998	3185	813	1.89	1.09
新 疆	Xinjiang	11306	1820	833	8653	7937	716	1.28	0.91

注：本表包括乡镇卫生院在村卫生室工作的执业(助理)医师和注册护士数。

a) Certified (assistant) doctors and registered nurses in this table includes those of township health centers working in village clinics.

7-13 乡村医生和卫生员
Village Doctors, Associates and Midwives

单位：人　　　　(person)

年份 Year	乡村医生和卫生员 Village Doctors and Associates	乡村医生 Village Doctors	卫生员 Village Associates	平均每村乡村医生和卫生员 Number of Village Doctors and Associates per Village	平均每千农业人口乡村医生和卫生员 Number of Village Doctors and Associates per 1000 Rural Population
1980	1463406	607879	2357370	2.10	1.79
1985	1293094	643022	650072	1.80	1.55
1990	1231510	776859	454651	1.64	1.38
1991	1253324	794507	458817	1.69	1.39
1992	1269061	816557	452504	1.73	1.41
1993	1325106	910664	414442	1.81	1.47
1994	1323701	933386	390351	1.81	1.47
1995	1331017	955933	375084	1.81	1.48
1996	1316095	954630	361465	1.79	1.46
1997	1317786	972288	345498	1.80	1.45
1998	1327633	990217	337416	1.81	1.46
1999	1324937	1009665	315272	1.82	1.45
2000	1319357	1019845	299512	1.81	1.44
2001	1290595	1021542	269053	1.82	1.41
2003	867778	791956	75822	1.31	0.98
2004	883075	825672	57403	1.37	1.00
2005	916532	864168	52364	1.46	1.05
2006	957459	906320	51139	1.53	1.10
2007	931761	882218	49543	1.52	1.06
2008	938313	893535	44778	1.55	1.06
2009	1050991	995449	55542	1.75	1.19
2010	1091863	1031828	60035	1.68	1.23

注：1985年以前的乡村医生系赤脚医生。

a) Village doctors before 1985 referred to barefoot doctors.

7-14 每千人口卫生技术人员
Number of Medical and Technical Personnel per 1000 Population

单位：人 (person)

年 份 Year	卫生技术人员 Medical & Technical Personnel	城市 City	农村 County	执业(助理)医师 Certified (Assistant) Doctors	城市 City	农村 County	#执业医师 Certified Doctors	注册护士(士) Registered Nurses	城市 City	农村 County
1949	0.93	1.87	0.73	0.67	0.70	0.66	0.58	0.06	0.25	0.02
1955	1.42	3.49	1.01	0.81	1.24	0.74	0.70	0.14	0.64	0.04
1960	2.37	5.67	1.85	1.04	1.97	0.90	0.79	0.23	1.04	0.07
1965	2.11	5.37	1.46	1.05	2.22	0.82	0.70	0.32	1.45	0.10
1970	1.76	4.88	1.22	0.85	1.97	0.66	0.43	0.29	1.10	0.14
1975	2.24	6.92	1.41	0.95	2.66	0.65	0.57	0.41	1.74	0.18
1980	2.85	8.03	1.81	1.17	3.22	0.76	0.72	0.47	1.83	0.20
1985	3.28	7.92	2.09	1.36	3.35	0.85	0.70	0.61	1.85	0.30
1990	3.45	6.59	2.15	1.56	2.95	0.98	1.15	0.86	1.91	0.43
1995	3.59	5.36	2.32	1.62	2.39	1.07	1.23	0.95	1.59	0.49
1998	3.64	5.30	2.35	1.65	2.34	1.11	1.25	1.00	1.64	0.51
1999	3.64	5.24	2.38	1.67	2.33	1.14	1.27	1.02	1.64	0.52
2000	3.63	5.17	2.41	1.68	2.31	1.17	1.30	1.02	1.64	0.54
2001	3.62	5.15	2.38	1.69	2.32	1.17	1.32	1.03	1.65	0.54
2002	3.41	…	…	1.47	…	…	1.17	1.00	…	…
2003	3.48	4.88	2.26	1.54	2.13	1.04	1.22	1.00	1.59	0.50
2004	3.53	4.99	2.24	1.57	2.18	1.04	1.25	1.03	1.63	0.50
2005	3.57	5.82	2.69	1.60	2.46	1.26	1.27	1.06	2.10	0.65
2006	3.66	6.09	2.70	1.63	2.56	1.26	1.30	1.10	2.22	0.66
2007	3.76	6.44	2.69	1.62	2.61	1.23	1.31	1.19	2.42	0.70
2008	3.92	6.68	2.80	1.67	2.68	1.26	1.36	1.27	2.54	0.76
2009	4.15	7.15	2.94	1.75	2.83	1.31	1.43	1.39	2.82	0.81
2010	4.37	7.62	3.04	1.79	2.97	1.32	1.47	1.52	3.09	0.89

7-15 卫生总费用
Total Health Expenditure

本表按当年价格计算。
Data in this table are calculated at current prices.

年份 Year	卫生总费用(亿元) Total Health Expenditure (100 million yuan)	政府卫生支出 Government Health Expenditure 绝对数(亿元) Level (100 million yuan)	占卫生总费用比重(%) As Percentage of Health Expenditure	社会卫生支出 Social Health Expenditure 绝对数(亿元) Level (100 million yuan)	占卫生总费用比重(%) As Percentage of Health Expenditure	个人现金卫生支出 Out-of-pocket Health Expenditure 绝对数(亿元) Level (100 million yuan)	占卫生总费用比重(%) As Percentage of Health Expenditure	人均卫生总费用(元) Per Capita Health Expenditure (yuan)	卫生总费用占GDP比重(%) Health Expenditure as Percentage of GDP (%)
1978	110.21	35.44	32.16	52.25	47.41	22.52	20.43	11.45	3.02
1979	126.19	40.64	32.21	59.88	47.45	25.67	20.34	12.94	3.11
1980	143.23	51.91	36.24	60.97	42.57	30.35	21.19	14.51	3.15
1981	160.12	59.67	37.27	62.43	38.99	38.02	23.74	16.00	3.27
1982	177.53	68.99	38.86	70.11	39.49	38.43	21.65	17.46	3.33
1983	207.42	77.63	37.43	64.55	31.12	65.24	31.45	20.14	3.48
1984	242.07	89.46	36.96	73.61	30.41	79.00	32.64	23.20	3.36
1985	279.00	107.65	38.58	91.96	32.96	79.39	28.46	26.36	3.09
1986	315.90	122.23	38.69	110.35	34.93	83.32	26.37	29.38	3.07
1987	379.58	127.28	33.53	137.25	36.16	115.05	30.31	34.73	3.15
1988	488.04	145.39	29.79	189.99	38.93	152.66	31.28	43.96	3.24
1989	615.50	167.83	27.27	237.84	38.64	209.83	34.09	54.61	3.62
1990	747.39	187.28	25.06	293.10	39.22	267.01	35.73	65.37	4.00
1991	893.49	204.05	22.84	354.41	39.67	335.02	37.50	77.14	4.10
1992	1096.86	228.61	20.84	431.55	39.34	436.70	39.81	93.61	4.07
1993	1377.78	272.06	19.75	524.75	38.09	580.97	42.17	116.25	3.90
1994	1761.24	342.28	19.43	644.91	36.62	774.06	43.95	146.95	3.65
1995	2155.13	387.34	17.97	767.81	35.63	999.98	46.40	177.93	3.54
1996	2709.42	461.61	17.04	875.66	32.32	1372.15	50.64	221.38	3.81
1997	3196.71	523.56	16.38	984.06	30.78	1689.09	52.84	258.58	4.05
1998	3678.72	590.06	16.04	1071.03	29.11	2017.63	54.85	294.86	4.36
1999	4047.50	640.96	15.84	1145.99	28.31	2260.56	55.85	321.78	4.51
2000	4586.63	709.52	15.47	1171.94	25.55	2705.17	58.98	361.88	4.62
2001	5025.93	800.61	15.93	1211.43	24.10	3013.88	59.97	393.80	4.58
2002	5790.03	908.51	15.69	1539.38	26.59	3342.14	57.72	450.75	4.81
2003	6584.10	1116.94	16.96	1788.50	27.16	3678.67	55.87	509.50	4.85
2004	7590.29	1293.58	17.04	2225.35	29.32	4071.35	53.64	583.92	4.75
2005	8659.91	1552.53	17.93	2586.41	29.87	4520.98	52.21	662.30	4.68
2006	9843.34	1778.86	18.07	3210.92	32.62	4853.56	49.31	748.84	4.55
2007	11573.97	2581.58	22.31	3893.72	33.64	5098.66	44.05	875.96	4.35
2008	14535.40	3593.94	24.73	5065.60	34.85	5875.86	40.42	1094.52	4.63
2009	17541.90	4816.30	27.50	6154.50	35.10	6571.20	37.50	1314.30	5.15

7-16 医院诊疗人次数
Number of Visits in Hospitals

单位：亿人次 (100 million person-times)

年 份 Year	诊疗人次 Number of Visits	#卫生部门 Health Sector	#综合医院 General Hospitals	#中医医院 Hospitals Specialized in Traditional Chinese Medicine	诊疗人次中门、急诊人次 Number of Outpatients and Emergency Cases	#卫生部门 Health Sector	#综合医院 General Hospitals	#中医医院 Hospitals Specialized in Traditional Chinese Medicine
1980	10.53	6.33	4.91	0.47	9.54	6.19	4.79	0.46
1985	12.55	7.21	5.08	0.87	11.37	7.00	4.93	0.83
1986	13.02	7.76	5.36	1.04	12.18	7.54	5.22	0.99
1987	14.80	8.50	5.61	1.38	14.00	8.30	5.49	1.33
1988	14.63	8.38	5.48	1.44	13.76	8.18	5.36	1.41
1989	14.43	8.16	5.25	1.46	13.52	7.96	5.13	1.43
1990	14.94	8.58	5.47	1.60	14.05	8.32	5.30	1.55
1991	15.33	8.88	5.54	1.78	14.40	8.64	5.42	1.70
1992	15.35	8.84	5.50	1.78	14.31	8.60	5.35	1.74
1993	13.07	7.98	4.95	1.61	12.19	7.70	4.77	1.55
1994	12.69	7.75	4.81	1.58	11.86	7.47	4.62	1.53
1995	12.52	7.76	4.78	1.58	11.65	7.49	4.59	1.53
1996	12.81	8.08	4.78	1.70	11.61	7.55	4.54	1.58
1997	12.27	7.95	4.76	1.65	11.38	7.61	4.57	1.56
1998	12.39	8.17	4.88	1.62	11.51	7.84	4.69	1.57
1999	12.31	8.19	4.93	1.56	11.51	7.90	4.73	1.51
2000	12.86	8.76	5.27	1.64	11.83	8.32	5.00	1.54
2001	12.50	8.74	5.18	1.64	11.74	8.39	4.96	1.57
2002	13.08	9.89	6.69	1.79	12.17	8.86	6.35	1.70
2003	12.82	9.99	6.69	1.85	12.13	9.57	6.44	1.78
2004	13.81	11.05	7.44	1.97	13.16	10.64	7.18	1.90
2005	14.74	11.95	8.12	2.06	14.19	11.57	7.86	1.99
2006	15.64	12.74	8.60	2.19	15.12	12.36	8.35	2.14
2007	17.46	14.07	9.55	2.29	16.85	13.65	9.30	2.21
2008	19.08	15.68	10.54	2.64	18.58	15.31	10.30	2.57
2009	20.60	16.88	11.27	2.87	20.08	16.49	11.02	2.81
2010	21.88	18.06	11.98	3.12	21.35	17.64	11.73	3.03

注：1993年以前诊疗人次系推算数字。

a) Number of visits before 1993 is estimated.

7-17 医院入院人数
Number of Inpatients

年份 Year	入院人数 (万人) Number of Inpatients (10000 persons)	#卫生部门医院 Health Sector Hospitals	#综合医院 General Hospitals	#中医医院 Hospitals Specialized in Traditional Chinese Medicine	每百门急诊入院人数 (人) Number of Inpatients Per 100 Outpatients and Emergency Cases (person)
1980	2247	1667	1383	41	2.4
1985	2560	1862	1485	79	2.3
1986	2685	1960	1547	96	2.2
1987	2926	2155	1670	133	2.1
1988	3128	2292	1752	157	2.3
1989	3157	2304	1750	174	2.3
1990	3182	2341	1769	195	2.3
1991	3276	2433	1825	223	2.3
1992	3262	2428	1799	232	2.3
1993	3066	2325	1723	231	2.5
1994	3079	2344	1728	241	2.6
1995	3073	2358	1710	251	2.6
1996	3100	2379	1704	267	2.7
1997	3121	2425	1725	274	2.7
1998	3238	2538	1794	287	2.8
1999	3379	2676	1884	298	2.9
2000	3584	2862	1996	321	3.0
2001	3759	3030	2100	349	3.2
2002	4224	3429	2577	394	3.5
2003	4394	3661	2727	438	3.6
2004	4955	4184	3108	498	3.8
2005	5434	4569	3394	544	3.8
2006	5915	4966	3656	610	3.9
2007	6913	5784	4257	693	4.1
2008	7392	6193	4874	847	4.3
2009	9039	7589	5525	986	4.5
2010	10125	8482	6172	1113	4.7

注：1.1993年以前的入院人数系推算数。
2.为统一口径，医院含妇幼保健院、专科疾病防治院数字。
3.2002年以前综合医院不含高等院校附属医院。

a) Number of inpatients before 1993 is estimated.
b) Hospitals include maternity and child care centers and specialized prevention & treatment centers.
c) General hospitals before 2002 excluded hospitals attached to colleges and universities.

7-18 医院病床使用情况
Utilization of Beds in Hospitals

年 份 Year	病床使用率(%) Utilization Rate (%)	#卫生部门 Health Sector Hospitals	#综合医院 General Hospitals	#中医医院 Hospitals Specialized in Traditional Chinese Medicine	出院者平均住院日(日) Average Duration of Hospitalization for Patients Discharged from Hospitals (day)	#卫生部门 Health Sector Hospitals	#综合医院 General Hospitals	#中医医院 Hospitals Specialized in Traditional Chinese Medicine
1980	82.5	85.7	84.2	86.9	14.0	13.7	11.7	23.7
1985	82.7	87.9	87.0	83.9	15.8	15.4	13.3	23.3
1986	82.7	87.8	87.3	82.3	15.9	15.6	13.4	23.3
1987	84.3	89.8	89.5	81.9	16.0	15.6	13.4	21.9
1988	84.4	89.9	89.7	79.6	15.8	15.6	13.5	20.2
1989	81.5	86.2	86.1	73.7	15.8	15.4	13.4	19.0
1990	80.7	85.6	85.7	73.6	15.9	15.5	13.5	18.0
1991	81.2	85.8	86.2	74.0	16.0	15.5	13.4	17.4
1992	78.4	83.1	83.7	69.2	16.2	15.8	13.7	17.5
1993	70.9	75.7	76.3	62.5	15.6	15.2	13.3	15.4
1994	68.8	72.1	72.6	58.9	15.0	14.5	12.9	14.4
1995	66.9	70.2	70.8	57.4	14.8	14.2	12.6	13.9
1996	64.4	67.9	69.1	54.5	14.3	13.7	12.3	13.4
1997	61.5	65.0	65.4	52.1	13.8	13.3	11.9	13.1
1998	60.0	63.1	63.3	49.8	13.1	12.6	11.3	12.4
1999	59.6	63.1	63.2	50.5	12.7	12.1	11.0	12.0
2000	60.6	64.5	65.0	50.7	12.2	11.6	10.5	11.4
2001	61.1	65.3	65.6	51.5	11.8	11.3	10.3	10.9
2002	64.6	68.6	70.5	57.7	10.9	10.6	9.6	10.8
2003	65.3	69.3	70.6	59.4	11.0	10.8	10.0	10.9
2004	68.4	73.2	74.4	63.0	10.8	10.5	9.8	10.4
2005	70.3	75.3	76.6	65.7	10.9	10.6	9.8	10.8
2006	72.4	77.9	79.2	67.7	10.9	10.5	9.8	10.4
2007	78.2	84.3	85.6	73.2	10.8	10.5	9.8	10.4
2008	81.5	88.1	89.6	78.6	10.7	10.6	9.9	10.5
2009	84.7	91.5	93.0	83.1	10.5	10.4	9.7	10.4
2010	86.7	93.4	94.9	85.7	10.5	10.4	9.7	10.7

注：2002年以前医院含妇幼保健院、专科疾病防治院数字，综合医院不含高等院校附属医院。

a) Hospitals before 2002 included maternity and child care centers and specialized prevention & treatment centers, and general hospitals before 2002 excluded hospitals attached to colleges and universities

7-19 农村乡镇卫生院医疗服务情况
Medical Services in Township Health Centers

年 份 Year	诊疗人次 (亿次) Number of Visits (100 million times)	入院人数 (万人) Number of Inpatients (10000 persons)	病床周转次数 (次) Turnover of Beds (time)	病床使用率 (%) Utilization Rate of Beds (%)	平均住院日 (日) Average Duration of Hospitalization (day)
1981	14.38	2123	29.5	53.5	6.3
1982	14.19	2228	31.0	54.2	6.0
1983	13.65	2373	33.4	56.6	5.9
1984	12.65	1893	27.9	49.1	6.0
1985	11.00	1771	26.4	46.0	5.9
1986	11.18	1782	26.9	46.0	5.9
1987	11.30	1959	28.5	47.4	5.6
1988	11.36	2031	29.2	47.3	5.6
1989	10.60	1935	28.3	44.6	5.4
1990	10.65	1958	28.6	43.4	5.2
1991	10.82	2016	29.1	43.5	5.1
1992	10.34	1960	28.7	42.9	5.1
1993	8.98	1855	27.9	38.4	4.6
1994	9.73	1913	29.4	40.5	4.6
1995	9.38	1960	29.9	40.2	4.6
1996	9.44	1916	28.6	37.0	4.4
1997	9.16	1918	26.0	34.5	4.5
1998	8.74	1751	24.4	33.3	4.6
1999	8.38	1688	24.2	32.8	4.6
2000	8.24	1708	24.8	33.2	4.6
2001	8.24	1700	23.7	31.3	4.5
2002	7.10	1625	28.0	34.7	4.0
2003	6.91	1608	28.1	36.2	4.2
2004	6.81	1599	27.0	37.1	4.4
2005	6.79	1622	25.8	37.7	4.6
2006	7.01	1836	28.8	39.4	4.6
2007	7.59	2662	36.7	48.4	4.8
2008	8.27	3313	42.0	55.8	4.4
2009	8.77	3808	42.9	60.7	4.8
2010	8.74	3630	38.4	59.0	5.2
中心卫生院	3.52	1560	38.8	61.0	5.3
乡卫生院	5.22	2070	38.1	57.6	5.0

注:1993年以前的诊疗人次及入院人数系推算数字。
a) Number of visits and inpatients before 1993 is estimated.

7-20 各地区社区卫生服务中心(站)医疗服务情况

Medical Services of Community Health Service Centers (Stations)

年份 Year / 地区 Region	社区卫生服务中心 Community Health Service Centers						社区卫生服务站 Community Health Service Stations	
	诊疗人次(人次) Visits (person-time)	入院人数(人) Inpatients (person)	病床使用率(%) Utilization Rate (%)	出院者平均住院日(日) Average Stay Days in Hospital (day)	医师日均担负诊疗人次(日) Daily Visits Per Doctor (day)	医师日均担负住院床日(日) Daily Inpatients Per Doctor (day)	诊疗人次(人次) Visits (person-time)	医师人均每日负担诊疗人次(人次) Daily Visits Per Doctor (person-time)
2004	46155902	151965	61.2	21.0	13.0	0.7	50955234	11.1
2005	59385194	266215	60.7	17.2	13.7	0.8	62814512	11.0
2006	82854794	436288	57.9	15.5	13.0	0.8	93789368	13.1
2007	127124460	743186	59.6	13.1	13.1	0.8	98749683	14.6
2008	172473026	1032788	58.7	13.4	12.9	0.8	84250889	12.5
2009	260802371	1642427	59.8	10.6	14.0	0.7	116172536	13.7
2010	347404131	2180577	56.1	10.4	13.6	0.7	137111392	13.6
北 京 Beijing	27093140	37156	35.6	11.6	13.2	0.2	3350931	17.1
天 津 Tianjin	11528964	12409	20.5	14.2	20.5	0.3	731306	
河 北 Hebei	3813956	74272	57.0	7.8	6.0	0.9	8902015	10.4
山 西 Shanxi	3256628	41084	47.2	9.4	4.4	0.6	3838322	7.7
内蒙古 Inner Mongolia	2788128	34960	39.1	5.7	4.9	0.5	3929709	7.8
辽 宁 Liaoning	4442432	44961	50.9	11.8	6.9	0.7	4851422	10.8
吉 林 Jilin	1673078	18600	30.0	8.2	4.3	0.3	4346677	20.3
黑龙江 Heilongjiang	4424522	62885	43.8	11.7	4.0	0.6	3464728	7.2
上 海 Shanghai	73422288	131044	86.9	43.0	26.7	1.5		
江 苏 Jiangsu	43667683	284190	48.6	8.5	16.3	0.7	10360454	23.3
浙 江 Zhejiang	45146158	71660	49.4	12.7	22.3	0.4	7326261	17.2
安 徽 Anhui	6258331	91795	41.7	7.2	7.5	0.7	8349957	11.0
福 建 Fujian	6903502	90424	52.0	4.7	12.0	0.6	2926623	14.0
江 西 Jiangxi	3061979	40492	34.6	5.5	7.1	0.5	3978464	11.1
山 东 Shandong	7532219	129838	48.5	7.7	6.0	0.6	11362304	12.6
河 南 Henan	4674169	83841	47.6	9.5	6.0	0.9	5483038	12.5
湖 北 Hubei	10053997	160538	69.6	9.8	9.8	1.2	6231876	15.0
湖 南 Hunan	4086752	89278	48.9	7.4	5.5	0.6	1720915	7.1
广 东 Guangdong	55880336	145124	58.8	7.8	22.2	0.3	25135782	34.2
广 西 Guangxi	3111790	12025	54.4	9.1	9.6	0.2	1467934	9.6
海 南 Hainan	164160	1623	69.9	5.4	9.3	1.0	1086204	12.0
重 庆 Chongqing	3541760	103415	66.3	7.2	8.2	1.3	1110381	13.4
四 川 Sichuan	9847864	184032	70.1	8.4	9.5	1.1	3186024	10.8
贵 州 Guizhou	1280780	91908	59.1	3.0	6.3	1.3	1936590	8.6
云 南 Yunnan	2477510	58275	62.3	8.9	9.3	1.4	1851127	10.8
西 藏 Tibet							17283	9.8
陕 西 Shaanxi	2594984	20856	37.5	11.2	7.7	0.5	2317797	11.1
甘 肃 Gansu	1174705	15905	45.8	5.4	5.1	0.4	2655384	10.5
青 海 Qinghai	448187	5449	57.7	7.4	12.7	1.0	1026492	10.6
宁 夏 Ningxia	69461	142	30.3	17.7	6.4	0.2	607595	12.4
新 疆 Xinjiang	2984668	42396	61.1	10.4	9.2	1.1	3557797	11.5

7-21 综合医院工作效率

Efficiency of Medical Services in General Hospitals of Health Sector

项　目 Item	医师日均担负 Per Doctor 诊疗人次 (人次) Daily Visits (person-time)	住院床日 (日) Daily Inpatients (day)	医师人均年 业务收入 (万元) Annual Business Income (10000 yuan)	病床使用率 (%) Utilization Rate of Beds (%)	平均住院日 (日) Average Duration of Hospitalization (day)
医院合计 Total					
1990	5.5	2.1	4.7	88.2	14.1
1995	4.4	1.5	12.7	72.7	13.3
2000	4.8	1.4	27.1	67.3	11.0
2005	5.3	1.6	44.7	76.9	9.9
2009	6.7	2.3	77.4	93.2	9.7
2010	6.8	2.4	88.1	95.0	9.7
卫生部属 Hospitals of MOH					
1990	6.4	2.0	9.8	100.3	22.1
1995	5.2	1.6	29.0	94.6	20.4
2000	8.5	1.8	72.8	95.5	14.6
2005	7.8	2.3	129.7	100.2	13.1
2009	9.1	2.4	187.3	104.0	11.4
2010	9.8	2.5	219.7	105.5	10.9
省　属 Provincial Hospitals					
1990	5.4	2.0	6.5	97.2	21.5
1995	4.5	1.6	20.5	87.3	21.5
2000	6.2	1.8	54.0	84.9	15.8
2005	6.6	2.1	90.1	91.3	12.8
2009	7.3	2.5	133.4	103.3	12.3
2010	7.4	2.5	148.0	103.5	11.9
省属 Hospitals of Cities at Prefecture Level					
1990	5.5	2.2	5.2	94.7	17.4
1995	4.7	1.7	14.6	80.2	16.5
2000	5.0	1.5	30.4	74.0	13.1
2005	5.7	1.9	49.7	84.1	11.9
2009	6.8	2.4	82.2	97.8	11.6
2010	7.0	2.5	95.2	99.3	11.6
地级市(地区)属 Hospitals of Cities at County Level					
1990	6.2	1.8	4.2	82.1	13.6
1995	4.5	1.4	10.6	68.3	11.4
2000	4.7	1.2	20.6	61.3	9.6
2005	5.0	1.4	32.6	70.3	8.8
2009	7.1	2.0	59.1	86.8	8.7
2010	6.9	2.1	66.7	89.9	8.9
县　属 Hospitals of Counties					
1990	5.2	2.1	3.7	83.0	11.2
1995	4.1	1.5	7.8	63.4	10.1
2000	3.9	1.2	15.2	56.3	8.4
2005	4.3	1.4	23.9	65.3	7.5
2009	5.6	2.2	47.1	86.7	7.7
2010	5.6	2.4	54.3	89.4	7.6

注：本表系卫生部门医院数字。

a) General hospitals in this table include hospitals attached to colleges and universities.

7-22 城市居民主要疾病死亡率及死因构成(2010年)
Death Rate of Major Diseases in Urban Areas (2010)

疾病名称	Category of Diseases	合计 Total			
		粗死亡率 1/10万 Crude Mortality Rate (1/100000)	标化死亡率 1/10万 Standardized Mortality Rate(1/100000)	构成 (%) Percentage (%)	位次 Rank
传染病(不含呼吸道结核)	Infectious Disease(not including Respiratory Tuberculosis)	4.44	4.82	0.72	11
呼吸道结核	Respiratory Tuberculosis	2.32	2.37	0.38	14
寄生虫病	Parasitic Disease	0.13	0.14	0.02	18
恶性肿瘤	Malignant Tumour	162.87	169.22	26.33	1
血液,造血器官及免疫疾病	Diseases of the Blood and Blood-forming Organs and Immunodeficiency	1.50	1.69	0.24	17
内分泌,营养和代谢疾病	Endocrine, Nutritional & Metabolic Diseases	18.13	20.27	2.93	6
精神障碍	Mental Disorders	2.90	3.46	0.47	13
神经系统疾病	Diseases of the Nervous System	5.84	6.92	0.94	10
心脏病	Heart Diseases	129.19	154.75	20.88	2
脑血管病	Cerebrovascular Disease	125.15	143.54	20.23	3
呼吸系统疾病	Diseases of the Respiratory System	68.32	86.00	11.04	4
消化系统疾病	Diseases of the Digestive System	16.96	18.65	2.74	7
肌肉骨骼和结缔组织疾病	Diseases of the Musculoskeletal System and Connective Tissue	1.61	1.73	0.26	16
泌尿生殖系统疾病	Diseases of the Genitourinary System	7.20	7.85	1.16	9
妊娠,分娩产褥期并发症	Pregnancy, Childbirth and the Puerperium	0.11	0.12	0.02	18
围生期疾病	Perinatal Diseases	2.03	4.82	0.33	15
先天畸形,变形和染色体异常	Congenital Malformations, Deformations and Chromosomal Abnormalities	2.02	3.78	0.33	15
诊断不明	Undiagnosed Diseases	4.12	4.93	0.67	12
其他疾病	Other Diseases	9.58	15.33	1.55	8
损伤和中毒外部原因	External Causes of Injury and Poison	38.09	40.00	6.16	5

7-22 续表 1 continued

疾病名称	Category of Diseases	男 Male			
		粗死亡率 1/10万 Crude Mortality Rate (1/100000)	标化死亡率 1/10万 Standardized Mortality Rate(1/100000)	构成 (%) Percentage (%)	位次 Rank
传染病(不含呼吸道结核)	Infectious Disease(not including Respiratory Tuberculosis)	5.79	6.40	0.82	11
呼吸道结核	Respiratory Tuberculosis	3.47	3.81	0.49	13
寄生虫病	Parasitic Disease	0.15	0.17	0.02	19
恶性肿瘤	Malignant Tumour	201.99	225.91	28.77	1
血液,造血器官及免疫疾病	Diseases of the Blood and Blood-forming Organs and Immunodeficiency	1.48	1.81	0.21	17
内分泌,营养和代谢疾病	Endocrine, Nutritional & Metabolic Diseases	16.63	20.44	2.37	7
精神障碍	Mental Disorders	2.82	3.53	0.40	14
神经系统疾病	Diseases of the Nervous System	6.33	8.07	0.90	10
心脏病	Heart Diseases	135.15	177.27	19.25	3
脑血管病	Cerebrovascular Disease	137.30	171.89	19.55	2
呼吸系统疾病	Diseases of the Respiratory System	78.06	111.97	11.12	4
消化系统疾病	Diseases of the Digestive System	20.76	23.86	2.96	6
肌肉骨骼和结缔组织疾病	Diseases of the Musculoskeletal System and Connective Tissue	1.21	1.47	0.17	18
泌尿生殖系统疾病	Diseases of the Genitourinary System	7.98	9.59	1.14	8
妊娠,分娩产褥期并发症	Pregnancy, Childbirth and the Puerperium				
围生期疾病	Perinatal Diseases	2.34	5.40	0.33	15
先天畸形,变形和染色体异常	Congenital Malformations, Deformations and Chromosomal Abnormalities	2.12	3.88	0.30	16
诊断不明	Undiagnosed Diseases	4.99	6.22	0.71	12
其他疾病	Other Diseases	7.61	14.17	1.08	9
损伤和中毒外部原因	External Causes of Injury and Poison	48.43	51.05	6.90	5

7-22 续表 2 continued

疾病名称	Category of Diseases	女 Female 粗死亡率 1/10万 Crude Mortality Rate (1/100000)	标化死亡率 1/10万 Standardized Mortality Rate(1/100000)	构成 (%) Percentage (%)	位次 Rank
传染病(不含呼吸道结核)	Infectious Disease(not including Respiratory Tuberculosis)	3.04	3.28	0.57	12
呼吸道结核	Respiratory Tuberculosis	1.13	1.10	0.21	18
寄生虫病	Parasitic Disease	0.10	0.11	0.02	20
恶性肿瘤	Malignant Tumour	122.35	119.26	22.99	2
血液,造血器官及免疫疾病	Diseases of the Blood and Blood-forming Organs and Immunodeficiency	1.52	1.60	0.29	17
内分泌,营养和代谢疾病	Endocrine, Nutritional & Metabolic Diseases	19.69	20.07	3.70	6
精神障碍	Mental Disorders	2.98	3.30	0.56	13
神经系统疾病	Diseases of the Nervous System	5.34	5.88	1.00	10
心脏病	Heart Diseases	123.02	134.43	23.12	1
脑血管病	Cerebrovascular Disease	112.56	118.61	21.15	3
呼吸系统疾病	Diseases of the Respiratory System	58.22	65.79	10.94	4
消化系统疾病	Diseases of the Digestive System	13.03	13.73	2.45	7
肌肉骨骼和结缔组织疾病	Diseases of the Musculoskeletal System and Connective Tissue	2.02	2.00	0.38	14
泌尿生殖系统疾病	Diseases of the Genitourinary System	6.40	6.44	1.20	9
妊娠,分娩产褥期并发症	Pregnancy, Childbirth and the Puerperium	0.22	0.25	0.04	19
围生期疾病	Perinatal Diseases	1.70	4.17	0.32	16
先天畸形,变形和染色体异常	Congenital Malformations, Deformations and Chromosomal Abnormalities	1.92	3.66	0.36	15
诊断不明	Undiagnosed Diseases	3.21	3.70	0.60	11
其他疾病	Other Diseases	11.63	15.91	2.19	8
损伤和中毒外部原因	External Causes of Injury and Poison	27.38	28.68	5.15	5

7-23 农村居民主要疾病死亡率及死因构成(2010年)
Death Rate of Major Diseases in Rural Areas (2010)

疾病名称	Category of Diseases	合计 Total			
		粗死亡率 1/10万 Crude Mortality Rate (1/100000)	标化死亡率 1/10万 Standardized Mortality Rate(1/100000)	构成 (%) Percentage (%)	位次 Rank
传染病(不含呼吸道结核)	Infectious Disease(not including Respiratory Tuberculosis)	4.13	5.24	0.66	11
呼吸道结核	Respiratory Tuberculosis	2.12	2.65	0.34	16
寄生虫病	Parasitic Disease	0.02	0.03	0.00	20
恶性肿瘤	Malignant Tumour	144.11	169.53	23.11	2
血液,造血器官及免疫疾病	Diseases of the Blood and Blood-forming Organs and Immunodeficiency	0.90	1.17	0.14	17
内分泌营养和代谢疾病	Endocrine, Nutritional & Metabolic Diseases	10.33	12.90	1.66	8
精神障碍	Mental Disorders	2.99	4.69	0.48	13
神经系统疾病	Diseases of the Nervous System	3.84	5.53	0.62	12
心脏病	Heart Diseases	111.34	163.08	17.86	3
脑血管病	Cerebrovascular Disease	145.71	203.30	23.37	1
呼吸系统疾病	Diseases of the Respiratory System	88.25	137.98	14.15	4
消化系统疾病	Diseases of the Digestive System	14.76	18.42	2.37	6
肌肉骨骼和结缔组织疾病	Diseases of the Musculoskeletal System and Connective Tissue	0.88	1.11	0.14	18
泌尿生殖系统疾病	Diseases of the Genitourinary System	6.31	7.73	1.01	9
妊娠分娩产褥期并发症	Pregnancy, Childbirth and the Puerperium	0.13	0.14	0.02	19
围生期疾病	Perinatal Diseases	2.51	5.91	0.40	14
先天畸形,变性和染色体异常	Congenital Malformations, Deformations and Chromosomal Abnormalities	2.14	4.03	0.34	15
诊断不明	Undiagnosed Diseases	4.57	6.68	0.73	10
其他疾病	Other Diseases	12.64	25.47	2.03	7
损伤和中毒外部原因	External Causes of Injury and Poison	52.93	60.05	8.49	5

7-23 续表 1 continued

疾病名称	Category of Diseases	男 Male			
		粗死亡率 1/10万 Crude Mortality Rate (1/100000)	标化死亡率 1/10万 Standardized Mortality Rate(1/100000)	构成 (%) Percentage (%)	位次 Rank
传染病(不含呼吸道结核)	Infectious Disease(not including Respiratory Tuberculosis)	5.30	6.85	0.74	10
呼吸道结核	Respiratory Tuberculosis	2.99	4.02	0.42	13
寄生虫病	Parasitic Disease	0.01	0.01	0.00	18
恶性肿瘤	Malignant Tumour	187.25	239.09	26.14	1
血液,造血器官及免疫疾病	Diseases of the Blood and Blood-forming Organs and Immunodeficiency	0.98	1.36	0.14	16
内分泌营养和代谢疾病	Endocrine, Nutritional & Metabolic Diseases	8.99	12.34	1.25	8
精神障碍	Mental Disorders	2.79	5.03	0.39	14
神经系统疾病	Diseases of the Nervous System	3.98	6.45	0.56	12
心脏病	Heart Diseases	115.54	196.20	16.13	3
脑血管病	Cerebrovascular Disease	159.27	255.17	22.23	2
呼吸系统疾病	Diseases of the Respiratory System	95.36	177.79	13.31	4
消化系统疾病	Diseases of the Digestive System	19.26	25.75	2.69	6
肌肉骨骼和结缔组织疾病	Diseases of the Musculoskeletal System and Connective Tissue	0.72	1.04	0.10	17
泌尿生殖系统疾病	Diseases of the Genitourinary System	7.31	10.24	1.02	9
妊娠分娩产褥期并发症	Pregnancy, Childbirth and the Puerperium				
围生期疾病	Perinatal Diseases	2.99	6.78	0.42	13
先天畸形,变性和染色体异常	Congenital Malformations, Deformations and Chromosomal Abnormalities	2.48	4.65	0.35	15
诊断不明	Undiagnosed Diseases	5.10	7.80	0.71	11
其他疾病	Other Diseases	10.55	27.74	1.47	7
损伤和中毒外部原因	External Causes of Injury and Poison	71.75	82.69	10.02	5

7-23 续表 2 continued

疾病名称	Category of Diseases	女 Female			
		粗死亡率 1/10万 Crude Mortality Rate (1/100000)	标化死亡率 1/10万 Standardized Mortality Rate(1/100000)	构成 (%) Percentage (%)	位次 Rank
传染病(不含呼吸道结核)	Infectious Disease(not including Respiratory Tuberculosis)	2.92	3.70	0.55	13
呼吸道结核	Respiratory Tuberculosis	1.22	1.48	0.23	16
寄生虫病	Parasitic Disease	0.03	0.04	0.01	20
恶性肿瘤	Malignant Tumour	99.00	109.64	18.81	3
血液,造血器官及免疫疾病	Diseases of the Blood and Blood-forming Organs and Immunodeficiency	0.81	1.02	0.15	18
内分泌营养和代谢疾病	Endocrine, Nutritional & Metabolic Diseases	11.74	13.41	2.23	7
精神障碍	Mental Disorders	3.19	4.37	0.61	12
神经系统疾病	Diseases of the Nervous System	3.69	4.84	0.70	11
心脏病	Heart Diseases	106.95	138.19	20.32	2
脑血管病	Cerebrovascular Disease	131.54	163.84	24.99	1
呼吸系统疾病	Diseases of the Respiratory System	80.82	110.07	15.36	4
消化系统疾病	Diseases of the Digestive System	10.05	11.94	1.91	8
肌肉骨骼和结缔组织疾病	Diseases of the Musculoskeletal System and Connective Tissue	1.05	1.17	0.20	17
泌尿生殖系统疾病	Diseases of the Genitourinary System	5.27	5.87	1.00	9
妊娠分娩产褥期并发症	Pregnancy, Childbirth and the Puerperium	0.27	0.29	0.05	19
围生期疾病	Perinatal Diseases	2.01	4.92	0.38	14
先天畸形,变性和染色体异常	Congenital Malformations, Deformations and Chromosomal Abnormalities	1.79	3.34	0.34	15
诊断不明	Undiagnosed Diseases	4.01	5.56	0.76	10
其他疾病	Other Diseases	14.83	24.01	2.82	6
损伤和中毒外部原因	External Causes of Injury and Poison	33.25	37.98	6.32	5

7-24 监测地区5岁以下儿童和孕产妇死亡率

Mortality Rate of the Maternal and Children Aged under 5 in Surveillance Areas

年 份 Year	新生儿死亡率(‰) Newborn Mortality Rate(‰)			婴儿死亡率(‰) Infant Mortality Rate(‰)			5岁以下儿童死亡率(‰) Mortality Rate of Children under 5(‰)			孕产妇死亡率(1/10万) Maternal Mortality Rate (1/100 000)		
	合计 Total	城市 Urban	农村 Rural	合计 Total	城市 Urban	农村 Rural	合计 Total	城市 Urban	农村 Rural	合计 Total	城市 Urban	农村 Rural
1991	33.1	12.5	37.9	50.2	17.3	58.0	61.0	20.9	71.1	80.0	46.3	100.0
1992	32.5	13.9	36.8	46.7	18.4	53.2	57.4	20.7	65.6	76.5	42.7	97.9
1993	31.2	12.9	35.4	43.6	15.9	50.0	53.1	18.3	61.6	67.3	38.5	85.1
1994	28.5	12.2	32.3	39.9	15.5	45.6	49.6	18.0	56.9	64.8	44.1	77.5
1995	27.3	10.6	31.1	36.4	14.2	41.6	44.5	16.4	51.1	61.9	39.2	76.0
1996	24.0	12.2	26.7	36.0	14.8	40.9	45.0	16.9	51.4	63.9	29.2	86.4
1997	24.2	10.3	27.5	33.1	13.1	37.7	42.3	15.5	48.5	63.6	38.3	80.4
1998	22.3	10.0	25.1	33.2	13.5	37.7	42.0	16.2	47.9	56.2	28.6	74.1
1999	22.2	9.5	25.1	33.3	11.9	38.2	41.4	14.3	47.7	58.7	26.2	79.7
2000	22.8	9.5	25.8	32.2	11.8	37.0	39.7	13.8	45.7	53.0	29.3	69.6
2001	21.4	10.6	23.9	30.0	13.6	33.8	35.9	16.3	40.4	50.2	33.1	61.9
2002	20.7	9.7	23.2	29.2	12.2	33.1	34.9	14.6	39.6	43.2	22.3	58.2
2003	18.0	8.9	20.1	25.5	11.3	28.7	29.9	14.8	33.4	51.3	27.6	65.4
2004	15.4	8.4	17.3	21.5	10.1	24.5	25.0	12.0	28.5	48.3	26.1	63.0
2005	13.2	7.5	14.7	19.0	9.1	21.6	22.5	10.7	25.7	47.7	25.0	53.8
2006	12.0	6.8	13.4	17.2	8.0	19.7	20.6	9.6	23.6	41.1	24.8	45.5
2007	10.7	5.5	12.8	15.3	7.7	18.6	18.1	9.0	21.8	36.6	25.2	41.3
2008	10.2	5.0	12.3	14.9	6.5	18.4	18.5	7.9	22.7	34.2	29.2	36.1
2009	9.0	4.5	10.8	13.8	6.2	17.0	17.2	7.6	21.1	31.9	26.6	34.0
2010	8.3	4.1	10.0	13.1	5.8	16.1	16.4	7.3	20.1	30.0	29.7	30.1

7-25 孕产妇保健情况

Maternal Health

单位：% (%)

年 份 Year	活产数（人） Number of Live Births (person)	高危产妇比重 Percentage of High Risk Lying-in Women	建卡率 Rate of Establishing Card	系统管理率 Systematic Management Rate	产前检查率 Prenatal Examination Rate	产后访视率 Postpartum Visiting Rate
1980						
1985						
1990	14517207					
1991	15293237					
1992	11746275		76.6		69.7	69.7
1993	10170690		75.7		72.2	71.0
1994	11044607		79.1		76.3	74.5
1995	11539613		81.4		78.7	78.8
1996	11412028	7.3	82.4	65.5	83.7	80.1
1997	11286021	8.1	84.5	68.3	85.9	82.3
1998	10961516	8.6	86.2	72.3	87.1	83.9
1999	10698467	9.2	87.9	75.4	89.3	85.9
2000	10987691	10.0	88.6	77.2	89.4	86.2
2001	10690630	11.1	89.4	78.6	90.3	87.2
2002	10591949	11.9	89.2	78.2	90.1	86.7
2003	10188005	11.8	87.6	75.5	88.9	85.4
2004	10892614	12.4	88.3	76.4	89.7	85.9
2005	11415809	12.8	88.5	76.7	89.8	86.0
2006	11770056	13.0	88.2	76.5	89.7	85.7
2007	12506498	13.7	89.3	77.3	90.9	86.7
2008	13307045	15.7	89.3	78.1	91.0	87.0
2009	13825431	16.4	90.9	80.9	92.2	88.7
2010	14218657	17.1	92.9	84.1	94.1	90.8

7-25 续表 continued

单位：% (%)

年 份 Year	住院分娩率 Percentage of Hospitalized Delivery			新法接生率 Percentage of New-method Delivery		
	合计 Total	市 City	县 County	合计 Total	市 City	县 County
1980				91.4	98.7	90.3
1985	43.7	73.6	36.4	94.5	98.7	93.5
1990	50.6	74.2	45.1	94.0	98.6	93.9
1991	50.6	72.8	45.5	93.7	98.1	93.2
1992	52.7	71.7	41.2	84.1	91.2	82.0
1993	56.5	68.3	51.0	83.6	81.1	84.7
1994	65.6	76.4	50.4			87.4
1995	58.0	70.7	50.2			87.6
1996	60.7	76.5	51.7			95.5
1997	61.7	76.4	53.0			91.8
1998	66.2	79.0	58.1			92.6
1999	70.0	83.3	61.5	96.8	98.9	95.4
2000	72.9	84.9	65.2	96.6	98.8	95.2
2001	76.0	87.0	69.0	97.3	99.0	96.1
2002	78.7	89.4	71.6	96.7	98.6	95.4
2003	79.4	89.9	72.6	95.9	98.5	94.1
2004	82.8	91.4	77.1	97.3	98.9	96.2
2005	85.9	93.2	81.0	97.5	98.7	96.7
2006	88.4	94.1	84.6	97.8	98.7	97.2
2007	91.7	95.8	88.8	98.4	99.1	97.9
2008	94.5	97.5	92.3	99.1	99.6	98.7
2009	96.3	98.5	94.7	99.3	99.8	99.0
2010	97.8	99.2	96.7	99.6	99.9	99.4

7-26 甲乙类法定报告传染病发病率、死亡率及病死率排序(2010年)

List of Incidence, Death and Mortality Rates of Class A and B Infectious Diseases Reported (2010)

顺位 No.	发病 Disease Incidence 疾病名称 Diseases	发病率(1/10万) Incidence (1/100 000)	死亡 Death 疾病名称 Diseases	死亡率(1/10万) Death Rate (1/100 000)	病死 Mortality Rate 疾病名称 Diseases	病死率(%) Mortality Rate(%)
1	病毒性肝炎 Viral Hepatitis	98.7400	艾滋病 AIDS	0.5801	人感染高致病性禽流感 HpAI	100.0000
2	肺结核 Pulmonary Tuberculosis	74.2729	新生儿破伤风 Newborn Tetanus	0.4700	狂犬病 Hydrophobia	98.3398
3	梅毒 Syphilis	26.8617	肺结核 Pulmonary Tuberculosis	0.2248	艾滋病 AIDS	48.4483
4	细菌性和阿米巴性痢疾 Dysentery	18.8987	狂犬病 Hydrophobia	0.1509	鼠疫 The Plague	28.5714
5	淋病 Gonorrhea	7.9075	病毒性肝炎 Viral Hepatitis	0.0700	流行性脑脊髓膜炎 Epidemic Encephalitis	10.1538
6	新生儿破伤风 Newborn Tetanus	5.7800	甲型H1N1流感 H1N1 influenza A	0.0110	新生儿破伤风 Newborn Tetanus	8.1362
7	麻疹 Measles	2.8589	流行性出血热 Hemorrhage Fever	0.0088	流行性乙型脑炎 Encephalitis B	3.6206
8	布鲁氏菌病 Brucellosis	2.5302	流行性乙型脑炎 Encephalitis B	0.0069	炭疽 Anthrax	2.0761
9	猩红热 Scarlet Fever	1.5640	梅毒 Syphilis	0.0052	甲型H1N1流感 H1N1 influenza A	2.0637
10	艾滋病 AIDS	1.1974	细菌性和阿米巴性痢疾 Dysentery	0.0027	钩端螺旋体病 Leptospirosis	1.6248
11	伤寒和副伤寒 Typhoid and Paratyphoid Fever	1.0520	流行性脑脊髓膜炎 Epidemic Encephalitis	0.0025	流行性出血热 Hemorrhage Fever	1.2387
12	流行性出血热 Hemorrhage Fever	0.7137	麻疹 Measles	0.0020	肺结核 Pulmonary Tuberculosis	0.3026
13	疟疾 Malaria	0.5536	疟疾 Malaria	0.0010	疟疾 Malaria	0.1895
14	甲型H1N1流感 H1N1 influenza A	0.5337	钩端螺旋体病 Leptospirosis	0.0008	麻疹 Measles	0.0708
15	血吸虫病 Schistosomiasis	0.3234	炭疽 Anthrax	0.0004	病毒性肝炎 Viral Hepatitis	0.0670
16	流行性乙型脑炎 Encephalitis B	0.1904	伤寒和副伤寒 Typhoid and Paratyphoid Fever	0.0002	百日咳 Pertussis	0.0567
17	狂犬病 Hydrophobia	0.1534	鼠疫 The Plague	0.0001	伤寒和副伤寒 Typhoid and Paratyphoid Fever	0.0214
18	百日咳 Pertussis	0.1322	淋病 Gonorrhea	0.0001	梅毒 Syphilis	0.0192
19	钩端螺旋体病 Leptospirosis	0.0507	百日咳 Pertussis	0.0001	细菌性和阿米巴性痢疾 Dysentery	0.0143
20	流行性脑脊髓膜炎 Epidemic Encephalitis	0.0243	布鲁氏菌病 Brucellosis	0.0001	布鲁氏菌病 Brucellosis	0.0030
21	炭疽 Anthrax	0.0217	人感染高致病性禽流感 HpAI	0.0001	淋病 Gonorrhea	0.0009
22	登革热 Dengue Fever	0.0167	霍乱 Cholera		霍乱 Cholera	
23	霍乱 Cholera	0.0118	猩红热 Scarlet Fever		猩红热 Scarlet Fever	
24	鼠疫 The Plague	0.0005	登革热 Dengue Fever		登革热 Dengue Fever	
25	人感染高致病性禽流感 HpAI	0.0001	血吸虫病 Schistosomiasis		血吸虫病 Schistosomiasis	
26	传染性非典型肺炎 SARS		传染性非典型肺炎 SARS		传染性非典型肺炎 SARS	
27	脊髓灰质炎 Poliomyelitis		脊髓灰质炎 Poliomyelitis		脊髓灰质炎 Poliomyelitis	
28	白喉 Diphtheria		白喉 Diphtheria		白喉 Diphtheria	

7-27 饮用水经常性卫生监督监测情况(2010年)
Hygienic Supervision and Surveillance of Drinking Water (2010)

项 目	Item	总 计 Total	集中式供水单位 Central Water Supply Units	市 政 Civil Water Supply	乡 镇 Township Water Supply	二次供水单位 Secondary Water Supply Units
卫生监督	Hygienic Supervision					
监督户次数	Number of Outlets under Supervision (outlet-time)	172587	90232	27781	62451	82355
合格率(%)	Qualified Rate (%)	91.03	88.98	95.39	86.13	93.07
卫生监测	Hygienic Surveillance					
样品数(件)	Number of Samples (piece)	259297	210125	121246	88879	49172
合格率(%)	Qualified Rate (%)	88.1	87.02	93.8	77.78	92.68

7-28 新型农村合作医疗情况
Conditions of New Cooperative Medical System

指 标	Indicator	2004	2005	2006	2007	2008	2009	2010
开展新农合县(区、市)数 (个)	Number of Counties Implementing of NCMS (unit)	333	678	1451	2451	2729	2716	2678
参加新农合人数(亿人)	Number of Enrollees (100 million persons)	0.80	1.79	4.10	7.26	8.15	8.33	8.36
参合率 (%)	Enrollment Rate (%)	75.2	75.7	80.7	86.2	91.5	94.2	96.0
人均筹资 (元)	Per Capita Premiums (yuan)	50.4	42.1	52.1	58.9	96.3	113.4	156.6
当年基金支出 (亿元)	Payout at Current Year (100 million yuan)	26.4	61.8	155.8	346.6	662.0	922.9	1187.8
补偿受益人次(亿人次)	Number of Beneficiaries from Reimbursement (100 million person-times)	0.76	1.22	2.72	4.53	5.85	7.59	10.87

7-29 各地区新型农村合作医疗情况(2010年)
Conditions of New Cooperative Medical System by Region (2010)

地 区	Region	县(市、区)数(个) Number of Counties (unit)	开展新农合县(市、区)(个) Number of Counties Implementing of NCMS(unit)	参加新农合人数(万人) Number of Enrollees (10 000 persons)	人均筹资(元) Per Capita Premiums (yuan)	本年度筹资总额(万元) Premiums This Year (10 000 yuan)	补偿受益人次(万人次) Number of Beneficiaries from Reimbursement (10 000 person-times)
总 计	**Total**	**2856**	**2678**	**83560.0**	**156.6**	**13083346.40**	**108666.0**
北 京	Beijing	16	13	278.5	555.4	154696.58	694.5
天 津	Tianjin	16					
河 北	Hebei	172	164	4998.1	140.0	699497.83	6592.9
山 西	Shanxi	119	115	2164.6	150.6	326039.07	2570.6
内蒙古	Inner Mongolia	101	98	1214.6	157.6	191385.08	894.3
辽 宁	Liaoning	100	90	1953.6	158.4	309411.83	1399.9
吉 林	Jilin	60	60	1252.5	150.4	188349.54	627.9
黑龙江	Heilongjiang	128	121	1400.8	151.2	211837.69	1181.6
上 海	Shanghai	18	10	149.0	757.7	112853.29	2035.2
江 苏	Jiangsu	106	86	4370.6	192.0	839029.23	8956.7
浙 江	Zhejiang	90	85	2972.1	251.8	748278.47	7758.4
安 徽	Anhui	105	94	4750.2	151.8	721087.85	4260.2
福 建	Fujian	85	74	2404.2	152.0	365433.22	278.5
江 西	Jiangxi	99	96	3145.0	150.8	474229.29	1968.4
山 东	Shandong	140	135	6548.7	135.2	885508.10	14605.7
河 南	Henan	159	157	7651.5	150.6	1151937.84	11544.6
湖 北	Hubei	103	97	3833.0	150.3	576204.24	8659.9
湖 南	Hunan	122	122	4911.5	141.2	693393.99	2685.5
广 东	Guangdong	121	87	3891.5	160.7	625318.60	2909.0
广 西	Guangxi	109	109	3811.3	150.4	573120.34	2448.3
海 南	Hainan	20	20	474.9	144.2	68486.61	633.3
重 庆	Chongqing	40	39	2200.4	141.5	311284.26	2461.0
四 川	Sichuan	181	175	6285.1	149.0	936726.93	4905.8
贵 州	Guizhou	88	88	3029.2	146.4	443468.93	3949.9
云 南	Yunnan	129	127	3412.2	140.9	480869.55	8043.5
西 藏	Tibet	73	73	233.6	192.6	44988.41	393.4
陕 西	Shaanxi	107	104	2581.4	154.4	398668.22	2433.0
甘 肃	Gansu	86	86	1910.3	146.3	279397.88	2132.4
青 海	Qinghai	43	43	340.8	165.5	56393.48	275.1
宁 夏	Ningxia	22	21	372.0	145.7	54183.78	535.8
新 疆	Xinjiang	98	89	1019.0	158.3	161266.26	830.9

7-30 民政部门医疗救助情况
Medical Aid of Civil Affairs Offices

年份 Year / 地区 Region	城市医疗救助人次 Person-times Receiving Medical Aid in Urban Areas			农村医疗救助人次 Person-times Receiving Medical Aid in Rural Areas			城市医疗救助支出（万元） Expenses of Urban Medical Aid (10 000 yuan)	农村医疗救助支出（万元） Expense of Rural Medical Care (10 000 yuan)
	小计 Sub-total	医疗救助 Medical Aid	资助参加医疗保险 Aid for Medical Insurance	小计 Sub-total	医疗救助 Medical Aid	资助参加合作医疗 Aid for Cooperative Medical Care		
2005	1150000	1150000		8550000			32000.0	57000.0
2006	1872000	1872000		15584000	2413000	13171000	81240.9	114198.1
2007	4420227	4420227		28944383	3770970	25173413	144379.2	280508.0
2008	10862000	4436000	6426000	41919000	7595000	34324000	297000.0	383000.0
2009	15062637	4103725	10958912	47891180	7299800	40591380	412043.1	646245.8
2010	19213211	4600756	14612455	56346619	10192429	46154190	495203.0	834810.0
北 京 Beijing	75013	26791	48222	101231	16549	84682	5001.0	1795.9
天 津 Tianjin	79038	12105	66933	31428	12466	18962	4447.8	1760.5
河 北 Hebei	350824	94840	255984	2521973	371046	2150927	15026.8	31139.1
山 西 Shanxi	829162	157760	671402	882173	113017	769156	18398.5	18835.5
内蒙古 Inner Mongolia	478927	153645	325282	912212	238307	673905	15519.4	20597.3
辽 宁 Liaoning	581419	228581	352838	861400	112641	748759	14034.0	12519.7
吉 林 Jilin	1564046	291531	1272515	1357413	239623	1117790	30019.1	22270.7
黑龙江 Heilongjiang	1393478	153922	1239556	1353667	148058	1205609	50080.2	38083.6
上 海 Shanghai	202722	79476	123246	134890	63087	71803	12307.9	11696.6
江 苏 Jiangsu	435011	73662	361349	1515133	227213	1287920	11247.9	35475.2
浙 江 Zhejiang	92494	44128	48366	806306	272205	534101	9682.6	38495.6
安 徽 Anhui	316792	98170	218622	2457913	397264	2060649	14761.1	39988.3
福 建 Fujian	152369	32383	119986	857279	127395	729884	3062.4	10366.0
江 西 Jiangxi	1260526	207136	1053390	2068395	416141	1652254	46365.3	62747.5
山 东 Shandong	247482	50056	197426	2031165	104865	1926300	13446.4	27258.7
河 南 Henan	1106354	83408	1022946	4327373	481731	3845642	16789.2	41149.3
湖 北 Hubei	1439290	112361	1326929	2468102	251721	2216381	17790.8	22273.1
湖 南 Hunan	1256819	305305	951514	2763757	599368	2164389	27285.4	42677.0
广 东 Guangdong	556076	272465	283611	1862326	279000	1583326	15751.7	17850.1
广 西 Guangxi	245302	60629	184673	2599439	232613	2366826	5372.8	24598.7
海 南 Hainan	218937	50540	168397	356094	90789	265305	3932.4	7255.4
重 庆 Chongqing	1077450	281692	795758	2258755	763905	1494850	13354.4	20510.5
四 川 Sichuan	1354745	632445	722300	5456655	1449414	4007241	38556.0	75184.2
贵 州 Guizhou	401100	77413	323687	4797496	789671	4007825	6498.9	34258.9
云 南 Yunnan	1190966	139859	1051107	5319804	556874	4762930	15162.7	45656.6
西 藏 Tibet	5767	4903	864	78253	26945	51308	3062.9	6175.2
陕 西 Shaanxi	206950	109653	97297	1392138	318769	1073369	16735.2	37098.3
甘 肃 Gansu	343244	166405	176839	1369991	520855	849136	13364.1	38359.7
青 海 Qinghai	520184	315587	204597	946296	531878	414418	7178.7	13772.6
宁 夏 Ningxia	283430	91185	192245	573348	202914	370434	5199.4	10165.2
新 疆 Xinjiang	947294	192720	754574	1884214	236105	1648109	25768.0	24795.0

八、社会服务
Social Service

8-1 行政区划

Division of Administrative Areas

单位：个 (unit)

项　目	Item	2009	2010	2010年比2009年增减% Change in 2010 over 2009
地级行政区划合计	**Total Number of Administrative Areas at Prefecture Level**	**333**	**333**	
地级市	Cities at Prefecture Level	283	283	
地区	Prefectures	17	17	
自治州	Autonomous Prefectures	30	30	
盟	Leagues	3	3	
县级行政区划合计	**Total Number of Administrative Areas at County Level**	**2858**	**2856**	**-0.1**
市辖区	Districts under the Jurisdiction of Cities	855	853	-0.2
县级市	Cities at County Level	367	370	0.8
县	Counties	1464	1461	-0.2
自治县	Autonomous Counties	117	117	
旗	Banners	49	49	
自治旗	Autonomous Banners	3	3	
特区	Special Zones	2	2	
林区	Forestry Districts	1	1	
乡镇、街道级行政区划合计	**Total Number of Administrative Areas at Townships and Streets Level**	**40858**	**40906**	**0.1**
镇	Towns	19322	19410	0.5
乡	Townships	13653	13379	-2.0
苏木	Sumu	96	96	
民族乡	Ethnic Townships	1098	1095	-0.3
民族苏木	Ethnic Sumu	1	1	
街道办事处	Street Communities	6686	6923	3.5
区公所	District Communities	2	2	

8-2 县及以上行政区划

Division of Administrative Areas at County Level and Above

单位：个 (unit)

年 份 Year	省 级 Provinces, Autonomous Regions and Municipalities	地 级 (不含地级市) Administrative Areas at Prefecture Level (Excluding Cities at Prefecture Level)	县 级 (不含县级市、市辖区) Administrative Areas at County Level (Excluding Cities at County level and Districts under the Jurisdiction of Cities)	市 Cities	#地 级 Cities at Prefecture Level	#县 级 Cities at County Level	市辖区 Districts under the Jurisdiction of Cities
1978	30	241	2138	193	99	91	
1979	30	209	2137	216	104	109	520
1980	30	209	2137	223	107	113	511
1981	30	208	2136	226	110	113	581
1982	30	210	2133	245	109	133	527
1983	30	183	2095	281	137	141	599
1984	30	175	2069	300	148	149	595
1985	30	165	2046	324	162	159	620
1986	30	159	2017	353	166	184	629
1987	30	156	1986	381	170	208	623
1988	31	151	1930	434	183	248	647
1989	31	151	1919	450	185	262	648
1990	31	151	1903	467	185	279	651
1991	31	151	1894	479	187	289	650
1992	31	148	1848	517	191	323	662
1993	31	139	1795	570	196	371	669
1994	31	127	1735	622	206	413	697
1995	31	124	1716	640	210	427	706
1996	31	117	1696	666	218	445	717
1997	33	110	1693	668	222	442	727
1998	33	104	1689	668	227	437	737
1999	34	95	1682	667	236	427	749
2000	34	74	1674	663	259	400	787
2001	34	67	1660	662	265	393	808
2002	34	57	1649	660	275	381	830
2003	34	51	1642	660	282	374	845
2004	34	50	1636	661	283	374	852
2005	34	50	1636	661	283	374	852
2006	34	50	1635	656	283	369	856
2007	34	50	1635	655	283	368	856
2008	34	50	1635	655	283	368	856
2009	34	50	1636	654	283	367	855
2010	34	50	1633	657	283	370	853

8-3 乡镇级行政区划

Division of Administrative Areas at Townships Level

单位：个 (unit)

年 份 Year	乡镇级合计 Total Number of Administrative Areas at Townships Level	镇 Towns	乡级 Townships Level	#民族乡 Ethnic Townships	区公所 District Communities	街道办事处 Street Communities
1978	6198	2176			4022	
1979	10424	2361			3619	4444
1980						
1981	11434	2678			3791	4965
1982						
1983	49695	2968	35514		5909	5304
1984	106439	7186	85290		8119	5844
1985	104900	9140	82450	3144	7908	5402
1986	84018	10718	61417	2936	6165	5718
1987	81025	11103	58739	3020	5503	5680
1988	65345	11481	45195	1571	3570	5099
1989	65419	11873	44624	1755	3502	5420
1990	65188	12084	44397	1980	3438	5269
1991	63391	12455	42654	1403	3096	5186
1992	54830	14539	33827	1348	1231	5233
1993	54863	15805	32445	1351	1143	5470
1994	54605	16702	31463	1322	1068	5372
1995	53360	17532	29502	1330	730	5596
1996	51336	18171	27056	1383	544	5565
1997	50967	18925	25966	1545	398	5678
1998	50999	19216	25712	1517	339	5732
1999	50750	19756	24745	1222	345	5904
2000	49668	20312	23199	1356	255	5902
2001	45303	20374	19341	1188	78	5510
2002	44850	20601	18639	1167	34	5576
2003	44067	20226	18064	1149	26	5751
2004	43258	19883	17451	1124	20	5904
2005	41636	19522	15951	1093	11	6152
2006	41040	19369	15306	1089	10	6355
2007	40813	19249	15120	1093	10	6434
2008	40828	19234	15067	1097	3	6524
2009	40858	19322	14848	1099	2	6686
2010	40906	19410	14571	1096	2	6923

8-4 “七五”—“十一五”时期社会服务业发展速度
Increase Rate of Key Indicators on Development of Social Service from the 7th Five Year Plan to the 11th Five Year Plan

单位：%　　　　(%)

项　　目	Item	“七五”时期年平均增长速度 Average Annual Increase Rate During the 7th Five Year Plan Period	“八五”时期年平均增长速度 Average Annual Increase Rate During the 8th Five Year Plan Period	“九五”时期年平均增长速度 Average Annual Increase Rate During the 9th Five Year Plan Period
综合	**General**			
行政区划	Division of Administrative Areas			
乡	Townships	-11.6	-7.8	-4.7
镇	Towns	5.7	7.7	3.0
60岁以上老年人口	Population Aged 60 and Over			
民政事业费支出	Operating Costs of Civil Affairs	11.9	14.8	17.3
固定资产	Fixed Assets	20.8	22.5	53.1
社会工作	**Social Work**			
社会服务床位	Number of Beds in Social Service Institutions	9.7	4.6	3.0
#老年及残疾人床位	Beds for Aged and Disabled			
智障和精神疾病床位	Beds for Mental Retardation and Mental Disease			
儿童床位	Beds for Children			
家庭收养儿童	Children Adopted by Families			
社会福利企业	Social Welfare Enterprises	23.0	7.6	-7.6
福利彩票销售额	Sales of Welfare Lottery		54.5	14.6
城市居民最低生活保障人数	Number of Persons Receiving Subsistence Allowance in Urban Areas			
国家重点优抚对象	Beneficiaries of State Pension or Subsidies with Preferential Treatment	8.5	1.1	-0.3
伤残人员抚恤金	Pension of Disabled Veterans			27.1
烈属和牺牲病故军人家属抚恤金	Pension for Families Members of Martyrs and Veterans Sacrificed or Died of Illness			6.7
社区服务中心	Community Services Centers			8.0
成员组织	**Membership Organizations**			
社会组织	NGOs		75.5	-3.2
社会团体	Social Organizations			
基金会	Foundations			
民办非企业单位	Non-enterprise Units Run by NGO			
自治组织	Autonomy Organizations			
村民委员会	Villagers' Committees	1.1	-6.9	-4.7
社区居委会	Community Neighborhood Committees	4.1	2.5	-0.6
其他社会服务	**Other Social Services**			
婚　姻	Marriage			
办理结婚登记	Registered Marriages	2.7	-0.4	-0.2
办理离婚登记	Registered Divorces	11.7	5.7	2.8
殡　葬	Funeral and Interment			
处理遗体数	Cremated Remains During the Year	5.3	5.5	7.3

8-4 续表 continued

单位：% (%)

项目	Item	"十五"时期年平均增长速度 Average Annual Increase Rate During the 10th Five Year Plan Period	"十一五"时期年平均增长速度 Average Annual Increase Rate During the 11th Five Year Plan Period
综合	**General**		
行政区划	Division of Administrative Areas		
乡	Townships	-7.2	-1.8
镇	Towns	-0.8	-0.1
60岁以上老年人口	Population Aged 60 and Over		4.3
民政事业费支出	Operating Costs of Civil Affairs	25.6	30.3
固定资产	Fixed Assets	9.9	16.3
社会工作	**Social Work**		
社会服务床位	Number of Beds in Social Service Institutions	7.7	13.8
#老年及残疾人床位	Beds for Aged and Disabled	5.0	15.3
智障和精神疾病床位	Beds for Mental Retardation and Mental Disease	10.0	8.8
儿童床位	Beds for Children	11.7	11.5
家庭收养儿童	Children Adopted by Families	-2.0	-7.5
社会福利企业	Social Welfare Enterprises	-5.2	-6.6
福利彩票销售额	Sales of Welfare Lottery	29.4	18.7
城市居民最低生活保障人数	Number of Persons Receiving Subsistence Allowance in Urban Areas	40.9	0.7
国家重点优抚对象	Beneficiaries of State Pension or Subsidies with Preferential Treatment	0.8	6.3
伤残人员抚恤金	Pension of Disabled Veterans	18.2	18.5
烈属和牺牲病故军人家属抚恤金	Pension for Families Members of Martyrs and Veterans Sacrificed or Died of Illness	13.5	14.9
社区服务中心	Community Services Centers	5.6	8.2
成员组织	**Membership Organizations**		
社会组织	NGOs	15.8	6.9
社会团体	Social Organizations	5.6	7.5
基金会	Foundations		17.7
民办非企业单位	Non-enterprise Units Run by NGO	45.5	6.1
自治组织	Autonomy Organizations		
村民委员会	Villagers' Committees	-3.0	-1.1
社区居委会	Community Neighborhood Committees	-5.9	1.7
其他社会服务	**Other Social Services**		
婚姻	Marriage		
办理结婚登记	Registered Marriages	-0.6	8.6
办理离婚登记	Registered Divorces	8.0	8.5
殡葬	Funeral and Interment		
处理遗体数	Cremated Remains During the Year	3.8	1

8-5 社会服务发展情况
Development of Social Service

项　目	Item	1985	1990	1995	2000	2005	2010
综　合	**General**						
乡级(个)	Townships Level(unit)	82450	44397	29502	23199	15951	14571
镇(个)	Towns (unit)	9140	12084	17532	20312	19522	19410
65岁以上老年人口(万人)	Population Aged 65 and over (10000 persons)				8821	10055	11894
社会服务经费(亿元)	Expenditure on Social Service (100 million yuan)	29.6	51.9	103.5	229.7	718.4	2697.5
固定资产(亿元)	Fixed Assets (100 million yuan)	20.1	51.7	142.6	1199.3	3097.8	6589.3
社会工作	**Social Work**						
社会服务床位数(万张)	Number of Beds in Social Service Institutions (10000 beds)	49.1	78.0	97.6	113.0	180.7	349.6
#儿童床位	Welfare Homes for Children			1.1	1.8	3.2	5.5
老年及残疾人床位	Beds for Aged and Disabled			91.9	104.5	156.3	314.9
智障和精神疾病床位	Beds for Mental Retardation and Mental Disease			4.0	4.1	4.4	6.1
社区服务中心数(个)	Number of Community Services Centers (unit)			4380	6444	8479	12720
城镇居民最低生活保障人数(万人)	Number of Persons Receiving Subsistence Allowance in Urban Areas (10000 persons)				402.6	2234.2	2310.5
家庭收养儿童(人)	Children Adopted by Families (person)				56191	50921	34473
社会福利企业(个)	Social Welfare Enterprises (unit)	14872	41827	60237	40670	31211	22226
福利彩票销售额(亿元)	Sales of Welfare Lottery (100 million yuan)		6.5	57.3	89.9	411.2	968.0
国家重点优抚对象(万人)	Beneficiaries of State Pension or Subsidies with Preferential Treatment (10000 persons)	283.3	425.7	436.2	438.7	460.3	625.0
成员组织	**Membership Organizations**						
社会组织(个)	NGOs (unit)		10855	180583	153322	319762	445631
村民委员会(万个)	Villagers' Committees (10000 units)	94.9	100.1	93.2	73.2	62.9	59.5
社区居委会(万个)	Community Neighbourhood Committees (10000 units)	8.1	9.9	11.2	10.8	8.0	8.7
其他社会服务	**Other Social Service**						
办理结婚登记(万对)	Registered Marriages (10000 couples)	831.3	951.1	934.1	848.5	823.1	1241.0
办理离婚登记(万对)	Registered Divorces (10000 couples)	45.8	80.0	105.6	121.3	178.5	267.8
全年火化遗体(万具)	Cremated Remains During the Year (10000 bodies)	155.2	201.3	262.7	373.7	450.2	474.1

8-6 社会服务发展主要指标比较
Key Statistics on Development of Social Service

项　目	Item	2009	2010	2010年比2009年增减% Change in 2010 over 2009
综　合	**General**			
行政区划（个）	Division of Administrative Areas (unit)			
镇	Towns	19322	19410	0.5
乡级	Townships Level	14848	14571	-1.9
#民族乡	Ethnic Townships	1099	1096	-0.3
街道办事处	Street Communities	6686	6923	3.5
区公所	District Communities	2	2	
老龄人口	Aging Population			
60岁以上老年人口（万人）	Population Aged 60 and Over (10000 persons)	16714	17765	6.3
60岁以上老年人口占全国总人口（%）	Percentage of Population Aged 60 and Over to Total Population	12.5	13.3	0.8(百分点)
65岁以上老年人口（万人）	Population Aged 65 and Over (10000 persons)	11307	11894	5.2
65岁以上老年人口占全国总人口（%）	Percentage of Population Aged 65 and Over to Total Population	8.5	8.9	0.4(百分点)
资　产	Assets			
社会服务经费（亿元）	Expenditure on Social Service (100 million yuan)	2181.9	2697.5	23.6
抚恤事业费	Pension for Families of the Disabled Veterans and the Bereaved	310.3	362.7	16.9
安置费	Pension for Resettlement	225.7	269.0	19.2
城市最低生活保障费	Subsistence Allowance in Urban Areas	482.1	524.7	8.8
农村及其他社会救济费	Social Relief Fund in Rural Areas	487.9	579.6	18.8
社会福利事业费	Social Welfare Funds	124.1	149.8	20.7
自然灾害救济费	Natural Disaster Relief	199.2	237.2	19.1
地方离退休人员费	Pension for Civilian Retired Persons	30.0	30.4	1.3
其　他	Others	322.7	544.1	68.6
基本建设支出（亿元）	Expenses for Capital Construction (100 million yuan)	157.0	183.0	16.6
固定资产（亿元）	Fixed Assets (100 million yuan)	5198.0	6589.3	26.8
社会工作	**Social Work**			
提供住宿的社会服务机构	Social Welfare Residential Institutions			
单位数（万个）	Number of Units (10000 units)	10.7	10.1	-5.6
床位数（万张）	Number of Beds (10000 beds)	326.5	349.6	7.1
收养人数（万人）	Number of Persons Adopted (10000 persons)	256.0	274.7	7.3
社区服务设施（个）	Community Service Facilities (unit)			
社区服务中心	Community Service Centers	10003	12720	27.2
社区服务站	Community Service Stations	53170	44237	-16.8
其他社区服务设施	Other Community Service Facilities	83500	95984	15.0
社区服务设施覆盖率（%）	Coverage Rate of Community Services Facilities (%)	21.5	22.4	0.9(百分点)
城市便民、利民网点	Convenience Stores in Urban Areas	692625	539136	-22.2

8-6 续表 1 continued

项 目	Item	2009	2010	2010年比2009年增减% Change in 2010 over 2009
社会救助	Social Relief			
城 市	Urban Area			
城市居民最低生活保障人数(万人)	Number of Persons Receiving Subsistence Allowance in Urban Areas (10000 persons)	2345.6	2310.5	-1.5
城市居民最低生活保障户数(万户)	Number of Households Receiving Subsistence Allowance in Urban Areas (10000 households)	1141.1	1145.0	0.3
城市最低生活保障平均标准(元/人、月)	Average Standard of Subsistence Allowance in Urban Areas (yuan per capita per month)	227.8	251.2	10.3
农 村	Rural Area			
农村居民最低生活保障人数(万人)	Number of Persons Receiving Subsistence Allowance in Rural Areas (10000 persons)	4760.0	5214.0	9.5
农村居民最低生活保障户数(万户)	Number of Households Receiving Subsistence Allowance in Rural Areas (10000 households)	2291.8	2528.7	10.3
农村最低生活保障平均标准(元/人、月)	Average Standard of Subsistence Allowance in Rural Areas (yuan per capita per month)	100.8	117.0	16.1
农村集中供养五保户救济人数(万人)	Number of Persons Entitled to Centralized "Five Guarantees" in Rural Areas (10000 persons)	171.8	177.4	3.3
农村集中供养五保户救济户数(万户)	Number of Households Entitled to Centralized "Five Guarantees" in Rural Areas (10000 households)	166.6	172.9	3.8
农村集中供养五保户平均标准(元/人、月)	Average Standard of Subsidies to Centralized "Five Guarantees" in Rural Areas (yuan per capita per month)	2587.5	2951.4	14.1
农村分散供养五保户救济人数(万人)	Number of Persons Entitled to Decentralized "Five Guarantees" in Rural Areas (10000 persons)	381.6	378.9	-0.7
农村分散供养五保户救济户数(万户)	Number of Households Entitled to Decentralized "Five Guarantees" in Rural Areas (10000 households)	362.8	361.1	-0.5
农村分散供养五保户平均标准(元/人、月)	Average Standard of Subsidies to Decentralized "Five Guarantees" in Rural Areas (yuan per capita per month)	1842.7	2102.1	14.1
医疗救助	Medical Assistance			
城市医疗救助(万人次)	Urban Medical Assistance (10000 persons-time)	410.4	460.1	12.1
民政部门资助参加医疗保险人数(万人)	Number of Persons Participated in Medical Insurance Donated by Civil Affairs Departments (10000 persons)	1095.9	1461.2	33.3
农村医疗救助(万人次)	Rural Medical Assistance (10000 person-times)	730.0	1019.2	39.6
农村资助参加合作医疗人数(万人)	Number of Persons Participated in Rural Cooperative Medical System Donated by Civil Affairs Departments (10000 persons)	4059.1	4615.4	13.7
家庭收养儿童(人)	Children Adopted by Families (person)	4.4	3.4	-22.7
社会福利企业	Social Welfare Enterprises			
福利企业数(万个)	Number of Social Welfare Enterprises (10000 units)	2.3	2.2	-4.3
残疾职工(万人)	Disabled Staff and Workers (10000 persons)	62.7	62.5	-0.3

8-6 续表 2 continued

项 目	Item	2009	2010	2010年比2009年增减% Change in 2010 over 2009
福利彩票(亿元)	Welfare Lottery (100 million yuan)			
销售福利彩票	Sales of Welfare Lottery	756.0	968.0	28.0
筹集社会福利基金	Public Fund Raised from Welfare Lottery	248.0	298.8	20.5
优抚安置(万人)	Preferential Treatment and Resettlement (10000 persons)			
国家重点优抚对象	Beneficiaries of State Pension or Subsidies with Preferential Treatment	630.7	625.0	-0.9
安置义务兵、士官人数	Number of Resettled Conscripts and Non-commissioned Officers	39.1	38.7	-1.0
接收军队离退休人员人数	Number of Resettled Retired Veterans	1.9	1.3	-31.6
社会捐赠	Social Donations			
社会捐赠款数(亿元)	Donated Fund (100 million yuan)	66.5	179.8	170.4
捐赠衣被总数(亿件)	Donated Clothes and Quilts (100 million pieces)	1.2	0.3	-75.0
捐赠其他物资价值(亿元)	Value of Other Materials Donated (100 million yuan)	2.2	4.9	122.7
受益人次数(万人次)	Total Number of Beneficiaries (10000 person-times)	1522.3	2514.7	65.2
社会捐赠接收站、点数(个)	Number of Work Stations and Spots Receiving Social Donations (unit)	33197	31878	-4.0
成员组织	**Membership Organizations**			
社会组织(万个)	NGOs (10000 uints)	43.1	44.6	3.5
社会团体	Social Organizations	23.9	24.5	2.5
民办非企业单位	Non-enterprise Units Run by NGO	19.0	19.8	4.2
基金会(个)	Foundations (unit)	1843	2200	19.4
自治组织 (万个)	Autonomy Organizations (10000 units)			
村委会	Villagers' Committees	59.9	59.5	-0.7
社区居委会	Community Neighborhood Committees	8.5	8.7	2.4
其他社会服务	**Other Social Service**			
婚 姻	Marriage			
结婚登记(万对)	Registered Marriages (10000 couples)	1212.4	1241.0	2.4
#涉外及港澳台	Registered Marriages with Foreigner and the Citizen of Hong Kong, Macao and Taiwan	4.9	4.9	
每千居民之结婚宗数(‰)	Crude Marriage Rate(‰)	9.1	9.3	0.2(千分点)
离婚办理(万对)	Registered Divorces (10000 couples)	246.8	267.8	-7.8
每千居民之离婚宗数(‰)	Crude Divorce Rate(‰)	1.85	2.00	0.15(千分点)
殡 葬	Funeral and Interment			
处理遗体数(万具)	Cremated Remains During the Year (10000 bodies)	454.2	474.1	4.4
火化率 (%)	Cremated Rate (%)	48.2	49.0	0.8(百分点)

8-7 社会服务机构基本情况
Statistics on Social Service Institutions

项 目	Item	单位数(个) Number of Institutions (unit)			职工人数(万人) Number of Employees (person)		
		2009	2010	2010年比2009年增减% Change in 2010 over 2009	2009	2010	2010年比2009年增减% Change in 2010 over 2009
总 计	**Total**	**1262066**	**1268926**	**0.5**	**1038.1**	**1138.4**	**9.7**
社会工作	**Social Work**	**137637**	**131833**	**-4.2**	**199.4**	**225.7**	**13.2**
提供住宿的社会服务机构	Social Welfare Residential Institutions	107117	101439	-5.3	39.9	62.8	57.4
老年人与残疾人服务机构	Institutions for Aged and Disabled	39671	39904	0.6	25.8	27.4	6.2
城市养老服务机构	Urban Institutions for Aged Persons	5291	5413	2.3	6.4	7.3	14.1
农村养老服务机构	Rural Institutions for Aged Persons	31286	31472	0.6	13.6	14.2	4.4
社会福利院	Social Welfare Homes	1611	1572	-2.4	3.7	3.9	5.4
光荣院	Homes for Disabled Veterans	1401	1371	-2.1	1.3	1.2	-7.7
荣誉军人康复医院	Convalescent Hospitals for Honorable Serviceman	47	40	-14.9	0.5	0.5	
复员军人疗养院	Sanatoriums for Ex-serviceman	35	36	2.9	0.3	0.3	
智障与精神疾病服务机构	Mental Retardation and Mental Diseases	266	251	-5.6	2.2	2.3	4.5
复退军人精神病院	Mental Hospitals for Ex-serviceman	89	94	5.6	0.9	1.0	11.1
社会福利医院	Social Welfare Hospitals	177	157	-11.3	1.3	1.3	
儿童收养救助服务机构	Social Welfare Institutions for Children	419	480	14.6	0.9	1.0	11.1
儿童福利院	Welfare Homes for Children	303	335	10.6	0.8	0.9	12.5
流浪儿童救助保护中心	Centers for Rescuing Street Children	116	145	25.0	0.1	0.1	
社区服务机构	Community Services Institutions	63173	56957	-9.8	6.8	27.9	310.3
社区服务中心	Community Centers for Aged Persons	10003	12720	27.2	6.8	8.3	22.1
社区服务站	Community Stations for Aged Persons	53170	44237	-16.8		19.6	
其他提供住宿的服务机构	Other Social Welfare Residential Institutions	3588	3847	7.2	4.1	4.2	2.4
生活无着人员救助管理站	Salvation Stations	1372	1448	5.5	1.6	1.5	-6.3
军休所	Serviceman Recreation Habitation	1876	1957	4.3	1.9	1.9	
军供站	Serviceman Supply Stations	330	330		0.7	0.6	-14.3
其他收养机构	Other Residential Institutions	10	112	1020.0	0.03	0.1	

8-7 续表 continued

项 目	Item	单位数(个) Number of Institutions (unit) 2009	2010	2010年比2009年增减% Change in 2010 over 2009	职工人数(万人) Number of Employees (person) 2009	2010	2010年比2009年增减% Change in 2010 over 2009
不提供住宿的社会服务机构	Social Welfare without Residential Institutions	30520	30394	-0.4	159.5	162.8	2.1
救灾储备仓库	Relief Reserve Units	326	455	39.6	0.1	0.1	
福利企业	Social Welfare Enterprises	22783	22226	-2.4	154.4	157.4	1.9
福利彩票发行单位	Welfare Lottery Issuing Institutions	988	993	0.5	0.7	0.8	14.3
烈士纪念建筑物管理单位	Martyr Memorial Building Management Units	1137	1195	5.1	0.9	0.9	
捐赠、救助等其他事业单位	Other Institutions like Donations and Relief	2977	3060	2.8	2.4	2.6	8.3
老龄机构	Senior Citizens' Work Institutions	2309	2465	6.8	0.9	0.9	
成员组织	**Membership Organizations**	**1114836**	**1127346**	**1.1**	**821.8**	**895.5**	**9.0**
社会组织	Social Organization	431069	445631	3.4	544.7	618.2	13.5
社会团体	Social Organization	238747	245256	2.7	335.7	396.1	18.0
基金会	Fund Organization	1843	2200	19.4	1.2	1.3	8.3
民办非企业单位	Non-enterprise Units Run by NGO	190479	198175	4.0	207.8	220.8	6.3
自治组织	Autonomy Organizations	683767	681715	-0.3	277.1	277.3	0.1
社区居委会	Neighborhood Committee	84689	87057	2.8	43.1	43.9	1.9
村委会	Village Committee	599078	594658	-0.7	234.0	233.4	-0.3
行政机关	**Administration**	**3498**	**3482**	**-0.5**	**8.8**	**8.9**	**1.1**
民政行政机关	Civil Affairs Administrative Institutions	3498	3482	-0.5	8.8	8.9	1.1
其他社会服务机构	**Other Social Service Institutions**	**6095**	**6265**	**2.8**	**8.2**	**8.4**	**2.4**
婚姻	Marriage	2199	2314	5.2	0.8	0.9	12.5
婚姻登记服务类单位	Marriage Registration Institutions	2199	2314	5.2	0.8	0.9	12.5
殡葬	Funeral and Interment Institutions	3896	3951	1.4	7.4	7.5	1.4
殡仪馆	Funeral Home	1729	1724	-0.3	4.5	4.5	
公墓	Cemetery	1266	1308	3.3	2.1	2.2	4.8
殡葬管理单位	Funeral and Interment Management Institutions	901	919	2.0	0.8	0.8	

8-8 历年社会服务机构情况
Statistics on Social Service Institutions (1978-2010)

单位：万个 (10000 units)

年 份 Year	合 计 Total	社会工作 Social Work	成员组织 Membership Organizations	社会组织 Social Organizations	自治组织 Autonomy Organizations	其他社会服务机构 Other Social Service Institutions	民政行政机关 Administrative Institutions
1978	1.1	0.8				0.3	
1979	1.3	1.0				0.3	
1980	1.4	1.1				0.3	
1981	1.5	1.2				0.3	
1982	1.7	1.4				0.3	
1983	40.2	2.2	37.7		37.7	0.3	
1984	103.6	3.0	100.3		100.3	0.3	
1985	107.7	4.5	103.0		103.0	0.3	
1986	101.2	5.6	95.3		95.3	0.3	
1987	100.1	6.6	93.2		93.2	0.3	
1988	106.7	8.1	98.3	0.4	97.8	0.3	
1989	111.8	8.3	103.3	0.5	102.8	0.3	
1990	119.8	8.4	111.1	1.1	110.0	0.3	
1991	129.2	8.7	120.2	8.3	111.9	0.3	
1992	136.1	9.5	126.3	15.5	110.8	0.3	
1993	139.7	10.7	128.7	16.8	112.0	0.3	
1994	140.3	10.9	129.1	17.4	111.7	0.3	
1995	133.6	10.9	122.4	18.1	104.4	0.3	
1996	133.9	10.9	122.7	18.5	104.2	0.3	
1997	131.4	10.6	120.5	18.1	102.4	0.3	
1998	122.2	10.2	111.8	16.6	95.2	0.3	
1999	115.7	9.5	105.9	14.3	91.6	0.3	
2000	109.5	9.8	99.3	15.3	84.0	0.3	
2001	110.4	9.2	100.3	21.1	79.2	0.3	0.6
2002	111.0	9.1	101.2	24.5	76.7	0.3	0.5
2003	110.3	8.9	100.7	26.7	74.0	0.3	0.4
2004	111.5	9.6	101.1	28.9	72.2	0.3	0.4
2005	113.0	9.5	102.9	32.0	70.9	0.3	0.4
2006	116.0	9.2	105.9	35.4	70.5	0.5	0.4
2007	118.0	9.0	108.2	38.7	69.5	0.5	0.3
2008	119.6	8.4	110.2	41.4	68.8	0.6	0.4
2009	126.2	13.8	111.5	43.1	68.4	0.6	0.3
2010	126.9	13.2	112.7	44.6	68.2	0.6	0.3

8-9 历年社会服务机构职工情况
Staff and Workers in Social Service Institutions (1978-2010)

单位：万人 (10000 persons)

年　份 Year	合　计 Total	行政机关 Administrative Departments	事业单位 Institutions	社会组织 NGOs	自治组织 Autonomy Organizations	社会福利企业 Social Welfare Enterprises
1978	19.7		5.2			14.5
1979	21.9		7.4			14.5
1980	25.3		8.4			16.9
1981	27.8		9.1			18.7
1982	29.1		9.8			19.3
1983	41.5		10.8			30.7
1984	48.0		13.0			35.1
1985	497.9		15.4		414.5	68.0
1986	506.2		17.5		402.1	86.6
1987	529.1		18.3		396.9	113.9
1988	569.6		19.3		402.7	147.6
1989	587.5		20.0		416.0	151.5
1990	631.8		21.0		452.5	158.3
1991	661.2		22.0		468.5	170.7
1992	691.3		23.0		477.4	190.9
1993	733.9		23.8		503.9	206.3
1994	749.6		24.0		506.5	219.0
1995	694.2		24.3		448.5	221.4
1996	676.0		25.1		446.8	204.2
1997	681.1	14.3	28.3		428.6	209.8
1998	649.2	14.8	29.7		409.4	195.3
1999	629.9	14.8	33.4		401.4	180.2
2000	580.3	13.5	37.5		363.4	165.8
2001	577.3	12.1	42.7		362.8	159.8
2002	537.4	11.2	40.1		333.8	152.3
2003	562.6	10.8	42.5		358.8	150.5
2004	543.7	11.3	45.3		334.6	152.5
2005	509.0	8.4	45.2		311.1	144.3
2006	903.8	8.3	46.2	425.2	287.3	136.8
2007	938.4	8.4	49.7	456.9	282.7	140.7
2008	967.4	8.7	52.6	475.8	276.0	154.3
2009	1038.1	8.8	53.1	544.7	277.1	154.4
2010	1138.4	8.9	76.5	618.2	277.3	157.5

8-10 历年社会服务机构固定资产原值情况

Original Value of Fixed Assets in Civil Affairs Institutions (1983-2010)

单位: 亿元 (100 million yuan)

年 份 Year	合 计 Total	行政机关 Administrative Departments	事业单位 Institutions	社会组织 NGOs	自治组织 Autonomy Organizations	社会福利企业 Social Welfare Enterprises
1983	13.0		6.6			6.4
1984	14.9		7.8			7.1
1985	20.1		11.3			8.8
1986	24.2		13.9			10.3
1987	28.7		16.2			12.4
1988	40.8		24.1			16.7
1989	44.1		24.5			19.6
1990	51.7		28.4			23.3
1991	63.6		34.1			29.5
1992	75.6		39.4			36.3
1993	100.3		49.5			50.8
1994	119.0		56.9			62.1
1995	142.6		65.7			77.0
1996	168.1		80.1			88.0
1997	211.5		105.2			106.3
1998	962.4		127.8			834.5
1999	1017.3		127.8			889.5
2000	1199.3		277.6			921.7
2001	1317.0		323.0			994.0
2002	1394.9		353.9			1041.0
2003	1644.3		401.2			1243.1
2004	1818.4	62.8	512.5			1243.1
2005	3097.8	64.9	528.6		1174.9	1329.4
2006	4066.7	94.3	575.1	423.0	1446.4	1527.9
2007	3973.0	132.8	656.7	682.0	1223.9	1277.6
2008	4592.8	132.9	774.1	805.8	1467.3	1412.7
2009	5198.0	119.2	829.0	1030.0	1722.4	1497.4
2010	6589.3	121.8	1025.3	1864.1	1931.5	1646.6

8-11 各项社会服务经费情况
Expenditure on Social Service by Item

单位：亿元 (100 million yuan)

项　目	Item	2009	2010	2010年比2009年增减% Change in 2010 over 2009
社会服务经费合计	**Total Expenditure on Social Service**	**2182.0**	**2697.5**	**23.6**
占国家财政支出比重(%)	Percentage to Total Government Expenditure (%)	2.9	3.0	3.4
#中央转移支付的民政事业费	Central Government Transfer Payment for Local Civil Affairs	1227.0	1342.4	9.4
占社会服务经费的比重(%)	Percentage to Total Expenditure on Social Service (%)	56.2	49.8	-11.4
#国家基本建设投资	State Capital Construction	70.6	89.1	26.2
#公益金支出	Expenditure of Public Fund	113.4	121.2	6.9
按项目分	by Item			
抚恤费	State Pension	310.3	362.7	16.9
退役安置费	Pension for Retired Servicemen and Resettlement	225.7	269.0	19.2
社会福利费	Social Welfare Expenses	124.1	149.8	20.7
城市居民最低生活保障费	Expenses for Subsistence Allowance in Urban Area	482.1	524.7	8.8
农村低保及其他社会救济费	Expenses for Subsistence Allowance and Social Relief in Rural Area	487.9	579.6	18.8
自然灾害生活救助	Natural Disaster Relief	199.2	237.2	19.1
地方离、退休人员费	Pension for Civilian Retirees	30.0	30.4	1.3
其他民政事业费	Other Civil Affairs Expenditure	322.7	544.1	68.6

8-12 历年社会服务经费及财政支出情况

Expenditure on Social Service and Government Expenditure (1978-2010)

单位：亿元 (100 million yuan)

年 份 Year	国家财政支出 Government Expenditure	社会服务经费 Expenditure on Social Service	抚恤费 State Pension	离休费 Retirement Pension Category Ⅰ	社会福利及其他社会救济费 Social Welfare and Relief Funds	#最低生活保障事业费 Subsistence Allowance and Its Operating Costs	自然灾害救济费 Natural Disaster Relief	退休费 Retirement Pension Category Ⅱ	其他民政事业费 Other Operating Costs of Civil Affairs
1978	1122.1	13.7	2.8		4.4		4.2	2.3	
1979	1281.8	18.4	3.5		5.2		6.8	2.9	
1980	1228.8	17.5	4.4		5.2		4.5	3.4	
“六五”时期 The 6th Five-year Plan Period	**7483.2**	**114.2**	**27.3**	**0.9**	**32.1**		**35.2**	**16.8**	**1.7**
1981	1138.4	19.2	4.4		5.1		6.3	3.4	
1982	1230.0	19.6	4.8		5.1		6.0	3.5	
1983	1409.5	21.6	5.3		6.5		6.4	3.4	
1984	1701.0	24.2	6.1	0.2	8.0		6.9	3.0	
1985	2004.3	29.6	6.7	0.7	7.4		9.6	3.5	1.7
“七五”时期 The 7th Five-year Plan Period	**12865.7**	**208.4**	**59.2**	**11.4**	**46.7**		**56.4**	**22.0**	**12.8**
1986	2204.9	34.4	8.4	1.2	8.3		10.7	3.8	1.9
1987	2262.2	35.9	9.6	1.8	8.6		9.9	4.1	2.0
1988	2491.2	39.6	11.0	2.3	9.0		10.4	4.3	2.5
1989	2823.8	46.6	14.0	2.9	10.0		12.3	4.6	2.9
1990	3083.6	51.9	16.2	3.2	10.8		13.1	5.2	3.5
“八五”时期 The 8th Five-year Plan Period	**24387.5**	**386.6**	**107.8**	**23.2**	**75.6**		**94.1**	**45.5**	**40.5**
1991	3386.6	62.5	16.8	3.6	11.7		20.9	5.4	4.2
1992	3742.2	63.7	18.0	4.2	12.4		17.1	6.6	5.4
1993	4642.3	69.9	20.1	3.6	14.5		14.9	8.3	8.4
1994	5792.6	87.0	24.4	5.5	17.3		17.7	12.1	10.1
1995	6823.7	103.5	28.5	6.3	19.7		23.5	13.1	12.4
“九五”时期 The 9th Five-year Plan Period	**57043.5**	**840.9**	**220.6**	**76.9**	**201.8**	**48.7**	**171.5**	**58.0**	**112.2**
1996	7937.6	121.2	31.9	6.2	22.8	3.0	30.8	13.9	15.5

注：离休费适用于1949年前参加革命工作的退休人员，退休费适用于其他退休人员。

Note: Retirement pension category Ⅰ applies to retirees who took part in revolutionary work before 1949, while retirement pension category Ⅱ applies to all other retirees.

8-12 续表 1 continued

单位：亿元 (100 million yuan)

年 份 Year	国家财政支出 Government Expenditure	社会服务经费 Expenditure on Social Service	抚恤费 State Pension	军队离退休、退职费 Pensions for Retired Servicemen	社会福利及其他社会救济费 Social Welfare and Relief Funds	#最低生活保障事业费 Subsistence Allowance and Its Operating Costs	农村及其他社会救济费 Rural and Other Social Relief Funds	自然灾害救济费 Natural Disaster Relief	地方离、退休人员费 Local Retirement Pension Category I & II	其他民政事业费 Other Operating Costs of Civil Affairs
1997	9233.6	133.5	36.1	12.4	27.1	2.9		28.7	10.3	19.0
1998	10798.2	161.8	39.4	15.2	34.0	7.1		41.2	10.9	21.3
1999	13187.7	194.7	49.7	18.4	52.5	13.8		35.6	11.2	27.2
2000	15886.5	229.7	63.5	24.7	65.4	21.9		35.2	11.7	29.2
“十五”时期 The 10th Five-year Plan Period	**127800.7**	**2471.8**	**479.8**	**302.7**	**444.7**	**668.0**	**127.6**	**247.6**	**66.9**	**284.7**
2001	18902.6	284.8	69.5	31.2	90.6	41.6		41.0	13.0	39.5
2002	22053.2	392.3	74.7	49.5	167.5	108.7		40.0	13.2	47.3

8-12 续表 2 continued

单位：亿元 (100 million yuan)

年 份 Year	国家财政支出 Government Expenditure	社会服务经费 Operating Costs of Civil Affairs	抚恤费 State Pension	军队离退休、退职费 Pensions for Retired Servicemen	社会福利费 Social Welfare Funds	城市居民最低生活保障费 Urban Subsistence Allowance and Its Operating Costs	农村低保及其他社会救济费 Rural and Other Social Relief Funds	自然灾害生活救助 Natural Disaster Relief	地方离、退休人员费 Local Retirement Pension Category I & II	其他民政事业费 Other Operating Costs of Civil Affairs
2003	24650.0	498.9	87.9	59.0	78.9	153.1		52.9	13.1	54.0
2004	28486.9	577.4	104.1	74.1	52.1	172.7	47.7	51.1	13.9	61.7
2005	33708.1	718.4	143.6	88.9	55.6	191.9	79.9	62.6	13.7	82.2
"十一五"时期 The 11th Five-year Plan Period	**317655.0**	**9156.8**	**1316.2**	**956.0**	**529.9**	**1901.8**	**1731.9**	**1205.0**	**125.7**	**1390.4**
2006	40213.2	915.4	178.8	115.7	65.3	224.2	147.8	79.0	14.0	90.6
2007	49565.4	1215.5	210.8	165.0	87.6	277.4	189.8	79.8	24.8	180.3
2008	62427.0	2146.5	253.6	180.6	103.1	393.4	326.8	609.8	26.5	252.7
2009	75874.0	2181.9	310.3	225.7	124.1	482.1	487.9	199.2	30.0	322.7
2010	89575.4	2697.5	362.7	269.0	149.8	524.7	579.6	237.2	30.4	544.1

8-13 基本建设投资情况
Investment of Capital Construction

单位：亿元 (100 million yuan)

项　目	Item	2009	2010	2010年比2009年增减% Change in 2010 over 2009
计划总投资	Total Planned Investment	406.6	460.2	13.2
本年计划投资	Planned Investment in Reference Year	166.5	173.2	4.0
优抚安置单位	Social Welfare Institutions for Martyrs and Resettlement	19.2	11.4	-40.6
社区服务单位	Community Service Institutions	29.7	25.3	-14.8
收养性单位	Adopting Social Welfare Institutions	76.1	79.2	4.1
殡葬类单位	Funeral and Interment Institutions	14.6	15.3	4.8
救助类单位	Units Providing Assistance	5.7	7.8	36.8
其　他	Others	21.1	34.2	62.1
自开始建设至本年底累计完成投资	Accumulative Investment Actually Made From the Starting of Construction to the End of Reference Year	216.0	263.3	21.9
本年完成投资	Actual Investment in Reference Year	157.0	183	16.6
优抚安置单位	Social Welfare Institutions for Martyrs and Resettlement	13.2	12.4	-6.1
社区服务单位	Community Service Institutions	27.6	25.4	-8.0
收养性单位	Adopting Social Welfare Institutions	75.6	82.2	8.7
殡葬类单位	Funeral and Interment Institutions	13.6	14.3	5.1
救助类单位	Units Providing Assistance	5.4	7.9	46.3
其　他	Others	21.6	40.8	88.9
本年施工项目个数(个)	Number of Projects under Construction in Reference Year (unit)	6457	46018	612.7

8-14　历年基本建设投资情况

Investment of Capital Construction (1989-2010)

年　份 Year	本年计划投资（亿元） Planned Investment in Reference Year (100 million yuan)	本年完成投资（亿元） Investment Completed in Reference Year (100 million yuan)	国家投资 State Investment	国内贷款 Domestic Loans	自　筹 Self-raising Fund	#福利彩票公益金 Public Fund from Welfare Lottery	其　他 Others	本年施工项目个数（个） Number of Projects under Construction in Reference Year (unit)
1989	5.8	2.0	0.8	0.1	0.8		0.2	
1990	6.9	2.4	1.0	0.1	1.0		0.3	
"八五"时期 The 8th Five-year Plan Period	**63.4**	**27.6**	**10.1**	**1.2**	**13.4**		**2.8**	
1991	7.0	3.0	1.1	0.1	1.5		0.3	
1992	7.3	3.2	0.8	0.1	1.9		0.4	
1993	12.8	5.6	1.3	0.2	3.4		0.7	
1994	15.5	6.2	2.3	0.5	2.9		0.6	
1995	20.9	9.6	4.6	0.3	3.8		0.9	
"九五"时期 The 9th Five-year Plan Period	**237.9**	**89.8**	**21.3**	**5.9**	**54.3**	**6.8**	**8.3**	**2793**
1996	29.8	10.1	2.1	0.4	6.4		1.1	
1997	35.7	13.8	2.7	0.8	8.6		1.6	
1998	41.0	16.6	2.8	0.8	11.1		1.9	
1999	63.2	24.7	6.0	2.3	14.6	3.5	1.8	1456
2000	68.2	24.7	7.7	1.6	13.6	3.3	1.9	1337
"十五"时期 The 10th Five-year Plan Period	**376.9**	**151.7**	**47.9**	**8.8**	**78.4**	**21.0**	**16.6**	**22117**
2001	77.5	30.8	10.4	2.2	15.1	3.6	3.1	1360
2002	88.7	30.1	9.5	1.4	15.9	3.3	3.3	3659
2003	87.3	30.0	9.9	1.7	15.1	3.5	3.3	3867
2004	89.7	29.1	8.9	2.4	14.4	4.7	3.5	8982
2005	33.8	31.6	9.1	1.0	17.9	5.8	3.5	4249
"十一五"时期 The 11th Five-year Plan Period	**485.7**	**487.8**	**210.7**	**12.4**		**96.8**	**81.4**	**62453**
2006	34.9	33.5	9.9	0.9	19.9	8.4	2.5	3626
2007	47.6	47.7	14.5	3.0	26.9	13.0	2.9	2446
2008	63.5	66.6	26.6	1.9	34.6	16.5	3.2	3906
2009	166.5	157.0	70.6	3.7	67.4	26.6	14.4	6457

年　份 Year	本年计划投资（亿元） Planned Investment in Reference Year (100 million yuan)	本年完成投资（亿元） Investment Completed in Reference Year (100 million yuan)	国家投资 State Investment	国内贷款 Domestic Loans	利用外资 Foreign Investment	福利彩票公益金 Public Fund from Welfare Lottery	其　他 Others	本年施工项目个数（个） Number of Projects under Construction in Reference Year (unit)
2010	173.2	183.0	89.1	2.9	0.2	32.3	58.5	46018

8-15 历年提供住宿的社会服务机构情况

Social Welfare Residential Institutions (1978-2010)

年 份 Year	单位数 (个) Number of Institutions (unit)	床位数 (万张) Number of Beds (10000 units)	收养人数 (万人) Inmates (10000 persons)
1978	8571	16.3	16.3
1979	8988	22.6	18.6
1980	9669	24.2	19.1
1981	10031	25.3	19.7
1982	12275	28.2	22.5
1983	15807	32.4	25.9
1984	22796	42.5	34.1
1985	29100	49.1	40.8
1986	35008	58.7	47.4
1987	37372	64.9	51.8
1988	39030	69.5	54.8
1989	39743	73.8	56.9
1990	40583	78.0	59.9
1991	42264	82.8	64.6
1992	43319	89.8	69.6
1993	43681	92.7	72.4
1994	43240	95.5	73.6
1995	43074	97.6	74.7
1996	42829	100.8	76.9
1997	42385	103.1	78.5
1998	42131	105.8	80.0
1999	40430	108.9	82.7
2000	40491	113.0	85.4
2001	38785	140.7	88.5
2002	38200	141.5	91.6
2003	37294	142.9	96.5
2004	38593	157.2	110.9
2005	43109	180.7	123.6
2006	43687	204.5	147.0
2007	45360	269.6	200.0
2008	41719	300.3	221.9
2009	107117	326.5	256.0
2010	101439	349.6	274.7

8-16 提供住宿的社会服务机构情况
Social Welfare Institutions with Accommodation by Type

项目	Item	床位数(万张) Number of Beds (10000 beds) 2009	2010	2010年比2009年增减% Change in 2010 over 2009	收养救助人数(万人) Inmates (10000 persons) 2009	2010	2010年比2009年增减% Change in 2010 over 2009	年末床位利用率(%) Bed Utilization Rate (year-end) (%)
合 计	**Total**	**326.5**	**349.6**	**7.1**	**256.0**	**274.7**	**7.3**	**78.6**
老年人与残疾人服务机构	Institutions for Aged and Disabled	289.0	314.9	9.0	227.5	242.6	6.6	77.0
城市养老服务机构	Urban Institutions for the Aged	49.3	56.7	15.0	32.3	36.3	12.4	64.0
农村养老服务机构	Rural Institutions for the Aged	208.8	224.9	7.7	173.0	182.5	5.5	81.1
社会福利院	Social Welfare Homes	22.8	24.5	7.5	16.7	17.9	7.2	73.1
光荣院	Homes for Disabled Veterans	6.7	7.3	9.0	4.6	5.0	8.7	68.5
荣誉军人康复医院	Convalescent Hospitals for Honorable Serveiceman	0.8	0.9	12.5	0.5	0.5		55.6
复员军人疗养院	Sanatoriums for Ex-serviceman	0.6	0.6		0.4	0.4		66.7
智障与精神疾病服务机构	Mental Retardation and Mental Disease Institutions	5.8	6.1	5.2	5.0	5.3	6.0	86.9
复退军人精神病院	Mental Hospitals for Ex-serviceman	2.0	2.3	15.0	1.7	1.9	11.8	82.6
社会福利医院	Social Welfare Hospitals	3.8	3.8		3.3	3.4	3.0	89.5
儿童收养救助服务机构	Social Welfare Institutions for Children	4.8	5.5	14.6	3.7	4.2	13.5	76.4
儿童福利院	Welfare Homes for Children	4.4	5.0	13.6	3.6	4.1	13.9	82.0
流浪儿童救助保护中心	Centers for Rescuing Street Children	0.4	0.5	25.0	0.1	0.1		20.0
社区服务机构	Community Service Institutions	4.5	1.2	-73.3	1.0	0.9	-10.0	75.0
社区养老服务中心	Community Service Centers for the Aged	1.5	1.0	-33.3	1.0	0.8	-20.0	80.0
社区养老服务站	Community Service Stations for the Aged	3.0	0.2	-93.3		0.1		50.0
其他提供住宿的服务机构	Other Social Welfare Institutions with Accommodation	22.3	21.9	-1.8	18.8	21.7	15.4	99.1
生活无着人员救助管理站	Relief for Vagrants and Beggars	4.7	5.0	6.4	2.2	3.3	50.0	66.0
军供站	Military Supply Stations	5.7	3.0	-47.4				
军休所(万户)	Military Recreation Habitation	11.8	12.9	9.3	16.5	17.8	7.9	138.0
其他收养机构	Other Adoption Institutions	0.1	1.0	900.0	0.1	0.6	500.0	60.0

8-17 历年家庭收养儿童登记情况
Registration of Children Adopted by Families (1996-2010)

年份 Year	收养登记总数(件) Total Number of Registered Adoption (case)	中国公民收养登记 Adoption Registered by Chinese Citizens	外国公民收养登记 Adoption Registered by Foreigners	被收养人合计(人) Total Number of Adopted Children (person)	#福利机构抚养的孤儿 Orphans Fostered by Welfare Institutions	被中国公民收养 Children Adopted by Chinese Citizens	被外国人收养 Children Adopted by Foreigners
1996	18896	14804	4092	20389	2201		
1997	21548	17193	4355	21548	975		
1998	26498	20611	5887	26498	677		
1999	38074	31584	6158	38019	1670	31882	6137
2000	55802	49037	6765	56191	1847	49500	6691
2001	44706	36089	8617	45844	1908	37200	8644
2002	45336	35372	9964	47860	2404	37642	10218
2003	54159	44884	9275	54159	3427	44884	9275
2004	52603	40084	12519	55572	3189	44708	10864
2005	49506	35470	14036	50921	3564	38057	12864
2006	48178	38393	9785	49148	2867	39424	9724
2007	45192	36893	8299	46047	1146	37790	8257
2008	42550	37009	5541	44115	1846	38617	5498
2009	44260	39801	4459	44359	1605	39964	4395
2010	34529	29618	4911	34473	1878	29978	4495

8-18 历年社区服务设施情况

Basic Statistics on Community Services Facilities(1988-2010)

单位：个 (unit)

年 份 Year	社区服务设施数 Number of Community Service Facilities	社区服务中心 Community Service Centers	社区服务站 Community Service Stations	其他社区服务设施 Other Community Service Facilities	便民、利民网点 Number of Convenience Stores	社区服务设施覆盖率 (%) Coverage Rate of Community Service Facilities
1988	69699			69699		7.1
1989	71357			71357		6.9
1990	84757			84757		7.7
1991	89918			89918		8.0
1992	112171			112171		10.1
1993	92946	3711		89235	169503	8.3
1994	98679	4034		94645	204229	8.8
1995	115175	4380		110795	234024	11.0
1996	132309	5055		127254	259201	12.7
1997	138366	5113		133253	307226	13.5
1998	154196	6154		148042	345075	16.2
1999	164962	7623		157339	405740	18.0
2000	187888	6444		181444	451567	22.4
2001	201758	6179		195579	539544	25.5
2002	206743	7898		198845	622986	26.9
2003	203945	7520		196425	668418	27.5
2004	205926	7804		198122	703760	28.5
2005	203275	8479		194796	664764	28.7
2006	124835	8565		116270	457896	17.7
2007	129435	9319	40116	80000	892656	18.6
2008	134894	9873	30021	95000	748684	19.6
2009	146673	10003	53170	83500	692625	21.5
2010	152941	12720	44237	95984	539136	22.4

8-19 各地区城市最低生活保障支出水平

Expenditure on Urban Subsistence Security by Province

单位：元/人、月　　　　(yuan per capita per month)

地 区	Province	2009	2010	2010年比2009年增减% Change in 2010 over 2009
全 国	**National Average**	**172.3**	**189.0**	**9.7**
北 京	Beijing	360.0	361.0	0.3
天 津	Tianjin	350.1	422.7	20.7
河 北	Hebei	167.3	164.1	-1.9
山 西	Shanxi	160.3	164.0	2.3
内蒙古	Inner Mongolia	223.1	263.8	18.3
辽 宁	Liaoning	169.9	189.7	11.6
吉 林	Jilin	183.4	201.0	9.6
黑龙江	Heilongjiang	160.3	200.4	25.0
上 海	Shanghai	276.5	303.4	9.7
江 苏	Jiangsu	177.6	200.8	13.1
浙 江	Zhejiang	263.3	312.8	18.8
安 徽	Anhui	158.6	181.5	14.5
福 建	Fujian	147.4	154.9	5.1
江 西	Jiangxi	166.2	178.4	7.3
山 东	Shandong	173.1	195.1	12.7
河 南	Henan	151.3	152.6	0.8
湖 北	Hubei	174.6	188.2	7.7
湖 南	Hunan	163.5	170.9	4.5
广 东	Guangdong	166.3	163.9	-1.4
广 西	Guangxi	142.4	152.4	7.0
海 南	Hainan	174.9	190.0	8.6
重 庆	Chongqing	159.8	173.9	8.8
四 川	Sichuan	152.1	179.2	17.8
贵 州	Guizhou	157.4	155.4	-1.3
云 南	Yunnan	155.0	150.0	-3.2
西 藏	Tibet	338.6	253.5	-25.1
陕 西	Shaanxi	193.2	226.2	17.1
甘 肃	Gansu	165.6	185.4	12.0
青 海	Qinghai	204.7	207.3	1.2
宁 夏	Ningxia	165.4	153.7	-7.1
新 疆	Xinjiang	175.9	204.2	16.1

8-20 各地区城市最低生活保障平均标准

Average Standard of Subsistence Allowance in Urban Areas by Province

单位：元/人、月 (yuan per capita per month)

地 区	Province	2009	2010	2010年比2009年增减% Change in 2010 over 2009
全 国	**National Average**	**227.8**	**251.2**	**10.3**
北 京	Beijing	410.0	430.0	4.9
天 津	Tianjin	430.0	450.0	4.7
河 北	Hebei	245.2	265.3	8.2
山 西	Shanxi	212.6	231.3	8.8
内蒙古	Inner Mongolia	241.4	299.0	23.9
辽 宁	Liaoning	272.2	296.1	8.8
吉 林	Jilin	211.8	227.9	7.6
黑龙江	Heilongjiang	217.0	240.1	10.6
上 海	Shanghai	425.0	450.0	5.9
江 苏	Jiangsu	310.3	342.3	10.3
浙 江	Zhejiang	334.0	367.0	9.9
安 徽	Anhui	234.3	254.1	8.5
福 建	Fujian	213.2	218.3	2.4
江 西	Jiangxi	193.6	243.9	26.0
山 东	Shandong	261.5	285.7	9.2
河 南	Henan	185.6	202.5	9.1
湖 北	Hubei	213.9	252.2	17.9
湖 南	Hunan	195.4	213.9	9.5
广 东	Guangdong	244.3	254.4	4.1
广 西	Guangxi	216.9	228.0	5.1
海 南	Hainan	242.6	250.2	3.1
重 庆	Chongqing	231.0	255.9	10.8
四 川	Sichuan	195.7	210.0	7.3
贵 州	Guizhou	169.7	211.6	24.6
云 南	Yunnan	198.6	206.4	3.9
西 藏	Tibet	309.6	305.8	-1.2
陕 西	Shaanxi	192.2	283.6	47.6
甘 肃	Gansu	171.0	189.2	10.7
青 海	Qinghai	222.7	232.0	4.1
宁 夏	Ningxia	204.1	211.9	3.8
新 疆	Xinjiang	172.2	183.2	6.4

8-21 城市传统救济和居民最低生活保障情况

Traditional Relief and Subsistence Allowance for Urban Residents

单位：万人 (10000 persons)

年 份 Year	城市居民传统救济总人数 Total Number of Urban Residents Receiving Traditional Relief	城市居民传统定救人数 Number of Urban Residents Receiving Traditional Regular and Fixed Relief	城市精简退职老职工人数 Number of Laid-off, Retired and Disabled Staff and Workers in Urban Areas	享受40%人数 Number of Persons Receiving 40% of Their Original Wages	定量救济人数 Number of Persons Receiving Fixed Relief
1978					
1979	33.6	23.7	9.9		
1980	32.9	22.9	10.0		
1981	31.5	21.5	10.0		
1982	34.7	21.4	13.3		
1983	47.1	22.6	24.5		
1984	207.4	160.6	46.8	25.3	
1985	30.0	18.2	11.8	6.4	5.4
1986	49.0	35.6	13.4	7.1	6.3
1987	29.8	16.2	13.6	7.2	6.4
1988	32.9	17.6	15.3	7.7	7.6
1989	30.5	16.2	14.3	7.1	7.2
1990	41.8	16.4	25.4	16.4	9.0
1991	33.7	16.1	17.6	8.5	9.0
1992	39.5	19.2	20.3	9.7	10.6
1993	24.6	13.8	10.8	5.0	5.8
1994	23.0	12.4	10.6	4.9	5.7
1995	109.0	55.2	53.8	23.9	29.9
1996	120.1	66.5	53.6	23.6	30.0

注：1984年的精简退职老职工人数含农村的数据。

a) Number of laid-off,retired and disabled staff and workers in 1984 included those in rural areas.

8-21 续表 1 continued

单位：万人 (10000 persons)

年 份 Year	城市最低生活保障人数 Number of Persons Receiving Subsistence Allowance in Urban Areas	在职人员 Staff and Workers	下岗人员 Laid-off Workers	退休人员 Retirees	失业人员 Unemployed Persons	"三无"人员 "Three-without" Persons	其他人员 Others
1996	84.9						
1997	87.9						
1998	184.1						
1999	256.9						
2000	402.6						
2001	1170.7						
2002	2064.7	186.8	554.5	90.8	358.3	91.9	783.1
2003	2246.8	179.3	518.4	90.7	409.0	99.9	949.3
2004	2205.0	141.0	468.9	73.1	423.1	95.4	1003.5
2005	2234.2	114.1	430.7	61.3	410.1	95.8	1122.1
2006	2240.1	97.6	350.0	53.2	420.8	93.1	1225.3

8-21 续表 2 continued

单位：万人 (10000 persons)

年 份 Year	城市最低生活保障人数 Number of Persons Receiving Subsistence Allowance in Urban Areas	#残疾人 Disabled Persons	# "三无"人员 "Three-without" Persons	老年人 Aged Persons	在职人员 On-job Persons	灵活就业 Flexibly Employed Persons	登记失业 Unemployed Persons with Registration	未登记失业 Unemployed Persons without Registration	在校生 Students	其他 Others
2007	2272.1	161.0	125.8	298.4	93.9	343.8	627.2	364.3	321.6	223.0
2008	2334.8	169.1	106.9	316.7	82.2	381.7	564.3	402.2	358.1	229.6
2009	2345.6	181.0	94.1	333.5	79.0	432.2	510.2	410.9	369.1	210.7
2010	2310.5	180.7	89.3	338.6	68.2	432.4	492.8	420.0	357.3	201.2

8-22 农村社会救济情况

Social Relief for Rural Residents

单位：万人 (10000 persons)

年 份 Year	农村社会救济总人数 Total Number of Rural Residents Receiving Social Relief	农村定期定量救济人数 Number of Rural Residents Receiving Regular and Fixed Relief	农村精简退职老职工人数 Number of Laid-off, Retired and Disabled Workers in Rural Areas		
				享受40%人数 Number of Persons Receiving 40% of Their Original Wages	定量救济人数 Number of Persons Receiving Fixed Relief
1978					
1979	6847.6	6837.7	9.9		
1980	4651.8	4641.8	10.0		
1981	4265.1	4255.1	10.0		
1982	4270.7	4257.4	13.3		
1983	3526.7	3502.2	24.5		
1984	3842.7	3795.9	46.8	25.3	
1985	116.7	75.1	41.6	18.1	23.5
1986	103.0	63.1	39.9	18.1	21.7
1987	92.2	53.2	39.0	17.7	21.3
1988	93.0	54.1	38.9	17.6	21.4
1989	75.7	35.0	40.7	18.3	22.3
1990	100.2	46.7	53.5	23.6	29.9
1991	97.0	43.8	53.2	23.5	29.8
1992	97.5	45.6	51.9	23.3	28.6
1993	80.1	36.3	43.8	19.5	24.3
1994	82.1	38.5	43.6	19.2	24.3
1995	98.3	55.2	43.1	19.0	24.1
1996	109.2	66.5	42.7	18.6	24.1
1997	104.5	51.4	53.1	23.2	29.8
1998	120.5	65.6	54.9	24.9	30.0
1999	107.1	55.6	51.5	22.5	28.7
2000	112.2	62.5	49.7	22.1	27.6
2001	130.5	80.7	49.8	21.3	27.8
2002	138.7	90.0	48.7	20.9	27.8

8-22 续表 1 continued

单位：万人 (10000 persons)

年份 Year	农村困难群众救助总人数 Total Number of Rural Poor Residents Receiving Subsidies	农村居民最低生活保障人数 Number of Rural Residents Receiving Subsistence Allowance	农村特困户救助人数 Number of Persons in Rural Destitute Households Receiving Subsidies	农村困难群众救助总户数 Number of Rural Poor Households Receiving Subsidies	农村居民最低生活保障户数 Number of Rural Households Receiving Subsistence Allowance	困难户 Poor Households	其他 Others	农村特困户救助户数 Number of Destitute Households Receiving Subsidies	困难户 Poor Households	其他 Others	五保户供养户数 Number of Households Entitled to the "Five Guarantees"
2001	385.3	304.6	80.7								
2002	497.8	407.8	90.0	156.7	156.7						
2003	1160.5	367.1	793.4	632.8	146.5	114.5	32.0	282.1	192.7	89.3	204.2
2004	1402.1	488.0	914.1	780.8	197.9	165.2	33.6	317.1	260.4	56.6	265.8
2005	1891.8	825.0	1066.8	1061.0	356.5	298.8	57.7	354.8	290.4	64.4	349.7

8-22 续表 2 continued

单位：万人 (10000 persons)

年份 Year	农村救助总人数 Total Number of Rural Residents Receiving Relief	农村居民最低生活保障人数 Number of Rural Residents Receiving Subsistence Allowance	农村五保供养人数 Number of Rural Residents Entitled to "Five Guarantees"	农村特困救济人数 Number of Rural Residents Receiving Destitute Relief	农村传统救济人数 Number of Rural Residents Receiving Traditional Relief	农村临时救济人次数（万人次） Number of Rural Residents Receiving Temporary Relief (10000 person-times)
2006	2987.8	1593.1	503.3	775.8	115.6	963.8
2007	4172.6	3566.3	531.3		75.0	646.0
2008	4926.3	4305.5	548.6		72.2	831.0
2009	5375.6	4760.0	553.4		62.2	546.4
2010	5829.8	5214.0	556.3		59.5	613.7

8-23 历年社会福利企业情况

Social Welfare Enterprises (1978-2010)

年 份 Year	单位数 (个) Number of Social Welfare Enterprises (unit)	残疾职工人数 (万人) Number of Disabled Persons Employed (10000 persons)	利润额 (亿元) Profits (100 million yuan)
1978	920	3.5	0.8
1979	1106	4.8	0.8
1980	1309	5.5	0.9
1981	1574	6.1	0.7
1982	1704	6.4	0.8
1983	5930	9.6	0.9
1984	6710	11.6	1.3
1985	14872	23.2	5.1
1986	19865	31.4	4.2
1987	27793	43.3	8.8
1988	40496	55.9	16.5
1989	41565	60.5	16.1
1990	41827	63.8	17.8
1991	43805	70.1	21.3
1992	49836	77.8	32.6
1993	56881	84.5	44.7
1994	60233	90.9	44.1
1995	60237	93.9	49.1
1996	59397	93.6	45.1
1997	55509	91.0	66.3
1998	50514	85.6	63.9
1999	44628	79.0	76.7
2000	40670	72.5	99.0
2001	37980	69.9	119.5
2002	35758	68.3	148.3
2003	33976	67.9	189.9
2004	32410	66.2	219.0
2005	31211	63.7	225.2
2006	30199	55.9	237.8
2007	24974	56.3	169.3
2008	23780	61.9	118.4
2009	22783	62.7	125.4
2010	22226	62.5	150.8

8-24 中国福利彩票销售情况

China Welfare Lottery

年 份 Year	福利彩票发行单位 (个) Welfare Lottery Issuing Units (unit)	福利彩票销售额 (亿元) Sales of Welfare Lottery (100 million yuan)	提取公益金 (亿元) Public Fund from Welfare Lottery (100 million yuan)	公益金支出 (亿元) Expenditure of Public Fund from Welfare Lottery (100 million yuan)
"七五"时期 The 7th Five-year Plan Period		**14.2**	**4.6**	
1986				
1987		0.2	0.1	
1988		3.8	1.2	
1989		3.8	1.3	
1990		6.5	2.0	
"八五"时期 The 8th Five-year Plan Period		**115.2**	**34.3**	
1991		7.7	2.5	
1992		13.8	4.1	
1993		18.4	5.5	
1994		18.0	5.3	
1995		57.3	16.9	
"九五"时期 The 9th Five-year Plan Period		**358.7**	**103.5**	**72.7**
1996		64.8	19.1	
1997		36.4	10.1	
1998		63.2	19.6	14.1
1999	1169	104.4	30.5	19.9
2000	1253	89.9	24.2	38.7
"十五"时期 The 10th Five-year Plan Period		**1145.2**	**393.6**	**161.9**
2001	1185	139.6	41.9	19.7
2002	1121	168.0	58.8	25.5
2003	1145	200.1	70.0	30.6
2004	1128	226.4	79.2	33.8
2005	1113	411.2	143.7	52.3
"十一五"时期 The 11th Five-year Plan Period		**3455.3**	**1146.8**	**484.0**
2006	989	495.7	171.6	52.6
2007	985	631.6	217.0	77.6
2008	999	604.0	211.4	119.2
2009	988	756.0	248.0	113.4
2010	993	968.0	298.8	121.2

8-25 社会捐赠情况
Social Donations

单位：亿元 (100 million yuan)

项　目	Item	2009	2010	2010年比2009年增减% Change in 2010 over 2009
社会捐赠合计	**Total Social Donations**	**485.9**	**601.7**	**23.8**
民政部门直接接收的捐赠	**Social Donations Received by Civil Affairs Department Directly**	**68.7**	**184.7**	**168.9**
直接接收捐赠情况	Social Donations Received Directly			
捐赠款数额	Donated Fund	66.5	179.8	170.4
捐赠衣被合计(万件)	Donated Clothes and Quilts(10000 pieces)	12476.6	2750.4	-78.0
#棉衣被	Cotton-padding Clothes and Quilts	1348.4	956.8	-29.0
捐赠其他物资价值	Value of Other Materials Donated	2.2	4.9	122.7
间接接收捐赠情况	Social Donations Received Indirectly			
捐赠款数额	Donated Fund	14.1	10.5	-25.5
捐赠衣被合计(万件)	Donated Clothes and Quilts(10000 pieces)	681.0	538.8	-20.9
#棉衣被	Cotton-padding Clothes and Quilts	527.6	33.8	-93.6
捐赠其他物资价值	Value of Other Materials Donated	0.2	0.25	25.0
受益人次数（万人次）	Number of Beneficiaries (10 000 person-times)	1522.3	2514.7	65.2
社会捐赠接收工作站、点数(个)	Number of Work Stations and Spots Receiving Social Donations(unit)	33197	31878	-4.0
#社会捐赠接收工作站数	Number of Work Stations Receiving Social Donations	16552	16863	1.9
慈善超市数	Number of Charity Supermarkets	8101	8640	6.7
各类社会组织接收捐赠	**Social Donations Received by Foundations**	**417.2**	**417.0**	**0.0**

注：2007年起，社会捐赠统计口径扩大，增加了在民政部门登记的基金会的捐赠数据(以下各表同)。

a) Social donations have included that received by foundations registered in civil affairs department since 2007 (the same applies to the tables following).

8-26 历年社会捐赠情况
Social Donations (1997-2010)

单位：亿元、亿件 (100 million yuan, 100 million pieces)

年份 Year	社会捐赠款物金额合计 Total Value of Social Donations in Cash and Kind	社会捐赠款 Donated Fund			社会捐赠衣被物资折款 Total Value of Clothes and Quilts Donated (cash equivalent)	接收社会捐赠衣被数量 Donated Clothes and Quilts
			民政部门 Civil Affairs Departments	社会组织 Social Organization		
1997	14.0	4.2			9.9	0.9
1998	113.2	50.2	50.2		63.0	2.9
1999	17.8	6.9	5.0	2.0	10.8	0.6
2000	16.3	9.3	5.4	3.9	7.0	0.8
2001	20.0	11.7	7.6	4.1	8.3	1.3
2002	20.8	19.0	11.1	7.9	1.8	2.3
2003	43.4	41.0	29.2	11.9	2.4	2.0
2004	35.1	34.0	17.1	16.9	1.2	0.9
2005	61.9	60.3	31.3	29.0	1.6	1.0
2006	89.5	83.1	43.0	40.1	6.4	0.7
2007	148.4	132.8	50.9	81.9	15.6	0.9
2008	764.0	744.5	479.3	265.2	19.6	11.6
2009	485.9	483.7	66.5	417.2	2.2	1.2
2010	601.7	596.8	179.8	417.0	4.9	0.3

注：社会捐赠衣被物资折款指民政部门接收的捐赠衣被和物资。

a)Total value of clothes and quilts donated (cash equivalent) only refers to those received by civil affairs departments.

8-27 人口受灾和救灾情况

Population Affected by Disasters and Disaster Relief

年 份 Year	受灾人口 (万人次) Population Affected by Disasters (10000 person-times)	因灾死亡人口 (人) Number of Persons Died in Disasters (person)	紧急转移人口 (万人) Population Evacuated in Emergency (10000 persons)	因灾发放救济费累计人数 (万人) Accumulative Number of Persons Receiving Disaster Relief (10000 persons)
1978		4965		
1979		6962		
1980		6821		
1981	26710.0	7422		
1982	22900.7	7935		
1983	22439.0	10952		
1984	20894.0	6927		
1985	26446.0	4394	290.5	6061.0
1986	29928.0	5410	345.8	6738.0
1987	23512.0	5495	348.0	6710.0
1988	36169.0	7306	582.9	6029.0
1989	34569.0	5952	365.3	6499.0
1990	29348.0	7338	579.2	5804.0
1991	41941.0	7315	1308.5	6725.0
1992	37174.0	5741	303.6	5259.0
1993	37541.0	6125	307.7	5258.0
1994	43799.0	8549	1054.0	5990.0
1995	24215.0	5561	1064.0	6710.0
1996	32305.0	7273	1216.0	6447.0
1997	47886.0	3212	511.3	5487.0
1998	35216.0	5511	2082.4	5781.0
1999	35319.0	2966	664.8	5058.0
2000	45652.3	3014	467.1	5127.0
2001	37255.9	2583	211.1	5727.0
2002	37841.8	2840	471.8	6013.0
2003	49745.9	2259	707.3	6242.0
2004	33920.6	2250	563.2	4854.9
2005	40653.7	2475	1570.3	5097.1
2006	43453.3	3186	1384.5	4981.7
2007	39777.9	2325	1499.1	4382.7
2008	47795.0	88928	2682.2	5996.8
2009	47933.5	1528	709.9	4793.7
2010	42610.2	7844	1858.4	8137.0

8-28 因灾造成物资损失情况

Loss of Materials Caused by Disasters

年 份 Year	直接经济损失 (亿元) Direct Economic Loss (100 million yuan)	倒塌房屋 (万间) Collapsed Houses (10000 rooms)	受灾面积 (万公顷) Areas Affected by Disaster (10000 hectares)	死亡大牲畜 (万头) Number of Livestock Died in Disasters (10000 heads)
1978		73.1	4844	226
1979		152.1	3937	
1980		137.3	5003	73
1981		261.5	3979	171
1982		320.3	3313	199
1983	260.9	345.4	3471	115
1984		274.7	3189	37
1985	410.4	224.9	4437	323
1986		209.7	4714	79
1987	326.3	180.0	4207	100
1988		258.0	5087	249
1989	525.0	194.1	4699	450
1990	616.0	247.4	3847	166
1991	1215.1	581.5	5547	98
1992	853.9	196.6	5133	171
1993	933.2	271.6	4867	151
1994	1876.0	512.1	5504	238
1995	1863.0	439.3	4587	245
1996	2882.0	809.0	5975	619
1997	1975.0	288.0	5343	34
1998	3007.4	821.4	2229	689
1999	1962.4	174.5	4998	82
2000	2045.3	147.3	5469	162
2001	1942.0	92.2	5215	63
2002	1717.4	175.7	4712	75
2003	1884.2	343.0	5439	81
2004	1602.3	155.0	3711	170
2005	2042.1	226.4	3882	113
2006	2528.1	193.3	4109	126
2007	2363.0	146.7	4899	–
2008	11752.4	1097.8	3999	–
2009	2523.7	83.8	4721	1099
2010	5339.9	273.3	3743	–

8-29 国家优抚、安置情况

Beneficiaries of Preferential Treatment and Resettlement of Demobilized Veterans

单位：人 (person)

项　目	Item	2009	2010	2010年比2009年增减% Change in 2010 over 2009
重点优抚对象人数	**Total Number of Beneficiaries Enjoying State Pension or Subsidies with Preferential Treatment**	**6307209**	**6250325**	**-0.9**
抚　恤	Beneficiaries of State Pension	1330370	1314926	-1.2
烈士家属抚恤	Family Members of Martyrs	317675	307587	-3.2
因公牺牲抚恤	Family Members of Veterans Sacrificed	62304	62338	0.1
病故军人家属抚恤	Family Members of Veterans Died of Illness	78599	77899	-0.9
伤残人员抚恤	Disabled Veterans	871792	867102	-0.5
补　助	Beneficiaries of Subsidies	4976839	4935399	-0.8
在乡复员军人	Demobilized Soldiers in the Countryside	1809019	1703396	-5.8
带病回乡退伍军人	Veterans in the Countryside	1219752	1265664	3.8
在乡红军老战士	Red Army Soldiers in the Countryside	1351	1226	-9.3
在乡西路军红军老战士	West Road Army of the Red Army in the Countryside	322	273	-15.2
红军失散人员	Scattered Red Army Soldiers	41272	37131	-10.0
其他补助人数	Other Regular Beneficiaries of Subsidies	1905123	1927709	1.2
接收离退休人员数	**Number of Retired and Resigned Servicemen**	**18904**	**13451**	**-28.8**
军队干部(含地方)	Cadres of the Army (Including Local)	14184	11958	-15.7
军队退休士官	Retired Non-commissioned Officers	1308	1112	-15.0
军队无军籍职工	Employees without Military Status from the Army	3412	381	-88.8
安　置	**Resettlement**			
退伍士兵	Demobilized Conscripts	325534	322259	-1.0
转业、复员士官	Demobilized Non-commissioned Officers	63488	63374	-0.2
复员干部	Demobilized Officers	1482	1375	-7.2
当年批准的烈士	**Martyrs Approved During the Year**	**213**	**173**	**-18.8**
零散烈士纪念建筑物(个)	**Scattered Martyr Memorial Buildings (unit)**	**7622**	**9729**	**27.6**
优　待	**Preferential Treatment of Martyrs**			
优待优抚对象(万户)	Number of Households with Preferential Treatment (10000 households)	328	331	0.8
#军属	Families of Servicemen	119	117	-1.8
优待金(亿元)	Total Pension of Preferential Treatment (100 million yuan)	75	67	-10.6
#军属	Family members of Servicemen	30	34	14.6

8-30 定期抚恤优抚对象情况

Regular Beneficiaries of State Pension with Preferential Treatment

年 份 Year	定期抚恤人数（人） Regular Beneficiaries of State Pension (person)	烈 属 Family Members of Martyrs	牺牲、病故军人家属 Family Members of Veterans Sacrificed or Died of Illness	伤残人员（万人） Disabled Veterans (10000 persons)
1978				73.4
1979				75.6
1980				78.6
1981				79.6
1982	590104	541516	48588	81.6
1983	577791	526826	50965	83.0
1984	585403	536523	48880	84.4
1985	518566	440000	78566	85.3
1986	533245	446209	87036	86.5
1987	548063	453480	94583	88.0
1988	537472	429271	108201	88.7
1989	525134	422656	102478	89.1
1990	516638	407276	109362	87.4
1991	614945	504462	110483	87.5
1992	602163	492457	109706	87.6
1993	495994	383924	112070	88.3
1994	487256	372850	114406	88.5
1995	486250	370685	115565	88.8
1996	484270	366216	118054	89.3
1997	480464	362086	118378	89.5
1998	473901	357492	116409	89.2
1999	458079	336587	121492	88.7
2000	448276	325116	123160	88.1

8-30 续表 continued

年 份 Year	定期抚恤人数（人） Regular Beneficiaries of State Pension (person)	烈 属 Family Members of Martyrs	牺牲军人家属 Family Members of Sacrificed Veterans	病故军人家属 Family Members of Veterans Sacrificed or Died of Illness	伤残人员（万人） Disabled Veterans (10000 persons)
2001	480852	348521	60081	72250	85.5
2002	480466	341109	63953	75404	85.8
2003	488820	345141	65303	78376	86.0
2004	485733	339817	65695	80221	85.6
2005	492517	349253	63603	79661	84.5
2006	491320	346089	64248	80983	86.0
2007	488675	342101	64478	82096	86.5
2008	478880	332390	65001	81489	87.2
2009	458578	317675	62304	78599	87.2
2010	447824	307587	62338	77899	86.7

8-31 定期补助优抚对象情况
Regular Beneficiaries of Subsidies with Preferential Treatment

单位：人 (person)

年 份 Year	定期补助总人数 Regular Beneficiaries of Subsidies	在乡红军老战士 Red Army Soldiers in the Countryside	西路军 West Road Army of the Red Army	红军失散人员 Scattered Red Army Soldiers	在乡复员军人 Demobilized Soldiers in the Countryside	在乡退伍军人 Veterans in the Countryside	其 他 Others
1978	9251	9251					
1979	7872	7872					
1980	6922	6922					
1981	6567	6567					
1982	1002181	6383			859055	136743	
1983	1104586	6142			952993	145451	
1984	1243633	6159			1081350	156124	
1985	1461180	6329			1185502	183129	86220
1986	1999872	6315			1673990	210445	109122
1987	2230873	7466			1833402	241290	148715
1988	2360462	7415			1950641	247009	155397
1989	2715258	6628			2272639	283075	152916
1990	2866579	7514			2373873	305045	180147
1991	2939074	7015			2419453	346021	166585
1992	2975175	6599			2402869	373989	191718
1993	2947209	5531	2997	105200	2424984	408497	
1994	2963965	5058	2430	104566	2424435	427476	
1995	2987751	4659	2318	101507	2423191	456076	
1996	3018047	4480	2303	108534	2421517	481213	
1997	3037367	4195	2214	115706	2396017	519235	
1998	3033826	3996	2157	112092	2367266	548315	
1999	3056727	3687	2106	105303	2363466	582165	
2000	3057257	3326	1997	100309	2320739	630886	
2001	3170877	3325	1889	93131	2246954	782802	42776
2002	3251971	3136	1691	90021	2274657	882090	376
2003	3300232	2893	1610	86264	2262264	919349	27852
2004	3277914	2701	1454	83366	2214467	950428	25498
2005	3265797	2681	1370	75588	2145421	977424	63313
2006	3274059	2417	1220	68070	2064713	1072684	64955
2007	4870800	2049	966	63205	1988977	1134414	1681189
2008	4981893	1622	440	47136	1920235	1193622	1818838
2009	4976839	1351	322	41272	1809019	1219752	1905123
2010	4935399	1226	273	37131	1703396	1265664	1927709

8-32 烈士褒扬和优待情况

Commendation and Preferential Treatment of Martyrs

年 份 Year	本年批准烈士人数（人） Number of Martyrs Approved During the Year (person)	零散烈士纪念建筑物（个） Scattered Martyr Memorial Buildings (unit)	优待优抚对象户数（户） Number of Households with Preferential Treatment (household)	#优待军属 Families of Servicemen Entitled to Preferential Treatment	优待总金额（万元） Total Pension of Preferential Treatment (10000 yuan)	#固定优待军属 Fixed Pensions for Family Members of Servicemen
1978		5347				
1979		3779			20393	
1980		2825			31459	
1981		2915			47255	
1982	8601	3592	4730756		58750	
1983	11024	3826	4387292		59588	
1984	8478	3953	4102419		62263	
1985	5887	3716	3567165	2884906	71655	577018
1986	11758	3871	3355694	2710272	75243	62205
1987	10644	4121	3223550	2562036	80915	66321
1988	9035	4236	3225253	2477699	87160	71735
1989	3960	4466	3086285	2423418	92169	77764
1990	3067	6065	2941486	2522476	99535	86739
1991	1556	6474	2967881	2540714	106354	93069
1992	1338	6957	2967002	2535037	116573	102008
1993	1467	6956	3009163	2470099	131555	113330
1994	1215	7279	3027420	2462671	155627	133070
1995	1277	7067	3051322	2476261	194379	166414
1996	1187	7020	3040439	2449077	251798	217527
1997	888	7048	3334000	2427586	321741	261865
1998	749	7322	3250395	2415838	356413	292305
1999	616	7252	3818210	2380675	402998	305386
2000	468	7427	3855797	2282584	469054	363675
2001	460	7802	3973085	2086464	385859	275456
2002	403	8051	4130817	1929011	374819	251854
2003	461	7781	3962425	1672205	391581	239410
2004	316	7425	3632630	1430630	418499	267458
2005	314	7483	3393218	1224036	379631	213968
2006	265	7414	3220933	1183674	421010	224354
2007	168	7186	3277318	1145223	454090	233479
2008	297	7569	3301682	1108878	666011	267750
2009	213	7622	3280522	1190816	751065	297448
2010	173	9729	3308766	1169833	671536	340382

8-33 社会组织发展情况
Development of NGOs

单位：个 (unit)

项　目	Item	2009	2010	2010年比2009年增减% Change in 2010 over 2009
社会组织合计	**Total Number of NGOs**	**431069**	**445631**	**3.4**
社会团体	**Social Organizations**	**238747**	**245256**	**2.7**
按活动区域分	by Range of Activity			
中央级	Central Government Level	1800	1810	0.6
省级	Provincial Level	23364	24149	3.4
地级	Prefecture Level	63043	64169	1.8
县级	County Level	150540	155128	3.0
民办非企业单位	**Non-enterprise Units Run by NGO**	**190479**	**198175**	**4.0**
按性质分类	by Character			
法人	Legal Entity	129927	140362	8.0
合伙	Partnership	7087	6756	-4.7
个体	Individual	53465	51057	-4.5
基金会	**Foundations**	**1843**	**2200**	**19.4**
按性质分类	by Character			
公募性	Public Foundations	1029	1101	7.0
非公募性	Non-public Foundations	800	1088	36.0
境外代表机构	Representative Offices of Foreign Foundations	14	11	-21.4

8-34 历年社会组织情况
Number of NGOs (1988-2010)

单位：个 (unit)

年 份 Year	社会组织合计 Total Number of NGOs	社会团体 Social Organizations	民办非企业 Non-enterprise Units Run by NGO	基金会 Foundations
1988	4446	4446		
1989	4544	4544		
1990	10855	10855		
1991	82814	82814		
1992	154502	154502		
1993	167506	167506		
1994	174060	174060		
1995	180583	180583		
1996	184821	184821		
1997	181318	181318		
1998	165600	165600		
1999	142665	136764	5901	
2000	153322	130668	22654	
2001	210939	128805	82134	
2002	244509	133297	111212	
2003	266612	141167	124491	954
2004	289432	153359	135181	892
2005	319762	171150	147637	975
2006	354393	191946	161303	1144
2007	386916	211661	173915	1340
2008	413660	229681	182382	1597
2009	431069	238747	190479	1843
2010	445631	245256	198175	2200

注：2001年以前的基金会含在社会团体内。

a)Data of social organizations included foundations before 2001.

8-35 自治组织发展情况

Development of Autonomy Organizations

单位：个、人 (unit, person)

项　目	Item	2009	2010	2010年比2009年增减% Change in 2010 over 2009
城　市	**Urban Areas**			
社区居委会	Community Neighbourhood Committees	84689	87057	2.8
居民小组	Neighbourhood Groups	1295137	1307337	0.9
居民委员会成员人数	Members of Neighbourhood Committees	430860	439084	1.9
#女　性	Female	214707	217553	1.3
#中共党员	Members of CPC	234214	241536	3.1
居委会选举情况	Election of Neighbourhood Committees			
当年进行选举的居委会	Number of Neighbourhood Committees Conducting Election During the Year	21585	14878	-31.1
当年参选人口数	Total Population Participating in Election During the Year	50266905	39428845	-21.6
#登记选民数	Number of Registered Voters	42112017	32886240	-21.9
参选人数	Actual Number of Voters Participating in Election	31192634	24162275	-22.5
农　村	**Rural Areas**			
村民委员会	Villagers' Committees	599078	594658	-0.7
村民小组	Villagers' Groups	4805021	4791296	-0.3
村民委员会成员人数	Members of Villagers' Committees	2340268	2333904	-0.3
#女　性	Female	503859	498621	-1.0
#中共党员	Members of CPC	1391485	1378602	-0.9
村委会选举情况	Election of Villagers' Committees			
当年进行选举的村委会	Number of Villagers' Committees Conducting Election During the Year	73504	87040	18.4
当年参选村人口数	Total Population of Villages Participating in Election During the Year	81724337	132173974	61.7
#登记选民数	Number of Registered Voters	72500569	123436800	70.3
参选人数	Actual Number of Voters Participating in Election	65214790	107199811	64.4

8-36 历年自治组织发展情况

Number of Autonomy Organizations (1979-2010)

年 份 Year	社区居委会 (个) Number of Neighbourhood Committees (unit)	居民小组 (万个) Number of Neighbourhood Groups (10000 units)	社区居委会成员 (万人) Membership of Neighbourhood Committees (10000 persons)	村民委员会 (万个) Number of Villagers' Committees (10000 units)	村民小组 (万个) Number of Villagers' Groups (10000 units)	村民委员会成员 (万人) Membership of Villagers' Committees (10000 persons)
1979	46810					
1980						
1981	57169					
1982						
1983	65519			31.2		
1984	75609			92.7		
1985	80943		34.9	94.9		379.6
1986	86824		36.2	86.6		365.9
1987	86799		37.0	84.5		359.9
1988	95684		36.1	88.3		366.6
1989	93691		36.6	93.4		379.4
1990	98814		43.1	100.1		409.4
1991	100347		44.1	101.9		424.4
1992	104136		46.5	100.4		430.9
1993	107173		47.9	101.3		456.0
1994	110112		48.0	100.7		458.5
1995	111860		48.0	93.2		400.5
1996	113690		49.3	92.8		397.5
1997	117915	108.3	49.8	90.6	535.8	378.8
1998	119042	117.2	50.8	83.3	537.1	358.6
1999	114815	124.7	50.1	80.1	555.7	351.3
2000	108424	127.2	48.4	73.2	553.4	315.0
2001	91893	125.9	46.4	70.0	541.9	316.4
2002	86087	124.4	39.6	68.1	528.6	294.2
2003	77431	122.2	39.7	66.3	519.2	319.1
2004	77884	129.6	42.5	64.4	507.9	292.1
2005	79947	123.3	45.4	62.9	490.5	265.7
2006	80717	123.5	44.3	62.4	453.3	243.0
2007	82006	122.3	41.6	61.3	466.9	241.1
2008	83413	128.7	42.2	60.4	480.9	233.9
2009	84689	129.5	43.1	59.9	480.5	234.0
2010	87057	130.7	43.9	59.5	479.1	233.4

8-37 历年结婚登记情况
Registered Marriages (1978-2010)

年 份 Year	结婚登记总数 (万对) Total Number of Registered Marriages (10000 couples)	内地居民登记结婚数 Registered Marriages of the Mainland	涉外华侨港澳台登记结婚数 Registered Marriages with Foreigners, Overseas Chinese and Citizens of Hong Kong, Macao and Taiwan	每千居民结婚宗数 (粗结婚率) (‰) Number of Marriages per 1000 Population (Crude Marriage Rate) (‰)
1978	597.8	597.8		6.20
1979	637.1	636.3	0.8	6.70
1980	720.9	719.8	1.1	7.30
1981	1041.7	1040.3	1.4	10.40
1982	836.9	835.5	1.4	8.25
1983	765.4	764.2	1.3	7.45
1984	784.8	783.4	1.4	7.50
1985	831.3	829.1	2.2	7.85
1986	884.0	882.3	1.7	8.20
1987	926.7	924.7	2.0	8.60
1988	899.2	897.2	2.0	8.30
1989	937.2	935.2	2.0	8.40
1990	951.1	948.7	2.4	8.20
1991	953.6	951.0	2.6	8.25
1992	957.5	954.5	3.0	8.25
1993	915.4	912.2	3.3	7.75
1994	932.4	929.0	3.4	7.80
1995	934.1	929.7	4.4	7.70
1996	938.7	934.0	4.7	7.65
1997	914.1	909.1	5.1	7.35
1998	891.7	886.7	5.0	7.20
1999	885.3	879.9	5.4	7.05
2000	848.5	842.0	6.5	6.70
2001	805.0	797.1	7.9	6.30
2002	786.0	778.8	7.3	6.10
2003	811.4	803.5	7.8	6.30
2004	867.2	860.8	6.4	6.65
2005	823.1	816.6	6.4	6.30
2006	945.0	938.2	6.8	7.20
2007	991.4	986.3	5.1	7.50
2008	1098.3	1093.2	5.1	8.30
2009	1212.4	1207.5	4.9	9.10
2010	1241.0	1236.1	4.9	9.30

注：1.每千居民结婚宗数(粗结婚率)计算方法：

$$每千居民结婚宗数=\frac{结婚宗数}{(当年期初人口数+当年期末人口数)/2}\times 1000‰$$

Note: a) Method to compile number of marriages per 1000 population (crude marriage rate)

$$\text{Number of marriages per 1000 population}=\frac{\text{Number of marriages}}{(\text{Beginning population}+\text{Ending population})/2}\times 1000‰$$

8-38 历年离婚办理情况
Registration of Divorces (1978-2010)

年份 Year	离婚总数(万对) Total Number of Divorces (10000 couples)	民政部门登记离婚数 Number of Divorces Registered in Civil Affairs Departments	内地居民登记离婚数 Registered Divorces of the Mainland	涉外华侨港澳台登记离婚数(对) Registered Divorces with Foreigners, Oversesa Chinese and Citizens of Hong Kong, Macao and Taiwan (couple)	法院部门办理离婚数 Number of Divorces Registered in Courts	每千居民离婚宗数(粗离婚率)(‰) Number of Divorces per 1000 Population (Crude Divorce Rate) (‰)
1978	28.5	17.0	17.0		11.5	0.18
1979	31.9	19.3	19.3	82	12.6	0.33
1980	34.1	18.0	18.0	330	16.1	0.35
1981	38.9	18.7	18.7	46	20.2	0.39
1982	42.8	21.1	21.1	116	21.7	0.42
1983	41.8	19.7	19.7	126	22.1	0.42
1984	45.4	19.9	19.9	110	25.5	0.40
1985	45.8	19.6	19.6	108	26.2	0.44
1986	50.6	21.4	21.4	205	29.2	0.47
1987	58.1	23.6	23.6	220	34.5	0.55
1988	65.5	26.4	26.4	310	39.1	0.60
1989	75.3	28.8	28.7	518	46.5	0.68
1990	80.0	30.1	30.0	602	49.9	0.69
1991	83.1	30.1	30.0	588	53.0	0.72
1992	85.0	31.6	31.5	833	53.4	0.74
1993	91.0	33.6	33.5	968	57.4	0.77
1994	98.2	35.5	35.4	737	62.7	0.82
1995	105.6	36.8	36.7	813	68.8	0.88
1996	113.4	39.4	39.3	1175	74.0	0.93
1997	119.9	44.0	43.9	1385	75.9	0.97
1998	119.2	46.6	46.5	948	72.6	0.96
1999	120.2	47.8	47.7	975	72.4	0.96
2000	121.3	48.9	48.8	1075	72.4	0.96
2001	125.0	52.8	52.5	2856	72.2	0.98
2002	117.7	57.3	56.8	5221	60.4	0.90
2003	133.0	69.0	68.7	3333	64.0	1.05
2004	166.5	104.6	104.0	5830	61.9	1.28
2005	178.5	118.4	117.5	8267	60.1	1.37
2006	191.3	129.1	128.3	8414	62.2	1.46
2007	209.8	145.7	144.8	8852	64.1	1.59
2008	226.9	161.0	160.0	9470	65.9	1.71
2009	246.8	180.2	179.6	5747	66.6	1.85
2010	267.8	201.0	200.4	5783	66.8	2.00

注：1.每千居民离婚宗数(粗离婚率)计算方法：

$$每千居民离婚宗数=\frac{离婚宗数}{(当年期初人口数+当年期末人口数)/2}\times 1000‰$$

Note: a) Method to compile number of divorces per 1000 population (crude divorce rate)

$$\text{Number of divorces per 1000 population} = \frac{\text{Number of divorces}}{\text{(Beginning population + Ending population) /2}}\times 1000‰$$

8-39 历年殡葬服务情况

Statistics on Funeral Services (1978-2010)

年 份 Year	殡仪馆 (个) Funeral Homes (unit)	公墓 (个) Public Cemeteries (unit)	殡葬管理单位 (个) Funeral Management Units (unit)	火化炉数 (台) Number of Cremators (set)	全年处理遗体数 (万具) Cremated Remains During the Year (10000 bodies)	火化率 (%) Cremation Rate (%)
1978				1712	117.5	
1979				2300	102.1	
1980				2510	98.7	
1981				2586	85.4	
1982				2622	96.2	
1983				2622	108.0	
1984				2686	128.2	
1985	9	24	122	2729	155.2	
1986	5	25	143	2745	155.5	26.2
1987	6	29	195	2752	162.0	27.0
1988	14	37	219	2729	180.9	29.5
1989	17	50	217	2768	182.3	30.1
1990	1260	73	211	2795	201.3	31.5
1991	1283	84	234	2714	215.6	34.0
1992	1288	88	228	2852	242.6	31.2
1993	1264	136	296	2891	247.6	31.6
1994	1272	163	284	2882	257.1	33.4
1995	1281	209	302	2927	262.7	33.2
1996	1283	256	313	3005	282.7	35.2
1997	1289	359	340	2959	295.0	36.8
1998	1310	425	374	3157	319.7	39.6
1999	1318	624	402	3340	336.4	41.5
2000	1363	692	466	3565	373.7	46.0
2001	1415	757	540	4299	386.7	47.3
2002	1486	854	542	3945	415.2	50.6
2003	1515	855	599	4159	434.9	52.7
2004	1549	937	633	4792	436.9	52.5
2005	1594	1009	681	5037	450.2	53
2006	1635	1109	805	5649	430.2	48.2
2007	1708	1162	799	4838	442.1	48.4
2008	1692	1209	853	4789	453.4	48.5
2009	1729	1266	901	5123	454.2	48.2
2010	1724	1308	919	5229	474.1	49.0

九、残疾人事业
Undertaking for Disabled Persons

9-1 社区康复服务情况（2010年）
Community-based Rehabilitation (2010)

单位：个 (unit)

地 区	Province	开展社区康复服务工作的市辖区 Districts under Cities Where Community-based Rehabilitation Has Been Conducted		开展社区康复服务工作的县（市） Counties(Cities)Where Community-based Rehabilitation Has Been Conducted	
		本年新开展 Newly Introduced In the Year	累计数 Accumulative Number	本年新开展 Newly Introduced In the Year	累计数 Accumulative Number
总 计	**Total**	**28**	**831**	**111**	**1676**
北 京	Beijing		14		2
天 津	Tianjin		15		3
河 北	Hebei	1	36	6	116
山 西	Shanxi	2	23	21	82
内蒙古	Inner Mongolia		19	8	62
辽 宁	Liaoning		57		44
吉 林	Jilin	3	23		40
黑龙江	Heilongjiang		56		56
上 海	Shanghai		17		1
江 苏	Jiangsu		56	3	48
浙 江	Zhejiang		32		57
安 徽	Anhui		43	2	52
福 建	Fujian		23		58
江 西	Jiangxi	5	23	3	72
山 东	Shandong	5	55		89
河 南	Henan		50	4	103
湖 北	Hubei		39	3	60
湖 南	Hunan	2	36		83
广 东	Guangdong		54	2	67
广 西	Guangxi		24	2	40
海 南	Hainan		4		12
重 庆	Chongqing		19	1	21
四 川	Sichuan	5	27	7	88
贵 州	Guizhou		10	4	38
云 南	Yunnan	1	12	5	87
西 藏	Tibet		1	2	4
陕 西	Shaanxi	2	21	6	52
甘 肃	Gansu		9		28
青 海	Qinghai		4		42
宁 夏	Ningxia	1	9	1	13
新 疆	Xinjiang	1	11	17	75
新疆兵团	Xinjiang Corps		9	12	61
黑龙江农垦	Heilongjiang Land Reclamation			2	20

9-2 视力残疾康复（2010年）
Rehabilitation of Persons with Visual Disability (2010)

单位：例、人　　　　(case,person)

地　区	Province	白内障复明 Sight-Restoring Surgeries for Cataract Patients		低视力康复 Rehabilitation of Persons with Low-vision		盲人定向行走训练 Blind Persons Who Have Gtten Orientation Skills Training
		白内障复明手术 Sight-Restoring Surgeries for Cataract Patients	#贫困白内障患者免费手术 Free Surgeries for Poor Cataract Patients	低视力配用助视器 Persons Fitted with Vision-aids	培训低视力儿童家长 Trained Parents of Children with Low Vison	
总　计	**Total**	**798747**	**272634**	**33467**	**11863**	**16157**
北　京	Beijing	11961	1402	280	56	471
天　津	Tianjin	3918	913	122	45	127
河　北	Hebei	33266	7141	1160	460	360
山　西	Shanxi	15902	4929	1000	315	212
内蒙古	Inner Mongolia	11112	4150	485	181	322
辽　宁	Liaoning	25011	3931	1512	382	732
吉　林	Jilin	15166	3246	719	246	289
黑龙江	Heilongjiang	11470	2452	790	295	287
上　海	Shanghai	42725	1999	686	208	253
江　苏	Jiangsu	56684	16402	1543	1099	1094
浙　江	Zhejiang	42183	14784	2536	322	471
安　徽	Anhui	28869	13950	1058	395	744
福　建	Fujian	20893	12809	641	282	323
江　西	Jiangxi	18900	2116	942	240	228
山　东	Shandong	68319	27621	3068	736	2678
河　南	Henan	36935	9915	1418	514	607
湖　北	Hubei	21002	6701	1003	535	1245
湖　南	Hunan	48193	17514	4237	1411	1044
广　东	Guangdong	101603	27754	1212	568	809
广　西	Guangxi	26065	9576	451	116	326
海　南	Hainan	9417	7533	274	120	20
重　庆	Chongqing	20158	6588	166	69	88
四　川	Sichuan	41341	16816	1542	453	839
贵　州	Guizhou	13430	2425	409	143	246
云　南	Yunnan	29991	21638	695	177	1300
西　藏	Tibet	1564	1476	84		15
陕　西	Shaanxi	17749	10112	764	807	168
甘　肃	Gansu	11216	7265	600	205	230
青　海	Qinghai	3547	3504	893	160	117
宁　夏	Ningxia	2513	1863	1406	107	122
新　疆	Xinjiang	5354	3392	1722	1174	360
新疆兵团	Xinjiang Corps	1810	631	35	2	30
黑龙江农垦	Heilongjiang Land Reclamation	480	86	14	40	

9-3 听力语言残疾康复（2010年）
Rehabilitation of Persons with Hearing and Speech Disabilities (2010)

单位：人 (person)

地 区	Province	新收训聋儿 Newly Trained Deaf Children	培训聋儿家长 Parents Trained	培训专业人员 Professionals Trained	在岗专业人员 On-job Professionals 教师 Teachers	医技人员 Doctors and Technicians	管理人员 Managerial Personnel
总 计	**Total**	**18809**	**22924**	**6203**	**7022**	**925**	**2094**
北 京	Beijing	229	232	87	237	20	45
天 津	Tianjin	82	93	36	74	17	19
河 北	Hebei	902	902	159	524	33	176
山 西	Shanxi	694	694	75	193	19	65
内蒙古	Inner Mongolia	336	418	201	99	24	23
辽 宁	Liaoning	611	845	134	288	27	53
吉 林	Jilin	355	355	258	129	15	44
黑龙江	Heilongjiang	443	443	97	294	44	113
上 海	Shanghai	105	564	145	90	12	22
江 苏	Jiangsu	1270	1270	607	579	83	134
浙 江	Zhejiang	695	952	147	193	50	72
安 徽	Anhui	769	1102	450	348	36	50
福 建	Fujian	533	623	125	149	28	67
江 西	Jiangxi	573	612	98	226	19	62
山 东	Shandong	1530	2073	448	570	100	152
河 南	Henan	1925	1925	232	584	79	160
湖 北	Hubei	837	837	195	367	63	169
湖 南	Hunan	1252	1482	111	208	45	85
广 东	Guangdong	1227	1227	1669	669	80	157
广 西	Guangxi	670	751	131	230	31	72
海 南	Hainan	75	285	6	2	2	6
重 庆	Chongqing	233	233	17	44	8	16
四 川	Sichuan	893	1635	297	306	32	87
贵 州	Guizhou	433	551	29	151	12	75
云 南	Yunnan	543	1004	104	50	12	56
西 藏	Tibet	10	10	3	6	1	1
陕 西	Shaanxi	827	827	99	280	21	77
甘 肃	Gansu	312	312	18	37	5	11
青 海	Qinghai	113	123	41	12		4
宁 夏	Ningxia	46	132	116	39	3	6
新 疆	Xinjiang	236	362	66	44	3	15
新疆兵团	Xinjiang Corps	11	11				
黑龙江农垦	Heilongjiang Land Reclamation	39	39	2		1	

9-4 肢体残疾康复（2010年）
Rehabilitation of Persons with Physical Disability (2010)

单位：人 (person)

地 区	Province	肢体残疾康复训练 Persons with Physical Disability Receiving Rehabilitation Training	肢体残疾儿童机构康复训练 Children with Physical Disability Receiving Rehabilitation Training in Institutions	肢体残疾人社区、家庭康复训练 Persons with Physical Disability Receiving Rehabilitation Training in Communities and Families	贫困肢体残疾儿童矫治手术 Orthopedic Surgeries for Poor Children with Physical Disability	麻风畸残矫治手术（例）Orthopedic Surgeries for Persons with Leprosy-induced Disability (case)
总 计	**Total**	**136314**	**21375**	**114939**	**2050**	**668**
北 京	Beijing	5744	330	5414		
天 津	Tianjin	976	152	824		
河 北	Hebei	1647	364	1283		
山 西	Shanxi	1182	843	339	150	2
内蒙古	Inner Mongolia	3928	215	3713		
辽 宁	Liaoning	5287	807	4480		
吉 林	Jilin	932	174	758	200	
黑龙江	Heilongjiang	1137	262	875	150	
上 海	Shanghai	991	202	789		2
江 苏	Jiangsu	19416	3345	16071	150	31
浙 江	Zhejiang	6348	445	5903	100	
安 徽	Anhui	3782	303	3479		1
福 建	Fujian	2226	784	1442	150	
江 西	Jiangxi	1184	148	1036		
山 东	Shandong	20432	2072	18360	200	
河 南	Henan	3253	1040	2213		
湖 北	Hubei	3204	773	2431		166
湖 南	Hunan	8934	601	8333	200	46
广 东	Guangdong	14007	4217	9790	100	56
广 西	Guangxi	3964	807	3157	100	
海 南	Hainan	212	46	166		17
重 庆	Chongqing	630	172	458		
四 川	Sichuan	17168	1385	15783	200	90
贵 州	Guizhou	595	158	437	150	6
云 南	Yunnan	1278	323	955		251
西 藏	Tibet	375	149	226	50	
陕 西	Shaanxi	2538	335	2203		
甘 肃	Gansu	1146	286	860		
青 海	Qinghai	1263	135	1128	50	
宁 夏	Ningxia	300	65	235	100	
新 疆	Xinjiang	1641	392	1249		
新疆兵团	Xinjiang Corps	546	32	514		
黑龙江农垦	Heilongjiang Land Reclamation	48	13	35		

9-5 肢体残疾康复训练服务机构情况（2010年）

Rehabilitation Institutions for Persons with Physical Disability (2010)

单位：个 (unit)

地区	Province	合计 Total	省级 Provincial Level	残联系统办 Run by Disabled Persons' Federations	其他办 Run by Others	地市级 Prefecture /City Level	残联系统办 Run by Disabled Persons' Federations	其他办 Run by Others	县级 County Level	残联系统办 Run by Disabled Persons' Federations	其他办 Run by Others
总计	**Total**	**4915**	**29**	**24**	**5**	**212**	**90**	**122**	**4674**	**2127**	**2547**
北京	Beijing	262	1	1					261	132	129
天津	Tianjin	152	1	1					151	56	95
河北	Hebei	358	1	1		8	2	6	349	64	285
山西	Shanxi	83				8	4	4	75	36	39
内蒙古	Inner Mongolia	173				2	1	1	171	112	59
辽宁	Liaoning	59	1	1		14	5	9	44	17	27
吉林	Jilin	202	1	1		6	3	3	195	128	67
黑龙江	Heilongjiang	117	1	1		4	1	3	112	49	63
上海	Shanghai	65							65	21	44
江苏	Jiangsu	435				28	7	21	407	127	280
浙江	Zhejiang	162	1	1		6	6		155	121	34
安徽	Anhui	103	1	1		3	2	1	99	32	67
福建	Fujian	99	1	1		7	4	3	91	46	45
江西	Jiangxi	84	2	2					82	42	40
山东	Shandong	777	2		2	21	4	17	754	182	572
河南	Henan	121	1	1		14	2	12	106	35	71
湖北	Hubei	72	1	1		12	4	8	59	28	31
湖南	Hunan	145				4	2	2	141	90	51
广东	Guangdong	345	1	1		36	20	16	308	178	130
广西	Guangxi	65	1	1		6	2	4	58	36	22
海南	Hainan	4							4	3	1
重庆	Chongqing	75	1	1					74	24	50
四川	Sichuan	404				15	10	5	389	181	208
贵州	Guizhou	73	1	1		1		1	71	62	9
云南	Yunnan	68	1	1		2		2	65	58	7
西藏	Tibet	4	1	1		3	3				
陕西	Shaanxi	100	3	1	2	2	2		95	59	36
甘肃	Gansu	49	1	1		4	3	1	44	41	3
青海	Qinghai	15	1	1					14	7	7
宁夏	Ningxia	10	1	1					9	9	
新疆	Xinjiang	230	1	1		3	2	1	226	151	75
新疆兵团	Xinjiang Corps	3	1		1	2	1	1			
黑龙江农垦	Heilongjiang Land Reclamation	1				1		1			

9-6 智力残疾康复（2010年）
Rehabilitation of Persons with Intellectual Disability (2010)

单位：人 (person)

地 区	Province	贫困智力残疾儿童训练 Poor Children with Intellectual Disability Receiving Rehabilitation Training	机构康复训练 Trained in Institutions	社区、家庭康复训练 Trained in Communities and Families	智力残疾儿童家长培训 Parents Trained
总 计	**Total**	**26731**	**16205**	**10526**	**21070**
北 京	Beijing	512	194	318	343
天 津	Tianjin	137	116	21	83
河 北	Hebei	1090	532	558	815
山 西	Shanxi	689	564	125	511
内蒙古	Inner Mongolia	382	175	207	312
辽 宁	Liaoning	1142	620	522	719
吉 林	Jilin	431	196	235	337
黑龙江	Heilongjiang	509	237	272	356
上 海	Shanghai	289	246	43	235
江 苏	Jiangsu	2135	1836	299	1991
浙 江	Zhejiang	1354	963	391	959
安 徽	Anhui	1031	388	643	603
福 建	Fujian	919	664	255	745
江 西	Jiangxi	614	335	279	339
山 东	Shandong	2699	1894	805	2402
河 南	Henan	1726	947	779	1537
湖 北	Hubei	1108	573	535	1006
湖 南	Hunan	1634	712	922	928
广 东	Guangdong	2632	2064	568	2189
广 西	Guangxi	966	556	410	820
海 南	Hainan	117	46	71	66
重 庆	Chongqing	324	190	134	300
四 川	Sichuan	1117	565	552	839
贵 州	Guizhou	442	157	285	298
云 南	Yunnan	400	114	286	358
西 藏	Tibet	143	81	62	54
陕 西	Shaanxi	1114	617	497	828
甘 肃	Gansu	332	185	147	285
青 海	Qinghai	182	30	152	183
宁 夏	Ningxia	165	129	36	287
新 疆	Xinjiang	337	253	84	272
新疆兵团	Xinjiang Corps	20	20		31
黑龙江农垦	Heilongjiang Land Reclamation	39	6	33	39

9-7 智力残疾康复训练服务机构情况（2010年）

Rehabilitation Institutions for Persons with Intellectual Disability (2010)

单位：个　　　　(unit)

地区	Province	合计 Total	省级 Provincial Level	残联系统办 Run by Disabled Persons' Federations	其他办 Run by Others	地市级 Prefecture/City Level	残联系统办 Run by Disabled Persons' Federations	其他办 Run by Others	县级 County Level	残联系统办 Run by Disabled Persons' Federations	其他办 Run by Others
总计	**Total**	**1870**	**26**	**21**	**5**	**163**	**84**	**79**	**1681**	**938**	**743**
北京	Beijing	80							80	48	32
天津	Tianjin	23	2	1	1				21	10	11
河北	Hebei	118	1	1		3	2	1	114	31	83
山西	Shanxi	35				5	5		30	11	19
内蒙古	Inner Mongolia	45				3	1	2	42	30	12
辽宁	Liaoning	39	1	1		5	3	2	33	7	26
吉林	Jilin	29				7	3	4	22	11	11
黑龙江	Heilongjiang	47	1	1		4	1	3	42	14	28
上海	Shanghai	92							92	44	48
江苏	Jiangsu	111	1	1		20	9	11	90	29	61
浙江	Zhejiang	46	1	1		6	6		39	15	24
安徽	Anhui	39	1	1		13	12	1	25	10	15
福建	Fujian	73	1	1		5	1	4	67	22	45
江西	Jiangxi	48	2	2		1	1		45	24	21
山东	Shandong	307	1		1	18	5	13	288	223	65
河南	Henan	95	1	1		11	3	8	83	31	52
湖北	Hubei	56	1	1		8	4	4	47	20	27
湖南	Hunan	56				3	1	2	53	35	18
广东	Guangdong	105	1	1		22	12	10	82	46	36
广西	Guangxi	48	1	1		4	2	2	43	21	22
海南	Hainan	6				1		1	5	3	2
重庆	Chongqing	26	1	1					25	10	15
四川	Sichuan	94				7	6	1	87	51	36
贵州	Guizhou	60				1		1	59	56	3
云南	Yunnan	48	1	1		3		3	44	40	4
西藏	Tibet	1	1	1							
陕西	Shaanxi	31	2	1	1	1	1		28	19	9
甘肃	Gansu	51	1	1		6	2	4	44	32	12
青海	Qinghai	12	1	1					11	11	
宁夏	Ningxia	6							6	6	
新疆	Xinjiang	41	1	1		6	4	2	34	28	6
新疆兵团	Xinjiang Corps	1	1		1						
黑龙江农垦	Heilongjiang Land Reclamation	1	1		1						

9-8 精神病防治康复情况（2010年）
Prevention and Rehabilitation of Mental Illness(2010)

地 区	Province	开展精防康复工作县(市、区)(个) Counties/cities/Districts Where Prevention and Rehabilitation of Mental Illness Have Been Conducted (unit)	精神病人数(人) People with Mental Illness In These Counties/cities/Districts (person)	监护病人数(人) People with Mental Illness under Guardianship (person)	显好病人数(人) People with Mental Illness Who Have Gotten Effective Treatment (person)	参与社会总人数(人) People with Mental IllnessWho Have Participated into Social Life after Rehabilitation (person)	肇事率(%) Violent Events Rate (%)
总 计	**Total**	**1818**	**4951967**	**4161689**	**2846356**	**2266279**	**0.30**
北 京	Beijing	16	55086	50368	37151	28095	0.07
天 津	Tianjin	18	54706	52874	42033	36243	0.01
河 北	Hebei	71	146312	127537	94426	75382	0.05
山 西	Shanxi	60	101962	79084	56456	44911	0.09
内蒙古	Inner Mongolia	50	69918	55365	38943	32423	0.08
辽 宁	Liaoning	100	267716	247757	168382	136579	0.04
吉 林	Jilin	44	123731	120250	86436	71492	0.05
黑龙江	Heilongjiang	108	198505	173240	115817	80271	0.07
上 海	Shanghai	18	103638	100203	85611	83046	0.03
江 苏	Jiangsu	108	447976	427933	315643	259223	0.05
浙 江	Zhejiang	68	210783	187260	132627	109819	0.31
安 徽	Anhui	44	132197	120554	74950	59269	0.06
福 建	Fujian	42	114401	105326	76453	59477	0.07
江 西	Jiangxi	78	171526	129476	80993	62738	1.43
山 东	Shandong	106	395770	343119	251709	204593	0.05
河 南	Henan	117	327327	255391	133139	103600	0.83
湖 北	Hubei	84	345947	277149	183473	142446	1.33
湖 南	Hunan	109	312982	218325	152623	114567	0.17
广 东	Guangdong	95	322881	262588	181924	134563	0.18
广 西	Guangxi	46	98820	80457	51603	40359	0.15
海 南	Hainan	10	14049	9833	4643	1957	0.29
重 庆	Chongqing	32	162278	135086	99791	80714	0.23
四 川	Sichuan	94	319532	235416	144586	111236	0.20
贵 州	Guizhou	26	68454	62190	39884	34221	0.05
云 南	Yunnan	39	93366	75397	45825	37764	0.35
西 藏	Tibet						
陕 西	Shaanxi	61	141599	109402	74557	61353	0.27
甘 肃	Gansu	31	64768	55647	36776	29098	0.12
青 海	Qinghai	19	3922	2902	1377	1063	0.08
宁 夏	Ningxia	15	30027	27869	21589	17765	0.22
新 疆	Xinjiang	39	24960	18516	8744	6488	0.26
新疆兵团	Xinjiang Corps	5	12338	8650	5945	4635	0.32
黑龙江农垦	Heilongjiang Land Reclamation	65	14490	6525	2247	889	

9-9 辅助器具供应服务（2010年）

Provision of Assistive Devices (2010)

地 区	Province	辅助器具供应（件）Assistive Devices Provided (piece)	免费发放的辅助器具（件）Assistive Devices Provided to PWDs Free of Charge (piece)	矫形器装配（例）Orthotic Devices Fitted (case)	普及型假肢装配（例）Cost-effective Artificial Limbs Fitted (case)	大腿 Upper-knee Artificial Limbs Fitted	小腿 Lower-knee Artificial Limbs Fitted
总 计	**Total**	**1139394**	**623057**	**26189**	**30283**	**13887**	**16396**
北 京	Beijing	43851	12293	139	648	267	381
天 津	Tianjin	35786	18431	59	101	48	53
河 北	Hebei	43052	15852	108	1678	790	888
山 西	Shanxi	19732	9442	93	475	222	253
内蒙古	Inner Mongolia	11935	7508	610	402	176	226
辽 宁	Liaoning	28553	13680	201	875	415	460
吉 林	Jilin	26274	11068	70	674	300	374
黑龙江	Heilongjiang	14247	4253	166	614	289	325
上 海	Shanghai	125786	125516	5692	460	189	271
江 苏	Jiangsu	81959	49584	975	1709	769	940
浙 江	Zhejiang	41036	22271	979	1321	615	706
安 徽	Anhui	21695	9089	1518	690	330	360
福 建	Fujian	29150	14629	1231	1100	549	551
江 西	Jiangxi	20011	6762	328	1000	500	500
山 东	Shandong	69789	50308	4201	1347	660	687
河 南	Henan	42809	31829	339	2433	1105	1328
湖 北	Hubei	29124	12527	611	1301	557	744
湖 南	Hunan	88840	38425	1804	2444	1232	1212
广 东	Guangdong	79187	25843	798	1276	538	738
广 西	Guangxi	18556	8339	389	1023	466	557
海 南	Hainan	7000	4503	318	659	68	591
重 庆	Chongqing	68280	7519	86	253	126	127
四 川	Sichuan	44558	28828	2311	2314	1195	1119
贵 州	Guizhou	27371	13769	258	972	409	563
云 南	Yunnan	36432	19369	1571	741	301	440
西 藏	Tibet	640	640	36	83	28	55
陕 西	Shaanxi	25135	19888	595	1809	847	962
甘 肃	Gansu	14786	7571	79	512	243	269
青 海	Qinghai	17211	8338	90	183	87	96
宁 夏	Ningxia	6656	6126	66	281	100	181
新 疆	Xinjiang	17309	16347	440	673	319	354
新疆兵团	Xinjiang Corps	1623	1489	28	84	36	48
黑龙江农垦	Heilongjiang Land Reclamation	1021	1021		148	111	37

9-10 未入学学龄残疾儿童少年情况（2010年）

School-age Children with Disabilities Unable to Enter Schools (2010)

单位：人 (person)

地区	Province	未入学学龄残疾儿童少年合计 Total School-age Children with Disabilities Unable to Enter Schools	视力残疾 Visual Disability	听力残疾 Hearing Disability	言语残疾 Speech Disability	肢体残疾 Physical Disability	智力残疾 Mental Disability	精神残疾 Psychiatric Disability	多重残疾 Multiple Disability
总计	**Total**	**144794**	**16506**	**15393**	**11334**	**36789**	**36676**	**7895**	**20201**
北京	Beijing	448	25	13	6	120	183	17	84
天津	Tianjin	415	34	20	15	118	175	23	30
河北	Hebei	1978	148	194	144	608	654	36	194
山西	Shanxi	2221	201	193	177	651	768	47	184
内蒙古	Inner Mongolia	2848	590	357	244	721	622	61	253
辽宁	Liaoning	3186	216	271	103	1086	811	215	484
吉林	Jilin	1716	144	143	125	493	441	171	199
黑龙江	Heilongjiang	863	65	102	30	197	369	23	77
上海	Shanghai	200	19	5	1	33	122	5	15
江苏	Jiangsu	1544	98	142	30	531	555	62	126
浙江	Zhejiang	1300	72	133	36	445	469	46	99
安徽	Anhui	9895	1476	1153	806	1857	2025	650	1928
福建	Fujian	3077	309	280	151	691	1026	184	436
江西	Jiangxi	12081	2167	1589	1331	1537	2620	1318	1519
山东	Shandong	5591	476	589	348	1579	1570	295	734
河南	Henan	6082	400	732	450	2131	1629	253	487
湖北	Hubei	3528	415	319	341	1005	902	121	425
湖南	Hunan	5796	669	627	518	1617	1407	206	752
广东	Guangdong	3732	220	266	159	1053	1240	217	577
广西	Guangxi	9089	915	998	768	2223	2208	392	1585
海南	Hainan	1109	143	103	100	214	271	94	184
重庆	Chongqing	1912	223	190	118	437	608	102	234
四川	Sichuan	13230	1638	1756	1236	3380	3256	592	1372
贵州	Guizhou	9924	1485	1389	864	2075	2372	476	1263
云南	Yunnan	7313	771	682	685	2247	1534	333	1061
西藏	Tibet	2657	447	494	427	609	236	123	321
陕西	Shaanxi	13067	1024	945	602	4376	3374	374	2372
甘肃	Gansu	11611	1036	875	783	2792	3280	862	1983
青海	Qinghai	1516	93	147	98	503	285	85	305
宁夏	Ningxia	1406	203	158	138	318	411	73	105
新疆	Xinjiang	5035	763	506	472	1033	1071	421	769
新疆兵团	Xinjiang Corps	219	12	11	12	50	84	16	34
黑龙江农垦	Heilongjiang Land Reclamation	204	9	10	16	59	98	2	10

9-11 特殊教育普通高中情况（2010年）

Special Education Senior High Schools (2010)

单位：个、人 (unit,person)

地区	Province	盲普通高中 Senior High Schools for Students with Visual Disability	聋普通高中 Senior High Schools for Students with Hearing Disability	招生数 Newly Enrolled Students		在校生数 Students at Schools		毕业生数 Graduates	
				盲 Visual Disability	聋 Hearing Disability	盲 Visual Disability	聋 Hearing Disability	盲 Visual Disability	聋 Hearing Disability
总　计	**Total**	**15**	**84**	**322**	**1964**	**783**	**5284**	**106**	**1029**
北　京	Beijing		1		38	2	106		15
天　津	Tianjin	1	1	9	46	19	145	10	55
河　北	Hebei	1	11		314	40	432		102
山　西	Shanxi	1	4	28	137	28	206		33
内蒙古	Inner Mongolia		2	2	1		31		
辽　宁	Liaoning		2		66		66		
吉　林	Jilin		4		11		32		10
黑龙江	Heilongjiang		1				24		
上　海	Shanghai	1				16		6	
江　苏	Jiangsu		2		101		288		85
浙　江	Zhejiang	1	5	17	60	38	390	15	81
安　徽	Anhui		4		256		290		62
福　建	Fujian	2	9	7	106	63	476		74
江　西	Jiangxi		4		62		122		12
山　东	Shandong	2	7	87	153	208	848	54	177
河　南	Henan		3		111		168		41
湖　北	Hubei		6		187		649		110
湖　南	Hunan			20	2				
广　东	Guangdong		3		55		142		27
广　西	Guangxi	1	2	6	75	6	75		1
海　南	Hainan								
重　庆	Chongqing	1	1	75	12	188	44	13	16
四　川	Sichuan		4	6	42	6	44		7
贵　州	Guizhou	1	3	21	9	2	139		20
云　南	Yunnan								
西　藏	Tibet								
陕　西	Shaanxi	1	2		22	90	80		56
甘　肃	Gansu	1	1	30	88	40	125	8	27
青　海	Qinghai		1	14			51		
宁　夏	Ningxia	1			10	37	259		18
新　疆	Xinjiang		1				52		
新疆兵团	Xinjiang Corps								
黑龙江农垦	Heilongjiang Land Reclamation								

9-12 残疾人中等职业教育情况（2010年）

Secondary Vocational Schools for PWDs (2010)

单位：个、人 (unit,person)

地区	Province	中等职业教育机构 Secondary Vocational Schools for PWDs	招生数 Newly Enrolled Students			在校生数 Students at Schools			毕业生数 Graduates		
			盲 Visual Disability	聋 Hearing Disability	肢残 Physical Disability	盲 Visual Disability	聋 Hearing Disability	肢残 Physical Disability	盲 Visual Disability	聋 Hearing Disability	肢残 Physical Disability
总计	**Total**	**147**	**1251**	**1883**	**1390**	**3399**	**5368**	**2739**	**1872**	**1354**	**2922**
北京	Beijing	3	39	46	15	86	99		35	38	16
天津	Tianjin	1			10			21			
河北	Hebei	5	43	31		68	217		25	51	
山西	Shanxi										
内蒙古	Inner Mongolia	7	20	10	14	65	11	21			5
辽宁	Liaoning	9	47	38	38	162	289	183	29	46	87
吉林	Jilin	6	120	126	29	196	272	88	65	53	4
黑龙江	Heilongjiang	8		40	15	103	92	85	57	9	
上海	Shanghai	2	10	57		20	184			60	
江苏	Jiangsu	15	90	348	62	130	715	165	42	145	10
浙江	Zhejiang	6		235	9		722	9		213	2
安徽	Anhui	13	170	51	273	377	154	38	86	39	26
福建	Fujian	1		73			73				
江西	Jiangxi	1	2			47			15		
山东	Shandong	11	125	236	124	621	924	371	148	259	126
河南	Henan	10	143	107		418	304		99	105	
湖北	Hubei	8	31	1	195	96	12	235	21		90
湖南	Hunan	10	42	77	26	34	137	43	41	45	23
广东	Guangdong	9	97	119	129	219	273	365	72	82	106
广西	Guangxi	1			26			81			9
海南	Hainan	1						11			16
重庆	Chongqing	6	57	12	88	60	52	130	950	19	2172
四川	Sichuan	1	21	1	26	11	1	39	1		13
贵州	Guizhou										
云南	Yunnan	3	36	76	48	46	297	285	36	64	94
西藏	Tibet										
陕西	Shaanxi	3	83	115	197	355	307	344	49	57	73
甘肃	Gansu	4		30	18	14	31	30	14	24	10
青海	Qinghai	1		18	1	32	48		20		
宁夏	Ningxia										
新疆	Xinjiang	2	75	36	47	238	154	194	67	45	40
新疆兵团	Xinjiang Corps					1		1			
黑龙江农垦	Heilongjiang Land Reclamation										

9-13 高等教育录取残疾学生情况（2010年）

Admission of Students with Disabilities of Higher Education Institutions (2010)

单位：人 (person)

地区	Province	残疾考生达到普通高等院校录取分数线 Disabled Students Who Passed the Admission Line of Ordinary Higher Education Institutions	#录取人数 Students Enrolled	本科 Undergraduates	专科(高职) Postsecondary Specialised College (Vocational College)
总计	**Total**	**8219**	**7674**	**3477**	**4197**
北京	Beijing	89	85	51	34
天津	Tianjin	261	261	89	172
河北	Hebei	421	402	185	217
山西	Shanxi	198	196	81	115
内蒙古	Inner Mongolia	341	305	151	154
辽宁	Liaoning	228	228	89	139
吉林	Jilin	142	142	110	32
黑龙江	Heilongjiang	156	156	99	57
上海	Shanghai	110	110	43	67
江苏	Jiangsu	430	430	208	222
浙江	Zhejiang	145	144	85	59
安徽	Anhui	332	304	110	194
福建	Fujian	271	249	98	151
江西	Jiangxi	228	200	85	115
山东	Shandong	414	406	208	198
河南	Henan	468	468	210	258
湖北	Hubei	390	377	159	218
湖南	Hunan	380	317	147	170
广东	Guangdong	455	321	115	206
广西	Guangxi	169	153	57	96
海南	Hainan	82	68	32	36
重庆	Chongqing	218	206	98	108
四川	Sichuan	369	349	169	180
贵州	Guizhou	366	366	142	224
云南	Yunnan	466	364	176	188
西藏	Tibet	7	7		7
陕西	Shaanxi	384	384	148	236
甘肃	Gansu	211	211	90	121
青海	Qinghai	58	58	35	23
宁夏	Ningxia	103	98	55	43
新疆	Xinjiang	284	266	136	130
新疆兵团	Xinjiang Corps	42	42	16	26
黑龙江农垦	Heilongjiang Land Reclamation	1	1		1

9-13 续表 continued

单位：人 (person)

地 区	Province	高等特殊教育院校录取人数 Disabled Students Admitted into Higher Special Education Institutions	本 科 Undergraduates	专 科(高职) Postsecondary Specialised College (Vocational College)
总 计	**Total**	**1057**	**387**	**670**
北 京	Beijing	134	59	75
天 津	Tianjin	49	36	13
河 北	Hebei	25	8	17
山 西	Shanxi	40	12	28
内蒙古	Inner Mongolia	11	1	10
辽 宁	Liaoning	23	14	9
吉 林	Jilin	10	8	2
黑龙江	Heilongjiang	12	12	
上 海	Shanghai	23	13	10
江 苏	Jiangsu	89	57	32
浙 江	Zhejiang	37	11	26
安 徽	Anhui	44	23	21
福 建	Fujian	17	8	9
江 西	Jiangxi	14	7	7
山 东	Shandong	237	17	220
河 南	Henan	73	9	64
湖 北	Hubei	42	24	18
湖 南	Hunan	12	7	5
广 东	Guangdong	61	9	52
广 西	Guangxi	7	7	
海 南	Hainan			
重 庆	Chongqing	24	24	
四 川	Sichuan	12	5	7
贵 州	Guizhou	9	3	6
云 南	Yunnan	15	2	13
西 藏	Tibet			
陕 西	Shaanxi	19	2	17
甘 肃	Gansu	3	2	1
青 海	Qinghai			
宁 夏	Ningxia	1	1	
新 疆	Xinjiang	12	6	6
新疆兵团	Xinjiang Corps	1		1
黑龙江农垦	Heilongjiang Land Reclamation	1		1

9-14 残疾人职业培训（2010年）
Vocational Training for PWDs (2010)

地 区	Province	残疾人职业培训机构（个）Vocational Training Institutions for PWDs (unit)	残联系统办 Run by Disabled Persons' Federations	社会办 Run by Non-state/ Private	职业技术培训（人次）Vocational Training (person-time)	城镇培训 Training in Urban Areas	农村培训 Training in Rural Areas	获得职业资格证书（人次）PWDs Who Were Issued Professional Qualification Certificate (person-time)
总 计	**Total**	**4704**	**2504**	**2200**	**832504**	**274367**	**558137**	**116389**
北 京	Beijing	67	15	52	10118	7060	3058	1441
天 津	Tianjin	47	23	24	4154	1693	2461	814
河 北	Hebei	228	96	132	55887	16729	39158	4298
山 西	Shanxi	131	76	55	19369	6372	12997	2502
内蒙古	Inner Mongolia	147	80	67	24785	8426	16359	1648
辽 宁	Liaoning	156	99	57	28539	14909	13630	1628
吉 林	Jilin	278	95	183	57735	11840	45895	2420
黑龙江	Heilongjiang	114	63	51	16845	8481	8364	746
上 海	Shanghai	29	8	21	22522	16246	6276	1487
江 苏	Jiangsu	293	127	166	23030	10314	12716	8236
浙 江	Zhejiang	83	39	44	31172	10185	20987	3100
安 徽	Anhui	413	333	80	26513	10432	16081	5410
福 建	Fujian	119	72	47	19543	6526	13017	1631
江 西	Jiangxi	144	69	75	15959	6132	9827	7255
山 东	Shandong	374	173	201	67987	18632	49355	9276
河 南	Henan	327	113	214	57058	18797	38261	9922
湖 北	Hubei	174	75	99	50192	17574	32618	9770
湖 南	Hunan	190	110	80	29459	10122	19337	11220
广 东	Guangdong	191	109	82	31013	12464	18549	2703
广 西	Guangxi	74	40	34	14733	3263	11470	1779
海 南	Hainan	19	17	2	3610	569	3041	2
重 庆	Chongqing	48	23	25	17055	5184	11871	4594
四 川	Sichuan	139	72	67	74398	13175	61223	4094
贵 州	Guizhou	144	128	16	15906	6750	9156	3784
云 南	Yunnan	171	90	81	39594	5636	33958	3163
西 藏	Tibet	1	1		58	23	35	105
陕 西	Shaanxi	146	65	81	16824	7808	9016	572
甘 肃	Gansu	84	43	41	32786	10648	22138	4328
青 海	Qinghai	8	8		4580	1170	3410	14
宁 夏	Ningxia	13	9	4	1713	1312	401	516
新 疆	Xinjiang	349	232	117	18601	5129	13472	7367
新疆兵团	Xinjiang Corps	2	1	1	570	570		564
黑龙江农垦	Heilongjiang Land Reclamation	1		1	196	196		

9-15 城镇残疾人和农村残疾人就业情况（2010年）
Employment of PWDs in Urban and Rural Areas (2010)

单位：人 (person)

地区	Province	城镇残疾人就业状况 Employment of of PWDs in Urban Areas			农村残疾人就业状况 Employment of PWDs in Rural Areas			
		就业人数合计 PWDs Employed	#本年度安排 Newly Employed During the Year	本年度残疾人职业技能培训 PWDs Receiving Vocational Training During the Year	实际就业人数 PWDs Employed	#从事农业生产劳动 Engaged in Farming	#从事其他形式就业 Engaged in Other Forms of Employment	本年度实用技术培训 PWDs Receiving Training of Applied Skills and Technologies During the Year
总 计	**Total**	**4411640**	**324056**	**276009**	**17497378**	**13472565**	**4024813**	**702220**
北 京	Beijing	52421	4520	6846	43607	23338	20269	2251
天 津	Tianjin	39182	2636	1815	65011	44826	20185	2880
河 北	Hebei	179380	14423	17345	835486	647563	187923	50676
山 西	Shanxi	125118	6257	8065	436812	306223	130589	15488
内蒙古	Inner Mongolia	117232	9639	7104	246285	200608	45677	18521
辽 宁	Liaoning	316986	12182	12242	389335	280357	108978	12823
吉 林	Jilin	186046	11276	13928	305059	253050	52009	47907
黑龙江	Heilongjiang	125477	8732	5748	232848	184654	48194	6587
上 海	Shanghai	76727	3993	16064	29178	6301	22877	4682
江 苏	Jiangsu	288566	17357	10715	771842	580568	191274	14307
浙 江	Zhejiang	183772	11464	7063	300678	192029	108649	22651
安 徽	Anhui	172546	12782	8205	1077308	848616	228692	17319
福 建	Fujian	110678	10167	8200	361156	268124	93032	14990
江 西	Jiangxi	132662	13477	6275	536223	403613	132610	10499
山 东	Shandong	225071	23061	18395	1390576	1084921	305655	62719
河 南	Henan	300280	30949	23543	1565020	1183096	381924	37052
湖 北	Hubei	238311	14576	10814	960106	713025	247081	51151
湖 南	Hunan	282404	29830	10622	961831	688204	273627	22634
广 东	Guangdong	188267	16424	8814	656192	514763	141429	19884
广 西	Guangxi	71469	5216	5004	604578	476666	127912	24727
海 南	Hainan	14547	1850	986	99557	87769	11788	2918
重 庆	Chongqing	133263	5890	6195	536118	424329	111789	13201
四 川	Sichuan	365423	22919	12743	1800494	1398556	401938	75869
贵 州	Guizhou	67072	6581	8463	823494	665535	157959	10433
云 南	Yunnan	70347	4423	8268	977167	846661	130506	62686
西 藏	Tibet	926	40	172	25526	24172	1354	40
陕 西	Shaanxi	101074	7839	12722	679379	494991	184388	15928
甘 肃	Gansu	112777	6042	10364	470547	363072	107475	25882
青 海	Qinghai	9808	1548	1170	61538	53387	8151	3410
宁 夏	Ningxia	28837	1395	1404	78993	65348	13645	6531
新 疆	Xinjiang	66894	5402	5513	175434	148200	27234	17006
新疆兵团	Xinjiang Corps	12859	827	778				8218
黑龙江农垦	Heilongjiang Land Reclamation	15218	339	424				350

9-16 残疾人参加社会保险情况（2010年）

PWDs Covered by Social Insurance (2010)

单位：人　　(person)

地区	Province	城镇残疾职工参加社会保险人数合计 Urban Workers with Disabilities Covered by Social Insurance	城镇残疾居民参加社会保险人数合计 Urban Residents with Disabilities Covered by Social Insurance	农村残疾人参加新型农村合作医疗人数合计 Rural Residents with Disabilities Covered by New Types of Cooperative Medical System
总 计	**Total**	**2831925**	**4049996**	**28239110**
北 京	Beijing	49639	32312	51841
天 津	Tianjin	30688	49825	106582
河 北	Hebei	89192	137906	1623643
山 西	Shanxi	61378	59013	765816
内蒙古	Inner Mongolia	68066	91888	598339
辽 宁	Liaoning	164355	92724	381540
吉 林	Jilin	64246	172041	374498
黑龙江	Heilongjiang	47816	102783	172957
上 海	Shanghai	51555	34126	48874
江 苏	Jiangsu	240206	307680	1663267
浙 江	Zhejiang	144171	113461	595530
安 徽	Anhui	212677	139747	1081460
福 建	Fujian	40519	81238	997749
江 西	Jiangxi	113961	208777	1038206
山 东	Shandong	172676	115258	2001424
河 南	Henan	218126	317268	2619699
湖 北	Hubei	156338	418271	1367706
湖 南	Hunan	292466	184238	1224467
广 东	Guangdong	118663	235653	1323437
广 西	Guangxi	40586	121340	1403345
海 南	Hainan	5927	40379	145106
重 庆	Chongqing	95599	106126	516755
四 川	Sichuan	115946	175772	2056376
贵 州	Guizhou	40373	163501	1964405
云 南	Yunnan	59519	83996	1080157
西 藏	Tibet	2821	2233	55836
陕 西	Shaanxi	52814	165205	825759
甘 肃	Gansu	18656	166891	1546029
青 海	Qinghai	3841	8168	102140
宁 夏	Ningxia	8747	32429	172168
新 疆	Xinjiang	27635	53422	333999
新疆兵团	Xinjiang Corps	13242	23681	
黑龙江农垦	Heilongjiang Land Reclamation	9481	12644	

9-17 残疾人社会保障情况（2010年）

Social Security for PWDs (2010)

单位：人 (person)

地区	Province	城镇 Urban Areas 已纳入最低生活保障人数 Covered by the Basic Living Allowance System	集中供养人数 Living in Welfare Institutions	临时救济人数 Provided with Temporary Relief	定期补助人数 Provided with Regular Allowance	农村 Rural Areas 已纳入最低生活保障人数 Disabled Persons Receiving Minimum Living Allowance	五保供养人数 Supported with Five Guarantees	临时救济人数 Provided with Temporary Relief	定期补助人数 Provided with Regular Allowance
总计	**Total**	**2463187**	**105905**	**774168**	**469147**	**6807825**	**605303**	**2145363**	**1134379**
北京	Beijing	23945	593	1673	23605	24653	1425	1220	31755
天津	Tianjin	32389	174	4214	23546	16273	1462	8554	12996
河北	Hebei	67395	2478	25703	3857	275834	21706	106145	33379
山西	Shanxi	54422	1002	10887	1239	166356	14524	29157	9198
内蒙古	Inner Mongolia	79002	4207	24611	16912	181125	10331	106660	24826
辽宁	Liaoning	177913	4994	50913	8693	203072	24601	55778	15696
吉林	Jilin	108460	5801	19430	11256	135346	5459	30308	14705
黑龙江	Heilongjiang	146038	3266	19465	3292	101334	9047	32415	7313
上海	Shanghai	17626	601	45447	29959	7629	190	11478	8603
江苏	Jiangsu	85456	5705	40204	43041	221058	19812	129749	79461
浙江	Zhejiang	29925	2695	13535	17739	142532	8587	29350	66030
安徽	Anhui	95600	5363	42853	28086	318518	36587	58368	86023
福建	Fujian	42570	1265	13729	8356	172210	10548	26841	30203
江西	Jiangxi	103749	10956	20812	7541	241767	23981	53874	32816
山东	Shandong	68065	5860	24464	14387	250805	27459	72556	46462
河南	Henan	153038	6958	43145	12003	526265	55987	142077	81904
湖北	Hubei	201297	10271	78407	51522	468886	42997	229626	157545
湖南	Hunan	164395	5203	91419	23908	384551	63444	165205	34733
广东	Guangdong	95420	4251	23498	42628	239086	21490	38935	73504
广西	Guangxi	79452	2725	14045	23671	367742	42796	90754	31041
海南	Hainan	11975	171	1188	1131	37286	2545	12389	4420
重庆	Chongqing	65140	2155	22683	10408	135334	17580	61068	22911
四川	Sichuan	163401	6302	57145	14775	491560	56684	253077	51717
贵州	Guizhou	73507	3045	18672	14878	377718	12324	140213	55874
云南	Yunnan	77163	3127	12505	14200	573486	34618	112899	74031
西藏	Tibet	3574	4	246	185	20625	419	1226	5688
陕西	Shaanxi	43131	2102	12607	3629	265525	18287	51250	14036
甘肃	Gansu	85554	826	11862	2588	235539	11784	51038	10255
青海	Qinghai	5845	167	2080	259	25358	1647	11845	1305
宁夏	Ningxia	19644	923	6919	3630	78180	1805	9620	9144
新疆	Xinjiang	46553	483	9501	5953	122172	5177	21688	6805
新疆兵团	Xinjiang Corps	21242	2077	8159	2067				
黑龙江农垦	Heilongjiang Land Reclamation	20301	155	2147	203				

9-18 托养服务机构情况（2010年）
Development of Care Centerss (2010)

单位：人 (person)

地区	Province	托养服务机构（个） Care Centers	托养残疾人 PWDs in the Centers	智力残疾人 Persons with Intellectual Disability	精神残疾人 Persons with Psychiatric Disability	其他类别残疾人 Persons with Other Disabilities	#重度残疾人 Persons with Severe Disabilities
总 计	**Total**	**4029**	**144529**	**58375**	**34959**	**51195**	**30528**
北 京	Beijing	201	4718	3164	1377	177	36
天 津	Tianjin	70	1363	777	265	321	243
河 北	Hebei	90	3378	1150	1602	626	300
山 西	Shanxi	23	1705	630	475	600	461
内蒙古	Inner Mongolia	133	3390	836	1009	1545	834
辽 宁	Liaoning	142	6150	2064	1100	2986	1959
吉 林	Jilin	149	3041	945	1086	1010	523
黑龙江	Heilongjiang	55	2670	650	687	1333	601
上 海	Shanghai	257	29968	16450	3581	9937	7501
江 苏	Jiangsu	572	15254	6253	3478	5523	2442
浙 江	Zhejiang	778	9014	1426	1966	5622	4828
安 徽	Anhui	160	2298	592	684	1022	618
福 建	Fujian	77	2012	999	457	556	407
江 西	Jiangxi	21	859	266	235	358	210
山 东	Shandong	359	15182	6264	3814	5104	2499
河 南	Henan	28	4084	1190	709	2185	829
湖 北	Hubei	104	5677	2411	1269	1997	944
湖 南	Hunan	170	5292	1580	1868	1844	988
广 东	Guangdong	259	8141	3737	2679	1725	613
广 西	Guangxi	22	587	273	141	173	126
海 南	Hainan	6	1081	296	238	547	540
重 庆	Chongqing	63	1862	491	1029	342	169
四 川	Sichuan	71	3348	1367	517	1464	834
贵 州	Guizhou	15	720	123	385	212	156
云 南	Yunnan	46	1515	251	708	556	285
西 藏	Tibet						
陕 西	Shaanxi	67	4054	1644	964	1446	358
甘 肃	Gansu	32	1658	478	338	842	432
青 海	Qinghai	18	2698	1126	1079	493	262
宁 夏	Ningxia	21	1630	611	646	373	348
新 疆	Xinjiang	9	626	247	148	231	141
新疆兵团	Xinjiang Corps	5	184	46	99	39	39
黑龙江农垦	Heilongjiang Land Reclamation	6	370	38	326	6	2

9-19 农村贫困残疾人扶持情况（2010年）

Poverty Alleviation for PWDs in Rural Areas (2010)

地 区	Province	累计扶持贫困残疾人（人次）Accumulative Impoverished PWDs Assisted in Rural Area (person-time)	本年扶持贫困残疾人 PWDs assisted in 2010	本年实际脱贫残疾人（人）Rural PWDs Who Got Rid of Poverty in 2010 (person)
总 计	**Total**	**9351121**	**2040086**	**1194944**
北 京	Beijing	31351	8669	6403
天 津	Tianjin	52834	22482	2460
河 北	Hebei	503985	119168	65167
山 西	Shanxi	458175	85276	58866
内蒙古	InnerMongolia	197297	59260	42516
辽 宁	Liaoning	285484	47218	27469
吉 林	Jilin	158692	27868	20667
黑龙江	Heilongjiang	141667	17697	11837
上 海	Shanghai	50204	9281	670
江 苏	Jiangsu	268292	57906	27853
浙 江	Zhejiang	527577	122380	25145
安 徽	Anhui	378861	118730	24163
福 建	Fujian	132279	33404	12757
江 西	Jiangxi	268973	44225	52334
山 东	Shandong	370728	73936	41271
河 南	Henan	897922	160899	75024
湖 北	Hubei	403348	99546	83719
湖 南	Hunan	432928	91636	42624
广 东	Guangdong	229972	63984	33775
广 西	Guangxi	108706	26055	16210
海 南	Hainan	24873	6607	3684
重 庆	Chongqing	285766	76443	44397
四 川	Sichuan	519568	136996	116058
贵 州	Guizhou	507040	116746	55012
云 南	Yunnan	541978	85193	54379
西 藏	Tibet	27677	687	88
陕 西	Shaanxi	645228	160531	123416
甘 肃	Gansu	595633	99447	95856
青 海	Qinghai	46337	12783	5283
宁 夏	Ningxia	81698	17344	12796
新 疆	Xinjiang	110803	23032	9055
新疆兵团	XinjiangCorps	55991	13175	2449
黑龙江农垦	Heilongjiang Land Reclamation	9254	1482	1541

9-20 市和市辖区(不含直辖市、县级市)专门协会数 (2010年)

Special Associations in Cities and Districts (Excluding Municipalities and Cities at County Level) (2010)

单位：个 (unit)

地 区	Province	盲人协会 Associations of Persons with Visual Disability	聋人协会 Associations of Persons with Hearing Disability	肢残人协会 Associations of Persons with Physical Disability	智力残疾人及亲友协会 Associations of Persons with Intellectual Disability and Their Relatives and Friends	精神残疾人及亲友协会 Associations of Persons with Psychiatric Disability and Their Relatives and Friends
总 计	**Total**	**1118**	**1113**	**1124**	**1070**	**1072**
北 京	Beijing	14	14	14	14	14
天 津	Tianjin	15	15	15	15	15
河 北	Hebei	47	47	47	47	47
山 西	Shanxi	28	28	29	24	24
内蒙古	Inner Mongolia	25	25	25	25	25
辽 宁	Liaoning	71	71	71	71	71
吉 林	Jilin	29	29	29	29	29
黑龙江	Heilongjiang	80	80	80	80	80
上 海	Shanghai	16	16	16	16	16
江 苏	Jiangsu	70	70	70	69	70
浙 江	Zhejiang	43	43	44	28	28
安 徽	Anhui	59	55	60	53	54
福 建	Fujian	32	32	35	24	23
江 西	Jiangxi	27	27	27	25	25
山 东	Shandong	66	66	66	63	63
河 南	Henan	68	68	68	68	68
湖 北	Hubei	46	46	46	41	41
湖 南	Hunan	47	47	47	47	47
广 东	Guangdong	75	75	75	75	75
广 西	Guangxi	48	48	48	48	48
海 南	Hainan	5	5	5	5	5
重 庆	Chongqing	19	18	19	15	16
四 川	Sichuan	50	50	50	50	50
贵 州	Guizhou	14	14	14	14	14
云 南	Yunnan	21	21	21	21	21
西 藏	Tibet					
陕 西	Shaanxi	34	34	34	34	34
甘 肃	Gansu	29	29	29	29	29
青 海	Qinghai	5	5	5	5	5
宁 夏	Ningxia	12	12	12	12	12
新 疆	Xinjiang	13	13	13	13	13
新疆兵团	Xinjiang Corps					
黑龙江农垦	Heilongjiang Land Reclamation	10	10	10	10	10

9-21 县(含县级市)专门协会数（2010年）

Special Associations in Counties (Inc. Cities at County Level) (2010)

单位：个 (unit)

地 区	Province	盲人协会 Associations of Persons with Visual Disability	聋人协会 Associations of Persons with Hearing Disability	肢残人协会 Associations of Persons with Physical Disability	智力残疾人及亲友协会 Associations of Persons with Intellectual Disability and Their Relatives and Friends	精神残疾人及亲友协会 Associations of Persons with Psychiatric Disability and Their Relatives and Friends
总 计	**Total**	**1959**	**1947**	**1985**	**1888**	**1888**
北 京	Beijing	18	18	18	18	18
天 津	Tianjin	3	3	3	3	3
河 北	Hebei	139	139	139	139	139
山 西	Shanxi	90	89	90	89	88
内蒙古	Inner Mongolia	79	79	79	77	77
辽 宁	Liaoning	44	44	44	44	44
吉 林	Jilin	38	38	38	38	38
黑龙江	Heilongjiang	64	64	64	64	64
上 海	Shanghai	1	1	1	1	1
江 苏	Jiangsu	50	50	50	50	50
浙 江	Zhejiang	55	55	57	48	47
安 徽	Anhui	51	48	58	44	46
福 建	Fujian	52	54	55	40	36
江 西	Jiangxi	74	74	74	72	71
山 东	Shandong	88	82	86	78	79
河 南	Henan	108	108	108	108	108
湖 北	Hubei	59	55	58	50	50
湖 南	Hunan	85	84	84	83	83
广 东	Guangdong	67	67	67	66	66
广 西	Guangxi	75	75	75	75	75
海 南	Hainan	12	12	12	12	12
重 庆	Chongqing	20	20	20	15	16
四 川	Sichuan	120	119	122	118	118
贵 州	Guizhou	77	77	77	77	77
云 南	Yunnan	106	106	111	102	102
西 藏	Tibet					
陕 西	Shaanxi	83	83	83	69	70
甘 肃	Gansu	69	69	69	69	69
青 海	Qinghai	42	42	42	42	42
宁 夏	Ningxia	13	13	13	12	12
新 疆	Xinjiang	83	83	83	83	83
新疆兵团	Xinjiang Corps	19	19	19	19	19
黑龙江农垦	Heilongjiang Land Reclamation	75	77	86	83	85

9-22　省级文化体育情况（2010年）
Culture and Sports Activities at Provincial Level (2010)

地　区	Province	盲文及盲人有声读物阅览室（个）Reading Rooms with Braille and Audio Reading Materials (unit)	体　育　Sports						
			体育活动场所（处）Sports Venues for PWDs (unit)	群体活动参加人数（人）Participants in Mass Activities (person)	残疾人体育比赛（次）Sports Events for PWDs (time)	参赛残疾运动员（人次）Disabled Athletes Participating in the Sports Events (person-time)	残疾人体育基地（个）Sports Training Bases for PWDs (unit)	残疾人体育训练基地在编人员（人）Full-time Staff at Sports Training Bases for PWDs (person)	相对稳定教练员（人）Stable Coaches (person)
总　计	**Total**	**47**	**174**	**247853**	**109**	**20245**	**221**	**404**	**785**
北　京	Beijing	2	1	13500	10	3000	8	20	68
天　津	Tianjin	1	8	2300	12	1900	3	35	16
河　北	Hebei	1	16	1500	1	830	10	30	45
山　西	Shanxi	2		1000	1	400			3
内蒙古	Inner Mongolia		1	12000			3	18	6
辽　宁	Liaoning	1	7		2	500	28	50	25
吉　林	Jilin	5	18	550	3	300	14		50
黑龙江	Heilongjiang	1	6	400	1	264	3		25
上　海	Shanghai	1	2	112310	10	3451	23	18	155
江　苏	Jiangsu	2	1	15000	4	800	8	7	35
浙　江	Zhejiang	1	1	412	1	500	3	11	15
安　徽	Anhui	2	3	168	3	221	8		10
福　建	Fujian	1	1	1900	5	414	12	38	40
江　西	Jiangxi	1	9	200	12	140	2	5	13
山　东	Shandong	2	1	1800	2	42	4		16
河　南	Henan	1	20	1600	3	450	22	3	23
湖　北	Hubei	1	5	300	5	600	10	6	24
湖　南	Hunan	4	8	328	8	132	8		16
广　东	Guangdong	2	1	2000	3	2006	8		27
广　西	Guangxi	1	5	600	1	900	1		22
海　南	Hainan	1		680	1	367	10		28
重　庆	Chongqing	1	5	5000	1	800	5		10
四　川	Sichuan	1	1	125	1	153			
贵　州	Guizhou	3		50	1	379	4		9
云　南	Yunnan	1	5	30000			1	17	
西　藏	Tibet								2
陕　西	Shaanxi	1	1	630			7	133	22
甘　肃	Gansu	1	31	3000	13	1070	9	9	36
青　海	Qinghai	1	5	500	3	150	1		3
宁　夏	Ningxia	2	4		1	16	2		10
新　疆	Xinjiang	3	6	40000	1	460	4	4	28
新疆兵团	Xinjiang Corps		2						3
黑龙江农垦	Heilongjiang Land Reclamation								

9-23 地市级文化体育情况（2010年）

Culture and Sports Activities at Prefecture Level (2010)

地区	Province	盲文及盲人有声读物阅览室（个） Reading Rooms with Braille and Audio Reading Materials (unit)	体育 Sports 体育活动场所（处） Sports Venues for PWDs (unit)	残疾人体育活动（次） Sports Activities for PWDs (time)	参加活动残疾人数（人次） Participants with Disabilities (person-time)	相对稳定教练员（人） Stable Coaches (person)
总计	**Total**	**394**	**1735**	**3370**	**243134**	**2331**
北京	Beijing	16	170	1123	43467	101
天津	Tianjin	19	83	95	5000	70
河北	Hebei	14	34	54	4123	75
山西	Shanxi	9	27	10	757	68
内蒙古	InnerMongolia	16	14	23	1074	30
辽宁	Liaoning	15	36	38	20049	47
吉林	Jilin	9	19	24	8686	70
黑龙江	Heilongjiang	23	89	39	2660	44
上海	Shanghai	24	304	825	68108	647
江苏	Jiangsu	14	31	30	2067	48
浙江	Zhejiang	26	37	72	5272	87
安徽	Anhui	12	105	70	2213	69
福建	Fujian	12	55	59	9341	32
江西	Jiangxi	9	6	13	279	10
山东	Shandong	25	74	62	3895	128
河南	Henan	15	39	38	3095	66
湖北	Hubei	18	67	115	5790	36
湖南	Hunan	12	44	29	1522	125
广东	Guangdong	19	108	110	8187	155
广西	Guangxi	7	49	36	1566	90
海南	Hainan	1		7	195	17
重庆	Chongqing	9	46	274	20632	37
四川	Sichuan	30	204	75	10727	155
贵州	Guizhou	6	12	6	929	7
云南	Yunnan	9	15	15	2872	29
西藏	Tibet					
陕西	Shaanxi	7	15	42	647	20
甘肃	Gansu	6	35	62	7183	40
青海	Qinghai	2				
宁夏	Ningxia	5	1	3	158	1
新疆	Xinjiang	5	14	17	2442	23
新疆兵团	Xinjiang Corps		1	4	198	4
黑龙江农垦	Heilongjiang Land Reclamation		1			

9-24 制定或修改扶助残疾人的规定（2010年）
Regulations Enacted or Reviewed for Assisting PWDs(2010)

单位：个 (unit)

地 区	Province	合 计 Total	省 级 Provincial Level	市(地)级 Prefecture/City Level	县 级 County Level
总 计	**Total**	**672**	**18**	**89**	**565**
北 京	Beijing				
天 津	Tianjin	15	1		14
河 北	Hebei	38	1	5	32
山 西	Shanxi	20		6	14
内蒙古	Inner Mongolia	18		1	17
辽 宁	Liaoning	12			12
吉 林	Jilin	16			16
黑龙江	Heilongjiang	9		4	5
上 海	Shanghai				
江 苏	Jiangsu	42	10	3	29
浙 江	Zhejiang	117		10	107
安 徽	Anhui	15	1	3	11
福 建	Fujian	15		3	12
江 西	Jiangxi	36	4	3	29
山 东	Shandong	45		9	36
河 南	Henan	19		3	16
湖 北	Hubei	19		4	15
湖 南	Hunan	33		5	28
广 东	Guangdong	32		10	22
广 西	Guangxi	13		2	11
海 南	Hainan	6			6
重 庆	Chongqing	15			15
四 川	Sichuan	39		4	35
贵 州	Guizhou	18	1		17
云 南	Yunnan	8		1	7
西 藏	Tibet				
陕 西	Shaanxi	22		3	19
甘 肃	Gansu	30		7	23
青 海	Qinghai	1			1
宁 夏	Ningxia	2		1	1
新 疆	Xinjiang	16		1	15
新疆兵团	Xinjiang Corps	1		1	
黑龙江农垦	Heilongjiang Land Reclamation				

9-25 执法检查情况（2010年）

Inspection on Law Enforcement (2010)

单位：次 (time)

地 区	Province	人大执法检查 Inspection by People's Congresses 合计 Total	省级 Provincial Level	地市级 Prefecture /City Level	县级 County Level	政协视察或专题调研 Inspection and Investigations by People's Political Consultative Conferences 合计 Total	省级 Provincial Level	地市级 Prefecture /City Level	县级 County Level	残工委组织的专项检查 Inspection by Working Committees on Disability 合计 Total	省级 Provincial Level	地市级 Prefecture /City Level	县级 County Level
总 计	**Total**	**828**	**16**	**118**	**694**	**851**	**12**	**127**	**712**	**1427**	**20**	**189**	**1218**
北 京	Beijing	8			8	6			6	18			18
天 津	Tianjin	9	1		8	5			5	18	2		16
河 北	Hebei	81	1	9	71	84	1	10	73	126	1	12	113
山 西	Shanxi	53	1	6	46	36		4	32	57		7	50
内蒙古	Inner Mongolia	20			20	16		1	15	24		1	23
辽 宁	Liaoning	25		3	22	27		4	23	30			30
吉 林	Jilin	15		1	14	22		4	18	20		1	19
黑龙江	Heilongjiang	21		2	19	21		4	17	30		3	27
上 海	Shanghai	3			3	2			2	5			5
江 苏	Jiangsu	56		11	45	55		9	46	77	1	7	69
浙 江	Zhejiang	42		4	38	48		4	44	72		9	63
安 徽	Anhui	39	1	9	29	44	2	6	36	77	4	19	54
福 建	Fujian	26	4	3	19	19		1	18	27	1	4	22
江 西	Jiangxi	28	1	2	25	25	1	2	22	45	2	3	40
山 东	Shandong	73		10	63	61		10	51	112	1	12	99
河 南	Henan	20		5	15	36		4	32	55		5	50
湖 北	Hubei	41		8	33	52	1	14	37	69		10	59
湖 南	Hunan	17		4	13	31		6	25	49	1	12	36
广 东	Guangdong	22	1	11	10	30	1	12	17	48	1	11	36
广 西	Guangxi	18		5	13	10		5	5	26		3	23
海 南	Hainan	8	1	2	5	7	1	2	4	11		2	9
重 庆	Chongqing	9	1		8	22			22	29			29
四 川	Sichuan	44	1	7	36	51	1	8	42	109		20	89
贵 州	Guizhou	18	1	1	16	14	1	1	12	16	2		14
云 南	Yunnan	33		1	32	29		1	28	38		3	35
西 藏	Tibet												
陕 西	Shaanxi	26	1	2	23	25		2	23	35		2	33
甘 肃	Gansu	43	1	6	36	50	1	9	40	115	2	27	86
青 海	Qinghai	6		1	5	2	1		1	9			9
宁 夏	Ningxia	8		3	5	7		3	4	16	1	7	8
新 疆	Xinjiang	15		1	14	13	1		12	47	1	5	41
新疆兵团	Xinjiang Corps	1		1		1		1		17		4	13
黑龙江农垦	Heilongjiang Land Reclamation												

9-26 法律服务和法律援助情况（2010年）

Legal Service and Legal Aid (2010)

地区	Province	残疾人法律援助(服务)中心（个）Legal Aid (Service) Centers for PWDs (unit)				残疾人法律援助(服务)中心办理的案件（件）Cases Handled by the Legal Aid (Service) Centers for PWDs (case)			
		合计 Total	省级 Provincial Level	地市级 Prefecture/City Level	县级 County Level	合计 Total	省级 Provincial Level	地市级 Prefecture/City Level	县级 County Level
总计	**Total**	**2934**	**29**	**317**	**2588**	**19607**	**423**	**5239**	**13945**
北京	Beijing	17	1		16	237			237
天津	Tianjin	19	1		18	473	70		403
河北	Hebei	186	1	11	174	2236	56	826	1354
山西	Shanxi	120		10	110	334		110	224
内蒙古	Inner Mongolia	95	1	12	82	297		35	262
辽宁	Liaoning	114	1	14	99	889	2	324	563
吉林	Jilin	60	1	7	52	310	10	68	232
黑龙江	Heilongjiang	110	1	13	96	268	5	52	211
上海	Shanghai	19	1		18	181	17		164
江苏	Jiangsu	111	1	11	99	336		92	244
浙江	Zhejiang	97	1	11	85	971		173	798
安徽	Anhui	112	1	17	94	548	9	204	335
福建	Fujian	92	1	9	82	911	7	166	738
江西	Jiangxi	90	1	8	81	518	30	33	455
山东	Shandong	149	1	17	131	1687	9	711	967
河南	Henan	140	1	17	122	623		181	442
湖北	Hubei	88	1	9	78	1561	96	683	782
湖南	Hunan	114	1	14	99	481		35	446
广东	Guangdong	121	1	20	100	390		109	281
广西	Guangxi	118	1	14	103	495	15	75	405
海南	Hainan	16		2	14	47			47
重庆	Chongqing	42	1		41	1305			1305
四川	Sichuan	129		14	115	1417		657	760
贵州	Guizhou	95	1	8	86	318	10	177	131
云南	Yunnan	132	1	14	117	853	4	185	664
西藏	Tibet	8	1	7		3	3		
陕西	Shaanxi	101	1	8	92	154	18	14	122
甘肃	Gansu	93	1	15	77	686	26	61	599
青海	Qinghai	53	1	8	44	130		5	125
宁夏	Ningxia	24	1	5	18	266	4	67	195
新疆	Xinjiang	65	1	7	57	523	5	64	454
新疆兵团	Xinjiang Corps	202	1	14	187	159	27	132	
黑龙江农垦	Heilongjiang Land Reclamation	2		1	1				

9-27 侵害残疾人合法权益大案要案查处（2010年）
Serious Cases Investigated and Handled Which PWDs' Legal Rights Were Infringed (2010)

单位：件 (case)

地 区	Province	合 计 Total	省 级 Provincial Level	地市级 Prefecture/City Level	县 级 County Level
总 计	**Total**	**95**	**11**	**13**	**71**
北 京	Beijing				
天 津	Tianjin				
河 北	Hebei	4		4	
山 西	Shanxi	1			1
内蒙古	Inner Mongolia				
辽 宁	Liaoning				
吉 林	Jilin	5		4	1
黑龙江	Heilongjiang				
上 海	Shanghai				
江 苏	Jiangsu				
浙 江	Zhejiang	1			1
安 徽	Anhui	1			1
福 建	Fujian				
江 西	Jiangxi	12	5		7
山 东	Shandong	2		1	1
河 南	Henan				
湖 北	Hubei	5		1	4
湖 南	Hunan	3		1	2
广 东	Guangdong	3	1		2
广 西	Guangxi				
海 南	Hainan	1			1
重 庆	Chongqing				
四 川	Sichuan	48			48
贵 州	Guizhou	6	4		2
云 南	Yunnan				
西 藏	Tibet				
陕 西	Shaanxi				
甘 肃	Gansu				
青 海	Qinghai				
宁 夏	Ningxia	2		2	
新 疆	Xinjiang	1	1		
新疆兵团	Xinjiang Corps				
黑龙江农垦	Heilongjiang Land Reclamation				

9-28 无障碍建设情况（2010年）
Accessibility Environment Building (2010)

单位：个 (unit)

地区	Province	无障碍建设与管理法规、政府令 Regulations and Decrees on Accessible Environment Building and Management				系统开展无障碍建设市、县 Cities (Prefectures) and Counties That Systematic Accessibility Construction Has Been Carried out		
		合计 Total	省级 Provincial Level	地市级 Prefecture/City Level	县级 County Level	合计 Total	地市级 Prefecture/City Level	县级 County Level
总计	**Total**	**385**	**7**	**81**	**297**	**726**	**126**	**600**
北京	Beijing	1			1	16		16
天津	Tianjin	8	1		7	18	18	
河北	Hebei	44	1	6	37	180	11	169
山西	Shanxi	13		2	11	45	11	34
内蒙古	Inner Mongolia	2			2			
辽宁	Liaoning	7	1	2	4	5	4	1
吉林	Jilin	12		5	7	12	4	8
黑龙江	Heilongjiang							
上海	Shanghai	1	1			18		18
江苏	Jiangsu	18		10	8	54	6	48
浙江	Zhejiang	14		4	10			
安徽	Anhui	10		2	8	3	3	
福建	Fujian	16	1	5	10	3	3	
江西	Jiangxi	15		3	12			
山东	Shandong	29	1	6	22	6	5	1
河南	Henan	14		2	12			
湖北	Hubei	11		2	9	2	2	
湖南	Hunan	14		3	11			
广东	Guangdong	24		7	17	6	6	
广西	Guangxi	9		1	8	123	14	109
海南	Hainan	2		2		2	2	
重庆	Chongqing	6			6			
四川	Sichuan	18		3	15	33	5	28
贵州	Guizhou	13		2	11	26	2	24
云南	Yunnan	17		2	15	74	5	69
西藏	Tibet							
陕西	Shaanxi	13		2	11	43	3	40
甘肃	Gansu	35	1	7	27	42	15	27
青海	Qinghai	6			6	11	3	8
宁夏	Ningxia	4		1	3	1	1	
新疆	Xinjiang	7			7	3	3	
新疆兵团	Xinjiang Corps							
黑龙江农垦	Heilongjiang Land Reclamation	2		2				

9-29 基层残疾人组织建设情况（2010年）

Disabled Persons' Federations at Grassroots Level (2010)

地 区	Province	乡、镇、街道残联 Disabled Persons' Federations in Township (Town, Street)		村、社区残疾人组织 Disabled Persons' Organizations in Villages and Communities		
		残联数 (个) Disabled Persons' Federations (unit)	助残志愿者登记在册数 (人) Registered Volunteers Assisting the Disabled (person)	村委会残疾人协会(小组)数 (个) Disabled Persons' Associations in Villages (unit)	社区残疾人协会数 (个) Disabled Persons' Associations in Communities (unit)	助残志愿者登记在册数 (人) Registered Volunteers Assisting the Disabled (person)
总 计	**Total**	**40041**	**2063762**	**529349**	**74285**	**2110966**
北 京	Beijing	321	21382	3601	2242	37457
天 津	Tianjin	242	99378	3559	1201	90308
河 北	Hebei	2232	97857	48773	2933	74227
山 西	Shanxi	1463	21770	23635	1701	21856
内蒙古	Inner Mongolia	1003	37251	11065	1947	41607
辽 宁	Liaoning	1532	56307	11424	3880	177768
吉 林	Jilin	909	66898	9146	1530	73670
黑龙江	Heilongjiang	1320	137085	7829	2209	89250
上 海	Shanghai	219	7099	1725	3529	13032
江 苏	Jiangsu	1353	88470	16042	5132	173618
浙 江	Zhejiang	1531	97050	26226	3016	93423
安 徽	Anhui	1521	25504	11411	2299	35296
福 建	Fujian	1103	56170	12157	1957	35903
江 西	Jiangxi	1525	22734	14843	2179	78050
山 东	Shandong	1882	137451	72672	7219	172069
河 南	Henan	2350	87748	44157	3164	96608
湖 北	Hubei	1220	40654	20699	3007	38104
湖 南	Hunan	2434	103022	33516	3078	112552
广 东	Guangdong	1601	324536	16722	4872	147934
广 西	Guangxi	1236	72021	14423	1658	65264
海 南	Hainan	227	2708	1592	338	2783
重 庆	Chongqing	1011	14052	8992	2123	38578
四 川	Sichuan	4160	134892	35433	4740	152387
贵 州	Guizhou	1550	33640	16005	1372	14122
云 南	Yunnan	1318	72635	10175	1577	20694
西 藏	Tibet					
陕 西	Shaanxi	1750	137207	25416	1653	143165
甘 肃	Gansu	1360	41216	15141	1156	44676
青 海	Qinghai	403	3786	4032	307	988
宁 夏	Ningxia	229	13616	1660	666	8146
新 疆	Xinjiang	1034	9623	7262	1529	15251
新疆兵团	Xinjiang Corps			16	68	2180
黑龙江农垦	Heilongjiang Land Reclamation	2			3	

9-30 县级(包括县、县级市、市辖区)残疾人综合服务设施情况（2010年）
Comprehensive Service Facilities for Disabled Persons at County Level (2010)

地 区	Province	本年度新投入使用项目 Facilities Newly Put into Use During the Year			累计已投入使用项目 All Facilities in Use		
		项目个数（个） Facilities (unit)	建设规模（平方米） Construction Area (sq.m)	总投资（万元） Total Investment (10000 yuan)	项目个数（个） Facilities (unit)	建设规模（平方米） Construction Area (sq.m)	总投资（万元） Total Investment (10000 yuan)
总 计	**Total**	**218**	**543339**	**169599**	**2166**	**3050423**	**1690109**
北 京	Beijing	1	3948	495	16	35928	13535
天 津	Tianjin	2	17500	8850	26	53468	33542
河 北	Hebei	8	5524	797	147	431977	21903
山 西	Shanxi	4	13256	2220	67	65626	10169
内蒙古	Inner Mongolia	6	4840	867	54	29175	8388
辽 宁	Liaoning	11	9364	1354	84	62115	12881
吉 林	Jilin	7	11100	1956	30	25419	7898
黑龙江	Heilongjiang	8	4669	1093	83	41094	8273
上 海	Shanghai	1	5282	528	36	86055	31096
江 苏	Jiangsu	25	148638	34292	150	337582	1091463
浙 江	Zhejiang	17	135314	66388	86	334808	120242
安 徽	Anhui	15	13613	3670	58	59171	10598
福 建	Fujian	6	7270	3501	87	98983	18789
江 西	Jiangxi	4	9050	970	56	49934	8679
山 东	Shandong	6	9805	2017	131	192794	60036
河 南	Henan	15	12279	3014	118	108044	22351
湖 北	Hubei	8	13440	2537	81	87401	20846
湖 南	Hunan	7	4210	680	80	70161	10067
广 东	Guangdong	8	36347	14716	125	166670	52784
广 西	Guangxi	8	7390	2842	75	50661	14269
海 南	Hainan	1	400	60	6	2867	720
重 庆	Chongqing	2	3900	630	38	48796	11294
四 川	Sichuan	15	16469	3698	87	110293	25780
贵 州	Guizhou	5	5534	1079	58	40695	7047
云 南	Yunnan	5	4958	811	120	143310	21570
西 藏	Tibet						
陕 西	Shaanxi	3	7300	1525	86	161459	13580
甘 肃	Gansu	5	4616	812	71	54134	9282
青 海	Qinghai				35	12126	1804
宁 夏	Ningxia	2	1550	239	11	7801	1035
新 疆	Xinjiang	12	13080	1957	47	46970	9073
新疆兵团	Xinjiang Corps				8	5809	659
黑龙江农垦	Heilongjiang Land Reclamation	1	12693	6000	9	29099	10456

十、公共管理和社会组织
Public Administration and Membership Organization

10-1 历届全国人民代表大会代表人数
Number of Deputies to National People's Congresses

单位：人 (person)

届别 Congress		年份 Year	代表总数 Total Number of Deputies	#女代表 Female Deputies	#少数民族代表 Minority Deputies	占代表总数比重(%) As Percentage to Total Deputies(%) #女代表 Female Deputies	#少数民族代表 Minority Deputies
一 届	First Congress	1954	1226	147	177	12.0	14.4
二 届	Second Congress	1959	1226	150	180	12.2	14.7
三 届	Third Congress	1964	3040	542	373	17.8	12.3
四 届	Fourth Congress	1975	2885	653	270	22.6	9.4
五 届	Fifth Congress	1978	3497	740	381	21.2	10.9
六 届	Sixth Congress	1983	2978	632	404	21.2	13.6
七 届	Seventh Congress	1988	2970	634	445	21.3	15.0
八 届	Eighth Congress	1993	2978	626	439	21.0	14.7
九 届	Ninth Congress	1998	2979	650	428	21.8	14.4
十 届	Tenth Congress	2003	2984	604	415	20.2	13.9
十一届	Eleventh Congress	2008	2987	637	411	21.3	13.8

10-2 历届全国政治协商会议委员人数
Number of Deputies to All the Previous Chinese People's Political Consultative Conferences

单位：人 (person)

届别 Congress		年份 Year	委员总数 Total Number of Deputies	#中国共产党委员 Deputies from the Communist Party of China	#少数民族委员 Ethnic Minority Deputies	占委员总数比重(%) As Percentage to Total Deputies (%) 中国共产党委员 Deputies from the Communist Party of China	少数民族委员 Ethnic Minority Deputies
六 届	Sixth Congress	1983	2042	811	179	39.7	8.8
七 届	Seventh Congress	1988	2038	832	221	40.8	10.8
八 届	Eighth Congress	1993	2093	831	241	39.7	11.5
九 届	Ninth Congress	1998	2195	875	258	39.9	11.8
十 届	Tenth Congress	2003	2238	895	262	40.0	11.7
十一届	Eleventh Congress	2008	2237	892	250	39.9	11.2

10-3 公安机关立案的刑事案件及构成
Criminal Cases Registered in Public Security Organs and Composition

案件类别	Category of Cases	立案(起) Number of Cases Registered (case)		构成(%) Composition (%)	
		2009	2010	2009	2010
合　计	**Total**	**5579915**	**5969892**	**100.00**	**100.00**
杀　人	Homicide	14667	13410	0.26	0.22
伤　害	Injury	172840	174990	3.10	2.93
抢　劫	Robbery	283243	237258	5.08	3.97
强　奸	Rape	33286	33696	0.60	0.56
拐卖妇女儿童	Trafficking Women or Children	6513	10082	0.12	0.17
盗　窃	Theft	3888579	4228369	69.69	70.83
诈　骗	Fraud	381432	457350	6.84	7.66
走　私	Smuggling	1200	1105	0.02	0.02
伪造、变造货币,出售、购买、运输、持有、使用假币	Counterfeiting the Currency and Selling,Buying Transporting, Holding and Using Counterfeit Currencies	4758	1565	0.09	0.03
其　他	Others	793397	812067	14.22	13.60

注：2010年共破获刑事案件2329947起。

a) The solved criminal cases in 2010 are 2329947 cases.

10-4 公安机关受理、查处治安案件数（2010年）
Offense Cases Against Public Order Handled by Public Security Organs (2010)

案件类别	Category of Cases	受理(起) Number of Cases Accepted (case)	查处(起) Number of Cases Investigated (case)	每万人口受理案件数(起/万人) Number of Cases Accepted (case/10000 persons)
合　计	**Total**	**12757660**	**12122138**	**94.8**
扰乱单位秩序	Disturbing Business Orders	145463	144340	1.1
扰乱公共场所秩序	Disturbing the Orders in Public Places	391646	389983	2.9
寻衅滋事	Creating Disturbances	142963	136670	1.1
阻碍执行职务	Obstructing State Functionaries from Performing Duty	33171	32567	0.2
非法携带枪支、弹药、管制工具	Violation of Firearms Control Regulations	84148	83677	0.6
违反危险物质管理规定	Violation of Explosives Control Regulations	27845	27579	0.2
殴打他人	Beating Others	4258427	4125377	31.7
故意伤害	Wilfully Injuring Others	237471	222715	1.8
盗　窃	Stealing Property	1994257	1678846	14.8
敲诈勒索	Extertion and Blackmail	29905	26542	0.2
抢　夺	Robbery and Snatch	48736	38086	0.4
盗窃、损毁公共设施	Stealing and Damaging Public Facilities	19410	16745	0.1
伪造、变造、倒卖有价票证、凭证	Forge/Alter/Scalp Valuable Coupons or Certificates	16057	16043	0.1
违反旅馆业管理	Violating the Hotel Management Regulations	175252	174826	1.3
违反房屋出租管理	Violating the Rent Control Regulations	182983	182431	1.4
诈　骗	Swindling, Seizing and Extorting Property	170325	136500	1.3
卖淫、嫖娼	Prostitution or Visiting Prostitutes	103215	102407	0.8
赌　博	Gambling	387217	383567	2.9
毒品违法活动	Illegal Drug Related Action	357195	355769	2.7
其　他	Others	3951974	3847468	29.4

10-5 交通事故情况（2010年）
Basic Statistics on Traffic Accidents (2010)

项　目	Item	发生数（起）Number of Traffic Accidents (case)	死亡人数（人）Number of Deaths (person)	受伤人数（人）Number of Injuries (person)	直接财产损失（万元）Direct Property Losses (10000 yuan)
总　计	**Total**	**219521**	**65225**	**254075**	**92633.5**
#重大事故	Serious Accidents	58244	65225	33964	43925.4
#特大事故	Extraordinarily Serious Accidents	1244	5061	3636	5484.5
机动车	Vehicles	207156	62380	241823	90420.2
#汽　车	Motor Vehicles	148367	46878	167897	81186.1
摩托车	Motorcycles	51196	12369	66298	6742.8
拖拉机	Tractors	4989	1908	5076	1012.9
非机动车	Non-motor-driven Vehicles	9735	1600	10596	1263.6
#自行车	Bicycles	1978	447	1853	266.3
行人乘车人	Pedestrians and Passengers	2565	1222	1576	920.3
其　他	Others	65	23	80	29.5

10-6 火灾事故情况（2010年）
Basic Statistics on Fire Accidents (2010)

项　目	Item	合　计 Total	特　大 Extraordinarily Serious	重　大 Serious	较　大 Big	一　般 Ordinary
发生（起）	Fire Accidents (case)	132497		4	77	132416
死亡（人）	Deaths (person)	1205		43	272	890
受伤（人）	Injuries (person)	624		51	57	516
直接经济损失（万元）	Direct Economic Losses (10000 yuan)	195945.2		11384.6	11773.3	172787
平均每起事故损失（元）	Average Loss per Fire Accident (yuan)	14789		28461500	1529000	13049

10-7 各地区交通事故情况（2010年）
Basic Statistics on Traffic Accidents by Province (2010)

地 区	Province	发生数（起）Number of Traffic Accidents (case)	死亡人数（人）Number of Deaths (person)	受伤人数（人）Number of Injuries (person)	直接财产损失（万元）Direct Property Losses (10000 yuan)
全 国	**National Total**	**219521**	**65225**	**254075**	**92633.5**
北 京	Beijing	4279	974	4857	2431.3
天 津	Tianjin	3165	950	3671	1987.1
河 北	Hebei	5959	2693	5785	3890.8
山 西	Shanxi	6962	2449	8200	3593.7
内蒙古	Inner Mongolia	4780	1375	5202	2359.8
辽 宁	Liaoning	6781	2129	6428	3124.9
吉 林	Jilin	4438	1454	5178	2666.1
黑龙江	Heilongjiang	3466	1395	3740	2456.6
上 海	Shanghai	2176	1009	1862	956.6
江 苏	Jiangsu	13793	5031	13234	4951.1
浙 江	Zhejiang	21698	5382	23589	9047.2
安 徽	Anhui	7901	2877	9596	2417.7
福 建	Fujian	12714	2822	15430	4839.2
江 西	Jiangxi	4126	1603	4938	4184.0
山 东	Shandong	14560	4268	14611	5261.2
河 南	Henan	7890	1825	8710	3186.8
湖 北	Hubei	6543	1944	7884	3436.5
湖 南	Hunan	8413	2162	11621	4104.4
广 东	Guangdong	30370	6203	36518	8048.8
广 西	Guangxi	4351	2342	5375	1678.4
海 南	Hainan	1488	471	2205	552.6
重 庆	Chongqing	5908	1017	8728	1225.9
四 川	Sichuan	13072	2931	16980	5398.5
贵 州	Guizhou	1764	1136	2906	1296.0
云 南	Yunnan	4739	1886	5900	2530.2
西 藏	Tibet	781	409	969	620.4
陕 西	Shaanxi	6004	1944	6144	3319.8
甘 肃	Gansu	3090	1506	3728	1116.2
青 海	Qinghai	1206	573	1494	390.4
宁 夏	Ningxia	1806	442	2564	658.0
新 疆	Xinjiang	5298	2023	6028	903.3

10-8 各地区火灾事故情况（2010年）

Basic Statistics on Fire Accidents by Province (2010)

地 区	Province	发生数（起）Number of Fire Accidents (case)	死亡人数（人）Number of Deaths (person)	受伤人数（人）Number of Injuries (person)	直接经济损失（万元）Direct Economic Losses (10000 yuan)	人口火灾发生率（1/10万人）Average Number of Fire Accidents Per 100000 Persons
全 国	**National Total**	**132497**	**1205**	**624**	**195945.2**	**9.85**
北 京	Beijing	5468	32	13	4361.0	43.34
天 津	Tianjin	1148	23	3	624.7	11.60
河 北	Hebei	4757	29	14	5692.6	6.52
山 西	Shanxi	4439	26	14	6331.7	12.78
内蒙古	Inner Mongolia	8789	51	14	5306.7	35.83
辽 宁	Liaoning	5566	42	14	3756.5	13.09
吉 林	Jilin	7862	43	25	7129.1	28.86
黑龙江	Heilongjiang	2944	26	13	5444.2	7.66
上 海	Shanghai	5702	43	54	7149.2	40.37
江 苏	Jiangsu	5296	85	52	8975.5	7.09
浙 江	Zhejiang	3834	88	42	6835.5	8.08
安 徽	Anhui	5173	35	21	8474.3	7.58
福 建	Fujian	4016	55	18	9374.8	11.38
江 西	Jiangxi	4715	21	11	8074.4	10.05
山 东	Shandong	7226	32	15	13315.0	7.58
河 南	Henan	3534	16	13	3781.9	3.27
湖 北	Hubei	9383	25	9	3821.3	15.26
湖 南	Hunan	2915	33	4	8388.0	4.12
广 东	Guangdong	6158	132	64	17825.1	7.23
广 西	Guangxi	1287	32	14	6094.2	2.41
海 南	Hainan	1052	3	1	1201.3	11.74
重 庆	Chongqing	5040	43	24	13689.3	15.26
四 川	Sichuan	6204	37	21	11197.8	6.89
贵 州	Guizhou	1661	73	41	4566.2	3.97
云 南	Yunnan	2069	64	20	7363.9	4.57
西 藏	Tibet	219		11	623.9	7.45
陕 西	Shaanxi	4620	23	11	8354.2	11.93
甘 肃	Gansu	1141	16	13	2887.9	4.21
青 海	Qinghai	1623	12	13	926.0	29.51
宁 夏	Ningxia	3447	5	1	1338.2	53.64
新 疆	Xinjiang	5209	60	41	3040.9	24.07

10-9 人民检察院直接立案侦查案件情况（2010年）
Cases Directly Investigated by People's Procuratorate (2010)

案件类别	Category of Cases	受案 Cases Accepted	立案 Cases Filing		#大案 Major Cases	#要案 Key Cases	结案 Cases Settled	
		件 case	件 case	人 person	件 case	人 person	件 case	人 person
合　计	**Total**	**49969**	**32909**	**44085**	**21732**	**2723**	**34821**	**46253**
贪污贿赂案件	Sub-total of Cases on Embezzlement and Bribery	38350	25560	33858	18224	2387	27091	35559
贪　污	Embezzlement	16185	8707	14370	5555	406	9293	14991
贿　赂	Bribery	18458	13796	15422	10586	1810	14302	15968
挪用公款	Misappropriation of Public Funds	3188	2833	3603	2083	113	3227	4037
集体私分	Collective Illegal Possession of Public Funds	322	202	431		52	240	517
巨额财产来源不明	Unstated Source of Large Properties	182	15	17		5	15	16
其　他	Others	15	7	15		1	14	30
渎职侵权案件	Sub-total of Cases on Dereliction of Duty and Infringement of Citizens' Right	11619	7349	10227	3508	336	7730	10694
滥用职权	Abuse of Power	3871	2408	3168	1352	188	2517	3298
玩忽职守	Dereliction of Duty	4766	3457	4457	1594	79	3654	4688
徇私舞弊	Malpractice	1669	736	1050	255	43	829	1162
其　他	Others	1313	748	1552	307	26	730	1546

注：结案中含上年旧存(以下各表同)。

a) Data of cases settled include cases turned over from previous year. The same as in the following tables.

10-10 人民检察院审查批准、决定逮捕犯罪嫌疑人和提起公诉被告人情况（2010年）
Arrests of Criminal Suspects Approved and Decided by People's Procuratorate and Defendants Prosecuted by People's Procuratorate (2010)

案件类别	Category of Cases	批捕、决定逮捕 Total of Arrests Approved and Decided		提起公诉 Total of Initiating Public Prosecutions	
		件 case	人 person	件 case	人 person
合　计	**Total**	**627642**	**931494**	**766394**	**1189198**
公安、安全、监狱管理机关提请	Sub-total of Requests by Departments of State Security and Public Security and Prisons	614220	916209	736256	1148409
危害国家安全案	Cases of Endangering State Security	424	1045	419	1223
危害公共安全案	Cases of Endangering Public Security	52270	57563	89824	96964
破坏社会主义市场经济秩序案	Cases of Disrupting the Order of the Socialist Market Economy	25031	37532	30686	50775
侵犯公民人身、民主权利案	Cases of Infringing upon Citizens' Right of the Person and Democratic Right	139023	186683	170905	238719
侵犯财产案	Cases of Property Voilation	261319	404584	288987	463424
妨害社会管理秩序案	Cases of Obstructing the Adiminstration of the Public Order	135980	228568	155242	297019
危害国防利益案	Cases of Impairing the Interests of National Defense	173	234	191	283
军人违反职责案	Cases of Servicemen's Transgression of Duties			2	2
检察机关直接立案侦查案件	Sub-total of Cases Directly Investigated by Procuratorates	13422	15285	30138	40789
贪污贿赂案	Cases of Embazzlement and Bribery	12027	13635	24081	32221
渎职侵权案	Cases of Abuse and Dereliction of Duty	1395	1650	6057	8568

10-11 人民检察院出庭公诉情况（2010年）
Public Prosecutions Appearing in Court by People's Procuratorate (2010)

单位：件 (case)

案件类别	Category of Cases	适用简易程序 Summary Procedure Applied	出庭公诉 Public Prosecutions Appearing in Court	一审 First Instance	二审 Second Instance	上诉案 Appeal Cases	抗诉案 Procuratoral Appeal Cases	再审 Retrial
合计	**Total**	**286837**	**464140**	**451451**	**11992**	**9307**	**2685**	**697**
贪污贿赂	Embazzlement and Bribery	1900	23156	21859	1175	794	381	122
渎职侵权	Dereliction of Duty and Infringement of Citizens' Right	786	4706	4558	127	65	62	21
刑事案件	Criminal Cases	284151	436276	425032	10690	8448	2242	554
军人违反职责	Servicemen's Transgression of Duties		2	2				

10-12 人民检察院办理刑事抗诉案件情况（2010年）
Criminal Appeals Handled by People's Procuratorate (2010)

案件类别	Category of Cases	提出抗诉 Presenting Procuratoral Appeal	撤回抗诉 Withdrawing Procuratoral Appeal	审判结果合计 Total Retrial of Procuratoral Appeal	改判 Revising Judgment		维持原判 Affirming Original Judgment	发回重审 Remanding for Retrial
		件 case	件 case	件 case	件 case	人 person	件 case	件 case
合计	**Total**	**5425**	**505**	**3880**	**1506**	**2228**	**935**	**1439**
二审小计	Sub-total of Second Instance	4405	480	3016	1258	1906	856	902
贪污贿赂案件	Embazzlement and Bribery Cases	582	72	453	151	179	128	174
渎职侵权案件	Dereliction of Duty and Infringement of Citizens' Right Cases	95	8	65	19	23	28	18
刑事案件	Criminal Cases	3728	400	2498	1088	1704	700	710
再审小计	Sub-total of Retrial	1020	25	864	248	322	79	537
贪污贿赂案件	Embazzlement and Bribery Cases	126	1	103	27	38	13	63
渎职侵权案件	Dereliction of Duty and Infringement of Citizens' Right Cases	21		10	3	4	2	5
刑事案件	Criminal Cases	873	24	751	218	280	64	469

10-13 人民检察院办理民事、行政抗诉案件情况（2010年）
Civil and Administrative Appeals Handled by People's Procuratorate (2010)

单位:件 (case)

案件类别	Category of Cases	合计 Total	民事案件 Civil Cases	行政案件 Administrative Cases
立案	Filing Cases	81451	76642	4809
提请抗诉	Submitting Procuratoral Appeal	15367	14819	548
抗诉	Procuratoral Appeal	12139	11751	388
撤回抗诉	Withdrawing Procuratoral Appeal	27	26	1
抗诉案件再审	Retrial of Procuratoral Appeal	9719	9485	234
改判	Revising Judgment	3791	3691	100
发回重审	Remanding for Retrial	1023	1007	16
调解	Mediation	2588	2578	10
维持原判	Affirming Original Judgment	1863	1781	82
其他	Others	454	428	26

10-14 人民检察院纠正违法情况（2010年）
Law-breaking Cases Rectified by People's Procuratorate (2010)

项目	Item	书面提出纠正 Written Rectification		已纠正 Rectified	
		件次 case-time	人次 person-time	件次 case-time	人次 person-time
合计	**Total**	**84949**	**31535**	**80714**	**31185**
立案监督小计	Sub-total of Supervision of Cases Filing	44141		41906	
监督立案	Supervision of Cases Filing	32830		31203	
监督撤案	Supervision of Cases Withdrawed	11311		10703	
侦查监督小计	Sub-total of Supervision of Investigation	34180		32599	
审查批捕环节	Supervision of Investigation in the Process of Arrests Approved	18880		18415	
审查起诉环节	Supervision of Investigation in the Process of Prosecution	15300		14184	
刑事审判监督	Supervision of Criminal Trial	6628		6209	
刑罚执行监督小计	Sub-total of Supervision of Punishment Execution		31535		31185
监管活动	Administration of Prison and Costody		20181		19942
超期羁押	Excessive Custody		525		525
减刑、假释、保外就医	Commutation of Sentence,Parole and Released on Parole for Medical Treatment		10829		10718

10-15 人民检察院处理申诉案件情况（2010年）
Petitions Handled by People's Procuratorate (2010)

单位：件 (case)

案件分类	Category of Cases	受案 Cases Accepted	立案复查 Cases Registered for Reinvestigation	结案 Cases Settled	#改变原决定 Original Decision Changed
合 计	**Total**	**13586**	**10701**	**10948**	**977**
不服检察机关处理决定	Petitions against Decision of Procuratorate's Offices	6583	5598	5824	968
不服不批捕	Petitions against Disapproval of Arrest	1943	1735	1754	167
不服不起诉	Petitions against Not-initiating Prosecution	2846	2573	2704	229
不服撤案	Petitions against Dismissing the Cases	86	75	79	19
不服原免予起诉	Petitions against Original Exemption of Prosecution	108	87	95	17
其 他	Others	1600	1128	1192	536
不服法院刑事判决裁定	Petitions against Judgment or Orders of Criminal Cases	7003	5103	5124	9
刑罚执行中被害人申诉	Petitions of the Victim at the Punishment	2540	1902	1886	5
刑罚执行中被告人申诉	Petitions of the Defendant at the Punishment	2376	1702	1720	2
刑罚执行完毕后被害人申诉	Petitions of the Victim after the Punishment	605	453	451	1
刑罚执行完毕后被告人申诉	Petitions of the Defendant after the Punishment	1482	1046	1067	1

10-16 人民检察院受理举报、控告、申诉案件情况（2010年）
Offences Reporting, Accusation and Petition Handled by People's Procuratorate (2010)

单位：件 (case)

案件类别	Category of Cases	受理 Cases Accepted	处理 Cases Handled	#分送检察机关 Handled by General Office of People's Procuratorate	#转其他机关 Transfering to Other Organs
合 计	**Total**	**357253**	**353670**	**209220**	**66686**
首次举报	First Report of an Offence	158995	157265	119723	10414
首次控告	First Accusation	75621	74939	26013	30660
首次申诉	First Petition	122637	121466	63484	25612

10-17 人民法院审理一审案件情况
First Trial Cases by Courts

单位: 件 (case)

年 份 Year	收 案 Cases Accepted	刑 事 Criminal	民 事 Civil	经济纠纷 Economic Disputes	行 政 Administrative	海事海商 Maritime and Marine
1978	447755	146968	300787			
1979	513789	123846	389943			
1980	763535	197856	565679			
1981	906051	232125	673926			
1982	1024160	245219	778941			
1983	1343164	542648	756436	43553	527	
1984	1355460	431357	838307	84813	983	
1985	1319741	246655	846391	225541	916	238
1986	1611282	299720	989409	321220	632	301
1987	1875229	289614	1213219	366110	5940	346
1988	2290624	313306	1455130	513046	8573	569
1989	2913515	392564	1815385	694907	9934	725
1990	2916774	459656	1851897	591462	13006	753
1991	2901685	427840	1880635	566592	25667	951
1992	3051157	422991	1948786	650601	27125	1654
1993	3414845	403267	2089257	892580	27911	1830
1994	3955475	482927	2383764	1051742	35083	1959
1995	4545676	495741	2718533	1275959	52596	2847
1996	5312580	618826	3093995	1515848	79966	3945
1997	5288379	436894	3277572	1478822	90557	4534
1998	5410798	482164	3375069	1450049	98350	5166
1999	5692434	540008	3519244	1529877	97569	5736
2000	5356294	560432	3412259	1290867	85760	6976
2001	5344934	628996	3459025	1149101	100921	6891
2002	5132199	631348	4420123		80728	
2003	5130760	632605	4410236		87919	
2004	5072881	647541	4332727		92613	
2005	5161170	684897	4380095		96178	
2006	5183794	702445	4385732		95617	
2007	5550062	724112	4724440		101510	
2008	6288831	767842	5412591		108398	
2009	6688963	768507	5800144		120312	
2010	6999350	779595	6090622		129133	

注: 1.一审案件指人民法院按照诉讼级别管辖按第一审程序审理的案件。

2.2002年起经济纠纷和海事海商并入民事案件中。

a) First trial cases refer to the cases accepted by people's courts in accordance with the grade jurisdiction and the first trial proceedings.

b) Data of civil cases includes cases of economic disputes and maritime and marine since 2002.

10-18 人民法院审理刑事一审案件收结案情况（2010年）
First Trial Criminal Cases Accepted and Concluded by Courts (2010)

单位：件 (case)

项目	Item	收案 Cases Accepted	结案 Cases Concluded
合计	**Total**	**779595**	**779641**
危害公共安全罪	Crimes of Endangering Public Security	88950	89028
破坏社会主义市场经济秩序罪	Crimes of Disrupting the Order of the Socialist Market Economy	30386	30150
侵犯公民人身权利民主权利罪	Crimes of Infringing upon Citizens' Right of the Person and Democratic Rights	184233	184729
侵犯财产罪	Crimes of Property Violation	293561	294233
妨害社会管理秩序罪	Crimes of Obstructing Administration of Public Order	153201	152873
危害国防利益罪	Crimes of Impairing the Interests of National Defence	207	207
贪污贿赂罪	Crimes of Embezzlement and Bribery	23889	23441
渎职罪	Crimes of Dereliction of Duty	4489	4310
其他	Others	679	670
合计中含自诉案件	Private Prosecution of Total	12540	12950

注：结案中含上年旧存(以下各表同)。
a) Data of cases settled include cases turned over from previous year. The same applies to the tables following.

10-19 人民法院审理刑事案件罪犯情况
Criminal Offenders Heard by Courts

单位：人 (person)

年份 Year	刑事罪犯总数 Number of Offenders	#青少年罪犯 Juvenile Offenders	不满18岁 Age 18 and Below	18岁至25岁 Age 18-25	青少年罪犯占刑事罪犯比重(%) Proportion of Juvenile Offenders to Total (%)
1997	526312	199212	30446	168766	37.9
1998	528301	208076	33612	174464	39.4
1999	602380	221153	40014	181139	36.7
2000	639814	220981	41709	179272	34.5
2001	746328	253465	49883	203582	34.0
2002	701858	217907	50030	167879	31.0
2003	742261	231715	58870	172845	31.2
2004	764441	248834	70086	178748	32.6
2005	842545	285801	82692	203109	33.9
2006	889042	303631	83697	219934	34.2
2007	931745	316298	87506	228792	33.9
2008	1007304	322061	88891	233170	32.0
2009	996666	302023	77604	224419	30.3
2010	1006420	287978	68193	219785	28.6

10-20 人民法院审理婚姻家庭、继承一审案件收结案情况（2010年）
First Trial Civil Cases of Marriages, Family Affairs and Inheritance Accepted and Concluded by Courts (2010)

单位: 件 (case)

项 目	Item	收 案 Cases Accepted	结 案 Cases Concluded	调 解 Mediation	判 决 Judgement	驳 回 Reject	撤 诉 Withdrawal	其 他 Others
合 计	**Total**	**1423180**	**1428340**	**698900**	**387185**	**5716**	**326353**	**10186**
婚姻家庭	Marriages and Family Affairs	1374136	1379463	673749	373883	5225	316979	9627
离 婚	Divorce	1164521	1168810	567374	321316	4028	268793	7299
赡养纠纷	Support Disputes	26648	26704	11237	6838	104	8200	325
抚养、扶养关系纠纷	Upbringing and Maintenance Relationship Disputes	50499	50547	31082	9584	217	9346	318
抚育费纠纷	Upbringing Fee Disputes	24020	24269	11502	6902	116	5499	250
其 他	Others	108448	109133	52554	29243	760	25141	1435
继 承	Inheritance	49044	48877	25151	13302	491	9374	559
法定继承	Legal Inheritance	28439	28285	15935	6861	218	4998	273
遗嘱继承	Testament Inheritance	4054	4076	1790	1439	43	754	50
其 他	Others	16551	16516	7426	5002	230	3622	236

10-21 人民法院审理合同纠纷一审案件收结案情况（2010年）
First Trial Cases of Contract Disputes Accepted and Concluded by Courts (2010)

单位: 件 (case)

项 目	Item	收 案 Cases Accepted	结 案 Cases Concluded	调 解 Mediation	判 决 Judgement	驳 回 Reject	撤 诉 Withdrawal	其 他 Others
合 计	**Total**	**3222555**	**3239740**	**1108861**	**1016249**	**46110**	**1023670**	**44850**
借款合同	Loan Contracts	1021838	1024484	363417	355468	12158	281504	11937
买卖合同	Trade Contracts	551395	555553	203331	175600	6530	162040	8052
电信合同	Telecom Contracts	131396	131099	40340	3478	427	86382	472
租赁合同	Lease Contracts	137546	138431	40150	48577	1804	46376	1524
劳动争议	Labour Disputes	321681	327407	140412	110257	8563	61176	6999
房地产合同	Real Estate Contracts	126879	128167	46614	47248	2036	30964	1305
供用动力合同	Labor Contracts	79208	79157	21235	8802	918	47862	340
建设工程合同	Construction Contracts	81547	82460	24458	32552	1733	21737	1980
农村承包合同	Rural Contracts	38229	38600	13367	10003	853	13795	582
承揽合同	Contracts for Work	68059	68379	23086	21987	818	21139	1349
其 他	Others	664777	666003	192451	202277	10270	250695	10310

10-22 人民法院审理知识产权一审案件收结案情况（2010年）
First Trial Cases of Intellectual Property Rights Accepted and Concluded by Courts (2010)

单位：件 (case)

项目	Item	收案 Cases Accepted	结案 Cases Concluded	调解 Mediation	判决 Judgement	驳回 Reject	撤诉 Withdrawal	其他 Others
合计	**Total**	**42931**	**41718**	**7625**	**12224**	**445**	**20226**	**1198**
著作权	Copyright	24719	24138	4185	6724	172	12530	527
商标权	Trademark Right	8460	8153	1770	2302	136	3739	206
专利权	Patent Right	5785	5298	978	1711	48	2432	129
技术合同	Technical Contracts	670	694	143	265	14	210	62
植物新品种纠纷	Plant Variety Disputes	188	214	9	53	2	145	5
不正当竞争	Unfair Competition	1131	1176	231	450	34	400	61
其他	Others	1978	2045	309	719	39	770	208

10-23 人民法院审理海事海商一审案件收结案情况（2010年）
First Trial Cases of Maritime and Marine Accepted and Concluded by Courts (2010)

单位：件 (case)

项目	Item	收案 Cases Accepted	结案 Cases Concluded	调解 Mediation	判决 Judgement	驳回 Reject	撤诉 Withdrawal	其他 Others
合计	**Total**	**6546**	**7287**	**2259**	**2636**	**79**	**2095**	**218**
海事侵权纠纷	Maritime Tort Disputes	981	1163	402	450	23	260	28
海上人身损害赔偿	Compensation for Maritime Personal Harm	447	498	192	180	12	105	9
其他	Others	534	665	210	270	11	155	19
海商合同	Marine Contracts	5478	6028	1845	2141	53	1805	184
海上货物运输合同	Contracts of Carriage of Goods by Sea	1539	1805	521	620	10	617	37
海员劳务合同	Contrats of Employment with Mariners	977	1080	465	308	7	290	10
船舶建造买卖合同	Contracts of Ship Building and Sale	416	453	96	210	6	130	11
船舶租用合同	Charter Party	329	351	106	149	6	88	2
海上保险合同	Marine Insurance Contracts	227	267	90	98	6	69	4
其他	Others	1990	2072	567	756	18	611	120
其他海事海商纠纷	Other Maritime and Marine Disputes	87	96	12	45	3	30	6

10-24 人民法院审理权属、侵权纠纷及其他民事一审案件收结案情况(2010年)
First Trial Cases of Disputes of Right, Infringement of Right and Other Civil Affairs Accepted and Concluded by Courts (2010)

单位：件 (case)

项目	Item	收案 Cases Accepted	结案 Cases Concluded	调解 Mediation	判决 Judgement	驳回 Reject	撤诉 Withdrawal	其他 Others
合计	**Total**	**1444887**	**1444615**	**563922**	**491173**	**18739**	**269040**	**101741**
所有权及其相关权利	Ownership and Related Rights	333832	334986	116804	109793	7810	95793	4786
特别程序	Special Proceedings	123327	124560	1148	20541	4549	11540	86782
人身权纠纷	Personal Rights Disputes	811839	808994	379203	310000	3438	110635	5718
#人身损害赔偿	Compensation for Personal Harm	782007	779340	368516	298696	3131	103733	5264
特殊侵权纠纷	Disputes of Special Infringement	45491	45411	17292	15893	886	10567	773
不当得利	Unjustified Enrichment	21050	21124	4908	7339	484	7491	902
票据、证券、股票纠纷	Disputes of Bills, Securities and Stocks	2716	2924	775	1283	98	658	110
其他	Others	106632	106616	43792	26324	1474	32356	2670

10-25 人民法院审理行政一审案件收结案情况（2010年）
First Trial Administrative Cases Accepted and Concluded by Courts (2010)

单位：件 (case)

项目	Item	收案 Cases Accepted	结案 Cases Concluded	维持 Affirmation of Original Judgement	撤销 Cancel Lation	驳回 Reject	撤诉 With-drawal	单独赔偿 Separate Compen-sation	其他 Others
合计	**Total**	**129133**	**129806**	**15184**	**7340**	**10014**	**57745**	**305**	**39218**
土地等资源	Land and Other Resources	23218	23372	2416	1996	2244	11153	31	5532
公安	Public Security	10553	10732	2564	488	560	4535	62	2523
城建	City Construction	24975	25016	2046	1931	2791	11326	88	6834
交通运输	Traffic and Transportation	2619	2629	171	108	95	1896	9	350
工商	Industry and Commerce	2723	2743	275	154	256	1291	5	762
环保	Environmental Protection	1865	1894	63	35	42	1273	1	480
计划生育	Family Planning	6117	6133	174	66	143	3112		2638
税务	Taxation	398	402	31	14	26	245	2	84
卫生	Health	1825	1869	68	34	51	668		1048
乡政府	Township Government	3568	3656	315	260	298	2104	6	673
劳动和社会保障	Labour and Social Security	9363	9387	2320	630	346	4195	1	1895
其他	Others	41909	41973	4741	1624	3162	15947	100	16399

10-26 律师工作基本情况
Basic Statistics on Lawyers

项　目	Item	2006	2007	2008	2009	2010	2010年比2009年增减% Change in 2010 over 2009
律师事务所(个)	Number of Law Firms (unit)	13096	13593	14467	15888	17230	8.45
#国资所	State-owned Law Firms	1470	1475	1409	1518	1456	-4.08
合作所	Cooperative Law Firms	1969	1906	765	30	26	-13.33
合伙所	Partnership Law Firms	9296	9922	11672	12625	13036	3.26
律师工作人员(人)	Number of Lawyers (person)	164516	143967	156710	173327	195170	12.60
#专职律师	Full-time Lawyers	122242	128172	140135	155457	176219	13.36
兼职律师	Part-time Lawyers	8068	7842	8116	8764	9294	6.05
律师业务	Legal Affairs						
担任常年法律顾问(处)	Permanent Legal Advisor (unit)	279573	295990	314876	338179	369129	9.15
民事诉讼代理(件)	Agent of Civil Cases (case)	1027117	1247877	1401147	1499105	1569043	4.67
经济诉讼代理(件)	Agent of Economic Cases (case)	377999					
刑事诉讼辩护及代理(件)	Defence and Agent of Criminal Cases (case)	341619	495824	511971	564204	530800	-5.92
行政诉讼代理(件)	Agent of Administrative Action (case)	56657	56342	54666	57286	51011	-10.95
非诉讼法律事务(件)	Agent of Non-litigious Legal Affairs (case)	915482	607049	729218	569304	549453	-3.49
涉外及港澳台法律事务(件)	Agent of Foreign-related, Hong Kong, Macao & Taiwan Legal Affairs (case)	10700					
法律咨询(万人次)	Legal Advisory Services (10000 person-times)	520.13	381.83	350.86	383.08	474.51	23.87
代书(万件)	Agent of Legal Documents Written on Behalf of Clients (10 000 cases)	145.32	715.37	720.99	684.22	723.72	5.77

10-27 律师人员构成情况
Basic Statistics on Composition of Lawyers

单位：人　(person)

项　目	Item	2006	2007	2008	2009	2010	2010年比2009年增减% Change in 2010 over 2009
律师数	**Total Number**	**164516**	**143967**	**156710**	**173327**	**195170**	**12.60**
#博　士	With Doctor's Degree	1395	1673	1903	2092	2340	11.85
硕士、双学士	With Master's Degree and Dual Bachlors' Degree	16378	18554	21046	24435	27081	10.83
法律专业本科	Undergraduates Majoring in Law	88594	86416	94167	108657	124835	14.89
其他专业本科	Undergraduates Majoring in Other Subjects	16930	16290	17699	19857	19634	-1.12
女律师	Female	27540	31768	33755	39018	47210	21.00
中共党员	Communist Party Members	41753	44162	45033	50062	53991	7.85

10-28 律师代理刑事案件工作
Basic Statistics on Agents of Criminal Cases

单位：件 (case)

项　目	Item	2006	2007	2008	2009	2010	2010年比2009年增减% Change in 2010 over 2009
律师代理刑事案件数	Total Agents of Criminal Cases	341619	495824	511971	564204	530800	-5.92
#提供法律咨询代为申诉控告	Providing Legal Advisory Service, Agents of Appeals and Complaints	50284	71923	65462	93243	68025	-27.05
被告人委托辩护	Defence Commissioned by the Accused	176402	139148	143935	150234	140876	-6.23
法律援助辩护	Legal-aid Defence	40004	59277	54766	66417	57504	-13.42
法庭指定辩护	Court-Appointed Defence						
自诉案件代理	Agents of Private Prosecution	22862	23794	26611	22275	25464	14.32
公诉案件代理	Agents of Public Prosecution	30966	25722	29586	31276	31411	0.43

注：自2006年起，刑事法律援助案件的律师由法律援助机构统一指定，不再由法院直接指定。
a) Lawyers of legal-aid criminal cases have been appointed by legal-aid institutions instead of courts since 2006.

10-29 律师代理民事诉讼工作
Basic Statistics on Agents of Civil Cases

单位：件 (case)

项　目	Item	2006	2007	2008	2009	2010	2010年比2009年增减% Change in 2010 over 2009
律师代理民事案件数	Total Agents of Civil Cases	1027117	1247877	1401147	1499105	1569043	4.67
#婚姻家庭	Marriages and Family Affairs	245613	185603	190405	192007	206734	7.67
继　承	Inheritance	55030	49864	49628	46439	52625	13.32
房地产	Real Estate	145226					
著作、商标、专利	Copyright, Trademark Right and Patent	35064					
涉外及港澳台	Foreign-related , Hong Kong, Macao and Taiwan	6833					
合同纠纷	Contract Disputes		429455	540415	578538	594479	2.76
侵权纠纷	Disputes of Infringement of Right		167800	190405	208506	250182	19.99
劳动争议	Labour Disputes		97615	131981	156787	139002	-11.34
涉及农民工案件	Cases Related to Peasant-workers		22377	34551	34980	32269	-7.75

10-30 法律援助工作情况
Basic Statistics on Legal Aid

项　目	Item	2006	2007	2008	2009	2010	2010年比2009年增减% Change in 2010 over 2009
法律援助机构(个)	Legal Aid Institutions (unit)	3149	3259	3268	3274	3592	9.71
工作人员(人)	Legal Aid Staff (person)	12038	12519	12778	13081	13830	5.73
#法律专业	Persons Majoring in Law	8032	9971	10250	10337	10939	5.82
受理案件（件）	Cases Handled (case)	318514	420104	546859	640673	727401	13.54
民事法律援助	Civil Legal Aid Cases	204945	297388	418419	515107	610198	18.46
刑事法律援助	Criminal Legal Aid Cases	110961	118946	124217	121785	112264	-7.82
行政法律援助	Administrative Legal Aid Cases	2608	3770	4223	3781	4939	30.63
咨询（人次）	Legal Advisory Services (person-time)	3193801	4069972	4322329	4946108	4874083	-1.46

10-31 公证工作基本情况
Basic Statistics on Notarization

项　目	Item	2006	2007	2008	2009	2010	2010年比2009年增减% Change in 2010 over 2009
公证处（个）	Notary Offices (unit)	3082	3031	3035	3023	3026	0.10
#涉外公证处	Foreign-related Notary Offices	1245	1017	1247	1255	1317	4.94
公证人员（人）	Notarial Personnel (person)	31123	21060	33462	23077	24185	4.80
#公证员	Notaries	21362	11616	22284	11282	11457	1.55
公证员助理	Assistant Notaries	4709	4966	5469	5895	6678	13.28
行政人员及合同工（人）	Administrative Staff and Contracted Employees (person)	5052	4889	5709	5900	6050	2.54
办理公证文件（万件）	Number of Notarized Documents (10000 cases)	980.7	971.4	949.0	1075.1	1104.8	2.76

10-32 国内经济公证文书分类

Categories of Domestic Notarized Documents on Economic Affairs

单位：件、%　　　　(case,%)

项目	Item	2005		2006		2007	
		数值 Number	比重 Percentage	数值 Number	比重 Percentage	数值 Number	比重 Percentage
合计	**Total**	**3115642**	**100.00**	**3096350**	**100.00**	**3009390**	**100.00**
购销	Purchases and Sales of Products	55428	1.78	59058	1.91	41240	1.37
联营	Joint Business	10565	0.34	6389	0.21	4418	0.15
拍卖	Auctions	21507	0.69	45645	1.47	21994	0.73
贷款	Loans	1620008	52.00	1489700	48.11	1506527	50.06
担保	Guarantees	79276	2.54	84810	2.74	82825	2.75
招标、投标	Bidding and Bidding Invitation	66010	2.12	77500	2.50	78109	2.60
技术合作	Scientific and Technological Contracts	955	0.03	1120	0.04	961	0.03
供用电	Contracts on Supply and Consumption of Electric Power	15005	0.48	9646	0.31	11400	0.38
劳务	Labor Contracts	80289	2.58	69321	2.24	58406	1.94
建筑工程承包	Construction Project Contracts	11932	0.38	12836	0.41	9790	0.33
工商服务业承包	Industrial and Commercial Service Contracts	15496	0.50	4674	0.15	4470	0.15
农林牧副渔业承包	Farming, Forestry, Animal Husbandry and Fishing Contracts	77025	2.47	95027	3.07	76822	2.55
乡镇企业承包	Township Enterprise Contracts	2303	0.07	3548	0.11	1473	0.05
财产租赁	Property Leases	15951	0.51	10690	0.35	7887	0.26
企业租赁	Leases of Enterprises	2692	0.09	4325	0.14	1760	0.06
资产经营协议	Asset Business Contracts	1216	0.04	1419	0.05	1882	0.06
还款协议	Repayment Contracts	80371	2.58	86442	2.79	90245	3.00
土地使用权出(转)让	Selling or Transfer of Right of Land Utilization	31771	1.02	31975	1.03	29013	0.96
其他经济合同	Other Business Contracts	234079	7.51	226736	7.32	209622	6.97
法人(代表人)资格	Legal Person (Agent) Identification	12341	0.40	98984	3.20	14121	0.47
法人委托书	Legal Person Trust Deeds	97964	3.14	135015	4.36	168578	5.60
公司章程	Articles of Association	3203	0.10	3292	0.11	2934	0.10
执行许可证明	Operating Permits	19499	0.63	14791	0.48	18179	0.60
提存	Deposit	5500	0.18	8424	0.27	6748	0.22
抵押登记	Mortgage Registration	66830	2.14	62093	2.01	57053	1.90
公司会议记录	Minutes of Corporation Meetings	4440	0.14	10927	0.35	6926	0.23
其他	Others	483986	15.53	441963	14.27	496007	16.48

10-32 续表 continued

单位：件、% (case,%)

项 目	Item	2008 数 值 Number	2008 比 重 Percentage	2009 数 值 Number	2009 比 重 Percentage	2010 数 值 Number	2010 比 重 Percentage
合 计	**Total**	**2579595**	**100.00**	**3055445**	**100.00**	**3137515**	**100.00**
购 销	Purchases and Sales of Products	34826	1.35	35534	1.16	55820	1.78
联 营	Joint Business	4663	0.18	13558	0.44	8903	0.28
拍 卖	Auctions	19727	0.76	40545	1.33	27104	0.86
贷 款	Loans	1176795	45.62	1389379	45.47	1532057	48.83
担 保	Guarantees	67292	2.61	84128	2.75	83410	2.66
招标、投标	Bidding and Bidding Invitation	76582	2.97	96451	3.16	99307	3.17
技术合作	Scientific and Technological Contracts	1279	0.05	712	0.02	1123	0.04
供用电	Contracts on Supply and Consumption of Electric Power	119235	4.62	8568	0.28	4591	0.15
劳 务	Labor Contracts	50380	1.95	46984	1.54	36143	1.15
建筑工程承包	Construction Project Contracts	10198	0.40	16292	0.53	13514	0.43
工商服务业承包	Industrial and Commercial Service Contracts	5552	0.22	4832	0.16	3084	0.10
农林牧副渔业承包	Farming, Forestry, Animal Husbandry and Fishing Contracts	71543	2.77	45069	1.48	72342	2.31
乡镇企业承包	Township Enterprise Contracts	4525	0.18	2116	0.07	1244	0.04
财产租赁	Property Leases	7522	0.29	8201	0.27	11502	0.37
企业租赁	Leases of Enterprises	1482	0.06	5534	0.18	2116	0.07
资产经营协议	Asset Business Contracts	4376	0.17	7702	0.25	9033	0.29
还款协议	Repayment Contracts	73730	2.86	104794	3.43	102966	3.28
土地使用权出(转)让	Selling or Transfer of Right of Land Utilization	23494	0.91	39761	1.30	25418	0.81
其他经济合同	Other Business Contracts	175995	6.82	182793	5.98	214996	6.85
法人(代表人)资格	Legal Person (Agent) Identification	14423	0.56	30639	1.00	17397	0.55
法人委托书	Legal Person Trust Deeds	109101	4.23	122821	4.02	146072	4.66
公司章程	Articles of Association	2683	0.10	8434	0.28	3841	0.12
执行许可证明	Operating Permits	10368	0.40	12732	0.42	8691	0.28
提 存	Deposit	8742	0.34	7808	0.26	5108	0.16
抵押登记	Mortgage Registration	54384	2.11	73635	2.41	88724	2.83
公司会议记录	Minutes of Corporation Meetings	8025	0.31	11060	0.36	3936	0.13
其 他	Others	442673	17.16	655363	21.45	559073	17.82

10-33 国内民事公证文书分类

Categories of Domestic Notarized Documents on Civil Affairs

单位：件、% (case,%)

项 目	Item	2005		2006		2007	
		数 值 Number	比 重 Percentage	数 值 Number	比 重 Percentage	数 值 Number	比 重 Percentage
合 计	**Total**	**3431118**	**100.00**	**3505770**	**100.00**	**3716372**	**100.00**
收 养	Child Adoption	6395	0.19	4988	0.14	4253	0.11
解除收养	Adoption Termination	2008	0.06	3203	0.09	2285	0.06
继承权	Rights to Inheritance	263560	7.68	319966	9.13	396328	10.66
遗 嘱	Testaments	73398	2.14	81240	2.32	90689	2.44
产 权	Property Rights	30675	0.89	27323	0.78	45327	1.22
亲属关系	Kinship Confirmation	40805	1.19	44704	1.28	48454	1.30
死 亡	Death Certificates	11209	0.33	10348	0.30	14852	0.40
房屋买卖	Purchases and Sales of Houses	342168	9.97	351763	10.03	300506	8.09
房屋租赁	House Leases	23222	0.68	15199	0.43	17596	0.47
留学协议	Foreign Study Contracts	6406	0.19	8186	0.23	11685	0.31
遗赠扶养协议	Donations and Family Fostering Aggrements	8327	0.24	11488	0.33	7994	0.22
委托书	Trust Deeds	594318	17.32	699551	19.95	942776	25.37
赠与书	Deeds of Gift	114659	3.34	147183	4.20	158377	4.26
声明书	Declarations	215877	6.29	255506	7.29	288493	7.76
现场监督	Field Supervision	113544	3.31	96575	2.75	100472	2.70
签名印鉴属实	Confirmation of Signatures and Seals	53103	1.55	56209	1.60	61063	1.64
副本等与原本相符	Confirmation of Copies and Photo-offset Copies to Originals	44120	1.29	49582	1.41	61500	1.65
宅基地使用权	Usufruct of Premise	10025	0.29	9143	0.26	7091	0.19
证据保全	Evidence Preservation	112962	3.29	110930	3.16	120696	3.25
拆迁协议	Housing Demolition Agreements	68963	2.01	86367	2.46	94459	2.54
计划生育	Family Planning	136691	3.98	63416	1.81	35717	0.96
赡养协议	Agreements on Supporting Parents	10506	0.31	12179	0.35	11232	0.30
合伙协议	Partnership Agreements	8366	0.24	12998	0.37	10241	0.28
夫妻财产协议	Property Agreements Between Husband and Wife	57485	1.68	62559	1.78	50413	1.36
其他民事协议	Other Civil Agreements	361436	10.53	363434	10.37	266351	7.17
其 他	Others	720890	21.01	601730	17.16	567522	15.27

10-33 续表 continued

单位：件、% (case,%)

项 目	Item	2008 数 值 Number	2008 比 重 Percentage	2009 数 值 Number	2009 比 重 Percentage	2010 数 值 Number	2010 比 重 Percentage
合 计	**Total**	**3556872**	**100.00**	**4386266**	**100.00**	**4550897**	**100.00**
收 养	Child Adoption	4379	0.12	4371	0.10	4450	0.10
解除收养	Adoption Termination	5437	0.15	5909	0.13	3227	0.07
继承权	Rights to Inheritance	406923	11.44	518995	11.83	559626	12.30
遗 嘱	Testaments	93169	2.62	94813	2.16	90917	2.00
产 权	Property Rights	27395	0.77	24788	0.57	17898	0.39
亲属关系	Kinship Confirmation	41005	1.15	50971	1.16	65035	1.43
死 亡	Death Certificates	14838	0.42	10197	0.23	10860	0.24
房屋买卖	Purchases and Sales of Houses	266516	7.49	358674	8.18	318810	7.01
房屋租赁	House Leases	13928	0.39	14722	0.34	11948	0.26
留学协议	Foreign Study Contracts	10420	0.29	12469	0.28	10017	0.22
遗赠扶养协议	Donations and Family Fostering Aggrements	13257	0.37	13228	0.30	16083	0.35
委托书	Trust Deeds	766925	21.56	1272431	29.01	1426942	31.36
赠与书	Deeds of Gift	145840	4.10	156738	3.57	165773	3.64
声明书	Declarations	304734	8.57	408656	9.32	425099	9.34
现场监督	Field Supervision	119218	3.35	75751	1.73	100459	2.21
签名印鉴属实	Confirmation of Signatures and Seals	58837	1.65	72805	1.66	74381	1.63
副本等与原本相符	Confirmation of Copies and Photo-offset Copies to Originals	70110	1.97	99444	2.27	115865	2.55
宅基地使用权	Usufruct of Premise	9369	0.26	10963	0.25	8546	0.19
证据保全	Evidence Preservation	168412	4.73	148985	3.40	162472	3.57
拆迁协议	Housing Demolition Agreements	70855	1.99	63383	1.45	64188	1.41
计划生育	Family Planning	22516	0.63	18831	0.43	9662	0.21
赡养协议	Agreements on Supporting Parents	10877	0.31	16143	0.37	11928	0.26
合伙协议	Partnership Agreements	10471	0.29	9676	0.22	10497	0.23
夫妻财产协议	Property Agreements Between Husband and Wife	48971	1.38	47266	1.08	52521	1.15
其他民事协议	Other Civil Agreements	263040	7.40	237535	5.42	223035	4.90
其 他	Others	589430	16.57	638522	14.56	590658	12.98

10-34 涉外公证文书分类

Categories of Foreign-Related Notarized Documents

单位：件、%　　(case,%)

项　目	Item	2007		2008		2009		2010	
		办证件数 Number of Notarial Documents Issued	比　重 Percentage	办证件数 Number of Notarial Documents Issued	比　重 Percentage	办证件数 Number of Notarial Documents Issued	比　重 Percentage	办证件数 Number of Notarial Documents Issued	比　重 Percentage
合　计	**Total**	**3201449**	**100.00**	**3111631**	**100.00**	**3082560**	**100.00**	**3099102**	**100.00**
收　养	Child Adoption	11047	0.35	7743	0.25	12138	0.39	10195	0.33
遗　嘱	Testaments	897	0.03	1520	0.05	611	0.02	1793	0.06
出　生	Births	442150	13.81	437755	14.07	444828	14.43	436985	14.10
死　亡	Deaths	13848	0.43	10711	0.34	10221	0.33	11377	0.37
生存、居住	Survival and Residence	13941	0.44	14606	0.47	19237	0.62	17444	0.56
学　历	Education	278934	8.71	298023	9.58	264292	8.57	256296	8.27
经　历	Personal Histories	40022	1.25	34088	1.10	25555	0.83	27138	0.88
国　籍	Nationality	57754	1.80	47269	1.52	41935	1.36	32072	1.03
婚姻状况	Marital Status	195526	6.11	187438	6.02	175394	5.69	172279	5.56
亲属关系	Kinship Confirmation	421401	13.16	329447	10.59	311480	10.10	336600	10.86
继承权	Rights of Inheritance	3109	0.10	5738	0.18	9757	0.32	5166	0.17
受、未受刑事处分	Criminal Records	316015	9.87	324046	10.41	345678	11.21	345164	11.14
声明书	Declarations	73857	2.31	67712	2.18	59395	1.93	69336	2.24
委托书	Trust Deeds	31705	0.99	31691	1.02	28527	0.93	35304	1.14
营业证书	Business Certificate	24062	0.75	17692	0.57	16092	0.52	19471	0.63
公司章程	Articles of Association	3340	0.10	3410	0.11	3367	0.11	3198	0.10
其他法律文书	Other Legal Documents	35755	1.12	32378	1.04	33908	1.10	43187	1.39
职　称	Professional Qualifications	17203	0.54	13236	0.43	10379	0.34	8662	0.28
法人资格	Legal Person Identification	3446	0.11	5477	0.18	3313	0.11	3657	0.12
商标注册	Trademark Registrations	123	0.00	225	0.01	148		472	0.02
贷　款	Loans	5079	0.16	2672	0.09	1030	0.03	826	0.03
担　保	Guarantees	1723	0.05	1840	0.06	1058	0.03	803	0.03
其他经济合同	Other Business Contracts	12376	0.39	9962	0.32	4909	0.16	4427	0.14
副本等与原本相符	Confirmation of Copies and Photo-offset Copies to Originals	542647	16.95	524422	16.85	550533	17.86	544695	17.58
签名印鉴属实	Confirmation of Signatures and Seals	227595	7.11	244500	7.86	213853	6.94	209498	6.76
其　他	Others	427894	13.37	458030	14.72	494922	16.06	503057	16.23

10-35 人民调解工作基本情况
Basic Statistics on the People's Mediation

项　目	Item	2006	2007	2008	2009	2010	2010年比2009年增减% Change in 2010 over 2009
专职司法助理员(人)	Full-time Judicial Assistants (person)	62573	60824	74147	72704	72698	-0.01
人民调解委员会(万个)	People's Mediation Committees (10000 units)	84.30	83.66	82.74	82.37	81.81	-0.68
调解人员(万人)	Mediators (10000 persons)	498.19	486.87	479.29	493.89	466.90	-5.46
调解民间纠纷(万件)	Number of Civil Disputes Mediated (10000 cases)	462.80	480.02	498.14	579.73	841.84	45.21
防止可能发生的非正常死亡(万人)	Preventing Possible Abnormal Deaths (10000 persons)	2.23	1.89	1.84	1.90	2.72	43.16

10-36 调解民间纠纷分类
Categories of Civil Disputes Mediated

项　目	Item	调解纠纷（件） Civil Disputes Mediated (cases)		各类纠纷所占比重（%） Percentage	
		2009	2010	2009	2010
合　计	**Total**	**5797300**	**8418393**	**100.00**	**100.00**
#婚姻家庭	Marriage and Family Disputes	1143913	1596880	19.74	**18.97**
房屋、宅基地	Housing and Premise	364977	590628	6.30	**7.02**
邻　里	Neighbor Disputes	1241838	1791702	21.42	**21.28**
损害赔偿	Compensation for Damages	545094	643448	9.41	**7.64**

10-37 在押服刑人员基本情况
Basic Statistics of Inmates in Custody

单位：人 (person)

项　目	Item	2007	2008	2009	2010
年初在押服刑人数	Number of Inmates at the Beginning of the Year	1566839	1589222	1623394	1646593
#女性	Females	78334	80951	85167	90322
#未成年	Juveniles	21807	20772	20662	18450
释放人数	Released	363875	378493	387172	391380
年末在押服刑人数	Number of Inmates at the End of the Year	1589222	1623394	1646593	1656773

注：1.本表未成年是指14-18岁服刑人员。
2.释放人员是指减刑释放、假释和刑满释放人员。
a) Juveniles in this table refers to inmates aged between 14 and 18.
b) The released refers to inmates whose sentence has been commuted, who are on parole, or released after serving the full term.

10-38 中国共产党及各民主党派成员情况
Basic Statistics on Membership of the Communist Party of China and Democratic Parties

单位：千人 (1000 persons)

党派名称	Name of Party	1980	1985	1990	1995	2000	2005	2009
中共党员	Communist Party of China	38920	44260	50320	57030	64520	70800	80269
民　革	Revolutionary Committee of the Chinese Kuomintang	9	24	40	50	62	77	92
民　盟	China Democratic League	22	54	102	123	148	175	204
民　建	China Democratic National Construction Association	19	31	52	65	81	100	123
民　进	China Association for Promoting Democracy	7	23	47	60	77	99	117
农　工	Chinese Peasants and Workers Democratic Party	5	20	46	59	77	95	113
致　公	China Zhi Gong Party	0.4	4	10	14	18	26	33
九　三	Jiu San Society	5	19	47	62	81	100	119
台　盟	Taiwan Democratic Self-government League	0.3	0.8	1	1	1	2	2

注：中共党员为2010年最新数据。
a) Members of Communist Party of China reach thousand persons till the end of 2010.

10-39 工会组织情况
Basic Statistics on Trade Unions

单位：万个、万人　　(10000 units,10000 persons)

年 份 Year	工会基层组织数 Number of Grassroot Trade Unions	全国已建工会组织的基层单位的职工与会员人数（万人）Staff and Workers in Grassroot Units with Trade Unions (10000 persons) 职工人数 Staff and Workers	#女职工 Female	会员人数 Members	#女会员 Female	工会专职工作人员人数 Number of Full-time Personnel of Trade Unions
1952	20.7	1393.2		1002.3		5.3
1957	16.5	2158.3		1746.7		
1962	16.5	2667.1		1922.0		8.6
1979	32.9	6897.2	2171.7	5147.3		17.9
1980	37.6	7448.2	2518.6	6116.5		24.3
1981	41.1	8183.0	2902.0	6843.9	2412.8	29.1
1982	43.3	8586.6	3065.9	7331.6	2629.3	32.2
1983	44.7	8845.7	3191.8	7693.4	2771.4	33.7
1984	46.6	9243.9	3370.3	8029.1	2950.3	41.9
1985	46.5	9643.0	3596.7	8525.8	3149.2	38.1
1986	50.2	9949.6	3664.3	8908.5	3309.2	45.9
1987	53.6	10411.8	3900.4	9336.5	3486.9	47.0
1988	56.4	10747.4	4434.9	9628.9	3647.0	47.4
1989	58.9	10998.6	4178.7	9909.2	3777.7	48.8
1990	60.6	11156.9	4291.0	10135.6	3897.7	55.6
1991	61.4	11351.4	4394.8	10389.1	3991.6	58.0
1992	61.7	11223.9	4377.1	10322.5	3974	58.0
1993	62.7	11103.8	4359.9	10176.1	3949.6	55.4
1994	58.3	11269.6	4483.2	10202.5	4018.1	56.0
1995	59.3	11321.4	4515.3	10399.6	4116.5	46.8
1996	58.6	11181.4	4500.0	10211.9	4093.1	60.5
1997	51.0	10111.5	4004.8	9131.0	3579.4	57.7
1998	50.4	9716.5	3882.0	8913.4	3546.7	48.4
1999	50.9	9683.0	3797.9	8689.9	3406.2	49.7
2000	85.9	11472.1	4534.5	10361.5	3917.3	48.2
2001	153.8	12997.0	5087.9	12152.3	4696.6	
2002	171.3	14461.5	5157.6	13397.8	4665.2	47.2
2003	90.6	13301.6	5079.3	12340.5	4601.2	46.5
2004	102.0	14436.7	5502.6	13694.9	5135.3	45.6
2005	117.4	15985.3	6016.3	15029.4	5574.8	47.7
2006	132.4	18143.6	6719.3	16994.2	6177.8	54.3
2007	150.8	20452.4	7494.5	19329.0	7042.2	60.2
2008	172.5	22487.5	8168.8	21217.1	7773.8	70.5
2009	184.5	24535.3	8652.6	22634.4	8248.4	74.6
2010	197.6	25345.4	9288.1	23996.5	8871.5	86.4

注：2003年起工会基层组织数统计口径有所调整。

a) Number of grassroot trade unions since 2003 has been adjusted due to change in coverage.

10-40 各地区按登记注册类型分基层工会组织情况（2010年）

Number of Grassroot Trade Unions by Province and Status of Registration (2010)

单位：个 (unit)

地 区	Province	总 计 Total	国有企业 State-owned Enterprises	集体企业 Collective-owned Enterprises	股份合作企业 Share-holding Enterprises	联营企业 Joint-owned Enterprises	有限责任公司 Limited Liability Corporations	股份有限公司 Share-holding Corporations Ltd.
全 国	**National**	**1976435**	**82024**	**80792**	**37781**	**7346**	**120529**	**48201**
北 京	Beijing	23047	1556	1686	928	42	5290	900
天 津	Tianjin	30073	1919	1263	419	65	1613	765
河 北	Hebei	110328	3971	4795	1123	420	3437	1957
山 西	Shanxi	53139	3871	4497	592	117	2288	1507
内蒙古	Inner Mongolia	50120	1705	770	591	176	4266	741
辽 宁	Liaoning	70055	2732	2398	1611	190	4152	1944
吉 林	Jilin	28109	1936	663	425	87	2076	726
黑龙江	Heilongjiang	45041	5713	2272	717	98	3713	1536
上 海	Shanghai	53747	2339	2342	1338	77	2860	1470
江 苏	Jiangsu	113129	2287	3135	3264	588	8956	3723
浙 江	Zhejiang	117527	1997	1916	7363	359	12239	4489
安 徽	Anhui	61256	3131	6491	1249	283	2976	1633
福 建	Fujian	87716	3773	2518	1191	430	2079	1421
江 西	Jiangxi	59186	4132	1481	1057	326	2175	844
山 东	Shandong	162085	4794	7724	2700	355	11428	5389
河 南	Henan	114311	4979	7340	1989	305	4816	2571
湖 北	Hubei	88647	2802	5243	1755	498	4120	1870
湖 南	Hunan	90068	3725	4841	1773	454	4530	1415
广 东	Guangdong	200061	5614	5780	2021	419	11415	2591
广 西	Guangxi	53366	3445	1897	343	914	1231	1319
海 南	Hainan	11936	1109	619	178	61	2490	458
重 庆	Chongqing	32885	850	1273	844	245	2616	1365
四 川	Sichuan	106721	2443	2063	1243	170	7584	3246
贵 州	Guizhou	43490	2476	1413	469	70	983	704
云 南	Yunnan	32433	1256	976	528	43	2208	698
西 藏	Tibet	5043						
陕 西	Shaanxi	63104	3620	4011	1119	434	5321	1427
甘 肃	Gansu	28711	1380	713	522	63	948	573
青 海	Qinghai	10690	417	180	140	22	466	191
宁 夏	Ningxia	10743	389	183	84	11	738	237
新 疆	Xinjiang	19668	1663	309	205	24	1515	491

注：北京市的各项数据中包括国家机关工委和中直机关工委的数据。

a) Data for Beijing include figures of Work Committee for Offices Directly under the CCCPC and State Organs Work Committee of the CPC.

10-40 续表 continued

单位：个 (unit)

地区	Province	私营企业 Private Enterprises	其他内资企业 Other Domestic Enterprises	个体经营户 Selfemployed Business	港澳台商投资企业 Hong Kong, Macao and Taiwan Funded Enterprises	外商投资企业 Foreign Funded Enterprises	事业 Institutions	机关 Government Agencies
全国	**National**	**823631**	**11029**	**134832**	**35150**	**50250**	**339793**	**200034**
北京	Beijing	4109	119	702	238	634	4919	1924
天津	Tianjin	12240	141	3382	593	2444	4017	1212
河北	Hebei	50526	278	15557	256	703	15583	11722
山西	Shanxi	16545	135	3963	113	382	12673	6456
内蒙古	Inner Mongolia	22093	74	3651	41	185	8804	7023
辽宁	Liaoning	32886	118	4548	329	1791	11737	5619
吉林	Jilin	12214	16	1460	33	209	5988	2276
黑龙江	Heilongjiang	11426	57	2989	89	291	9735	6405
上海	Shanghai	25060	538	1019	2925	6983	5368	1428
江苏	Jiangsu	59021	272	2504	3495	7114	13075	5695
浙江	Zhejiang	62261	296	2222	2022	3059	12408	6896
安徽	Anhui	23405	171	3121	167	353	11546	6730
福建	Fujian	44773	1937	6719	4564	2853	9777	5681
江西	Jiangxi	24976	83	2392	258	1498	12809	7155
山东	Shandong	80119	718	12651	947	7596	17420	10244
河南	Henan	46639	195	10341	134	268	24138	10596
湖北	Hubei	34264	370	7296	681	1035	20898	7815
湖南	Hunan	39450	556	6304	137	263	15906	10714
广东	Guangdong	104000	1293	14256	17200	9663	17627	8182
广西	Guangxi	21201	271	4076	220	488	11005	6956
海南	Hainan	2770	19	270	81	167	2450	1264
重庆	Chongqing	11644	115	2437	63	227	6775	4431
四川	Sichuan	23069	3090	7704	314	827	34287	20681
贵州	Guizhou	10361	36	3117	24	73	10485	13279
云南	Yunnan	7422	26	1008	102	284	8964	8918
西藏	Tibet							
陕西	Shaanxi	19984	44	4992	60	640	14301	7151
甘肃	Gansu	10081	25	1133	24	74	7513	5662
青海	Qinghai	2151	3	2683	6	34	2132	2265
宁夏	Ningxia	4750	5	1318	10	43	1787	1188
新疆	Xinjiang	4191	28	1017	24	69	5666	4466

10-41 各地区各级工会劳动法律监督工作情况（2010年）

Legal Supervision on Labor Laws by Trade Unions at All Levels by Province (2010)

单位：个、件　　(unit,case)

地 区	Province	基层工会劳动法律监督组织 Supervision Organizations in Grassroot Trade Unions		基层以上工会劳动法律监督组织 Supervision Organizations in Trade Unions above Grassroot Level	
		组织个数 Number of Organizations	提请劳动监察部门处理的违反劳动法律行为、事件件数 Cases Delivered to Labor Supervision Departments	受理职工举报件数 Number of Cases Accepted	提请劳动监察部门处理的违反劳动法律行为、事件件数 Cases Delivered to Labor Supervision Departments
全　国	**National**	**442213**	**4428**	**44294**	**8605**
北　京	Beijing	3605	30	308	114
天　津	Tianjin	6939	137	3189	20
河　北	Hebei	48099	83	1630	186
山　西	Shanxi	9510	14	398	104
内蒙古	Inner Mongolia	7014	61	368	182
辽　宁	Liaoning	15034	92	3129	642
吉　林	Jilin	2736	19	1068	545
黑龙江	Heilongjiang	7819	47	489	114
上　海	Shanghai	6820	36	897	125
江　苏	Jiangsu	47111	186	4742	543
浙　江	Zhejiang	44998	232	7608	1504
安　徽	Anhui	3306	65	1817	654
福　建	Fujian	14013	633	1172	297
江　西	Jiangxi	3797	274	594	108
山　东	Shandong	69670	384	1996	476
河　南	Henan	13779	328	1225	357
湖　北	Hubei	11371	140	1631	161
湖　南	Hunan	6746	224	976	316
广　东	Guangdong	46047	553	5227	436
广　西	Guangxi	15668	147	529	141
海　南	Hainan	639	45	99	41
重　庆	Chongqing	4686	73	584	250
四　川	Sichuan	23085	318	1871	413
贵　州	Guizhou	4873	64	371	79
云　南	Yunnan	5306	48	493	215
西　藏	Tibet	33		4	
陕　西	Shaanxi	7450	59	312	75
甘　肃	Gansu	5207	89	246	73
青　海	Qinghai	544		148	72
宁　夏	Ningxia	3945	15	883	218
新　疆	Xinjiang	2363	32	290	144

注：北京市的各项数据中包括国家机关工委和中直机关工委的数据。

a) Data for Beijing include figures of Work Committee for Offices Directly under the CCCPC and State Organs Work Committee of the CPC.

10-42 全国妇联工作情况
Basic Statistics on the All-China Women's Federation

项　目	Item	2006	2007	2008	2009	2010
接受劳动力转移培训的妇女人数（万人）	Number of Rural Women Receiving Labor Force Training(10000 persons)	757	777	806	969	822
培训后实现转移就业的妇女人数（万人）	Number of Rural Women Getting Job in Urban Area After Training(10000 persons)	470	532	462	527	498
受表彰的“巾帼文明岗”数(个)	Number of Awarded Women Civilized Posts (unit)	36690	42786	38019	37186	36949
各级评选“五好文明家庭”数（万户）	Number of Five Good Families Awarded at All Levels (10000 households)	450	581	559	333	281
各类家长学校数(万个)	Number of Parent Schools (10000 units)	38	64	34	40	49
春蕾小学(所)	Number of Spring Bud Primary Schools (unit)	584	638	638	900	935
资助春蕾女童(万人次)	Number of Girls Sponsored by the Spring Bud Program (10000 person-times)	198	180	170	200	202
母亲水窖(万眼)	Number of Mother Water Cellars (10000 units)	14	11	12	12	13
母亲健康快车(辆)	Number of Mother Ambulance (unit)	415	544	566	943	1085

十一、主要统计指标解释
Explanatory Notes on Main Statistical Indicators

主要统计指标解释

教育

普通高等学校 指按国家规定的设置标准和审批程序批准举办的，通过全国普通高等教育统一招生考试，招收高中毕业生为主要培养对象，实施高等学历教育的全日制大学、独立设置的学院和高等专科学校、高等职业学校和其他机构。

大学、独立设置的学院主要实施本科层次以上教育，高等专科学校、高等职业学校实施专科层次教育，其他机构是承担国家普通招生计划任务不计校数的机构。 包括普通高等学校分校和批准筹建的普通高等学校等。

独立学院 指由普通本科高校按新机制、新模式举办的本科层次的二级学院。一些普通本科高校按公办机制和模式建立的二级学院、“分校”或其他类似的二级办学机构不属此范畴。

成人高等学校 指按国家规定的设置标准和审批程序批准举办的，通过全国成人高等教育统一招生考试,招收具有高中毕业或同等学历的人员为主要培养对象，利用函授、业余、脱产的多种形式对其实施高等学历教育的学校。包括职工高等学校、农民高等学校、管理干部学院、教育学院、独立函授学院、广播电视大学、其他机构等。其他机构是承担国家成人招生计划任务不计校数的机构。

民办的其他高等教育机构 指经省、自治区、直辖市教育行政部门审批并颁发办学许可证，不具有颁发普通本专科和成人本专科学历文凭资格的实施高等教育的单位。

中等职业教育 调整后的中等职业学校是指将普通中等专业学校（中等技术学校、中等师范学校）、成人中等专业学校、职业高中学校、其他机构等各种实施中等职业教育的办学类型，通过合并、共建、联办、划转等形式调整为统一的办学类型。

其他机构 是指承担中等职业教育不计校数的教育机构（包括停办的学校和高等学校附设的中等职业教育机构）。

职业初中 指经县或县以上教育行政部门批准设立，招收小学毕业生实施初级中等职业技术教育的教学机构。

初等教育 指由县或县以上教育行政部门批准，招收学龄儿童实施初等教育的教学机构。

工读学校 指由教育部门和公安部门联合举办的，对有轻微违法行为的中学生进行挽救教育的教学机构。

特殊教育 指独立设置的招收盲聋哑和智残儿童，以及其他特殊需要的儿童、青少年进行普通或职业初、中等教育的教学机构。

学前教育 包括幼儿园和学前班。学前班是指在部分不能满足学龄前幼儿三年入园的地区，组织学龄前儿童进行学前一年教育的一种组织形式。学前班是农村发展学前教育的重要形式，也是城市弥补幼儿园数量不足的一种辅助形式。

完全中学 是指普通初、高中合设的教育机构。

在职人员攻读博士、硕士学位 指经国务院学位委员会批准的，为提高在职人员业务水平，通过攻读博士、硕士学位入学全国联考所招收的学生。培养的学生只有学位没有学历。

自考助学班学生 指为参加高等教育自学考试的学生举办的全日制教学辅导班所招收的学生。

学历文凭考试学生 指民办的其他高等教育机构中所招收参加高等教育学历文凭考试的全日制专科学生。

普通预科生 指经教育部和国家民委批准下达预科招生计划，招收的少数民族和港澳、华侨、台籍学生，经过一年的文化补习，合格者升入普通高等学校有关专业学习。

进修及培训 指在高等教育学校（机构）进行的各类非学历教育。

高等教育资格证书培训 指由各类高等教育机构举办的，招收具有高中毕业文化程度，从事专业技术工作或专业性较强的管理工作人员，经过学习及考试合格，取得达到岗位要求的专业知识水平的非学历教育。证书教育形式包括单科班和专业证书班。

高等教育岗位证书培训 指由各类高等教育机构举办的，以提高本职工作能力为目的的非学历教育和培训活动。接受培训的各类人员按要求经考核合格，颁发岗位合格证书和上岗任职聘任书。岗位培训形式包括资格性培训和适应性培训。

中等教育资格证书培训 指接受培训的各类人员经过学习及考试合格，取得达到岗位要求的职业资格证书。

中等教育岗位证书培训 指接受培训的各类人员经过学习及考试合格，颁发岗位合格证书和上岗任职聘任书。

小学学龄儿童净入学率 指调查范围内已入小学学习的学龄儿童占校内外学龄儿童总数（包括弱智儿童，不包括盲聋哑儿童）的比重。

教职工（基础教育） 指编制在学校，并从事教学、管理和后勤保障工作的固定人员（不包括临时工和聘任教师）。

教职工按工作性质可分为教师、行政人员、教辅人员和工勤人员。

教职工（高等和中职教育） 是指在学校（机构）工作并由学校（机构）支付工资的教职工人数，人员包括①在编人员，即根据原人事管理制度，人事关系和档案均在学校的人员；②聘任制人员，即人事制度改革后，高校（机构）招聘录用的长期、全时工作人员。聘任制人员的人事关系在学校但档案不在学校。

教职工数包括校本部教职工、科研机构人员、校办企业职工、其他附设机构人员。

专任教师 是指具有教师资格，专门从事教学工作的人员。

国家财政性教育经费 包括国家财政预算内教育经费，各级政府征收用于教育的税费，企业办学校教育经费，校办产业、勤工俭学和社会服务收入用于教育的经费。

财政预算内教育经费 指中央、地方各级财政或上级主管部门在年度内安排，并计划拨到教育部门和其他部门主办的各级各类学校、教育事业单位，列入国家预算支出科目的教育经费，包括教育事业拨款、科研经费拨款、基建拨款和其他经费拨款。

文化

文化事业和文化企业机构 指专门从事文化及相关工作具有法人资格、 独立核算的事业、企业单位，以及单独核算、附属于事业单位的经营性专业文化活动单位。包括：文艺创作与表演、艺术表演场馆、文物及文化保护、博物馆、图书馆与档案馆、群众文化活动、文化艺术经纪与代理业、其他文化艺术业、娱乐文化服务业等；教育业中的文化艺术教育；以及不属于以上行业的，由文化事（企）

业单位办的其他行业。

非文化产业机构 指不属于以上“文化事业和文化企业机构”的、直属于各级文化主管部门的事业、企业单位，以及文化部门内各事业、企业单位办的各类经营性的非文化活动单位。

艺术表演团体 指由文化部门举办或实行行业性管理的专门从事文学、美术创造和表演艺术等活动的各类专业艺术表演团体，不包括半工半艺、半农半艺的剧团。

艺术表演场馆 指有观众席、舞台、灯光设备，专供文艺团体演出的场所的管理活动。包括音乐厅、歌剧院（场）、舞剧院（场）、话剧院（场）、马戏场、其他文艺表演的场所。不包括电影院、礼堂、体育场馆、美术馆及绘画、雕塑等艺术馆。

广播电视

有线广播电视传输干线网络总长 用于各类前端之前或前端与各分配点或各光节点之间传输信号的链路。包括：国家干线网、省级干线网、地市级干线网、县级及县级以下干线网及租用干线网。

有线广播电视用户数 指通过广播电视有线传输网收看电视节目的用户数，包括接收模拟信号和接收数字信号的有线电视用户数。

模拟电视用户数 指通过广播电视有线传输网收看模拟信号电视节目的用户数。

数字电视用户数 指通过广播电视有线传输网收看数字信号电视节目的用户数。

付费数字电视用户数 指通过广播电视有线传输网收看数字信号的电视节目，并交纳收看费的有线电视用户数。

公共广播节目套数 指经国家广电总局批准的、广播电视播出机构开办的不向听众收取收听费用，以为大众提供公共广播服务为主要目的，用固定频率播出，并编有整套自办节目时间表的广播节目套数。这里指免费向大众播出的节目套数，不仅指公共频道。

全年播出购买、交换节目时间 指广播电视播出机构通过购买、交换等交易方式取得的全年广播节目播出时间，包括进口节目，属于公共播出时间。

微波实有站 微波线路的始发站或开口站、中继站、终端站的总站数。

数字微波传送干线长度 指能够传送数字信号的微波干线长度。

结转自筹基建 指用非财政性资金转作基建的资金。

体育

体育专职教练员 指专门从事运动训练的教练人员。

优秀运动员 指经各级劳动人事部门批准入队，专门从事体育运动训练的人员，包括在训及试训运动员。

一线运动员 指国家队、国家集训队、中青队和各省市自治区优秀运动队。

二线运动员 指体育运动学校运动班。三线运动员：是指各类少年儿童业余体校。

卫生

医疗卫生机构 指从卫生行政部门取得《医疗机构执业许可证》，或从民政、工商行政、机构编制管理部门取得法人单位登记证书，为社会提供医疗保健、疾病控制、卫生监督服务或从事医学科研和教育等工作的单位。医疗卫生机构包括医院、疗养院、社区卫生服务中心(站)、卫生院、门诊部、诊所(卫生所、医务室)、急救中心(站)、采供血机构、妇幼保健院(所、站)、专科疾病防治院(所、站)、疾病预防控制中心(防疫站)、卫生监督所、卫生监督检验(监测、检测)机构、医学科研机构、医学在职培训机构、健康教育所(站)等其他卫生机构。医疗机构 指从卫生行政部门取得《医疗机构执业许可证》的机构，包括医院、疗养院、社区卫生服务中心(站)、卫生院、门诊部、诊所(卫生所、医务室)、妇幼保健院(所、站)、专科疾病防治院(所、站) 、急救中心(站)和临床检验中心。

非营利性医疗机构 指为社会公众利益服务而设立运营的医疗机构，不以营利为目的，其收入用于弥补医疗服务成本。

营利性医疗机构 指医疗服务所得收益可用于投资者经济回报的弥补医疗机构。政府不举办营利性医疗机构。

医院 包括综合医院、中医医院、中西医结合医院、民族医院、各类专科医院和护理院，不包括专科疾病防治院、妇幼保健院和疗养院。

中医医院 指中医(综合)医院和中医专科医院，不包括中西医结合医院和民族医院。

专科医院 包括口腔医院、眼科医院、耳鼻喉科医院、肿瘤医院、心血管病医院、胸科医院、血液病医院、妇产(科)医院、儿童医院、精神病医院、传染病医院、皮肤病医院、结核病医院、麻风病医院、职业病医院、骨科医院、康复医院、整形外科医院、美容医院等其他专科医院，不包括中医专科医院、各类专科疾病防治院和妇幼保健院。

社区卫生服务中心(站) 指为本社区居民提供预防、医疗、保健、康复、健康教育、计划生育技术服务等的基层卫生机构。

卫生人员 指在医疗、预防保健、医学科研和在职教育等卫生机构工作的职工，包括卫生技术人员、其他技术人员、管理人员和工勤人员。

卫生技术人员 包括执业(助理)医师、注册护士、药剂人员、检验和影像人员等卫生专业人员。不包括从事管理工作的卫生技术人员(一律计入管理人员)。

执业（助理）医师 指具有《医师执业证》及其“级别”为“执业（助理）医师”且实际从事医疗、预防保健工作的人员，不包括实际从事管理工作的执业（助理）医师。执业（助理）医师类别分为临床、中医、口腔和公共卫生四类。

注册护士 指具有注册护士证书且实际从事护理工作的人员，不包括从事管理工作的护士。

药剂师 包括主任药师、副主任药师、主管药师、药师、药士，不包括药剂员。

检验师（士） 包括主任检验技师、副主任检验技师、主管检验技师、检验技师、检验技士，不包括检验员。

每千人口卫生技术人员 即卫生技术人员数/人口数X1000。人口数系公安部户籍人口。

乡村医生 指村卫生室中从当地卫生行政部门获得“乡村医生”证书的人员。

卫生员 指村卫生室中未获得“乡村医生”证书的人员。

床位数 指年底固定实有床位(非编制床位)，包括正规床、简易床、监护床、正在消毒和修理床位、因扩建或大修而停用的床位，不包括产科新生儿床、接产室待产床、库存床、观察床、临时加床和病人家属陪侍床。

每千人口医疗卫生机构床位数 即医疗卫生机构床位数/人口数X1000。人口数系公安部户籍人口。

卫生总费用 指一个国家或地区在一定时期内为开展卫生服务活动，从全社会筹集的卫生资源的货币总额。按来源法计算。它反映一定经济条件下，政府、社会和居民个人对卫生保健的重视程度和费用负担水平，以及卫生筹资模式的主要特征和卫生筹资的公平性、合理性。

政府卫生支出 指各级政府用于医疗卫生服务、医疗保障补助、卫生和医疗保险行政管理事务、人口与计划生育事务支出等各项事业的经费。

社会卫生支出 指政府支出外的社会各界对卫生事业的资金投入。包括社会医疗保障支出、商业健康保险费、社会办医支出、社会捐赠援助、行政事业性收费收入等。

个人现金卫生支出 指城乡居民在接受各类医疗卫生服务时的现金支付，包括享受多种医疗保险制度的居民就医时自付的费用。

人均卫生费用 即某年卫生总费用与同期平均人口数之比。

卫生总费用占 GDP 比重 指某年卫生总费用与同期国内生产总值（GDP）之比。是用来反映一定时期国家对卫生事业的资金投入力度，以及政府和全社会对卫生、对居民健康的重视程度。

出院者平均每天住院医疗费 即(医疗住院收入+药品住院收入)/出院者占用总床日数。

总诊疗人次数 指所有诊疗工作的总人次数。 包括病人来院就诊的门诊、急诊人次，出诊、赴家庭病床、下地段等外出诊疗人次，本院职工的诊疗人次数，外出进行的单项健康检查及健康咨询指导人次，局部的单项健康检查人数等。

每百门、急诊入院人数 即入院人数/门、急诊人次 X 100。

病床周转次数 是指“出院人数”与“平均开放床位数”之比。

出院者平均住院日 是指“出院者占用总床日数”与“出院人数”之比。

医师人均每日担负诊疗人次 即诊疗人次数/平均医师人数/251。

医师人均每日担负住院床日 是指实际占用总床日数/平均医师人数/365。

居民两周就诊率 是指调查前两周内居民因病或身体不适到医疗机构就诊的人次数与调查人口数之比。

居民两周未就诊率 是指调查前两周内居民患病而未就诊的人次数与两周患病人次数之比。

居民住院率 是指调查前一年内居民因病住院人次数与调查人口数之比。

活产数 指年内活产胎儿数。活产是指不论妊娠期长短而自母体完全排出或取出的受孕产物，他与母体分离后，无论脐带是否切断或胎盘是否附着，只要妊娠产物具备呼吸、心跳、脐带搏动或明显的随意肌运动的四种生命指征之一都被认为活产。

新生儿死亡率 指年内产后 28 天以内死亡的新生儿数与活产数之比。一般以千分率表示。

5 岁以下儿童死亡率 指年内未满 5 岁儿童死亡人数与活产数之比。一般以‰表示。

孕产妇死亡率 指年内每 10 万名孕产妇的死亡人数。孕产妇死亡指从妊娠开始至产后 42 天内死亡者，不论妊娠时间与部位，包括内外科原因、计划生育手术、宫外孕、葡萄胎死亡者，但不包括意外原因死亡者。按国际通用计算方法，“孕产妇总数”以“活产数”代替计算。

高危产妇比率 指各种病理因素及急慢性危险因素造成产妇高危人数与活产数之比。一般用%表示。

孕产妇建卡率 指年内孕产妇中由保健人员建立的保健卡(册)人数与活产数之比。一般用%表示。

孕产妇系统管理率 指年内妊娠至产后 28 天内接受过早孕检查、产前检查次数≥5 次、消毒接生和产后访视全程保健服务的产妇人数与当地活产数的比率。一般用%表示。

产前检查率 指年内产前接受过一次及以上产前检查的产妇人数与活产数之比。一般用%表示。

产后访视率 指年内产后接受过一次及以上产后访视的产妇人数与活产数之比。一般用%表示。

住院分娩率 指年内在取得助产技术资质的机构分娩的人数与活产数之比。一般用%表示。

新法接生率 指年内住院分娩和非住院分娩新法接生人数之和与活产数之比。一般用%表示。新法接生指产包、接生者的手、产妇的外阴部、脐带四消毒并由医生、助产士和受过培训并取得"家庭接生人员合格证"的初级卫生人员、接生员接生。

甲乙类法定报告传染病发病率 是指某年某地区每 10 万人口中甲、乙类法定报告传染病发病数。即法定报告传染病发病率=甲、乙类法定报告传染病发病数/人口数 X100000。

甲乙类法定报告传染病死亡率 是指某年某地区每 10 万人口中甲、乙类法定报告传染病死亡数。即法定报告传染病死亡率=甲、乙类法定报告传染病死亡数/人口数 X100000。

甲乙类法定报告传染病病死率 是指某年某地区甲、乙类法定报告传染病死亡数与发病数之比。即法定报告传染病病死率=甲、乙类法定报告传染病死亡数/发病数 X100%。

食品卫生合格率 是指食品卫生抽检合格率,即食品卫生抽样监测合格件数/监测件数 X100%。

社会服务

民办非企业 指企业事业单位、社会团体和其他社会力量以及公民个人利用非国有资产举办的，从事非营利性社会服务活动的社会组织。

定期抚恤人数 指报告期末革命烈士家属、因公牺牲、病故军人家属中符合抚恤条件，国家给予定期发放抚恤金的人数。

定期补助人数 指报告期末由国家定期发放给带病回乡不能参加生产劳动、生活特别困难的复员、退伍军人，完全丧失劳动能力、生活困难的复员军人，红军失散人员，以及用抚恤费开支的其他享受定期发放的人员总和。

在乡红军老战士（红军失散人员、西路军）等 指 1937 年 7 月 6 日以前入伍参加中国工农红军（包括西路军、抗日联军和中国共产党领导的脱产游击队）；有退伍手续或确切的证明；没有投敌叛变行为，回到地方以后，继续保持革命传统的人员及因伤、因病、因战斗失利或组织动员分散隐蔽离队失散的红军失散人员，并在离队后表现较好，经当地群众公认，乡、镇人民政府审查，县、市人民政府批准的人员。

在乡复员军人 指在 1954 年 11 月 1 日以前自愿参军并复员的军士、兵，或虽系义务兵入伍，但后改志愿兵或干部按复员处理的人员。

零散烈士纪念建筑物数 指报告期末不设有烈士纪念建筑物管理单位的烈士纪念建筑物的总数。包括褒扬革命烈士的纪念碑、塔、馆、亭、祠和烈士陵园数。

社会福利企业 指以集中安置有一定劳动能力的残疾人就业为目的（残疾职工占生产人员 10%以上）、带有社会福利性质的企业总称。社会福利企业分类为：社会福利工厂、假肢厂、其他福利企业。

城镇定期定量救济费 按规定由民政部门发给尚未实行最低生活保障制度城镇中无依无靠、无生活来源的孤、老、残、幼和无固定职业、无固定收入、生活困难居民的定期定量救济费。

农村定期定量救济 由民政部门发给农村收入水平很低、生活确有困难的五保户、贫困户的生活救济。

精简退职老职工 指 1957 年底以前参加工作，在 1961 年到 1965 年 6 月 9 日期间被精简的老职工。

40%救济 指由民政部门对精简退职老职工中的老弱病残者给予本人原标准工资 40%的救济。

精简退职职工定救 指对不符合 40%救济条件而生活确有困难的精简退职职工由民政部门给予半年以上的生活救济。

农村临时救济 指报告期内由国家或集体给予生活发生临时困难者发放半年以下的生活救济。

福利彩票公益金 指根据国家有关规定发行中国福利彩票筹集的专项用于发展社会福利事业的预算外资金。社会福利基金收入包括：销售中国福利彩票总额扣除兑奖和管理费用后的净收入；彩票销售中的不设奖池的弃奖收入；社会福利基金的银行存款利息。

五保户 指无法定抚养义务人，或者虽有法定抚养义务人，但是抚养人无抚养能力的；无劳动能力的；无生活来源的老年人、残疾人和未成年人。

“三无”对象 是指无法定赡养（抚养、扶养）义务人、无劳动能力和无生活来源的居民。

慈善超市数 指以经常性社会捐助站（点）为依托，以解决城市特困居民生活困难为主的，以有针对性的募集和发放为主要形式，借鉴商业超市管理模式，救助对象按需领取捐助物资的社会捐助机构数。

城市老年收养性福利机构 指提供食宿的、不以盈利为目的、城市中主要收养社会“三无”对象和家庭无力照顾的老年人的社会福利事业单位的总称。

农村老年收养性福利机构（农村五保供养福利机构） 指提供食宿的、不以盈利为目的、农村（乡、镇）中主要收养“五保户”和家庭无力照顾的老年人的社会福利单位的总称。

社区服务中心 指不以盈利为目的为老年人、残疾人、烈军属等社区居民提供多功能综合性服务（服务内容两项以上）的福利事业单位。称为社区服务中心的基本条件：（1）有一定的场所（建筑面积在 100 平方米以上）；（2）有固定的管理人员；（3）所提供的社会福利服务项目必须在两项以上；（4）是独立核算单位。

社会福利医院 指提供食宿的、不以盈利为目的、主要收治无家可归、无依无靠、无生活来源的困难人群和低保对象、优抚对象等民政对象为主的社会福利医院（含精神病福利医院）。

其他款项 用于民政支出指财政从预算内经费中安排的用于民政事业的经费支出。如军队供应站经费、医疗救助、民政部门举办的中等专业学校经费等。

残疾人事业

白内障复明手术 指实施白内障复明手术的例数。

配用助视器 指本年度内低视力配用助视器的任务完成数。

新收训聋儿合计 指本年度内康复机构训练与家庭新收训聋儿数之和。

培训聋儿家长 指本年度内举办家长培训班培训的聋儿家长数（不含省中心、语训部在训聋儿的家长）。

在岗教师 指在各级康复机构中直接从事康复训练的教师。

在岗医技 指在各级康复机构中从事耳聋诊断、听力测试、助听器选配、耳模制作、康复评估、心理测查等专业技术人员。

麻风畸残康复矫治手术 指本年度内麻风畸残者接受麻风畸残矫治手术例数。

精神病人数 指经过摸底调查，已登记在册的精神病人总数，而不是根据发病率推算或估计得来的数字。

监护病人数 指通过监护小组、家庭病床、工疗站、社会就业以及精神卫生机构，接受社会化、开放式、综合性治疗与康复的精神病人总数。

显好病人数 指经过采取有效的治疗康复措施，病情稳定，症状缓解的精神病人数。

参与社会总人数 指生活能自理、参加家务劳动、社会生产和社会活动的精神病人数。

肇事率 指年度内精神病人肇事程度达到违反社会治安管理条例以上的人次数与登记在册的精神病总人数的百分比。

盲、聋普通高中 分别指专为盲人、聋人开办的普通高中的实际达到数。

达到普通高等院校录取分数线人数 指本年度应届高中残疾毕业生参加本年高考达到录取分数线的实际数。

达到普通高等院校录取分数线录取人数 指残疾考生不但达到高考的录取分数线而且被普通高等院、校录取的实际人数（不含高等特殊教育院校录取人数）。

高等特殊教育院校录取人数 指本年度被高等特殊教育院（校）、专业（班）录取的盲生、聋生人数。

教育与培训机构合计 指社会和残联系统专门为残疾人举办的学历教育与非学历培训的机构数。

职业培训合计 指社会和残联系统除学历教育以外的职业培训，颁发结业证书，本年度（含正在培训数）的实际培训人数。

残疾人中等职业教育机构合计 指截止到本年度 12 月 31 日，包括在特教学校、社会及残联专为残疾人开办的有学历的中等职业教育机构的实际达到数。

视力、听力、智力、肢体、精神残疾未入学学龄残疾儿童少年 指一人只患一类残疾的人员。残疾类别的划定标准使用 1987 年 4 月全国残疾人抽样调查统计的残疾类别标准。

多重残疾 指一人患两种及两种以上类别的残疾人。残疾类别的划定标准使用 1987 年 4 月全国残疾人抽样调查统计的残疾类别标准。

城镇残疾人就业状况累计 指城镇（非农业户口）残疾人集中就业、分散按比例就业（包括实施按比例就业前已在社会各单位就业的残疾人）和个体就业等三种形式，截止到本年度 12 月 31 日已安排就业的累计人数。

本年度残疾人职业技能培训 指本年度内有就业能力而未就业、需转换职业和已就业需要提高技术水平的残疾人所进行的职业技能培训的人数。（包括就业前培训、岗前培训、转岗培训和在职培训等）

农村已就业累计 指截止到本年度 12 月 31 日农村残疾人（农业户口）从事各种生产劳动，包括种植业、养殖业、家庭手工业及在各种类型企事业、服务业、商业及个体从业累计残疾人数的总和。

本年度实用技术培训 指本年度内残疾人就业服务机构，组织和借助社会力量办学，对农村残疾人进行“种、养、加”等各种农用技术培训的人数。

贫困残疾人 指截止到本年度 12 月 31 日，生活在当地贫困线以下的农村贫困残疾人数。

城镇已纳入最低生活保障范围 指具有城市户口的残疾人，家庭成员人均收入低于当地城市居民最低生活保障标准，已经纳入最低生活保障的残疾人数。

集中供养 指城镇符合五保供养条件、集中在社会福利院等社会福利机构进行供养的残疾人数。

临时救济 指具有城镇户口、因突发事故临时发生困难，影响基本生活，不定期享受政府或社会捐助的资金和实物救助的残疾人数。

农村已纳入最低生活保障范围 指具有农业户口的残疾人，家庭成员人均收入低于当地农村最低生活保障标准，已经纳入最低生活保障的残疾人数。

五保供养 指农村无法定扶养义务人，或有法定扶养义务人但扶养义务人无抚养能力的，无劳动能力的，无生活来源的残疾人纳入五保供养，在吃、穿、住、医、葬方面得到生活照顾和物质帮助的残疾人数。

临时救济 指具有农业户口、因突发事故临时发生困难，影响基本生活，不定期享受政府或社会捐助的资金和实物救助的残疾人数。

定期补助 指连续6个月以上享受临时救济，由政府给予定期定量的资金补助的残疾人数。

人大执法检查 指本年度内省（自治区、直辖市）、地（市）、县（市、区）级人大对残疾人保障法及其实施办法和扶助残疾人规定的执行情况进行检查的次数。

政协视察或专题调研 指本年度内省（自治区、直辖市）、地（市）、县（市、区）级政协对残疾人保障法及其实施办法和扶助残疾人规定的执行情况进行视察或专题调研的次数。

残疾人法律援助（服务）中心 指截止到本年度12月31日，经省（自治区、直辖市）、地（市）、县（市、区）级司法行政部门与同级残联合办或残联自办经同级司法行政部门批准的为残疾人提供法律咨询等服务及法律援助的残疾人法律援助中心或法律援助中心残疾人分部（站）等的累计数。

侵害残疾人合法权益大案要案查处 指由省、市残联及残联成立或委托的残疾人法律服务援助机构直接介入（包括与有关部门配合）的具备下列条件之一的本年度内审结或处理完毕的案件：

一、根据当地经济发展水平，案件标的数额较大的；

二、当地主要媒体报道案件情况的；

三、省级以上、地市级以上主要领导作出批示，要求处理的；

四、群体性残疾人权益受到侵害的。

无障碍设施建设法规、政府令 指截止到本年度12月31日，省（自治区、直辖市）、地（市）级人大或政府颁布实施的旨在促进本地区无障碍设施建设和管理的地方性法规或规章。

开展无障碍设施建设市、县、区 指截止到本年度12月31日，省级残联与同级建设等部门联合确定的依据中国残疾人事业"十五"、"十一五"计划纲要及其配套实施方案要求开展无障碍设施建设的市、县、区的累积数。

公共管理和社会组织

人民检察院直接立案侦查案件 是指按照管辖的规定，由人民检察院直接立案侦查的贪污贿赂犯罪、渎职侵权犯罪、国家机关工作人员利用职权实施的侵犯公民人身权利和民主权利的犯罪以及经省级人民检察院决定立案侦查的国家机关工作人员利用职权实施的其他重大犯罪案件。

受案 指本年新受理的案件。

立案 指人民检察院对受理的案件进行初步调查后，认为存在职务犯罪事实，应追究刑事责任，并决定作为刑事案件进行侦查的诉讼活动，是追究犯罪的开始。该指标主要反映人民检察院依法将职务犯罪线索作为刑事案件进行侦查的诉讼活动。

结案 指侦查程序的结束。

大案 指贪污贿赂案件数额在五万元以上，挪用公款数额在十万元以上，以及按照《人民检察院直接受理立案侦查的渎职侵权重特大案件标准（试行）》认定的案件。该指标主要反映人民检察院立案查办的职务犯罪案件中经济损失大、社会危害严重的案件。

要案 指县、处级以上的干部犯罪案件。该指标主要反映职务犯罪案件中县、处级以上干部被人民检察院依法立案侦查的情况。

批准逮捕 指人民检察院对公安、国家安全机关、监狱管理机关提请逮捕的犯罪嫌疑人进行审查，根据事实，依法作出逮捕的决定。该指标主要反映人民检察院对提请逮捕的犯罪嫌疑人进行审查后依法作出批准逮捕决定的情况。

决定逮捕 指人民检察院对直接立案侦查的案件，认为需要逮捕犯罪嫌疑人时，依据法律作出的逮捕决定。该指标主要反映人民检察院对直接受理的案件行使决定逮捕权的情况。

提起公诉 指人民检察院对公安、国家安全机关、监狱管理机关和检察机关侦查部门移送起诉的案件进行审查，根据事实，作出提起公诉的案件。该指标主要反映人民检察院对各类刑事案件向人民法院提起公诉情况。

刑事案件 指按照管辖的规定由公安机关、国家安全机关、监狱管理机关侦查的案件。

适用简易程序 指人民法院对依法可能判处三年以下有期徒刑、拘役、管制、单处罚金的公诉案件，事实清楚，证据充分，人民检察院建议或者同意适用简易程序的；告诉才处理的案件；被害人起诉的有证据证明的轻微刑事案件。

一审 指公诉案件的第一审程序。

再审 指人民法院按照审判监督程序重新审判的案件。

提出抗诉 指人民检察院对人民法院的判决、裁定认为确有错误，向人民法院提出对案件重新进行审理的诉讼活动。包括按照第二审程序提出的抗诉和按照审判监督程序（再审程序）提出的抗诉。

撤回抗诉 指上级人民检察院对下级人民检察院按照第二审程序提出的抗诉，经审查，认为抗诉不当时向同级人民法院撤回抗诉，同时通知提出抗诉的下级人民检察院。

立案 指决定立案审查的案件。

提请抗诉 指本级人民检察院将本院有提请抗诉权的案件交下级人民检察院办理，下级人民检察院审查认为应当提请抗诉，建议上级人民检察院提请抗诉的案件。

抗诉 指本级人民检察院提出抗诉的案件。

撤回抗诉 指作出抗诉决定的人民检察院发现抗诉不当的，或接到上级人民检察院撤销抗诉决定后，向人民法院撤回抗诉的案件。

立案监督 指人民检察院对侦查机关刑事立案活动的监督。包括对应当立案而不立案的监督和不应立案而立案的监督。

监督立案 包括侦查机关接到要求说明不立案理由后主动立案和执行通知立案两个内容。

监督撤案 指人民检察院对侦查机关不应当立案而立案的监督。

监管活动 指对监狱等监管改造场所的管理活动进行的监督。

“减假保” 指人民检察院针对罪犯减刑、假释和保外就医中出现的违法情况进行的监督。

受理 指人民检察院接受申诉的情况。包括来信和来访。

立案复查 指人民检察院接受申诉后，经审查决定立案进行复查。

结案 指立案复查有结果的案件。

首次举报 指单位或个人以来信、来访形式检举国家工作人员涉嫌贪污、贿赂犯罪，国家机关工作人员涉嫌渎职、侵权犯罪。不包括重复举报数。

首次控告 指单位或个人以来信、来访形式检举国家工作人员违法或涉嫌刑事犯罪。不包括重复控告数。

首次申诉 不服人民检察院处理决定的或不服人民法院判决或裁定的以来信、来访形式的申诉。不包括重复申诉。

分送检察机关 指人民检察院对受理的举报、控告、申诉案件，经审查，分不同情况，或由控告申诉部门直接办理、或转本院有关业务部门、或转其他人民检察院。

巾帼文明岗 指 “巾帼文明岗” 创建活动，是适应社会主义市场经济需要，服务国家改革发展稳定大局，由全国妇联等 24 家部委发起并推出，旨在激励广大妇女争先创优、岗位建功、岗位成才的一项群众性精神文明创建活动。

五好文明家庭 指“爱国守法、热心公益好”、“学习进取、爱岗敬业好”、“男女平等、尊老爱幼好”、“移风易俗、少生优生好”、“勤俭持家、保护环境好”，评选条件是优中选优。

各类家长学校数 为了进一步推动家庭教育的健康发展、传播家庭教育的先进理念、帮助家长掌握科学的家庭教育知识和教子方法，根据不同年龄儿童的家长和有特殊需要儿童家长的要求，举办的各种类型的家长学校个数，以及在广播、电视中开办的广播父母学校个数。这些学校对提高家长素质，提高家庭教育水平发挥了很好的作用。要求学校有机构、有固定场地和师资、有教材、有考核、有年度工作计划、档案齐全。

春蕾小学 指中国儿童少年基金会捐款修建或改建的学校，也包括通过各级妇联捐建的学校。

母亲水窖 指由中国妇女发展基金会承办的为帮助西部干旱地区母亲和儿童解决饮水困难问题，募集社会各界资金修建的水窖。

母亲健康快车 指由中国妇女发展基金会承办的，为帮助西部贫困地区妇女儿童解决就医困难问题，向社会各界募集资金捐赠的医疗救护车。

十二、附　　录
Appendix

教育部 国家统计局 财政部

关于2009年全国教育经费执行情况统计公告

一、全国教育经费情况

2009年，全国教育经费为16502.71亿元，比上年的14500.74亿元增长13.81%。其中，国家财政性教育经费（包括国家财政预算内教育经费，各级政府征收用于教育的税费，企业办学中的企业拨款，校办产业和社会服务收入用于教育的经费）为12231.09亿元，比上年的10449.63亿元增长17.05%。

二、落实《教育法》规定的“三个增长”情况

1.中央和地方各级政府预算内教育拨款（不包括教育费附加）为11419.30亿元，比上年的9685.56亿元增长17.90%。其中，中央财政教育支出1981.39亿元，按同口径比较，比上年增长23.55%，高于中央财政经常性收入约2.72%的增长幅度。

2.各级教育生均预算内教育事业费支出增长情况。2009年全国普通小学、普通初中、普通高中、中等职业学校、普通高等学校生均预算内教育事业费支出情况是：

（1）全国普通小学生均预算内事业费支出为3357.92元，比上年的2757.53元增长21.77%。其中，农村普通小学生均预算内事业费支出为3178.08元，比上年的2617.59元增长21.41%。普通小学生均预算内事业费支出增长最快的是海南省（48.72%）。

（2）全国普通初中生均预算内事业费支出为4331.62元，比上年的3543.25元增长22.25%。其中，农村普通初中生均预算内事业费支出为4065.63元，比上年的3303.16元增长23.08%。普通初中生均预算内事业费支出增长最快的是海南省（42.54%）。

（3）全国普通高中生均预算内事业费支出为3757.60元，比上年的3208.84元增长17.10%。普通高中生均预算内事业费支出增长最快的是海南省（35.55%）。

（4）全国中等职业学校生均预算内事业费支出为4262.52元，比上年的3811.34元增长11.84%。中等职业学校生均预算内事业费支出增长最快的是辽宁省（41.46%）。

（5）全国普通高等学校生均预算内事业费支出为8542.30元，比上年的7577.71元增长12.73%。普通高等学校生均预算内事业费支出增长最快的是贵州省（30.35%）。

3.各级教育生均预算内公用经费支出增长情况。2009年全国普通小学、普通初中、普通高中、中等职业学校、普通高等学校生均预算内公用经费支出情况是：

（1）全国普通小学生均预算内公用经费支出为743.70元，比上年的616.28元增长20.68%。其中，农村普通小学生均预算内公用经费支出690.56元，比上年的581.88元增长18.68%。普通小学生均预算内公用经费支出增长最快的是江西省（77.86%）。

（2）全国普通初中生均预算内公用经费支出为1161.98元，比上年的936.38元增长24.09%。其中，农村普通初中生均预算内公用经费支出为1121.12元，比上年的892.09元增长25.67%。普通初中生均预算内公用经费支出增长最快的是江西省（88.70%）。

（3）全国普通高中生均预算内公用经费支出为 831.59 元，比上年的 698.28 元增长 19.09%。普通高中生均预算内公用经费支出增长最快的是青海省（114.46%）。

（4）全国中等职业学校生均预算内公用经费支出为 1164.43 元，比上年的 911.71 元增长 27.72%。中等职业学校生均预算内公用经费支出增长最快的是湖北省（115.41%）。

（5）全国普通高等学校生均预算内公用经费支出为 3802.49 元，比上年的 3235.89 元增长 17.51%。普通高等学校生均预算内公用经费支出增长最快的是贵州省（125.37%）。

三、预算内教育经费占财政支出比例情况

按预算内教育经费包含教育费附加的口径计算，2009 年全国预算内教育经费为 11974.98 亿元，占财政支出 76299.93 亿元的比例为 15.69%，比上年的 16.32%减少了 0.63 个百分点。从全国情况看，有 29 个省、自治区、直辖市预算内教育经费占财政支出比例比上年有不同程度的下降。

四、国家财政性教育经费占国内生产总值比例情况

据统计，2009 年全国国内生产总值（GDP）为 340507 亿元，国家财政性教育经费占 GDP 的比例为 3.59%，比上年的 3.33%（注：根据《中国统计年鉴-2010》中 2008 年全国国内生产总值的最终核实数，2008 年国家财政性教育经费占国内生产总值的比例相应修订为 3.33%。）增加了 0.26 个百分点。

2009 年全国教育经费执行情况监测结果表明，政府教育投入总量继续增加，国家财政性教育经费占 GDP 的比例比上年有所增加。

教育部　国家统计局　财政部

二〇一〇年十一月二十六日

注： 1. 公告中所涉及的全国性统计数据，均不包括台湾省、香港特别行政区、澳门特别行政区。

2. 公告中的 2009 年全国国内生产总值 340507 亿元和财政支出 76299.93 亿元等数据来源于《中国统计年鉴-2010》。